Norbert Kersting (Hrsg.)

Politische Beteiligung

Bürgergesellschaft und Demokratie
Band 28

Herausgegeben von

Ansgar Klein
Ralf Kleinfeld
Frank Nullmeier
Dieter Rucht
Heike Walk
Ulrich Willems
Annette Zimmer

Die Schriftenreihe wird unterstützt von Aktive Bürgerschaft e.V. (Berlin).

Norbert Kersting (Hrsg.)

Politische Beteiligung

Einführung in dialogorientierte Instrumente politischer und gesellschaftlicher Partizipation

VS VERLAG FÜR SOZIALWISSENSCHAFTEN

Bibliografische Information der Deutschen Nationalbibliothek
Die Deutsche Nationalbibliothek verzeichnet diese Publikation in der
Deutschen Nationalbibliografie; detaillierte bibliografische Daten sind im Internet über
<http://dnb.d-nb.de> abrufbar.

1. Auflage 2008

Alle Rechte vorbehalten
© VS Verlag für Sozialwissenschaften | GWV Fachverlage GmbH, Wiesbaden 2008

Lektorat: Frank Schindler

VS Verlag für Sozialwissenschaften ist Teil der Fachverlagsgruppe
Springer Science+Business Media.
www.vs-verlag.de

Das Werk einschlie lich aller seiner Teile ist urheberrechtlich geschützt. Jede Verwertung au erhalb der engen Grenzen des Urheberrechtsgesetzes ist ohne Zustimmung des Verlags unzul ssig und strafbar. Das gilt insbesondere für Vervielf ltigungen, bersetzungen, Mikroverfilmungen und die Einspeicherung und Verarbeitung in elektronischen Systemen.

Die Wiedergabe von Gebrauchsnamen, Handelsnamen, Warenbezeichnungen usw. in diesem Werk berechtigt auch ohne besondere Kennzeichnung nicht zu der Annahme, dass solche Namen im Sinne der Warenzeichen- und Markenschutz-Gesetzgebung als frei zu betrachten w ren und daher von jedermann benutzt werden dürften.

Umschlaggestaltung: KünkelLopka Medienentwicklung, Heidelberg
Druck und buchbinderische Verarbeitung: Krips b.v., Meppel
Gedruckt auf s urefreiem und chlorfrei gebleichtem Papier

ISBN 978-3-531-16158-7

Inhalt

Vorwort   9

Norbert Kersting
Innovative Partizipation: Legitimation, Machtkontrolle und
Transformation. Eine Einführung   11

Norbert Kersting, Philippe Schmitter und Alexander Trechsel
Die Zukunft der Demokratie   40

Informierte Demokratie.
Vom Zuschauer zum Informationssubjekt

Anna Brake
Internetbasierte Befragung – ein Instrument für den Weg in eine aktive
Bürgergesellschaft?   65

James S. Fishkin
Deliberative Poll. Jenseits von „Polling Alone"   80

Claus Leggewie und Christoph Bieber
Webforum   92

Institutionalisiertes Politik-Monitoring.
Von der repräsentativen zur direkten Demokratie

Norbert Kersting
Beiräte und Kommissionen. Integration von Partikularinteressen   107

Benno Hafeneger und Torsten Niebling
Kinder- und Jugendparlament   123

Volker Mittendorf und Theo Schiller
Initiative und Referendum · 142

Dialogische Konsensfindung.
Von strukturellen Konflikten zum Konsens

Harrison Owen
Open Space Konferenz: Eine transformative Praxis · 159

Frederick Steier, Bo Gyllenpalm, Juanita Brown und Sabine Bredemeier
World Café. Förderung der Teilhabekultur · 167

Olaf-Axel Burow
Zukunftskonferenz. Anspruch, Wirklichkeit und Perspektiven · 181

Diskursive Entscheidungsvorbereitung.
Vom manifesten Konflikt zur Entscheidung

Anna Geis
Mediation. Verhandlungen im öffentlichen Bereich · 195

Monique Leyenaar
Citizen Jury · 209

Lars Holtkamp
Bürgerhaushalt · 222

Susanne Maria Weber
Real Time Strategic Change (RTSC). Kritik als Motor des Wandels · 236

Evaluation

Nicole J. Saam
Nachhaltigkeit transformativer Verfahren politischer Partizipation?
Theoretische Unmöglichkeiten und Konsequenzen für die Evaluierung   255

Norbert Kersting
Evaluation dialogischer Beteiligungsinstrumente   270

List of contributors   293

Vorwort

Von vielen Disziplinen weitgehend übersehen hat sich in den vergangenen Dekaden eine neue Beteiligungswelle mit neuen Instrumenten und Verfahren entwickelt. Viele Instrumente haben wohlklingende Namen und Labels und einige sind die Flagschiffe eigener Beratungsfirmen. Einige neue Verfahren basieren dabei auf reinem „Labeling", da die Instrumente unter neuen Namen leicht modifiziert neu erfunden werden. Die Mehrzahl der Instrumente basiert auf sehr innovativen Ideen. So war es an der Zeit für eine systematische evaluative Einführung um Licht in den Beratungsdschungel zu bringen und vor allem um Lehrenden verschiedener Disziplinen einen Überblick zu verschaffen. Ein Arbeitstitel „Moderne Instrumente politischer und gesellschaftlicher Partizipation" war schnell gefunden aber der Untertitel führte zu Diskussionsbedarf. – Sollte „Partizipatives Lernen" die „Transformative Demokratie" oder „Innovation durch Verfahren" im Vordergrund stehen oder sollte der Schwerpunkt auf „Legitimation, Kontrolle und Innovation" liegen? Der Arbeitstitel entwickelte sich nur langsam zum Buchtitel.

Dabei war die Zielgruppe und der Inhalt von vornehrein weitgehend unstrittig. Diese Einführung sollte sich an Lehrende und Studierende der Studiengänge und Fachrichtungen Politikwissenschaft, Soziologie, Friedens- und Konfliktforschung, Erziehungswissenschaften und Sozialwesen wenden. Dabei sollten vor dem Hintergrund theoretischer Konzepte aus der Demokratietheorie, der Politischen Bildung, der Organisationsentwicklung und der Netzwerktheorie etc. moderne Instrumente der Beteiligung vorgestellt und analysiert werden.

Trotz vielfältiger oft deskriptiver Literatur aus der Organisationsentwicklung haben die Disziplinen und vor allem die Politikwissenschaft kaum systematische evaluative Veröffentlichungen vorzuweisen. Ein systematischer Vergleich der bestehenden Instrumente, der zudem neben der Deskription auch eine Evaluation enthält, fehlt bislang.

Ziel war es, in den einzelnen Beiträgen zunächst kurz das Verfahren vorzustellen und anschließend sehr kurz an einem Fallbeispiel zu beschreiben. Abschließend soll eine Evaluierung im Sinne einer Stärken-Schwächen-Analyse erfolgen. Dabei sollen demokratietheoretische Aspekte (Inklusion, Förderung deliberativer Diskurse, Responsivität, Effektivität, Legitimation), Netzwerkbildung, Wissensgenerierung etc. im Vordergrund stehen.

Dabei war es ein besonderes Anliegen in der Reihe „Bürgergesellschaft und Demokratie" zu erscheinen. Sowohl der Herausgeber der Reihe wie auch die Verlagsrepräsentanten haben frühzeitig ein sehr großes Interesse an einem derartigen Einführungsband deutlich gemacht.

Interdisziplinarität erweitert den Horizont und zahlt sich aus. Mein besonderer Dank gilt deshalb Susanne Weber. Im Winter 2005 konnte ich die Erziehungswissenschaftlerin, die bereits lange Erfahrung in Praxis und Theorie der Organisationsentwicklung besaß, zu einem gemeinsamen Brainstorming über ein Buchprojekt gewinnen. Sie war maßgeblich bei der ersten Konzeption des Bandes beteiligt. Mit Lehrdeputat, Drittmittelprojekten und Gremienarbeit völlig überlastet, konnte sie mich leider nur in der Anfangsphase unterstützen, und bat mich, den Band alleine herauszugeben, wobei sie aber einzelne Beiträge übernahm. Das bedeutet zwar einen Verlust an Perspektiven und mehr Arbeit, machte aber natürlich auch einiges einfacher. Ich danke den Autoren und allen Beteiligten für die Geduld und Timo Paul für die erste Übersetzung der englischen Beiträge. Mein besonderer Dank gilt Patrick Dold und Steffen Horstmeier für die Überarbeitung. Mein weiterer Dank gilt meiner Familie, Bettina, Paulina und Ben, die mich bis ans südliche Ende der Welt „jenseits von Afrika" begleitet haben.

Norbert Kersting   Stellenbosch, Januar 2008

Norbert Kersting

Innovative Partizipation: Legitimation, Machtkontrolle und Transformation. Eine Einführung

1 Einleitung

Politische und gesellschaftliche Partizipation ist ein interdisziplinäres Querschnittsthema. Als solches sollte es auch in der grundständigen Lehre disziplinübergreifend stärker verankert sein. Ziel des geplanten Bandes ist daher, ein für die politikwissenschaftliche, als auch für die sozialwissenschaftliche und pädagogische Diskussion und Lehre anschlussfähiges Einführungs- und Lehrbuch entstehen zu lassen, das Instrumente politischer und gesellschaftlicher Diskussion beispielhaft vorstellt und reflektiert im Hinblick auf ihre Anlage und ihr Wirkungspotential im Hinblick auf neue Konzepte von Demokratie und Gesellschaft.

Dabei soll der Bogen von der repräsentativen Demokratie, die den Bürger als Informationssubjekt entwirft – und damit Verfahren der Information, des Wählens, wie auch der institutionalisierten Partizipation über neue elektronische Medien – geschlagen werden hin zu stärker diskursiv-interaktiv angelegten Verfahren, die stärker Modellen deliberativer Politik und einer kommunitaristischen und zivilgesellschaftlich getragenen Demokratie entsprechen.

Dabei gilt nicht nur der Konsens- und Wissensbildung, sondern auch den latenten und manifesten Konflikten z.B. der Friedensund Konfliktforschung die Aufmerksamkeit. Im Feld der diskursiven Verfahren wird insbesondere an systemische Ansätze und Verfahren angeschlossen, die auch in den Bereichen Organisationsentwicklung und –beratung und der regionalen Netzwerkentwicklung zur Anwendung kommen.

Die Lücke zwischen Parteien- und zivilgesellschaftlicher Demokratie kann nur geschlossen werden, wenn es gelingt, „Paralleldemokratien" in integrierte Prozesse der Politik- und Gesellschaftsgestaltung zu überführen. Im letzten Teil werden daher Ansätze und Instrumente versammelt, die sich um die Integration der Rationalitäten in nachhaltigen Strukturen bemühen. Damit folgt der Aufbau des Bandes einer Logik der Intensivierung der Partizipationsformen hin zu nachhaltiger Gesellschafts- und Politikgestaltung. Verfahren und Instrumente der Partizipation werden hier nicht nur als „Transporteure" neuen Wissens, neuer Politikinhalte oder Reformprozesse gesehen, sondern als performative Praxen, die in der Praxis Demokratisierung lebbar machen und dadurch „Demokratie als Erfahrung" (Dewey 1984) in Existenz bringen. Sie lassen Demokratie lebbar und lernbar machen und tragen in ihrer Ausgestaltung erheblich dazu bei, ob es sich hierbei stärker um „Legitimation" oder „Innovation" handeln kann. Verfahren sind aus unserer Sicht Prozessinnovationen für demokratische Gesellschaften, deren Wirkmächtigkeit kontextuell ausgehandelt werden muss.

Daher stellt sich die Frage nach den Qualitätskriterien der Verfahren und ihrer Anwendung: Den Autoren dieses Sammelbandes wurden Qualitätskriterien aus der Demokratietheorie, Netzwerktheorie und der partizipativen Evaluationsforschung an die Hand gegeben, um so das von Ihnen vorzustellende Verfahren daraufhin zu reflektieren, welche Ziele und Wege, Chancen und Potentiale, aber auch welche Risiken und Grenzen es mitführt. Neben der Deskription des Verfahrens soll also auch die Problematik ihrer Anwendung, Nutzung, Funktionalisierbarkeit und Funktionalisierung mitreflektiert werden. Dabei wird die spannende Frage nach Legitimation oder Innovation der Verfahren gestellt.

Der vorliegende Band analysiert neue und revitalisierte politische Beteiligungsinstrumente. Die Autoren wurden gebeten, nach einer Vorstellung der Verfahren und der Beschreibung anhand eines empirischen Fallbeispiels den Schwerpunkt auf die Evaluation des Instruments zu legen. Am Beispiel sollen Stärken und Schwächen, Potentiale und Grenzen, relevante „Fallstricke" und ihrer Auswege reflektiert werden. Analysiert werden z.B. Fragen der Inklusion, der Repräsentation von Interessen, der Organisation von Interessenvertretung, der Lernchancen und ihre Begrenzungen, der Hervorbringung von Wissenstypen und -arten, der symbolischen Ausgestaltung der performativen Praxis der Verfahren etc.

Weitere Fragen an die Autoren bezogen sich auf den Stellenwert des Beteiligungsverfahrens im Policy Zyklus? Wo liegen mögliche Einsatzbereiche und Politikfelder? Wann wird es eingesetzt? Wie wirkt es? Was sind günstige Kontextbedingungen? Dabei werden Qualitätskriterien der Demokratietheorie, Diskurstheorie, Lerntheorie, Organisationsentwicklung, Netzwerkforschung etc. evident.

Zunächst soll der Stellenwert politischer Partizipation in den Demokratietheorien erörtert werden. Daran anschließend werden politische Partizipationsformen definiert. Dies geschieht mit Hilfe von Gegensatzpaaren, die die Facetten deutlich machen. Daran anschließend wird die Stellung der Partizipation im politischen Systemmodell analysiert, die Entwicklung von Partizipationstypen erörtert und auf die Nutzung eingegangen. Letztendlich werden die Qualitätskriterien in Form von Fragen beschrieben, die zur Analyse der Beteiligungsinstrumente durch die Autoren benutzt wurden. Auf diese wird im Schlusskapitel zur Evaluation erneut detailliert eingegangen.

2 Ambivalenz der Demokratietheorien

Politische Beteiligung wird aus unterschiedlichen Lagern der Demokratietheorie kritisiert. So wird eine mangelnde Beteiligung und eine „Pseudobeteiligung" in demokratischen Institutionen in der „elektoralen Demokratie" bemängelt. Politische Apathie und Zynismus werden als Resultat und Krisensymptom wahrgenommen (s. Thaysen 1982, Feindt u.a. 1996). Von anderer Seite wird ein „Übermaß an Beteiligung" als demokratiefeindlich angesehen, da politische Systeme überfordernd (Huntington 1976) und als irrationale Entscheidungsfindung angesehen und eine Tyrannei der Beteiligung („tyranny of participation") konstatiert werden (s. Cooke/Khortary 2001).

2.1 Politische Beteiligung als Paradigma

Dahl benennt als Kriterien für Demokratien die Beachtung normativer Standards (grundlegende Menschenrechte wie z.B. Organisations-, Meinungs- und Informationsfreiheit, rechtsstaatliche Verfahrensweisen); einen geregelten politischen Wettbewerb zwischen den wichtigen Kontrahenten und eine aufgeklärte politische Beteiligung großer Teile der Bevölkerung (Wahlrecht und weitere Beteiligungsmöglichkeiten). (Dahl 1961; zu weiteren Qualifikationskriterien für Demokratien s. z.B. Schiller 1999)

Partizipation ist ein zentrales Element in der Kritischen Demokratietheorie (Claus Offe), in der Komplexen Demokratietheorie (Scharpf) und besonders in der Partizipatorischen Demokratietheorie (Carole Pateman, Benjamin Barber) (s. Schiller 1999: 29). Habermas' Theorie kommunikatives Handelns legt den Grundstein für ein Konzept der deliberativen Demokratie, das durch Partizipation an einem offenen, herrschaftsfreien Diskurs („ideale Sprechsituation"), durch Argumente fundiert und durch gegenseitige Empathie (Einfühlungsvermögen) und Konsensfindung geprägt ist (s. Habermas 1991, 1996). Insbesondere die deliberative Demokratietheorie sieht den Mangel an Beteiligungsmöglichkeiten als den Ursprung politischer Apathie an. Die notwendigen Vorraussetzungen wie Gemeinwohlorientierung und das soziale Kapital sind latent vorhanden (s. dazu das Konzept der „unitary democracy" bei Mansbridge 1980). Habermas (1991) verweist auf die Notwendigkeit individueller Autonomie und die soziale Verantwortung der demokratischen Persönlichkeit, die durch Empowerment erreicht werden kann.

Während politische Partizipation auf der Outputseite zu einer verbesserten Problemorientierung und somit zu besserer Politik führt, stellt sie zudem eine erhöhte Input Legitimation her. Erfolgreiche Partizipation steigert das Political Efficacy-Bewusstsein. Political Efficacy beschreibt das subjektive Vertrauen in die Möglichkeit der Einflussnahme auf politische Entscheidungsprozesse (Pateman 1970). Dieses steigert die Input-Legitimation des politischen Systems und bewirkt gleichzeitig eine erhöhte Beteiligungsbereitschaft.

Die politische Inklusion breiter Teile der Bevölkerung in das politische System erfolgt vor allem über den Wahlakt. Er bildet zumeist noch die Basis für politisches Engagement (Barnes/Kaase u. a. 1979), auch wenn neue direkte Beteiligungsmuster das Handlungsrepertoire erweitern. Dewey (1984) betont die Notwendigkeit zur Beteiligung „as a necessity of participation of every major human being in the formation of values that regulate the living of men together; which is necessary from the standpoint of both the general social welfare and the full development of human beings as individuals".

Eine „Vollinklusion" und eine möglichst breite Partizipation der Bürger stehen im Vordergrund vieler Demokratietheorien (s. Schiller 1999; Zittel 2007). Responsivität, Legitimität, Gleichheit und Selbst-Bestimmtheit (self determination) sind alle auf breite politische Partizipation als „lifeblood of democracy" ausgerichtet. Nur über eine breite Partizipation der Bevölkerung können die politischen Eliten Responsivität entwickeln (Verba et al 1995). Nur über politische Beteiligung wird Legitimation der Regierung hergestellt (Macedo 2005) und nur politische Teilnahme möglichst vieler Bürger garantiert einen gleichen Einfluss auf die Entscheidungsfindung (Lijphart 1997). Politische Beteiligung ist zudem ein Wert an sich, der für alle erstrebenswert ist, ebenso die Lebensqualität der Akteure erhöht (Pateman 1970). Politische Partizipation im Sinne von Teilhabe und Teilnahme an Entwicklungs- und Entscheidungsprozessen kann als unverzichtbarer Bestandteil von Entwicklung betrachtet werden (vgl. z.B. das „magische Fünfeck von Entwicklung" in Nohlen/Nuscheler 1982: 62ff.). Die Quantität der politischen Beteiligung ist somit von Bedeutung. Zunehmend wird deutlich, dass auch die Qualität der politischen Partizipation wichtig ist. Bühlmann und Kriesi (2007) verweisen auf die Notwendigkeit der Qualifizierung politischer Partizipation. Bereits Dahl's (1971) „Root"- Konzept für Demokratie führt neben den Menschenrechten und dem politischen Wettbewerb die politische Partizipation als zentrales Kriterium für Demokratien aufgeführt. Dabei verweist er auf eine „aufgeklärte" Partizipation („enlightment understanding"). Demnach liegt das Ziel von Demokratisierung nicht allein in einer hohen Beteiligung. Ziel muss es vielmehr auch sein, die Kompetenzen der Beteiligten zu erhöhen, um hierüber zu einer optimalen sachrationalen Entscheidung zu kommen (Bühlmann/Kriesi 2007). Diese aufgeklärte Partizipation äußert sich darin, dass die Beteiligten die Planung und die Programme der politischen Akteure wahrnehmen, diese mit ihren eigenen Präferenzen abgleichen und ihre Beteiligung auf dieser individuellen Bewertung aufbauen.

Neben der erhöhten Effektivität politischer Partizipation (Steigerung der Benefits) in Form größeren Einflusses, zeigt sich ein Trend zu erhöhten Effizienz des Demokratisierungsprozesses (Senkung der Kosten) (s. Ordeshook 1997, s. Kersting 2005). Politische Partizipation beinhaltet, wie alle Formen der Beteiligung, Transaktionskosten wie z.b. Informationskosten, Koordinationskosten sowie die Beteiligungskosten (s. Coase 1937). Die Informations- und Kommunikationstechnologien versuchen diese Kosten zu minimieren (Zittel 2007). Instrumente der politischen Partizipation müssen eine geringe Ressourcenausstattung z.B. in Bezug auf Kenntnisse, Zeit etc. berücksichtigen.

Arnstein (1969) entwickelte mit seiner „Leiter der Partizipation" ein „ordinal ranking"-Schema für die Einbindung der Bürger in öffentliche Planungsprozesse. Arnstein's „ladder of participation" besitzt acht Sprossen. Als unterste Stufe der Beteiligung sieht er Instrumente der Inklusion, die zwar als „Partizipation" bezeichnet werden, aber tatsächlich eine „Nicht-Beteiligung" darstellen, da die Möglichkeiten der Mitgestaltung nur scheinbar vorhanden sind. Arnstein bemängelt dabei, dass politische Eliten die Bürger zwar zur Teilhabe animieren, aber die zentrale Intention darin besteht, die Teilnehmer zu „belehren" (Manipulation) oder zu „kurieren" (Therapie), um die Machtposition der Eliten nur noch weiter zu bestärken.

Tabelle 1: Beteiligungshierarchie- Ladder of Participation

	Citizen Control	
	Delegated Power	Citizen Power
	Partnership	
	Placation	
	Consultation	Tokenism
	Informing	
	Therapy	Non-Participation
	Manipulation	

(s. Arnstein 1969)

Auf der nächsten Ebene beschreibt er symbolische Beteiligungsakte (Tokenism) Dabei unterscheidet Arnstein auf dieser symbolischen Ebene die Informations-, die Beratungs- und die Beschwichtigungsinstrumente, die ebenfalls keinen Teilnehmereinfluss in den Entscheidungsprozessen zulassen. Bürgermacht wird erst auf den letzten drei Stufen realisiert. Arnstein's Kategorien „Partnerschaft", „delegierte Macht" und „Bürgerkontrolle" beinhalten letztendlich die Einflussnahme auf die Verwaltung und die Entscheidungsfindung. Die Trennschärfe der Kategorien wie auch sein normativer Charakter wurden oft kritisiert. Arnstein's ladder of participation gilt als Klassiker der normativen partizipativen Demokratietheorie.

2.2 *„Tyrannei der Partizipation"*

Während die partizipative Demokratietheorie auf eine breite Inklusion gleichberechtigter Bürger und deren kollektive Verantwortung zielt, hebt die liberale Demokratietheorie den Wettbewerb politischer Eliten hervor. Insbesondere diese kollektive Responsivität wird vielfach in Frage gestellt und vielmehr ein politisches Desinteresse sowie eine starke Fokussierung auf private Interessen, dass heißt eine mangelnde Gemeinwohlorientierung beim „Normalbürger" konstatiert. Der partizipativen Demokratietheorie wird ein starker normativer Charakter vorgeworfen, da die institutionellen Strukturen und Rahmenbedingungen, die zur Umsetzung des „utopischen" Ziels einer Vollinklusion führen, nicht aufgezeigt werden. Demnach bleibt die konkrete Optimierung der Beteiligungsmöglichkeiten wie auch die Herstellung der individuellen Voraussetzungen für eine Beteiligung offen.

Die demokratietheoretische Kritik an Partizipation kommt aus unterschiedlichen Lagern. Werden auf der einen Seite mangelnden Partizipationsmöglichkeiten kritisiert und eine radikale Beteiligung im Sinne Paolo Freire (Transformation und Herausforderung) gefordert, so wird von anderen insbesondere in der Entwicklungspolitik eine übertriebene Beteiligungseuphorie konstatiert. Partizipation und Empowerment werden demnach blindlings zum neuen moralischen Imperativ gemacht. Man sieht ubiquitär ein „quasi religiöses", partizipatorisches Paradigma, das an christliche Traditionen anknüpft (zur Partizipation als moralischer Imperativ der Reformation s. Cooke/Khortari 2001). Den Entwicklungsagenturen wird eine neokolonialistische naive Implementation einer „orthodoxen Strategie der Partizipation" vorgeworfen. Der bloße Einsatz von partizipativen Instrumenten bewirke nicht automatisch eine höhere Effektivität d.h. bessere Policy-Outputs sowie eine höhere Akzeptanz (better planning, monitoring, evaluation, investigation, training and action) und ein Empowerment, das vor allem einer besseren Qualifikation (better informed, sense of commitent, giving people control) bedarf.

Mangelnde Kenntnisse und Verantwortung

Das grundsätzliche Standardargument konstatiert, dass die Teilnehmer in dialogischen Prozessen nicht die nötigen Kenntnisse und Erfahrungen haben und zudem aufgrund mangelnder (politischer) Verantwortung keinen Gemeinsinn entwickeln und deshalb Partikularinteressen bedienen und suboptimale Entscheidungen treffen.

Abgesehen von diesem Standardargument ist die Kritik, die interessanterweise vor allem aus dem Entwicklungshilfebereich und dortigen Projekten stammt, auch nach dem eigenen Selbstverständnis nicht grundsätzlich anti-partizipativ (s. Gaventa 2005). Die Kritiker warnen aber vor einer ubiquitären unreflektierten Nutzung des Beteiligungsparadigmas. So sehen sie einen starken Eurozentrismus und fragen nach den Zielen („empowerment for what?"). Knüpft z.B. dieses Empowerment nur an die Wertestrukturen moderner Industriegesellschaft an, so käme es nicht einer Deliberation, sondern einer „Unterwerfung" gleich. Lokale Bedürfnisse werden dem „framing" der Entwicklungsagenturen unterworfen und orientieren sich an dem, was diese leisten können und was man von den Agenturen erwarten kann. In der Tat bauen die Strukturen von partizipativen Prozessen oft auf einem rigorosen Change Management auf (s. z.B. brainwashing Schein 1961). Schein (1961) hat mit einem Konzept der unterdrückenden Überzeugung (coercive persuasion) ein Instrument für intendierte Verhaltensänderungen entwickelt, das auf Theorien zur Vermeidung individueller wie gruppenbezogener kognitiver Dissonanzen beruht. Um zu Verhaltensänderungen zu gelangen wurden Gruppenprozesse entwickelt, die zunächst ein Infragestellen der Position (unfreezing), dann eine Identifikation eines neuen Rollenmodells (changing) und letztendlich die Verfestigung einer neuen Ideologie über selektive Anreize (refreezing) erzeugt. Ein Konzept, dass in der Mehrzahl der Beteiligungsverfahren genutzt wird (s. Lewin)

Bei der Implementation von Beteiligungsinstrumenten wird vor allem die Ignoranz und Naivität gegenüber bestehenden Machtstrukturen moniert. Komplexe Machtstrukturen wie auch zirkulierende Macht (Foucault) werden übersehen. Die Möglichkeit, dass Gruppendynamiken die Mächtigen bestätigen, die diese Gruppen instrumentalisieren, wird ignoriert (Tyrannei der Gruppe).

Partizipation geht unabhängig vom Kontext in die Formierung neuer formaler Strukturen, da diese als robuster gelten, Gruppen eindeutig spezifizieren und klare Regeln und Sanktionen aufstellen. Informelle bestehende Strukturen werden als in-transparent und mutmaßlich korrupt angesehen. Ignoranz zeigt sich auch gegenüber bestehenden autonomen auf self-empowerment basierenden Organisationen. So werden auch bestehende legitimierte Institutionen der Entscheidungsfindung ignoriert und übergangen.

Weiterhin wird eine Beschränkung auf wenige Instrumente beklagt (Tyrannei bestimmter Instrumente). In der Entwicklungszusammenarbeit werden demnach oft kontextlos nach dem Vorbild der Weltbank deren Participatiory Rural Appraisal (PRA), deren Zielgruppenanalyse (need assessment) und deren Kontextanalyse (social assessment) umgesetzt (s. Chambers 1994)

Wichtig für die Entwicklung der Beteiligungsinstrumente sind die Ergebnisse der Sozialpsychologie, die kognitive Prozesse (Kenntnisse) und affektive Prozesse (Gefühle) im zwischenmenschlichen Verhalten, d.h. in Beteiligungsverfahren analysiert. Sie liefert z.B. Erkenntnisse über intendierte und nicht-intendierte Fehlentwicklungen durch Gruppenprozesse und somit über mögliche Gruppendysfunktionalitäten (Cooke 2001). Dabei sind drei Problembereiche offensichtlich:

Risikofreudigkeit (Risky shift)

Partizipative Großgruppenverfahren neigen leicht zu risikoreichen Entscheidungen. In Gruppenzusammenhängen haben risikofreudige Akteure eher eine Meinungsführerschaft und einen höheren Einfluss. Dies hängt auch damit zusammen, dass sich die Verantwortung in den Gruppen aufteilt und individuell nicht zuzuordnen ist. Gruppen sind somit eher risikofreudig als einzelne Individuen.

Risikobereitschaft kann als eigener kultureller Wert angesehen werden (Cooke 2001). Dennoch konkurriert sie individuell wie kollektiv mit sicherheitsorientierten „konservativen" Wertestrukturen.

Abilene Paradox

Aufgrund mangelnder Kommunikation und mangelnder Kenntnisse über mögliche Konsequenzen zum Zeitpunkt der Entscheidung wählen Gruppen oft die zweitbeste Alternative. Harvey (1979) beschreibt dies anhand einer Alltagsanekdote. Eine Familie verbringt ihren Nachmittag zuhause in Colemann (Texas), bis jemand vorschlägt, nach Abilene zu fahren. Alle stimmen zu. Auf der Rückfahrt nach einer langen vierstündigen Fahrt kritisiert ein Familienmitglied, es hätte nie nach Abilene fahren wolle, wäre lieber zuhause geblieben und wäre nur mitgefahren, da alle dies gewollt hätten. In den folgenden gegenseitigen Schuldzuweisungen argumentieren alle Familienmitglieder, sie wären nur deshalb mitgefahren, um die anderen zufrieden zu stellen. Gruppenarbeit kann demnach leicht zu suboptimalen Lösungen führen. Dabei resultieren die mangelnden Kenntnisse über die Interessen der Gruppenmitglieder auf einer mangelnder Kommunikation und der Befürchtung, den vermeintlichen Gruppenkonsens zu gefährden.

Gruppendruck

Gruppendruck führt leicht zu irrationalen inhumanen Aktionen gegenüber Fremden. Ein starkes Gemeinschaftsgefühl („in-group solidarity") kann Xenophobie („out-group hostility") fördern. Janis (1991) macht typische Symptome für Gruppendruck deutlich, wie z.B. Illusion der Unverwundbarkeit, Benutzung kollektiver Begründungen und kollektiver Moral, Stereotypen, Domestizierung der Zweifler, Selbstzensur, zwanghafte Einstimmigkeit überwacht durch Domestiken der Gruppenanführer.

Die Kritiker wie die Befürworter neuer Beteiligungsverfahren sind vielstimmig. Da der Begriff eine Wandel durchlaufen hat, soll zunächst die politische Partizipation definiert werden.

3 Definition politischer Partizipation

Partizipation wird abgeleitet von „pars" und „capere", d.h. „Teil" und „Geben/Nehmen" als eine Teil-Habe an einem Ganzen angesehen. Gesellschaftliche Teilhabe wird im Sinne einer erweiterten „Vollinklusion" als politische Teilhabe an der Entscheidungsfindung, aber auch als Teilnahme an der Outputerstellung und zum Teil sogar als Teilhabe an den Outputs von Politik definiert. Hier wird politische Beteiligung eng definiert und nur „politische" Partizipation an Entscheidungsfindungsprozessen analysiert (s. Abgrenzung zur Selbsthilfe als Beteiligung an der Politikimplementation). Partizipation umfasst demnach „Alle Tätigkeiten (...) die Bürger freiwillig mit dem Ziel unternehmen auf verschiedenen Ebenen des politischen Systems zu beeinflussen" (Kaase 1995: 521)

Durch politische Partizipation gelingt nicht nur Verfolgung von Interessen, sondern auch Selbstverwirklichung und Mündigkeit. Lane (1959) aber auch Apter (1965) verstehen die Dimensionen politischen Einwirkens als hierarchisches Modell. So geht man z.b. davon aus, dass sich aktive Parteimitglieder (hohe Arbeitsintensivität) auch bei Wahlen (niedrige Arbeitsintensivität) beteiligen. Hieraus resultieren Typologien politischer Partizipation (s. z.B. Deutsch 1969; Milbrath/ Goel 1965; Barnes/Kaase et al. 1979). Dagegen sehen Verba und Nie (1972) Partizipation als multidimensionalen Akt und beschreiben verschiedene Wege („multiple paths") der erweiterten Partizipation.

Die Formen der gesellschaftlichen Partizipation lassen sich unterschiedlich kategorisieren. Dabei werden verschiedene Facetten von Partizipation hervorgehoben (s. Tabelle 2). Innerhalb der gesellschaftlichen Partizipation lassen sich zwei Beteiligungstypen unterscheiden. Zum einen handelt es sich hierbei um die Beteiligung im Rahmen der Implementation häufig auch als Selbsthilfe und zum Teil eher irreführend als bürgerschaftliches Engagement tituliert. Als zweiten politischen Beteiligungstypus, der in diesem Band im Vordergrund steht, wird hier die politische Partizipation gesehen. Hierbei handelt es sich ausschließlich um eine Beteiligung am Entscheidungsfindungsprozess. Politische Partizipation wird hier unterschieden in der Beteiligung an Bürgerinitiativen, was heißt als politisches zivilgesellschaftliches Engagement, in der Beteiligung und Mitarbeit in politischen Parteien sowie in der Beteiligung bei Wahlen in Form des Wahlaktes oder als Kandidat beziehungsweise als Mandatsträger. Als ein vierter wichtiger politischer Partizipationsbereich wird die „direkte Demokratie" gesehen. Diese wird hier weiter gefasst und beinhaltet direkte Beteiligung am Entscheidungsfindungsprozess bei Sachfragen. Diese kann in Form einer Beteiligung bei Abstimmungen und Referenden wie auch die Beteiligung an dialogischen Partizipationsinstrumenten beinhalten.

Tabelle 2: Zentrale Partizipationstypen

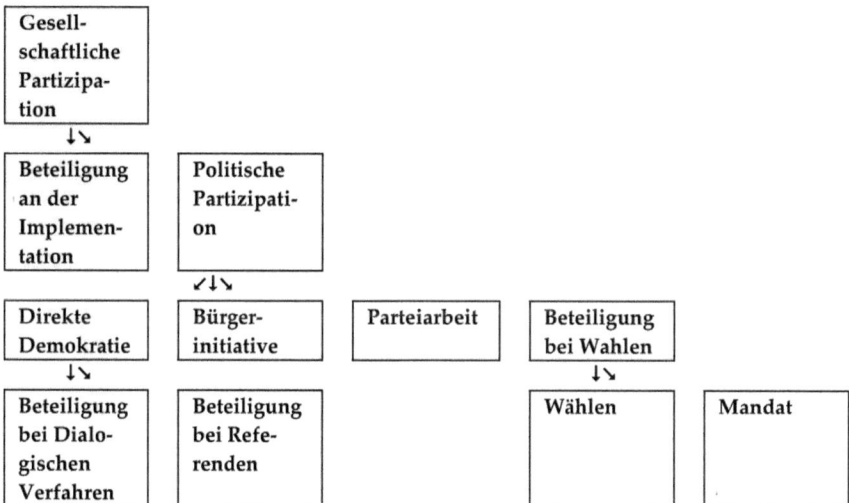

Im Folgenden soll anhand von Gegensatzpaaren die Spannbreite politischer Partizipation beschrieben werden.

Politische Partizipation – Bürgerschaftliches Engagement

Politische Partizipation beinhaltet die Beteiligung an der Entscheidungsfindung. Seit dem Ende der neunziger Jahre wird im Reformdiskurs unter dem Sammelbegriff „Bürgerschaftliches Engagement" hierunter weniger die Beteiligung an der Entscheidungsfindung sondern eher gemeinwohlorientierte Selbsthilfe verstanden (Holtkamp u.a. 2006). Bestenfalls handelt es sich um Beteiligung in Nutzerbeiräten ausgelagerter, d.h. im weiteren Sinne privatisierter, selbstverantwortlicher Organisationen, wie z.B. Schwimmvereinen etc. Selbsthilfe beschreibt somit Aktivitäten, die bei begrenzter staatlicher Fremdhilfe, auf der Basis eigenen Engagements gemeinwohlorientiert und nicht primär individuell ausgerichtet sind.

Indirekt, repräsentativ – Direkt, themenorientiert

Indirekte, personenorientierte Beteiligung am politischen Prozess macht den Hauptanteil der Partizipationsformen aus. Zumeist sind es „Advokaten", die die Bürgermeinung repräsentieren sollen. Dabei geht bei der indirekten Beteiligung der Einfluss auf den Repräsentanten nach dessen Wahl weitestgehend verloren.

Dieser wird nur durch die Möglichkeit der Abwahl nach der Amtsperiode kontrolliert (s. Lipset 1960). Direkte, themenorientierte Einwirkungsmöglichkeiten beinhalten dabei durchaus auch die Vertretung der Bevölkerung durch Advokaten. Im Gegensatz zu indirekten Formen besitzen die Bürger jedoch nach der Auswahl der Repräsentanten weiteren Einfluss auf deren Einwirken, wie es z.b. in Bürgerinitiativen etc. zumeist der Fall ist (s. Schiller/Mittendorf 2002). Der Grad der Direktheit ist insbesondere für die Motivation zur Partizipation wichtig. Je kürzer die Wege der Entscheidungsfindung sind und je enger die Betroffenen in diesen Prozess integriert sind, desto stärker ist das Gefühl der Wirksamkeit politischer Beteiligung.

Agent (delegate) – Sachverwalter (Trustee)

Die Definition der Repräsentanz hat Auswirkungen auf Auswahl der Repräsentanten aber auch auf deren Selbstverständnis. Diese Unterscheidung findet sich im Diskurs um die amerikanische Verfassung bei Stuart Mill und Edmund Burke (Pitkin 1969). Gewählte Repräsentanten definieren ihre Rolle eher als Trustee, d.h. als Sachverwalter der Interessen ohne eng an diese, z.B. durch ein imperatives Mandat, gebunden zu sein. Sie lassen sich eher durch Gemeinwohlinteressen aber auch eigene Expertise und Erfahrungen leiten. Dagegen hat der Delegierte einen engen Kontakt zu seiner Basis und stellt als Agent deren Interessen auch gegen Gemeinwohlinteressen in den Vordergrund und ordnet sich der Basis unter. Trustees sind somit eher der Gruppe, d.h. z.B. dem Parlamentausschuss (Entscheidungs-/Gruppenlogik) zugeordnet und Delegierte beziehen sich eher auf ihre Basis, d.h. z.B. ihre Partei (Mitgliedschaftslogik). Partizipationsinstrumente, die auf repräsentativen Stichproben beruhen gehen eher von dem Delegierten Modell aus. Gleichzeitig ist aber für die gemeinsame Konsensfindung die Einflusslogik wichtig. Ein starres Beharren auf Partikularinteressen behindert die Entwicklung gemeinsamer Lösungen.

Mobilisierte Partizipation – spontane Partizipation

Politische Partizipation beinhaltet „die legalen Handlungen von Privatpersonen, die mehr oder weniger ausdrücklich dem Zweck dienen, die Auswahl des politischen Führungspersonals oder dessen Aktivitäten zu beeinflussen" (Verba/Nie 1972: 2f.). Diese Definition rückt Beteiligung im repräsentativen politischen System in den Vordergrund. Deutlich wird auch, dass sich die Partizipationsforschung seit den sechziger Jahren von institutionellen Erklärungsansätzen, die vor

Innovative Partizipation: Legitimation, Machtkontrolle und Transformation   23

allem Möglichkeiten einer „top down" Mobilisierung berücksichtigten, abwendet (vgl. Asher/Richardson 1984) und auf intrinsisch motivierte Beteiligung setzt. Erst in den neunziger Jahren wird die inszenierte Beteiligung neu entwickelt.

konventionell — unkonventionell

Barnes, Kaase et al. (1979) entwickelten eine Typologie die lange Jahre wegweisend für die Partizipationsforschung war. Sie unterscheiden zwischen konventionellen und unkonventionellen Partizipationsformen. Zu den konventionellen Formen zählen in erster Linie das Wahlverhalten bei nationalen und lokalen Wahlen, wahlkampfbezogene Aktivitäten, die Organisierung in überregionalen intermediären Gruppen wie Gewerkschaften, Parteien, Verbänden etc. und persönliche Kontakte zu Politikern (vgl. dazu Nohlen 1990). Kaase und Marsh (1979) sehen in konventionellen Formen „... those acts of political involvement directly or indirectly related to the electoral process" (84).

Tabelle 3:   Konventionelle – unkonventionelle Partizipation
(Political Action 1997)

Politischer Diskurs Politische Diskussionen -- im Bekanntenkreis -- am Arbeitsplatz -- öffentliche Diskussionen -- „Opinion leadership"	Politischer Protest -- Streik -- Boykott (Miete, Strom) -- Demonstration -- verbotene Demonstration -- Besetzung (Stadtverwaltung etc.) -- gewaltsame Demonstration ---- gegen „Sachen" ---- gegen Personen -- Teilnahme an „riots"
Politische Kontakte -- Briefe an Medien -- Briefe an Behörden -- Briefe an Politiker -- Persönliche Kontakte zu Medien -- Persönliche Kontakte zu Behörden -- Persönliche Kontakte zu Politikern -- Unterschriftensammlung -- Petitionen	Wahlen und Abstimmungen -- Kommunalwahl -- Distriktswahl -- Nationalwahl -- Referenden

(s. a. Barnes, Kaase et al. 1979, s.a. Uehlinger 1988)

Unkonventionelle Formen der Partizipation sind vor allem Formen des politischen Protestes (Barnes/Kaase u.a. 1979) wie z.b. Demonstrationen, Blockaden, Besetzungen von Verwaltungsgebäuden, Unterschriftensammlungen etc. bilden einen weiteren Indikator für das politische Engagement der Zielgruppen. Unkonventionelle Partizipation ist demnach „.....behavior that does not correspond to the norms of law and customs that regulate participation under a particular regime." (Kaase/Marsh 1979: 41)

Konventionelle Partizipation ist somit stark outputorientiert und kann sich direkt an die Exekutive richten (z.b. direkte Verwaltungskontakte aber auch Gerichtsverfahren gegen die Behördenentscheidungen). Hier wird direkt versucht den administrativen Bereich zu beeinflussen. Unkonventionelle Beteiligung ist dagegen eher themenorientiert, punktuell und hat einen stärkeren Event-Charakter.

Die Grenzen zu unmittelbar gewaltsamen Aktionen sind hier z.T. fließend. Insbesondere im interkulturellen Vergleich ist diese Differenzierung kaum sinnvoll, da zum einen interkulturell differierende Konventionen herrschen und zum anderen Probleme bestehen Äquivalente zu identifizieren (vgl. Asher/Richardson 1984: 13). Einschätzungen von Partizipation sind desweiteren auch innerkulturell einem sozialen Wandel, d.h. Konventionsänderungen unterlegen. So etablieren sich Partizipationsformen oder verschwinden aus dem Tagesgeschehen (s. Uehlinger 1988).

Verfasst – nicht verfasst

Diese Unterscheidung basiert auf dem Niveau der Institutionalisierung, d.h. dem Formalisierungsgrad. Nicht verfasste Partizipationsformen umfassen nach Buse und Nelles (1975) Engagement bei Protestaktionen, in Bürgerinitiativen sowie advokatorische Interessenvertretung durch Stadtteilbeiräte, Interessengruppen/Verbände, Bürgerforen, Gemeindearbeit etc. Verfasste Beteiligung besteht entsprechend der jeweiligen konstitutionellen Verankerung aus Wahlen, Parteimitgliedschaft, Anhörungen, Beiräten, Stadtteilräten, Petitionen, sowie in der Beteiligung an Bürger-/Volksbegehren, Bürger-/Volksentscheiden. Verfassungsmäßig abgesicherte Partizipation besitzt nach Buse und Nelles (1975) stärkeren Einfluss in der politischen Willensbildung. Das größere Schwergewicht verfasster Aktionen liegt in der Notwendigkeit der Berücksichtigung vor allem durch die Administration. Der Grad der Verfasstheit ist auch ausschlaggebend für das Gegensatzpaar formale und informelle Partizipation. Informelle Beteiligung betont dabei die direkte Einflussnahme auf Politiker und Verwaltung z.B. im Rahmen von Netzwerken.

Eng mit dem Grad der Verfasstheit verknüpft ist die Kontinuität der Beteiligung. Einmalige punktuelle Beteiligungsverfahren stehen hierbei zumeist verfassten kontinuierlichen Partizipationsinstrumenten gegenüber.

Legal – illegal

In engen Zusammenhang mit der Frage der Verfasstheit steht die Frage der Legalität. Während sich Verfasstheit auf Bundes- und Landesverfassungen aber auch auf kommunale Satzungen bezieht, ist die Frage der Legalität mit Gesetzesüberschreitungen und Straftatbeständen verknüpft. Sie birgt ein höheres Konfliktpotential in sich. Die Unterscheidung in legitime Beteiligungsakte und illegitime Beteiligung stellt die Frage nach der Konformität in Bezug auf soziale Normen.

National – Lokal

Im lokalen Bereich lassen sich vermehrte Einflussmöglichkeiten für die Bürger finden. Lokale Politik umfasst trotz oft eingeschränkter Autonomie die Mehrzahl der Partizipationsangebote, da sie „direkter erfahrbar", aber zumeist kaum „überschaubar" ist (Buse/Nelles 1975: 61). So werden die lokalen Kommunen häufig als Testfeld für alternative politische Konzepte herangezogen. Eine lokale administrative Planung ohne Beteiligung der Bürger wird als Kümmerform des demokratischen Prozesses und eine ernstzunehmende Ineffizienzquelle gesehen.

Individuell — kollektiv

So kann Beteiligung individuelle, partikulare oder kollektive Interessen verfolgen. Kollektive aggregierte Interessenvertretung berücksichtigt in der Regel die Interessen aller Teilnehmer oder spezielle Organisationsinteressen, die nicht zwangsläufig die originären Einzelinteressen widerspiegeln (s. Olson 1968). Der Kooperationsbedarf ist somit themenabhängig.

Kleingruppen – Großgruppen

Die Größe der Gemeinschaft spielt eine wichtige Rolle für die Auswahl der Instrumente. Hierbei spielen räumliche und zeitlich Kriterien sowie die erhöhte Heterogenität eine zentrale Rolle. Kleine Gruppen können auf interpersonale Kontakte und Kenntnisse zurückgreifen. Die Transparenz der Interessenvielfalt ist hier leichter herzustellen. Grossgruppenverfahren nutzen die Aufteilung in Kleingruppen nach Kriterien wie organisierte Interessen oder demographische Repräsentativität, Interessenorganisierte und Prinzipien der Repräsentativität (Parteien, NGO) (s. Weber 2006). Hierbei kommt der Rückkopplung eine besondere Bedeutung zu.

Real – virtuell

Die neuen Informations- und Kommunikationstechnologien haben virtuelle Beteiligungsmöglichkeiten geschaffen. Im Vergleich zu bereits bestehenden, auf nonverbaler Kommunikation basierenden Beteiligungsinstrumenten (Briefe an Politiker) eröffnet das Internet die Möglichkeiten, reale über neue Kanäle im virtuellen Raum zu reproduzieren.

Passiv – aktiv

Die Kategorisierung nach den jeweiligen Kosten der partizipativen Akte bildet eine Grundlage für hierarchische Partizipationsmodelle. Sie orientieren sich an den Kosten, die die Partizipation in Bezug auf Zeit bzw. personelle Energien, der die politische Initiative bedarf (s. Verba u. a. al. 1973). Dabei werden Typologien entwickelt, die den Grad der Partizipation beschreiben, wie „gladiators", „transitionals", „spectators", und „apathetics" (Milbrath/Goel 1965). Milbrath und Goel betrachten die politische Arena ähnlich wie römischer Zirkusspiele. „Gladiators" engagieren sich direkt als Amtsinhaber („complete activists") im politischen Prozess. „Spectators" entscheiden durch ihr Votum über den Einsatz der Amtsinhaber („voting", „patriotic support"). „Transitionals" bilden das Unterstützungsreservoir. Sie bestehen aus „party and campaign workers" oder aus „protestors", die eine Zwischenstufe zum „complete activist" darstellen. Die „apathetics" liefern keinerlei inputs.

Konsultativ — dezisiv

In repräsentativen politischen Systemen sorgen Wahlen für die Auswahl politischer Repräsentation. Dezisive Referenden als direktdemokratische Verfahren besitzen die Nähe zur Entscheidungsfindung. Sie sind verfasste und direkte politische Sachentscheidungen mit bindendem Charakter. Gewählte Gremien können Kompetenzen nicht nur an die exekutive sondern auch an Bürgergruppen delegieren und jederzeit zurückholen. Sie können Beiräte endgültige Entscheidungsbefugnisse übertragen werden. Die Mehrzahl der direkten Beteiligung hat nur konsultativen Charakter. Die Beratung der Legislative oder der Exekutive kann aber entsprechend ihres Legitimationsstatus prägenden Charakter haben. So wie auch konsultative Referenden oft umgesetzt werden, so werden die Ergebnisse konsultativer Beratungsinstrumente zumindest zum Teil umgesetzt. Sie wirken somit nachhaltig (s. Schiller 1999). Problematisch erscheint dies, wenn Paketlösungen nicht voll implementiert werden und Interessengruppen dadurch negiert werden.

Legislativ – Pre-legislativ

Partizipation der Bürger ist dabei zentral in das politische Systemmodell eingebunden In Anlehnung an die Systemmodelle von Easton und Almond soll der Policy Zyklus nachgezeichnet werden und die dominanten Akteure identifiziert werden. Easton (1965) und Almond und Powell (1960) gehen in diesem idealtypischen Modell von einem eher abgeschotteten Input-Bereich, einem zentralen politischen System (Withinput-Bereich) und einem Output-Bereich aus (s. Tabelle 4). Dabei ist die Gewaltenteilung ein determinierender Faktor. Das Parlament (Politikformulierung) und die Exekutive (Politikimplementation) sind demnach voneinander getrennt und besitzen unterschiedliche Aufgaben.

Tabelle 4: Politisches Systemmodell und Policy-Zyklus und Partizipation

Ebene	INPUT Formal Pre-legislativ		Zentrales politisches System (WITHIN-PUT)		OUTPUT
Zentrale Akteure	Bürger	NGOs, Parteien, Medien	Parlament (Legislative)	Regierung (Exekutive)	
Policy-Zyklus (Funktionen)	Interessenartikulation Problemdefinition	Interessenaggregation und Agenda-Setting	Politikdefinition und Programmformulierung	Politik-Konkretisierung (Regulation, Re-Distribution, Extraktion)	Politik-Implementation Politik-Evaluation Politik-Anpassung

Im Input-Bereich ist die Interessenartikulation zunächst auf der individuellen Ebene verortet und erst bei der Aggregation werden die politischen Parteien und NGOs (Vereine, Verbände, soziale Bewegungen, Bürgerinitiativen) relevant. Sie sind letztendlich Produkt dieser Aggregation und Interessenorganisierung. Die Realität sieht anders aus. So kommt es dort zumeist auch verfassungsgemäß zu einer Verschränkung der Gewalten und zur Vernetzung auf den verschiedenen

Ebenen. Die Exekutive prägt die Politikdefinierung. Während die Parlamente versuchen, auf die Implementation Einfluss zu nehmen. Auch im Input-Bereich sind Parteien und Medien bereits bei der Problemdefinition aktiv und beide sind ebenso wie die Exekutive beim Agenda-setting relevant. Gleichzeitig hat bereits im Neo-korporatismus und insbesondere mit den Governance-Strategien der neunziger Jahre eine Öffnung zunächst für ökonomische Eliten (vor allem Wirtschaftsverbände, aber auch Gewerkschaften) und anschließend für blockierte Bürgergruppen stattgefunden. Die zivilgesellschaftlichen Gruppen kritisierten vielmehr, dass Beteiligung wenn überhaupt eher sehr spät und symbolisch stattfand, da wesentliche Entscheidungen schon von der Exekutive und Legislative getroffen wurden. Die Bürger drängen somit eher auf eine rechtzeitige Einbindung in die Entscheidungsfindung im pre-legislativen Prozess.

4 Neue Beteiligungsinstrumente. Ein Überblick

Die Anzahl neuer Beteiligungsinstrumente ist mannigfaltig. Beratungsfirmen neigen dazu ihr eigenes Instrument neu zu erfinden Häufig werden ähnliche Ansätzen unter anderem Labels neu vermarktet. Zum Teil werden nur Nuancen verändert. Um das geistige Eigentum zu schützen, werden eigene Trademarks entwickelt (s. Deliberative Poll®). Zum Teil werden Verfahren verknüpft und hierüber neu entwickelt.

Im Folgenden sollen neue Partizipationsinstrumente und Beteiligungsverfahren, die einen Aufschwung erlebt haben, untersucht werden. Ihre Anwendung, d.h. nicht nur ihr normativer Anspruch, soll kritisch überprüft werden.

Tabelle 5: Typologie moderner Beteiligungsverfahren

	Kontinuierlich	Punktuell
Konsultativ	Internetbasierte Bürgerbefragung Deliberatives Poll Webforum	World Café Open Space-Konferenz Zukunftskonferenz
Stärker Dezisiv und Nachhaltig	Referenden Beiräte Kinder- und Jugendparlament	Planungszelle (Citizen Jury) Mediation Bürgerhaushalt (Participatory Budgeting) Real time strategic change (RTSC)

Der Bogen dieses Bandes soll von der repräsentativen Demokratie, die den Bürger neben den Wahlakt zunehmend direkter einbindet und zudem als Informationssubjekt entwirft, hin zu diskursiv-interaktiv angelegten Verfahren geschlagen werden, die stärker Modellen deliberativer Politik und einer zivilgesellschaftlich getragenen Demokratie entsprechen.

Dabei wird nicht von einer Hierarchie der Beteiligung im Sinne von Arnstein ausgegangen. Die verschiedenen Beteiligungstypen repräsentativ – direkt, informativ- deliberativ stehen gleichberechtigt nebeneinander, erfüllen unterschiedliche Funktionen und sind nur im konkreten politischen Kontext je nach Aufgabenstellung unterschiedlich zu gewichten. Dennoch zeigen sich Verfahren, die eher nachhaltig wirken, da sie dezisiv sind und Instrumente, die eher konsultativ und informierend angelegt sind. Weiterhin lassen sich die Beteiligungstypen nach kontinuierlichen und punktuellen Verfahren mit „Eventcharakter" unterscheiden. Die Kontinuität beinhaltet wichtige Vorabwirkungen im demokratischen System, da sich die politischen Institutionen auf eine Intervention einrichten und zum Beispiel ihre Politik „referendumssicher" gestalten. Die Kontinuität beinhaltet aber auch oft die Notwendigkeit einer besseren Ressourcenausstattung der Teilnehmer des jeweiligen Beteiligungsinstruments.

Informierte Demokratie: Vom Zuschauer zum Informationssubjekt

Die dominierende elektorale repräsentative Demokratie hat neue Instrumente entwickelt, die den Bürger nicht nur informieren, sondern gleichzeitig sein Votum abfragen, d.h. ihn zum Informationssubjekt machen. Bürgerinformationssysteme versuchen die Bevölkerung rechtzeitig zu informieren. Rechtzeitige Beteiligung soll die Kontrollfunktion (whistle blower-Funktion) insbesondere im Bereich der zivilgesellschaftlichen Organisationen erhöhen. Diese sind auch oft Initiatoren der Parlamentskontrollsysteme etc. Ein Problempunkt ist die zielgruppenspezifische Aufbereitung der Informationen die eine Gradwanderung zwischen Reduktion der Komplexität und Detailinformationen sowie zwischen Infotainment und wissenschaftlicher Expertise sein muss. Wird eine Information durch die staatlichen Institutionen bereitgestellt, ist politische Neutralität relevant. Auch wenn dieses gelingt bleibt die Resonanz aus der Bevölkerung aufgrund oft mangelnden, bestenfalls temporären Interesses an Politik gering. Die neue Rolle als Informationssubjekt beinhaltet aber eine zunehmende reziproke Interaktivität.

Hierbei spielen die neuen Informationstechnologien eine besondere Rolle. Das Internet als „Gedächtnis für Organisationen" hat auch die politische Informationsverarbeitung verändert. Es wird ebenso zunehmend für politische Kommunikation als Diskussionsforum genutzt. Untersuchungen zeigen, dass es sich dabei eher um eine Ansammlung von Meinungen und Statements handelt als um einen reziproken Diskurs (Kersting 2004). Dennoch sind auch diese nutzbar zur Erweiterung der Informationsbasis der Politik. Die rasante Entwicklung der neuen Informations- und Kommunikationstechnologien hat zwar digitale Spaltung nicht behoben, dennoch werden eine Vielzahl der realen Beteiligungsinstrumente im Rahmen der „Electronic democracy" im virtuellen Raum reproduziert. Bürgerinformationsdienste, internetbasierte Befragungen, Online Konferenzen, Online *Webforen* und Online-Wahlen mit vorgelagerten Informationsplattformen bieten dabei aber neue Möglichkeiten (Aufhebung der Trennung von Raum und Zeit), aber auch neue Probleme (mangelnde Diskursivität etc.) (s. Kersting 2003).

Neben der unilateralen Information werden die Bürger zunehmend in bilaterale Kommunikationsprozesse eingebunden. Repräsentative Bürger- und Nutzerbefragungen -online oder real- geben dem Politiker Informationen an die Hand. In *internetbasierten Befragungen* treten dabei die für die neuen Informationstechnologien bekannten Probleme und Chancen auf. Dabei können sie, was häufig nicht beachtet wird, auch für den Bürger als Informationsquelle dienen. *Deliberative Polls* versuchen dabei die Informationsbasis zu verbessern und unter anderem das Meinungsumfragen innewohnende Repräsentativitätsproblem aufzufangen.

Institutionalisiertes Politik-Monitoring: Von der repräsentativen zur direkten Demokratie

Neben den verfassten Parlamenten werden neue Kontrollinstitutionen geschaffen, die kontinuierlich als verfasste Institutionen ein Politikmonitoring betreiben. Über institutionalisierte Beteiligung in *Beiräten* (Orts-, Ausländer-, Senioren-, Behindertenbeiräte, *Kinder- und Jugendparlamente*/Nutzerbeiräte) sollen Partikularinteressen miteinbezogen werden. Die Beiräte werden oft als „Sandkastendemokratie" gesehen. Sie sind oft nur begrenzt legitimiert und haben zumeist auch nur einen begrenzten Entscheidungsspielraum. Es handelt sich aber zumeist nicht um eine rein symbolische Beteiligung, da der Sachverstand der vertretenen Bürgergruppen relevant ist. So können sie neben der Politikkontrolle eine wichtige Rolle bei der Politikentwicklung gewährleisten. Politikmonitoring wird in noch höherem Masse durch die „modernen" Instrumente der numerischen direkten Demokratie gewährleistet, die durch ihre Existenz bloße Vorwirkungen realisieren. *Referenden und Initiativen* beheben die dem repräsentativen System innewohnende Trennung der Sachentscheidung vom betroffenen Bürger. Die Trustee und Advokaten-Problematik stellt sich in dieser themenorientierten direkten Beteiligung nicht. Vielmehr werden mit der Institutionalisierung und der Verfasstheit der Referenden Vorwirkungen generiert, die zu mehr Responsivität führen. Referenden vollziehen den Schritt von symbolischer Beteiligung zur direkten institutionalisierten Politikkontrolle. Sie fördern dialogische Prozesse, die aber im Vorfeld nur schwer zu planen sind.

Dialogische Konsensfindung: Von strukturellen Konflikten zum Konsens

Diskursive dialogische deliberative Verfahren greifen vor allem strukturelle Konflikte und Problemstellungen auf und zielen zumeist auf einen Konsens. Hierzu zählen Verfahren wie das *World Café, Open Space Konferenzen* und *Zukunftskonferenzen*. Sie sind als punktuelle Verfahren informell und nicht verfasst. Diese neuen interaktiven Beteiligungsinstrumente werden zumeist als offene Verfahren implementiert. Bei diesen Verfahren stehen in der Regel strukturelle Konflikte im Vordergrund. Da sie zumeist keinen dezisiven Charakter haben und sich mit grundsätzlichen Fragen der Gesellschaftsgestaltung beschäftigen werden sie ebenfalls oft als demokratische Spielwiese diskreditiert. Dennoch ist ihre Wirkung und Nachhaltigkeit kontextabhängig.

Diskursive Entscheidungsvorbereitung: Vom latenten, manifesten Konflikt zur Entscheidung

Weitere Verfahren versuchen latente und manifeste Konflikte zu lösen und zielen -auch wenn dies nicht immer erreichbar ist- auf konsensuale Lösungen und Entscheidungen. Zu den diskursiven Verfahren zur Bearbeitung latenter und manifester Konflikte gehört aber auch die *Mediation*. Die *Citizen Jury* (Planungszelle) greift oft konkrete Problembereiche auf und bereitet Lösungen vor. Vielfach sind sie entscheidungsnah und somit oft nachhaltig. Hier steht zumeist auch die Konsensfindung noch im Vordergrund.

Weitergehende nachhaltigere Instrumente rücken die Verzahnung diskursiver und politikentscheidender Prozesse noch stärker in den Vordergrund. Die punktuelle Beteiligung soll zu nachhaltiger Responsivität führen. Eine Integration mit Entscheidung und Umsetzung ist ausdrückliches Ziel des Verfahrens *Real Time Strategic Change (RTSC)* aber auch zum Teil beim Bürgerhaushalt (Participatory Budgeting) zu finden. Sie sind dem verfassten Prozess deutlich vorgelagert. Diese Instrumente versuchen aber stärker nachhaltig zu wirken und integrieren besondere Verfahren wie z.B. eine Implementationskontrolle.

Transformation, Innovation, Modernität und Reform sind zum Teil zu Unrecht diskreditierte Begriffe. Es geht zunächst wertfrei um neue aktuelle Verfahren bzw. um revitalisierte Instrumente (Referenden). Referenden werden hier als Agende-initiative verstanden. Sie haben eine Renaissance erfahren. Als themenzentriertes, direktdemokratisches Abstimmungsinstrument besitzen sie eine besondere Rolle. Bei den neuen Beteiligungsinstrumenten steht nicht allein die Konsens- und Wissensbildung, sondern auch oft die Lösungen latenter und manifester Konflikte im Vordergrund. Im Feld dieser diskursiven dialogischen Verfahren werden neue systemische Ansätze und Verfahren, die auch in den Feldern der Organisationsentwicklung und -beratung und der regionalen Netzwerkentwicklung zur Anwendung kommen, dargestellt. Dies beinhaltet somit nicht, dass z.b. auch klassische repräsentative Verfahren transformatorisch wirken und innovativ sein können.

Im Folgenden wird versucht, die zentralen aktuellen Beteiligungsverfahren aufzuzeigen. Sie decken ähnliche Ansätze weitgehend ab, die oft lediglich Umbenennungen und Labeling betreiben, sich nur in Nuancen unterscheiden oder – wenig originär- Verfahren kombinieren. Auch der Transfer aus dem angelsächsischen und die bewusste Benutzung von modernen Anglizismen sorgt für einige Verwirrung. Dabei ist die Liste der innovativen Verfahren längst nicht vollständig. Innovative Verfahren wie zum Beispiel Regionen-/Politikfeldaufstellungen, Netzwerkprojektmanagement, Zukunftswerkstatt, Legislatives Theater, Konsenuskonferenz, Szenario Planning, Deep democracy, Change Lab, Circle, ADR, Appreciative Inquiry (AI) etc. können hier nicht dargestellt werden (s. Holmann/ Devane 2002, Ley/Weitz 2003, Bundeszentrale für politische Bildung 2005; Bojer 2006).

Die Brücke zwischen repräsentativer parteidominierter und zivilgesellschaftlich geöffneter Demokratie kann nur geschlossen werden, wenn es gelingt, „Paralleldemokratien und -arenen" in integrierte Prozesse der Politik- und Gesellschaftsgestaltung zu überführen. Die Integration der Gruppenrationalitäten in nachhaltige Veränderungen ist daher eine Frage, der hier gezielt nachgegangen werden soll.

Verfahren und Instrumente der Partizipation verstehen wir nicht nur als „Transporteure" neuen Wissens oder neuer Politikinhalte oder Reformprozesse, sondern als performative Praxen, die als Praxis Demokratisierung lebbar macht. Verfahren sind Prozessinnovationen für demokratische Gesellschaften, deren Wirkmächtigkeit kontextuell ausgehandelt werden muss. Daher stellt sich die Frage nach den Qualitätskriterien der Verfahren und ihrer Anwendung: In der folgenden Analyse werden Qualitätskriterien aus der Demokratietheorie, Netzwerktheorie und der partizipativen Evaluationsforschung genutzt, um die Verfahren daraufhin zu reflektieren, welche Ziele und Wege, Chancen und Potentiale, aber auch welche Risiken und Grenzen sie mit sich bringen.

5 Qualitätskriterien politischer Beteiligungsverfahren: Anspruch und Realität

Die Vielzahl der Beteiligungsinstrumente macht eine Bewertung notwendig. Hier fehlt es nicht nur an den nötigen Ressourcen (Zeit, Expertise), dem nötigen Willen der politisch Verantwortlichen, die ohnehin oft die Beteiligung eher als symbolisches Element betrachten, sondern auch an den nötigen Evaluationsinstrumenten.

Es existieren unterschiedliche Konzepte und Definitionen der Evaluation. Der Zeitpunkt kann im Projektzyklus differieren (Ex-ante- Machbarkleitstudien, Monitoring oder Ex-post-Evaluation). Evaluation kann nutzerabhängig, d.h. abhängig von den Zielen der Betroffenen oder theorieabhängig, d.h. abhängig von den Theorien zur Partizipation angelegt sein. Evaluation kann zudem eher den Partizipationsprozess oder die Ergebnisse, d.h. die endgültige Entscheidung (Output), die implementierte Politik (Outcome) oder sogar die Auswirkungen auf die Bevölkerung (Impact) analysieren.

Die Autoren wurden gebeten anhand einer Checkliste die Instrumente in Bezug auf die normativen, theoriegeleiteten Indikatoren zu untersuchen. Im folgenden sollen zunächst basierend auf normativen, demokratietheoretischen Konzepten die zentralen Qualitätskriterien und -kategorien kursorisch vorgestellt werden. Die Evaluationsinstrumente sollen im Schlusskapitel im Detail diskutiert werden.

Dabei liegt der Schwerpunkt auf der Prozess- und der Ergebnisevaluation. Aufbauend auf demokratietheoretischen Erwägungen von z.B. Schiller (1999) und Kersting (2005) sollen vier Kernbereiche analysiert werden:

- Offenheit und politische Gleichheit
- Machtkontrolle und Legitimität
- Rationalität und Transparenz
- Effizienz und Effektivität

Die Qualitätskriterien werden als universell angesehen, obwohl sie in unterschiedlichen Konzepten anders gewichtet werden. Auch die Beteiligungsinstrumente haben unterschiedliche Schwerpunkte und Ziele. Die Realisierung dieser Ansprüche, d.h. die konkrete Evaluation, ob die einzelnen Beteiligungsprojekte den eignen Ansprüchen gerecht werden erfolgt im Schlusskapitel.

Bei dieser Checkliste zur Charakterisierung und Bewertung muss man zwischen normativem Anspruch und Implementationswirklichkeit unterscheiden. Die einzelnen Instrumente wurden zunächst darauf untersucht, ob und in welchem Ausmaß sie diese Ziele anstreben. Abschließend soll analysiert werden, ob sie sie erreichen. Die Evaluation konzentriert sich auf folgende Kernbereiche und Qualitätskriterien, die hier kursorisch in Frageform formuliert sind. Im Schlusskapitel werden diese Aspekte eingehender diskutiert. Dabei geht es um die Entwicklung eines Evaluationsinstrumentes für moderne deliberative Beteiligungsverfahren:

Offenheit und politische Gleichheit:

Diese Qualitätskategorie bezieht sich auf die Offenheit des Verfahrens. Davon abhängig ist die Frage, ob es sich um ein Großgruppen oder um ein Kleingruppenverfahren handelt. Großgruppen können versuchen mit Vollversammlungen alle Betroffenen einzubinden. Ist das Instrument völlig offen , steht die Selbstselektion im Vordergrund, sind ausgewählte Stichproben der Bevölkerung eingeladen oder sind nur wichtige organisierte Interessen (stakeholder) eingebunden? Kommt es zu einer administrativen Beteiligung oder ist die Verwaltung und die Politik ausgeklammert? Das Ausmaß der Inklusion hängt zusammen mit der Intensität der Inklusion. In einer Gruppe bestehende hierarchische Machtstrukturen können eine Beteiligung bestimmter Gruppen zum symbolischen Akt degradieren. Wie wird der Abbau von Hierarchie betrieben? Wird die soziale Dominanz von Meinungsführern umgegangen? Wenn Experten oder Verwaltungsmitarbeiter eingebunden sind, wie wird dann das Problem der technokratische Dominanz bewältigt?

Machtkontrolle und Responsivität

Machtkontrolle und Responsivität, d.h. die Ausrichtung der gewählten politischen Vertreter auf die Interessen der Bürger, orientiert sich eher auf die Outputs des Verfahrens und auf die Transmission in das politische System, als auf den internen Gruppenprozess. Kommt es zu einer Dezentralisierung der Entscheidungsfindung und weitgehenden Autonomie der Gruppe? Hierbei ist die Frage, ob ein beratendes oder ein Entscheidungsorgan konstituiert wird, relevant. Neben der Verfasstheit des Verfahrens ist somit auch die Frage der Legitimität und der direkten oder repräsentativen Entscheidungsfindung relevant. Letztendlich wird hier untersucht, ob es sich um wirkliche Mitbestimmung oder um bürgerschaftliches Engagement im Sinne von Mitarbeit in Form von Selbsthilfe handelt. Der Prozess der Implementationskontrolle wirkt sich auf die Nachhaltigkeit aus. Responsivität der gewählten Vertreter ist im verfassten Prozess über Verfassung und Satzungen geregelt. Nicht verfasste Organe können Kontrollmechanismen und zumindest Informationssysteme besitzen, um die Erfolgskontrolle zu gewährleisten.

Rationalität und Transparenz

Eine erhöhte Rationalität in der Entscheidungsfindung soll durch eine höhere Kompetenz und Kenntnisse in der Bürgerschaft als auch in den politischen Eliten erreicht werden. Dies gelingt zum einen durch eine erhöhte Transparenz. Plurale umfassende Bürgerinformationen zeigen nicht nur die Argumente der externen Experten und der implementierenden Bürokratie sondern auch die Interessen der zivilgesellschaftlichen Gruppen auf. Hierüber soll die Gemeinwohlorientierung gestärkt werden. Dadurch kann es zudem zum deliberativen Diskurs kommen, der Argumente, gegenseitigen Respekt, Empathie (Einfühlungsvermögen) und Konsensfindung in den Vordergrund stellt. Wie wird ein Wissenstransfer und ein deliberativer gleichberechtigter Diskurs gefördert? Wurden individuelle Kompetenzen gefördert? Wurden hierfür neue Informations- und Kommunikationsinstrumente benutzt? Wurde empathisch und wertschätzend miteinander diskutiert?

Effizienz und Effektivität

Effizienzkriterien beschreiben den Einsatz der Ressourcen, der Organisationen und der Teilnehmer (Zeit, Geld etc.). Effektivitätskriterien sind dagegen als Zielerreichung immer abhängig von der Zielsetzung. Im Folgenden sollen nicht die oben genannten allgemeinen Ziele der Beteiligungsinstrumente, sondern deren konkrete Funktionen analysiert werden. Diese liegen in der Ideengenerierung (brainstorming), in der Planung (planning), in der Netzwerkbildung (networking) und in der Konfliktschlichtung (conflict resolution). Moderatoren dienen als Erleichterter (facilator) für diese Prozesse. Ihre Rolle, ihre Kompetenzen und Kenntnisse sind von besonderer Bedeutung. Aber auch Verfahrensregeln sind wichtig. Mehrheitsregeln können die Prozesse beschleunigen, können aber auch –

z.B. ohne Minderheitenschutz- demotivieren. Wie werden Interessen aggregiert? Wie werden Kooperationen und Netzwerke gebildet die zukünftige Beteiligungsprozesse erleichtern? Letztendlich sind die Motivation und das politische Interesse der Beteiligten zentrale Voraussetzungen für das Gelingen der Beteiligung.

Im folgenden Kapitel werden Prinzipien und Ansätze zur Qualifizierung der Demokratie dargestellt. Daran schließen sich die Kapitel an, die die Beteiligungsinstrumente beschreiben und evaluieren. Die Autoren wurden gebeten die Verfahren kurz zu skizzieren, ein empirisches Beispiel zu präsentieren, die Stärken und Schwächen, sowie die Möglichkeiten und Probleme anhand einer Liste mit Qualitätskriterien zu evaluieren. Am Schluss des Bandes wird das Thema Evaluation und Nachhaltigkeit erörtert und abschließend werden die Ergebnisse zusammengefasst und Implikationen für die Weiterentwicklung eines Evaluationsinstrumentes vorgestellt.

Literatur

Almond, Gabriel/Powell, Bingham: Comparative Politics Socialization. Boston: Little, Brown. 1960
Apter, D.E.: The Politics of Modernization. Chicago. 1965
Arnstein, Sherry R.: A Ladder of Citizen Participation. In: Journal of the American Planning Association 35(1969)4: 216-224.
Asher, H.A./Richardson, B.M., 1984: Political Participation. Frankfurt
Barnes, Samuel H./Kaase, Max u.a.: Political action. Beverly Hills: Sage. 1979
Bjoer, Marianne et al.: Mapping dialogue. Johannesburg: GTZ. 2006
Bühlmann, Marc/Kriesi, Hanspeter: Political Participation Quantity versus Quality NCCR Democracy University of Zurich. 2007
Bundeszentrale für politische Bildung (Hg.): Großgruppenveranstaltungen in der politischen Bildung. Konzepte und Methodenüberblick. Gestaltung und Moderation in der Praxis. Bonn. 2005
Burton, Paul 2003: Community involvement in neighbourhood regeneration: stairway to heaven or road to nowhere? Bristol. CNR
Buse, M.J./Nelles, W.,: Formen und Bedingungen der Partizipation im politisch-administrativen Bereich. In: Alemann, U. (Hg.) 1975: Partizipation, Demokratisierung, Mitbestimmung. Opladen
Chambers, R.: Participatory rural appraisal. Analysis and experience. In: World Development 22(1994)2: 1253-1268
Coase, Ronald: The nature of the firm. In: Economica (1937)4: 386-405
Cooke, Bill/Khortari, Uma (Hg.): Participation the new tyranny. London: Palgrave. 2001

Innovative Partizipation: Legitimation, Machtkontrolle und Transformation 37

Cooke, Bill: The social psychological limits of participation? In: Cooke, Bill/Khortari, Uma (Hg.) 2001: Participation the new tyranny. London: Palgrave: 102-121. 2001

Council of Europe: Participation of citizens in Local public life. Strasbourg: Council of Europe. 2000

Dahl, Robert A.: Polyarchy. Participation and Opposition. New Haven, London: Yale University Press. 1971

Deutsch, Karl W., 1971: Politische Kybernetik. Modelle und Perspektiven. Freiburg

Dewey, John: Demokratie und Erziehung. Weinheim: Beltz. 1984

DiGaetano, Alan/Strom, Elisabeth: Comparative Urban Governance. An integrated approach, in: Urban Affairs Review 38 (2003) 3: 356-395.

Dryzek, John: Deliberative Democracy and Beyond, Oxford: OUP. 2002

Dryzek, John: Discursive democracy. Cambridge: Cambridge University Press. 1990.

Easton, David: A System Analysis of Political Life. New York. 1965

Feindt, Peter H. u.a. (Hg.): Konfliktregelungen in der offenen Bürgergesellschaft. Dettelbach,. 1996

Feindt, Peter H./Newig, Jens (Hg.): Partizipation, Öffentlichkeitsbeteiligung, Nachhaltigkeit. Perspektiven der Politischen Ökonomie. Marburg: Metropolis. 2005

Foucault, M. Power/Knowledge. Selected writings Brighton: Harvest Wheatsheaf 1980.

Friedmann., John: Empowerment. The politics of alternative development. Oxford: Blackwell. 1982

Fung, Archon/Wright, Eric Olin (Hg.): Institutional innovations in empowered participatory governance. London: Left Books. 2003.

Gaventa, John: Towards participatory governance, in: Hickey, Samuel/Hohan, Glies (Hg.) Participation from tyranny to transformation? Exploring new approaches to participation in development. London: Zed Books: 2005: 25-41.

Gust, Mario/Seebacher, Uwe G. (Hg.): Innovative Workshop-Konzepte. Ottobrunn: USP Publishing International. 2004

Habermas, Jürgen: Erläuterungen zur Diskursethik. Frankfurt: Suhrkamp. 1991

Habermas, Jürgen: Die Einbeziehung des Anderen. Studien zur politischen Theorie. Frankfurt: Suhrkamp. 1996

Harvey, J.B.: The Abilene paradox. The managenment of agreement. In: Gibson, J.L et al. Readings in organisations. Dallas: Business Publications. 1979

Holman, Peggy/Devane, Tom (Hg.): Change Handbook – Zukunftsorientierte Großgruppen-Methoden. Heidelberg: Carl-Auer-Systeme Verlag 2002.

Holtkamp, Lars et al.: Kooperative Demokratie. Frankfurt: Campus. 2006

Huntington, Samuel: No easy choice. Political participation in developing countries. Cambridge: Harvard University Press. 1976

Janis, I.L.: Group think, in: Kolb, D. et al 1991: The organizational behaviour reader. New Jersey Prentice Hall. 1991

Jann, Werner/Wegrich, Kai: Phasenmodelle und Politikprozesse. In: Schubert, Klaus/Bandelow, Nils (Hg.): Lehrbuch der Politikfeldanalyse. München. 2003: 71-104

Kaase, Max und Marsh, A.: Political Action. In: Barnes, S.H./Kaase, M. et al. 1979: Political Action: 27-56. Beverly Hills

Kaase, Max: Partizipation, in: Nohlen, Dieter (Hg.) Wörterbuch Staat und Politik. Bonn: Bundeszentrale für politische Bildung. 1995: 521-527

Kersting, Norbert: Die Zukunft der lokalen Demokratie. Frankfurt: Campus. 2004.

Kersting, Norbert 2005: The quality of political discourse: Can E-discussion be deliberative? Annual Conference of the British Political Studies Association Leeds 5-7 April 2005

Kersting, Norbert/Vetter, Angelika (Hg.): Reforming local government in Europe. Closing the gap between democracy and efficiency. Opladen: Leske und Budrich. 2003

Kersting, Norbert/Baldersheim, Harald (Hg.): Electronic voting and democracy. London: Palgrave. 2004

Lafferty, William. M.: Implementing LA 21 in Europe. New initiatives of four sustainable communities. Oslo. 1999.

Lane, R.E.,: Political Life. Why People get Involved in Politics. Glencoe. 1959

Ley, Astrid/Weitz, Ludwig (Hg.): Praxis Bürgerbeteiligung – Ein Methodenhandbuch" Bonn: Verlag Stiftung Mitarbeit – Agenda Transfer. 2003.

Lijphart, Arend: Unequal Participation: Democracy's Unresolved Dilemma. American Political Science Review 91(1997)1: 1-14.

Lipset, Seymor M.: Political Man. The Social Base of Politics. Garden City. 1960.

Macedo, Stephen: Democracy at Risk. How Political Choices Undermine Citizen Par- ticipation and What We Can Do About It. Washington D.C.: Brookings Institution Press. 2005.

Mansbridge, Jane: Beyond Adversary Democracy. Chicago: University of Chicago Press, 1983.

Milbrath, L.W./Goel, M.L.,: Political Participation. How and Why Do People Get Involved in Politics. Chicago. 1965

Nohlen, Dieter: Wahlrecht und Parteiensystem. Opladen. 1990.

Nohlen, Dieter/Nuscheler, Franz (Hg.): Handbuch Dritte Welt. Bonn

Olson, Mancur: The Logic of Collective Action. Cambridge, Mass. 1968

Ordeshook, Peter C.: Institutions and incentives In: Journal for Democracy (1995) 6: 46-60

Pateman, Carole: Participation and Democratic Theory. London. 1970.

Pierre, Jon/Peters, Guy: Governance, politics and the state. London: Palgrave. 2000

Pitkin, Hannah 1969: Representation. New York: Alberton Press

Renn, Ortwin; Webler, Thomas 1996: Der kooperative Diskurs. Grundkonzeption und Fallbeispiel. In: Analyse und Kritik: Zeitschrift für Sozialwissenschaften 18 (1996): 175-207.

Rösler, Cornelia: Lokale Agenda 21 in deutschen Städten. In: Heinelt, Hubert/Mühlich, Eberhard (Hg.) 2000: Lokale „Agenda 21" Prozesse. Opladen: Leske + Budrich. 2000: 13-28.

Roth, Roland: Lokale Demokratie 'von unten'. In: Roth, Roland/Wollmann, Hellmut (Hg.) 1994: Kommunalpolitik. Opladen: Leske + Budrich: 228-244.

Schein, E.H.: Coercive persuasion. New York: Norton. 1961

Schiller, Theo (Hg.): Direkte Demokratie in Theorie und kommunaler Praxis. Frankfurt: Campus. 1999

Schiller, Theo/Mittendorf, Volker (Hg.) 2002: Direkte Demokratie. Wiesbaden: Westdeutscher Verlag.
Schiller, Theo: Prinzipien und Qualitätskriterien von Demokratie. In: Berg-Schlosser, Dirk/ Giegel, Hans Joachim (Hg.) 1999: Perspektiven der Demokratie. New York: Campus. 1999: 28-56.
Thaysen, Uwe: Bürger-, Staats-, und Verwaltungsinitiativen. Heidelberg: Schenck. 1982.
Uehlinger, Hans-Martin: Politische Partizipation in der Bundesrepublik. Strukturen und Erklärungsmodelle. Opladen; Westdeutscher Verlag. 1988
Verba, Sidney et al., 1973: The Modes of Participation. Continuities in Research. In: Comparative Political Studies 6 (1973):235-250.
Verba, Sidney/Nie, Norman et al.: Participation and Political Equality. A Seven Nation Comparison. Cambridge. 1978
Verba, Sidney/Schlozman, Kay L./Brady, Henry E.: Voice and Equality: Civic Voluntarism in American Politics. Cambridge: Harvard University Press. 1995
Verba, Sidney/Nie, Norman H.: Participation in America. Political democracy and social equality. New York: Harper and Row. 1972
Weber, Susanne Maria: Rituale der Transformation. Großgruppenverfahren als pädagogisches Wissen am Markt. Wiesbaden: VS-Verlag 2005
Zittel, Zhomas: Participatory democracy and political participation, in: Zittel, Thomas/ Fuchs, Dieter (Hg.): Participatory democracy and political participation. London: Routledge. 2007

Weiterführende Informationen im Internet:

http://www.buergergesellschaft.de (unter: Politische Teilhabe/Modelle und Methoden)
http://www.all-in-one-spirit.de (unter: Ressourcen für die Großgruppenarbeit)
http://www.change-management-toolbook.com
http://www.managerseminare.de (unter: WB-Lexikon)
http://www.gemeinsinn-werkstatt.de (unter: Beteiligung/Aktuelles bzw. Initiativen; oder: Information/Baukasten)

Norbert Kersting, Philippe Schmitter und Alexander Trechsel

Die Zukunft der Demokratie

1 Einleitung

Demokratien haben als generische Herrschaftsform eine mehr als zweitausendjährige Geschichte, sind aber erst in den letzten Dekaden das ubiquitäre Herrschaftssystem geworden. Sie treffen dabei auf unterschiedliche Kulturkreise, auf unterschiedliche Sozialstrukturen sowie auf verschiedene religiöse und ethnische Zusammensetzungen. Aus diesem Grund haben demokratische Systeme eine Vielzahl unterschiedlicher Praktiken und Institutionen herausgebildet, die alle der accountability der Politiker gegenüber dem Bürger dienen. Demokratien haben sich in ihrer Geschichte verändert und entwickeln sich auch heute noch weiter. Das demokratische System der Athenischen Republik kann kaum auf moderne Industrienationen übertragen werden, auch wenn besonders für junge Demokratien die Gefahr des Zusammenbruchs besteht. Demokratien konsolidieren sich, sie etablieren sich und sie müssen sich auf einem höheren Niveau qualifizieren.

Insofern ist es nicht überraschend, dass Demokratietheorien eine Vielzahl von Konzepten, von der elitistischen Demokratietheorie (Max Weber, Joseph Schumpeter) zur partizipatorischen Demokratietheorie (Carole Pateman, Benjamin Barber), von der komplexen Demokratietheorie (Fritz Scharpf), deliberative Demokratietheorie (Jürgen Habermas, Joshua Cohen, John Dryzek) bis hin zur kritischen Demokratietheorie (Claus Offe) beschreiben. Auch die Vorläufer der modernen Demokratietheorie mit John Locke, John Stuart Mill und Karl Marx besaßen unterschiedliche Konzepte und Vorstellungen. In der modernen Demokratietheorie sind dennoch grundlegende Prinzipien universell verankert, die in der Qualifizierung der Demokratie berücksichtigt werden müssen.

Zunächst sollen aktuelle Problemlagen und Kontexte sowie Krisenerscheinungen der Demokratie eher kursorisch beschrieben werden. Krisen beinhalten Chancen und Entscheidungen für neue Konzepte und Strategien. Hieran anschließend werden die Ziele von Demokratien von normativen demokratietheoretischen Konzepten abgeleitet. Vor diesem Zielhorizont werden einzelne innova-

Die Zukunft der Demokratie

tive Instrumente vorgestellt. Diese wurden in einer Arbeitsgruppe um Philippe Schmitter und Alexander Trechsel (2004) erarbeitet. Sie besitzen keinen Anspruch auf Vollständigkeit. Es handelt sich um Reformmaßnahmen, die z.T. noch nicht implementiert wurden. Andere sind nur teilweise oder rudimentär umgesetzt worden, und wieder andere besitzen zwar in einzelnen Ländern eine langjährige Tradition, werden aber in anderen Ländern eher stiefmütterlich betrachtet bzw. noch nicht adäquat umgesetzt.

„What ever form it takes, the Democracy of our Successors will not and can not be the Democracy of our Predecessors". Robert Dahl's Diktum hat nicht seine Gültigkeit verloren. Ein Wandel der Demokratien ist notwendig und zwangsläufig. Aber um eine positive und keine negative Entwicklung zu bewerkstelligen, muss es normativ und zielgerichtet sein. Innovationen sollen die Weiterentwicklung der Demokratien fördern. Dabei steht nicht die Stabilität des politischen Systems als Selbstzweck im Vordergrund, Ziel ist vielmehr eine Qualifizierung der Demokratien für das „bonum commune" im weiteren Sinne. Um dies zu erreichen, ist eine dauerhafte innovative Veränderung der demokratischen Strukturen unumgänglich.

2 Problemlagen

Die neuen und alten Demokratien stehen vor neuen Herausforderung (Kersting 2004a). In vielen Ländern führt der demokratische Wandel zu veränderten Altersstrukturen in der Bevölkerung („Ergraute Gesellschaft"). Die sozialen Sicherungssysteme und insbesondere die Rentenversicherung können dabei oft den Erwartungen der Bevölkerung nicht mehr gerecht werden. Auch über die internationale Migration wird die Überalterung der Bevölkerung in einigen Ländern nur begrenzt gemildert („Multikulturelle Gesellschaft"). Die Zuwanderung schafft in vielen Gesellschaften starke interkulturelle Spannung. Aufgrund starker Zuwanderung in die Metropolen („Urbane Gesellschaft") kommt es in diesen zu starken Segregationserscheinungen und zum Aufbau unterschiedlicher Milieus. Da sich gleichzeitig, z.T. durch die Globalisierung verstärkt, deutliche Einkommensunterschiede zwischen den sozialen Gruppen herausbilden, wird eine zusätzliche Spannungslinie zwischen arm und reich, d.h. zwischen denen, die über Arbeit und ein ausreichendes Einkommen verfügen und den Arbeitslosen bzw. Geringverdienern und Unterstützungsempfängern deutlich („Zwei-Drittel Gesellschaft"). Da sich die Spannungslinien im urbanen Kontext verfestigen und zumeist überlappen, greifen sozialpolitische Maßnahmen, wie z. B. Politiken zur

Integration, nur begrenzt. So werden diese Gruppen verstärkt in traditionelle primordiale Sozialgemeinschaften, wie Familie und Verwandtschaft zurückgeworfen, während die bessergestellten Gruppen eher durch klassische Individualisierungsprozesse und den Abbau sozialen Kapitals geprägt sind.

Diese gesellschaftlichen Fehlentwicklungen werden durch Krisen im politischen System begleitet. Zunehmend werden klassische staatliche Aufgaben privatisiert, so dass Entscheidungskompetenzen entfallen. Gleichzeitig verlagern sich diese häufig weg von den bislang dominierenden nationalen Parlamenten hin zu supranationalen Institutionen. Die demokratisch gewählten Parlamente geben weitere Entscheidungskompetenzen an oft nur indirekt legitimierte Exekutiven ab, sowie an zunehmend wichtiger werdende Expertengremien.

Grundsätzlich zeigen sich aber drei zentrale Krisenerscheinungen:

1. Partizipationskrise

Mit der Auflösung der sozialen Milieus geraten die Parteien als zentrale Institutionen in den Demokratien unter Druck. In nahezu allen alten Demokratien sinkt die Parteimitgliedschaft rapide. Dieser Prozess der Loslösung aus den organisierten Interessenvertretungen zeigt sich auch in zivilgesellschaftlichem Bereich. So nahm die Beteiligung in Gewerkschaften auch durch den relativen Rückgang des Industriesektors stark zu. Neue zivilgesellschaftliche Organisationen im Sozialbereich besitzen zwar durchaus Zuwächse, auch hier wird bei den einzelnen Mitgliedern aber eine schwächere Bindung an die Organisation offensichtlich, so dass zentrale, kontinuierliche Führungsaufgaben nur ungern übernommen werden oder in den häufig überalterten Organisationen kaum an die jungen Mitglieder übertragen werden können. Noch deutlicher wird der Rückgang politischen Engagements bei den Wahlen. In nahezu allen politischen Systemen mit Ausnahme Dänemarks sind die Wahlbeteiligungen dramatisch.

Lag die Wahlbeteiligung bei nationalen Wahlen in der Mehrzahl der Länder in den siebziger Jahren deutlich über 70%, so sank sie in den letzten 30 Jahren zwischen 10% und 20% (IDEA 2002). In den Ländern des Europarates ist die Wahlbeteiligung von 1980 88% auf 70% in 2000 gesunken (Schmitter/Trechsel 2004: 26). Lediglich in wenigen Ländern, wie z. B. in Schweden und in Deutschland wird eine Wahlbeteiligung von etwa 80% erreicht. Dabei besitzen die Wahlen auf regionaler oder kommunaler Ebene noch deutlich geringere Beteiligungsraten. Bei so genannten Low-Stimulus-Wahlen, wie z. B. Kommunalwahlen oder Europawahlen, gehen oft nicht einmal mehr als die Hälfte der Wähler an die Wahlurne (Kersting 2004a). Zwar wird dies im internationalen Vergleich häufig als Normalisierung gesehen, da alte Demokratien, wie z. B. die Schweiz, seit langem sehr geringe Wahlbeteiligung konstatieren. Dennoch erscheint diese Wahlbeteiligung auch schon deshalb problematisch, da insbesondere in den jüngeren Generationen die Wahlabstinenz stark zunimmt. In den Ländern mit sehr hoher Wahlnorm, wo Wählen als Bürgerpflicht angesehen wird, zeigen sich deutliche Erosionserscheinungen. So gingen bei der Bundestagswahl 1998 von drei Millionen Erstwählern eine halbe Million nicht zur Wahl. Bei der deutschen Bundestagswahl 2002 stieg der Anteil der Nichtwähler deutlich an (Kersting 2004a). Von drei Millionen potenziellen Erstwählern ging jeder Dritte nicht an die Wahlurne. Die Untersuchung der Nichtwähler zeigt, dass diese häufig durch einen geringen Bildungsabschluss geprägt war. Die Wahlbeteiligung war insbesondere in den ländlichen Regionen mit funktionierenden Sozialmilieus und Netzwerken höher. Bei den drei zentralen Kriterien für die Wahl, Kandidat, Programm und Partei, verliert die Parteibindung zunehmen an Einfluss. Dabei ist das politische Desinteresse und die Apathie nicht mehr der zentrale Grund für die Wahlenthaltung. Im Rahmen der Bildungsexpansion und des Wertewandels wird zunehmend ein politischer Zynismus auch in höher gebildeten Gruppen deutlich, die sich ohnehin nur in geringerem Maße an die Wahlnorm gebunden fühlen. Jenseits dieser konventionellen Form der Partizipation nehmen die Beteiligungsakte ab. Zwar zeigen sich zunehmend z. T. hochspezialisierte soziale Gruppen mit unterschiedlichen auch politischen Interessen, dennoch sind hier die Bürger nur begrenzt, für einen Kurzzeitraum und einen Event zu mobilisieren. Dabei kommt es häufig nicht zu einer breiten Mobilisierung über alle Einkommens- und Bildungsgruppen hinweg. Vielmehr zeigen die engagierten Gruppen z. T. deutlich verzerrte Altersstrukturen auf. So setzen sich die „zeitreichen" Alten stärker für ihre Interessen ein. Weiterhin sind auch in Bezug auf das Einkommen und den Bildungsstand eher die bessergestellten „Eliten" aktiv.

2. Kontrollkrise, Kompetenzkrise, Entdemokratisierung

Institutionen, die nicht demokratisch konstituiert sind, spielen in den demokratischen Systemen zunehmend eine wichtige Rolle. Diese Kontrollinstitutionen („Guardian Institutions") werden vor allem durch Experten geleitet. Hierunter fallen z. B. die Zentralbanken, autonome Regierungsbehörden, Rechnungshof, die Polizei, das Militär u.ä. hierarchisch strukturierte Institutionen (Schmitter/Trechsel 2004).

Kollektive Entscheidungsfindung muss nicht in allen Bereichen demokratisch konstituiert sein. Private Entscheidungen, z.B. in Familien und Vereinen, besitzen zwar eine starke ökonomische und soziale Relevanz, sind aber häufig auf der Basis freiwilliger Beziehungen oder durch automatische Marktkoordination entstanden. Weiterhin sind insbesondere der Arbeitsbereich, der Ausbildungsbereich, wie auch weite Teile des Freizeitbereiches durch hierarchische Prinzipien charakterisiert. Insbesondere aufgrund der Privatheit, der organisatorischen Effizienz und komplizierter Koordinationsmechanismen unterliegen diese Bereiche nicht den demokratischen Prinzipien, was zwar häufig umstritten, aber weitgehend gesellschaftlich akzeptiert ist (Schmitter/Trechsel 2004).

In einer durch Finanzkrisen, Privatisierungswellen und Postparlamentarismus geprägten politischen Entwicklung erfahren die gewählten Parlamentarier trotz Professionalisierung einen Kompetenzverlust. Sie geben zunehmend Aufgaben an die Regierung und Administration, an technokratische Expertenkommissionen, an die Judikative, an die lokale und die supranationale Ebene sowie an die Medien ab.

3. Legitimationskrise und politisch kultureller Wandel

Ein Grund für die steigende politische Apathie liegt auch in einer Fehlwahrnehmung der Politiker (Kersting/Cronqvist 2005). Vor dem Hintergrund des Kompetenzverlustes der Parlamente wird insbesondere in den unteren Bildungsschichten Politik lediglich als Rivalität und Machtkampf zwischen Politikern und Parteien im Rahmen von Wahlen gesehen. Hieraus resultiert politische Apathie und Desinteresse. In höher gebildeten Gruppen zeigt sich dagegen durchaus ein Interesse an politischen Projekten, Programmen, Problemen, Ideen und Prinzipien, um gesellschaftliche Herausforderungen anzunehmen. Doch auch hier werden trotz hohen politischen Kenntnisstands politischer Zynismus und ein mangelndes Efficacy Bewusstsein, d.h. ein Gefühl mangelnder Einflussmöglichkeiten deutlich. Während die politisch Apathischen durch geringen sozialen Status, geringe politische Informationen und einem Gefühl der mangelnden politischen Kompetenz genauso geprägt werden wie durch mangelnde politische Präferenz und einem Gefühl mangelnder Responsivität, ist in dem Bereich des politischen Zynismus neben der Fehlinterpretation mangelnder politischer „Efficacy" auch eine Fehlwahrnehmung bei der politischen Zurechenbarkeit festzustellen. Hier wird die Differenz zwischen den politischen Parteien bestritten, der Ökonomie eine Omnipotenz zugeschrieben, dem Nationalstaat gegenüber den ökonomischen Unternehmen einer Unterlegenheit vorgeworfen sowie eine Auswanderung der politischen Entscheidungsfindung in Richtung EU konstatiert (Schmitter/Trechsel 2004: 29).

Die politische Unzufriedenheit basiert nur zum Teil auf mangelnder Bildung. Mit der Bildungsexplosion in den sechziger Jahren in Westeuropa kam es zudem zu einem starken Wertewandel, der Rechte auf kulturelle Eigenheit, Gleichheit und persönlichen Autonomie in den Vordergrund rückte und mit dem zu jener Zeit dominierendem System liberaler repräsentativer Demokratie, das durch Unterordnung, Disziplin, Hierarchie und elitäre Führerschaft geprägt war, in Konflikte geriet.

Neben der Abwanderung von Entscheidungskompetenzen in supranationalen Institutionen werden hier vor allem Steuerungsdefizite und mangelnde Effektivität staatlicher Programme kritisiert. Politik wird als wenig einflussreich wahrgenommen, wodurch der Eindruck des bloßen Machtkampfes um Privilegien zwischen Parteien und Politikern verstärkt werden.

In den politischen Lagern wird sozialistischen linken Regierungen zunehmend eine neoliberale Politik vorgeworfen, während konservative Regierungen sozialistische, linksgerichtete Strategien attestiert werden.

3 Qualifizierung der Demokratie

Während „bad governance" durch Einschränkungen der bürgerlichen Freiheiten, durch Korruption und Wahlfälschung sowie durch mangelnde Responsivität und mangelnde Verantwortungsübernahme bzw. Zurechnungsmöglichkeit geprägt ist, versuchen die hier aufgeführten Prinzipien und Ziele der Qualifizierung der Demokratie diese klassischen Kriterien eines „good governance" über das klassische Bild der liberalen Demokratie zu transzendieren.

Die Modernisierung der Demokratie ist abhängig von den Zielvorstellungen und der Definition demokratischer Systeme. Hier zeigen sich unterschiedliche Modelle und Konzeptionen: die numerische, verhandlungsdemokratische und die deliberative Demokratie, die in unterschiedlichem Ausmaß durch repräsentative und „direktdemokratische Elemente geprägt sind:

In der numerischen Demokratie stehen Wahlen im Vordergrund. Hierüber sollen kollektive bindende Entscheidungen im Wettbewerb der Ideen und der Personen entwickelt werden. In der repräsentativen Demokratie geht es darum, die Bürger zu motivieren, zur Wahl zu gehen. Dies geschieht über die Stärkung der politischen Parteien und die Ausweitung der Abstimmungsmöglichkeiten. So umfasst diese auch Formen der direkten Demokratie wie zum Beispiel Abstimmungen über Sachentscheidungen in Form von Referenden.

Auf der anderen Seite umfasst dies verhandlungsdemokratische Konzepte, die die Konsensfindung im Rahmen von Verhandlungen durch Bürgergruppen (direkte Demokratie) oder deren Repräsentanten (repräsentative Demokratie) verfolgen. Diese Interessen sind sowohl im Zeitverlauf als auch in ihrer Intensität oder Ausrichtung divergierend. Der Konsens bietet einen Kompromiss, von dem die beteiligten Gruppen und Personen profitieren. In der Verhandlungsdemokratie werden zivilgesellschaftliche Gruppen bestärkt, um ihnen die Möglichkeit zu geben über besondere Kanäle ihre kollektiven Interessen einzubringen.

Der direkten Demokratie zuzuordnen sind auch deliberative Demokratiekonzepte, bei der Bürger vorrangig Informationen über ihre Interessen austauschen. Der Diskussionsprozess wird durch Offenheit, gegenseitigen Respekt und Gleichheit charakterisiert, wobei im Diskurs bestehende Präferenzen überarbeitet werden und hierüber im Konsens bindende Lösungen gefunden werden. Deliberative Ziele liegen in der Bereitstellung von machtfreien Foren, in denen individuelle Bürger ihre Argumente austauschen (Schmitter/Trechsel 2004: 84).

Repräsentative und direkte Demokratie werden hier nicht als Gegensatz sondern als komplementäre Konzepte angesehen, die als zwei Seiten einer Medaille je nach politischem Kontext gemeinsam existieren müssen.

Als zentrale Prinzipien von repräsentativer wie direkter Demokratie werden hier neben den grundlegenden Menschenrechten wie Meinungs-, Organisationsfreiheiten etc, (Ziel: Persönliche Grundrechte), die Chancengleichheit bei der Beteiligung der Bürger am politischen Prozess (Ziel: *Partizipation*), Transparenz und Rationalität durch einen offenen Zugang zur Information (Ziel: *Empowerment*), sowie die Offenheit der Machtstruktur eines politischen Systems (Ziel: *Machtkontrolle*) angesehen (siehe eingehend dazu zum Beispiel Dahl 1961; Schiller 1999).

Grundsätzlich unterliegen alle Prinzipien der Demokratie den Effektivitäts- und auch den Effizienzkriterien (s. dagegen Schiller 1999). Politische Effektivität beinhaltet dabei eine möglichst weitgehende Zielerreichung. Die Konsolidierung und insbesondere die „Qualifizierung" von Demokratien lässt eine breite und intensive Realisierung der weiteren Prinzipien zu. So kann zum Beispiel ein Höchstmaß an Transparenz hergestellt werden. Die Effizienz der Verfahren zielt auf einen Ressourcenumgang hin. Dabei sind sowohl staatliche als auch individuelle Ressourcen (Zeit, Geld etc,) zu berücksichtigen. So kann z.B. das Ziel der Transparenz mit wenig adäquaten aber teuren umfassenden Mitteln erreicht werden, die in keinem Verhältnis zum erzielten Ertrag liegen.

Die Zukunft der Demokratie

Tabelle 1: Ziele und Prinzipien von Demokratien

Prinzipien	Ziele	Mikroebene Bürger (z.B.)	Mesoebene: Organisationen (z.B.)	Makroebene: Regierungssystem (z.B.)
Grundlegende Menschenrechte	Persönliche Sicherheiten und Freiheiten	Meinungsfreiheit	Organisationsfreiheit	Rechtsstaatliche Verfassung
Gleichheit	Partizipation:	Wahl- und Beteiligungsrechte	Zugang zu und Gleichheit von Organisationen	Accountability der gewählten Vertreter, Chancengleichheit bei Wahlsystemen
Transparenz und Rationalität	Empowerment	Offener Zugang zu Information, Politische Bildung	Öffentlichkeit für konfligierende Interessen, Deliberation	Transparente Entscheidungsprozesse
Offenheit der Machtstruktur	Machtkontrolle	Kontrollrechte, Legitimation	Mobilisierung der Opposition	Gewaltenteilung

(angepasst nach Schiller 1997)

3.1 Grundlegende Menschenrechte (Individuelle Freiheiten und Sicherheiten)

Als demokratische Grundprinzipien, die die Legitimität und Rechtfertigung politischer Herrschaft definieren, sind demokratische persönlichen Grundrechte, wie z.B. Meinungsfreiheit, Minderheitenschutz, Organisationsfreiheit und in Bezug auf das Regierungssystem eine rechtsstaatliche Verfassung, eine unabhängige Justiz anzusehen (constitutional consensus, rule of law). Robert Dahl (1961) sieht die Menschenrechte und hier insbesondere die Rechtssicherheit –neben Partizipation und Machtkontrolle- als ein zentrales Kriterium für Demokratien bzw. Polyarchien. Nach Max Weber (1924) sind diese in seinem funktionalen Legitimitätskonzept auch wichtige Faktoren für politische Stabilität.

3.2 Partizipation

Politische und soziale Inklusion gehören zum Leitbild demokratischer Systeme. Politische Inklusion und Zugangsmöglichkeiten definieren die Bürgerrolle (Citizenship). Robert Dahl (1961) konstatiert, dass die realen Mitwirkungsmöglichkeiten der Bürger mit wachsender Größe der politischen Einheiten abnehmen und in kleineren Einheiten oft keine wichtigen Entscheidungen zu treffen sind. Gabriel Almond und Sidney Verba (1980) sehen den Beginn einer deutschen Partizipationsrevolution am Ende der Sechzigerjahre. Partizipation wird als wirksames Mittel zur Durchsetzung von Individual- und Gruppeninteressen und als entscheidendes Werkzeug der Verwirklichung des bonum commune angegeben. „Modernisierung der Demokratie heißt dann in diesem Zusammenhang, die Voraussetzungen dafür zu schaffen, dass in politisch-administrativen Entscheidungsverfahren die breitest mögliche Integration von partialen Rationalitäten und Interessen erfolgt" (Zilleßen 1993: 28). Dabei wird die Gefahr einer rein symbolischen Beteiligung konstatiert. Lernen durch teilnehmendes Handeln (Partizipation) und Mitverantwortung, die zu mehr Effektivität in verkrusteten Organisationen geführt hat, sind aber insbesondere dort nötig (siehe auch von Alemann 1972), wo Mehrheitsentscheidungen hohe Kosten für die Minderheit beinhalten und ein Konsens schwierig zu erreichen ist. Hier kann nur die demokratische Qualität des Entscheidungsverfahrens die Qualität des Ergebnisses prägen und legitimieren (siehe dazu auch Schmidt 1995).

3.3 Empowerment

Mangelnde Kenntnisse und Kompetenzen verhindern rationale politische Entscheidungen (Information). Dabei geht es darum, Transparenz herzustellen. Bereits Dahrendorf (1975) stellte die Frage, ob die öffentliche Verwaltung über eine vielfach attestierte Arkanpolitik politische Apathie verstärkt. Empowerment beinhaltet insofern die Schaffung von Transparenz. Die häufig deformierten Medienstrukturen mit einer Medienlogik, die Konflikt, Personalisierung, in den Vordergrund rückt um die Nachrichtenschwelle zu überschreiten, machen auch deutlich, dass es „areas of blocked communication" gibt (Offe 1975). Es existiert somit eine willkürliche Selektivität und hieraus resultierend beim Bürger eine systematisch verzerrte Wahrnehmung, da wesentliche Teile der Wirklichkeit unterschlagen werden und lediglich eine symbolische Wirklichkeit des Außergewöhnlichen vermittelt wird. „Auch das Alltägliche, das allüberall unter dem ge-

Die Zukunft der Demokratie   49

wöhnlichen Volk sich zuträgt, ist ausgeblendet" (Grimme 1991: 51). Um eine aktive Öffentlichkeit zu schaffen, gilt es andere eigene Informationsquellen zu entwickeln (Selbstorganisation). Neben der Schaffung von Transparenz ist der Bereich der politischen Bildung zentraler Aspekt des Empowerment. Demokratische Bildung vollzieht sich aber nicht allein im traditionellen Frontalunterricht, sondern vielmehr im Alltagslernen, z.b. in deliberativen Diskursen, bei partizipativen Veranstaltungen (Deliberation). Auf der Ebene der Organisationen sind Medienvielfalt und kritische Kommunikationsöffentlichkeiten Garanten für Interessenpluralität. Die Transparenz der Entscheidungsprozesse und die Darstellung der Interessenvielfalt bilden aber die zentralen Voraussetzungen für eine rationale Entscheidungsfindung.

•

3.4 Machtkontrolle

Die Offenheit der Machtstruktur ist eine zentrale Voraussetzung für Demokratie. Der geregelte politische Wechsel erfolgt über Kontrollrechte und Zugang zur politischen Kommunikation. Auf der Mesoebene sind hierbei unabhängige Medien, aber insbesondere Organisationswettbewerb oder ein Elitenwettbewerb nötig. Sartori (1992) definiert Demokratie als ein Verfahren zur Herstellung einer offenen Polyarchie, in der der Wettbewerb der politischen Eliten die Responsivität gegenüber den Geführten verstärkt. Die Formen der horizontalen, vertikalen Gewaltenteilung sind wesentliche 'Checks & Balances' und dienen der Machtkontrolle ebenso wie die temporären Wahlen (s.o.). Der Wettbewerb bei Wahlen (Electoral Competition) ist dabei die zentrale Basis für die Legitimation des politischen Systems.

Der Schutz grundlegender Menschenrechte, die Gewährleistung von Partizipation, Empowerment und Machtkontrolle verweisen auf „Accountability" als zentrales Ziel eines „good governance". Dies wird vor allem als Zurechenbarkeit von Verantwortlichkeit verstanden. Accountability verweist auf die Längerfristigkeit und Konsistenz von politischen Programmen. Aus der Machtkontrolle entwickelt sich die Responsivität der Regierungen. Zu hohe Responsivität behindert die Möglichkeit einer systematischen kontinuierlichen Politik. Politik wird dann reduziert auf Reaktionen auf Präferenzveränderungen der Gesellschaftsmitglieder. Kreative Gedanken der politischen Eliten wie auch deren langfristigen Ziele treten in den Hintergrund (siehe von Beyme 1993: 189). Wie aber können die Oligarchien bzw. Eliten angemessen auf das Geflecht von Wünschen reagieren? Dies setzt Sensitivität und Fähigkeit zur adäquaten Interessenaggregierung und Artikulation der Bevölkerung voraus. Gleichzeitig müssen auch Sanktionsmöglichkeiten derjenigen bestehen, die Responsivität einfordern. Die Repräsentanten müssen für ihr Verhalten auch zur Verantwortung zu ziehen sein.

4 Innovative Reformmaßnahmen

In einer Arbeitsgruppe um Philippe Schmitter und Alexander Trechsel (2004) wurde im Auftrag des Europarates ein Green Paper über die Zukunft der Demokratie in Europa erstellt, das ein Bündel von Maßnahmen vorstellt, die sich den Problemen der neuen und alten Demokratien annehmen. Der Reformkatalog kann kein vollständiges Bild möglicher innovativer Verfahren aufzeigen. Einige bereits bekannte, aber noch nicht ubiquitär eingesetzte Instrumente werden zwar aufgeführt. Dennoch verweist der Reformkatalog nicht auf alle zum Teil zentrale konventionelle Institutionen im Rahmen eines „institutional engeneering".

Diese systematisierte Liste innovativer Verfahren zeigt die Spannbreite der Verfahren und soll somit Anregungen geben – ohne diese im Detail zu diskutieren. Diese orientieren sich an den Prinzipien und Zielen von Demokratien in den Bereichen „Partizipation", „Empowerment" und „Machtkontrolle". Diese Zuordnung der Instrumente ist nicht immer trennscharf, da einige Verfahren nicht nur einem Ziel unterzuordnen sind, sondern häufig ein Bündel von Maßnahmen darstellen, das in verschiedenen Zielkategorien wirkt. Dennoch ermöglicht die systematische Zuordnung eine Rückbesinnung auf die Kernziele der Instrumente und ermöglicht eine Evaluation der Verfahren.

Im Zielfeld Partizipation wurden zudem die innovativen Instrumente in zwei Unterkategorien aufgeteilt. Zum einen wurden Verfahren aufgezeigt, die insbesondere die zentrale konventionelle Beteiligungsform in der repräsentativen Demokratie, d.h. vor allem die Wahlen stärken sollen. Im zweiten Bereich sind die neuen Beteiligungsinstrumente aufgeführt, – auch hier fällt eine Zuordnung schwer- die eher der direkten deliberativen Demokratie zuzuordnen wären.

4.1 Partizipation: Wahlen

Wahlen sind das zentrale Beteiligungsinstrument trotz einer Zunahme der Nichtwähler in nahezu allen Ländern. Sie symbolisieren das Element der politischen Gleichheit. Dennoch sind sie als temporäre Gewaltenteilung auch ein zentrales politisches Kontrollinstrument.

Die Zukunft der Demokratie

Die traditionellen Reformen betreffen vor allem die Wahlregeln mit Diskussionen über Quoren (5%-Klausel), die Größe der Wahlkreise, Verhältnis- oder Mehrheitswahlrecht, Personen oder Parteilistenwahlen, Wahlpflicht, der Zusammenlegung von Wahlen etc. (Kersting 2004a). Zum anderen werden die Wahlinfrastruktur wie z.b. eine automatische Wählerregstierung, Vernetzung und Ausbau der Wahllokale, Vorabwahlen etc. diskutiert. Grundsätzlich wird ein Trend zur Personalisierung und der Trend einer Abkehr vom Wahllokal deutlich.

4.1.1 Universelle Bürgerrechte

Bislang besitzen Jugendliche und Kinder bis zum Alter von 16 bzw. 18 Jahren kein Wahlrecht. Über zusätzliche Stimmen für Familien mit Kindern soll den Eltern ein größerer Einfluss auf das politische System gegeben werden. Hierdurch werden nicht nur junge Familien stärker zur Wahl motiviert. Es kommt zudem zu einem Ausgleich und zu einem Abbau der Dominanz der zunehmenden alten Generation.

4.1.2 Wahlalternativen

Das traditionelle Wahlrecht sieht in der Regel Einzelstimmen für Kandidaten oder Listen vor. Hier ist neben Präferenzwahlsystemen die alternativen Präferenzen oder die Veränderung der Listenreihenfolge möglich machen, auch eine stärkere Berücksichtigung der unzufriedenen Wählerschichten nötig. Mit sogenannten NOTA-Stimmen („None of the above") werden zusätzlich Anreize zur Wahlmotivation gegeben. Mit einer Einführung von Briefwahl oder elektronischer Wahl ist zudem die Vergabe von Wahlgutscheinen, die für Kandidaten und Listen vergeben werden, möglich. Dominiert z.B. bei Wahlen die NOTA-Fraktion, so könnte man an einen erneuten Wahlgang denken oder der Wahlbezirk entsendet keine Repräsentanten.

4.1.3 Wahllotterie

Während im antiken Griechenland für einen kurzen Zeitraum die Teilnehmer bei den Aussprachen in der Agora und bei den Wahlen für ihren Wahlgang bezahlt wurden, ist eine Wahllotterie ein alternatives Motivationsinstrument. Dabei sollten die Gewinner keine privaten Gratifikationen erhalten, sondern die Möglichkeit besitzen, einen Teil der öffentlichen Gelder an Nichtregierungsorganisationen (NGOs) oder staatliche Programme verteilen zu dürfen.

4.1.4 Wahlrecht für „Ausländer"

Bereits heute haben einige Länder und Regionen das Wahlrecht für ausländische Bürger eingeführt. Dabei sollen ausländische Bürger, die an Programmen der Bürger-Menotrierung oder an zivilen Bildungsprogrammen teilgenommen haben, schneller Wahlrecht erlangen.

4.1.5 Wechselnde Quoren in Wahlen

Da die Amtsinhaber in der Regel starke Vorteile gegenüber den Herausforderern bei Wahlen haben, sollten ihnen bei der Wiederwahl höhere Hürden hingegen stehen.

4.1.6 Gutscheine für die zivilgesellschaftliche Organisation

In zivilgesellschaftlichen Organisationen dominieren sozial privilegierte Bevölkerungsgruppen. Auch um Ausgrenzungsmechanismen zu verhindern, sollte zivilgesellschaftlichen Organisationen ein semiöffentlicher Status zuerkannt werden. Weiterhin sollten sie durch staatliche Mittel unterstützt werden, wobei Verteilung der Mittel durch Bürgergutscheine (citizen vouchers) geregelt werden sollten. Durch die Zuwendung durch die Bürger erfahren die zivilgesellschaftlichen Gruppen eine Neuorientierung, da sie sich stärker auch an unterprivilegierte Gruppen wenden müssen, um entsprechende staatliche Mittel zu erhalten. Gleichzeitig werden sich diese Gruppen stärker an den Interessen der Mitglieder orientieren.

4.1.7 Gutscheine für die Parteienfinanzierung

Über eine paritätische Finanzierung der Parteien, sowohl über das Wahlergebnis als auch über Zuwendungen durch die Bürger, kommt es zu einer stärkeren Orientierung der Parteien an den Bürgerinteressen. Zudem besteht für die Bürger die Möglichkeit, diese Gutscheine zu „splitten". Die Mittel, die der Residualkategorie „Non of the above" (NOTA) zufließen, sollen zur Förderung neuer Gruppen verwendet werden.

Die Zukunft der Demokratie

4.1.8 Smart voting

Über die Nutzung des Internets könnten besondere Informationen an die Bürger und Wähler weitergegeben werden. So können die politischen Einstellungen und Ideen der Wähler abgefragt werden und eine Zuordnung zu bestimmten Parteien oder Kandidaten erfolgen (Wahl-omat). Neben der virtuellen Zuordnung der eigenen Präferenzen zu Kandidaten und Parteien können Informationen über die Kandidaten in Bezug auf politisches Profil, Abstimmungsverhalten etc. erfolgen. Hierbei können die Kandidaten detaillierte Erklärungen für ihre Verhaltensweisen offen legen.

4.1.9 Briefwahl und E-voting

Mit der Einführung von Wahlen außerhalb des Wahllokals soll dem Wähler die Möglichkeit gegeben werden, in bequemer Weise über einen längeren Zeitraum seine Stimme abzugeben. Bei Briefwahlen unterscheiden sich unterschiedliche Verfahren. Bei der multiplen Beantragung muss sowohl die Wählerregistrierung als auch die Wahl eigenständig beantragt werden (Kersting 2004b). Bei der einfachen Beantragung wird der Antrag auf Briefwahl nur einmalig gestellt und gilt für die darauf folgenden Wahlen. Bei der vollautomatischen Briefwahl werden jedem Wähler die Wahlunterlagen für die Briefwahl automatisch zugesandt.

Beim Electronic Voting über das Internet soll nicht nur die Wahlbeteiligung sondern auch die Qualität der Wahlentscheidung über zusätzliche Informationen erhöht werden. In Demokratie-Kiosken kann zudem das Wahlgeheimnis kontrolliert werden (Kersting/Baldersheim 2004).

4.2 Partizipation: direkte Demokratie

Einer verstärkten Zentralisierung durch Territorialreform tritt neuerdings ein Trend zur Dezentralisierung und zur Einbeziehung von Partizipationsformen entgegen. Hier werden Stadtbezirksverfassungen, Anhörungsverfahren oder Bürgerforen entwickelt. Ziel ist es aber, in höchst unterschiedlichen Zielgruppen Sachverstand einzubeziehen und Akzeptanz für politische Entscheidungen zu schaffen.

In vielen der in den siebziger Jahren eingerichteten Kommissionen und Beiräten, sitzen sachverständige Bürger und Honoratioren, die advokatorisch die

Interessen vertreten. Mit wenigen Ausnahmen dienen sie nicht der unmittelbaren Beteiligung breiter Bevölkerungsgruppen, sondern sind im lokalen (neo-) korporatistischen System ein Instrument zur Heranziehung des Sachverstandes der Vertreter der etablierten organisierten Interessenverbände. Sie rekrutieren sich oft aus „prominenten Bürgern" vor allem aus der Wirtschaft. „Insgesamt wird dadurch eine allgemein stärkere Einbeziehung der Bürger kaum gewährleistet, eher ein reibungsloses Zusammenwirken von Verwaltung und Interessengruppen garantiert" (von Alemann 1977: 273). Hier setzen die innovativen Instrumente an. Sachverständigenbeiräte werden neu organisiert, eine Beteiligung am Planungsprozess forciert und direkte Sachentscheidungen installiert.

4.2.1 Kommissionen für Partikularinteressen

Bereits bestehende Beiräte besitzen häufig Legitimationsdefizite, da ihre Mitglieder zumeist ernannt werden. Über eigene Wahlen sollen in sozialen Gruppen, d.h. Jugendliche, Ältere, Arbeitslose, Behinderte und religiösen Gruppen Beratungsgremien für die Parlamente gewählt werden. In politischen Einheiten mit einem großen Ausländeranteil sollen Ausländerbeiräte installiert werden. Diese können Politiker, Verwaltungsfachkräfte und andere Experten einladen.

4.2.2 Bürgerversammlung

In zufällig zusammengesetzten Bürgerversammlungen können die Bürgervertreter kommunale Projekte über einen längeren Zeitraum (1 Monat) intensiv diskutieren und beratschlagen. Bürgerversammlungen könnte man Teile der Detailplanung überlassen oder ihnen eine Vetoposition zuschreiben.

4.2.3 Bürgerhaushalte

In Bürgerhaushalten werden Teile des städtischen Budgets nach dem Willen der beteiligten Bürger auf spezifische Nachbarschaften bzw. in spezifischen Projekten verteilt. Über Referenden und Initiativen könnten höhere Teile der öffentlichen Ausgaben auf derartige Weise verteilt werden.

Die Zukunft der Demokratie

4.2.4 Referenden und Initiativen

Referenden und Initiativen sollten in stärkerem Maße binden und weniger konsultativ angelegt sein und ebenfalls auf der europäischen Ebene stärker verankert werden.

4.3 *Empowerment*

Politische Planung ist häufig durch Intransparenz, Undurchsichtigkeit und Arkanpolitik geprägt. Insofern ist es die Sache des Gesetzgebers, die Entscheidungsprozesse offen zu gestalten und die Argumente offen zu legen. Gleichzeitig ist aber auch eine aktive Informationspolitik nötig. Ziel ist eine Wiederbelebung der Demokratie durch einen Ressourcentransfer sowie Abbau des persönlichen „Disengagements". Dazu sind technische, räumliche wie personelle Initiativen nötig.

4.3.1 Informationsfreiheit (Freedom of Information)

Informationsfreiheit beinhaltet nicht nur die gleiche Zugangsmöglichkeit für Bürger zur Informationsgewinnung, sondern auch die Pflicht der regierenden Politiker, ihre Quellen und Argumente bei der Entscheidungsfindung offen zu legen.

4.3.2 Politische Bildung

Die Vorurteile gegenüber der Politik, die die politische Apathie und den politischen Zynismus fördern, können durch demokratische Lernerfahrungen abgebaut werden. Das Lernen über Erfahrungen und weniger durch Handbücher beinhaltet dabei nicht nur die Beschreibung der formalen Institutionen bzw. die Beschreibung demokratietheoretischer normativer Prinzipien, sondern direkte Erfahrung in der politischen Entscheidungsfindung.

„People tend to have a limited view of „political" objects, to reduce political affairs to „politicking", not to be aware of policies, programmes, ideas, principles, issues, debates on issues and ways of facing current problems and, consequently, to have a pejorative vision of politics" (Schmitter/Trechsel 2004: 96).

4.3.3 Demokratie-Kioske

In speziellen Kiosken können die Bürger politische Informationen erhalten und sich am politischen Prozess beteiligen. Hier werden zudem staatliche Dienstleistungen wie Routineaktionen etc. ermöglicht. Weiterhin besteht hier Internetzugang um in Kontakt zu öffentlichen Verwaltungseinrichtungen zu treten oder elektronisch zu wählen.

4.3.4 Bürgermentoren

Bürgermentoren sind freiwillige Helfer, die benachteiligten Gruppen in ihrer Interessenvertretung helfen und die Organisationsentwicklung in diesen Gruppen unterstützen.

4.3.5 Bürgerservice

Während der Wehrdienst zunehmend abgebaut wird, könnten alternative Bürgerdienste installiert werden. Diese sollten in einer ersten Phase verpflichtend sein und im Alter von 17 bis 23 Jahren etwa 4 Monate die Arbeit in Schulen, Universitäten oder NGOs beinhalten. Nach einer einmonatigen Vorbereitung sollte sich eine dreimonatige Phase der Mitarbeit in sozialen Einrichtungen wie der Feuerwehr, Hospitälern, Altersheimen, Stadtverwaltung etc. anschließen. In einer zweiten und dritten Phase sollte auf freiwilliger Basis mit einem geringen Einkommen die Möglichkeit zur weiteren sozialen Dienstleistung bestehen. Alternativ zu der Entlohnung könnten Gutscheine (Vouchers) vergeben werden, die bei Eintrittsgeldern in öffentlichen Einrichtungen, beim sozialen Wohnungsbau etc. eingelöst werden können.

4.4 Machtkontrolle

Die Offenheit der Machtstruktur, die Responsivität wie auch die accountability kann durch vielfältige Initiativen gefördert werden. Diese betreffen die Kandidaten und ihre Mandate. Hier sind extensive Doppelmandate in einigen Ländern noch üblich. Die Kontrolle findet erst am Ende der Legislaturperiode statt, wobei der Amtsinhaber einen deutlichen Bonus besitzt. In der Regel legt der Kandidat nicht darüber Rechenschaft ab, was er geleistet hat und wie er in der vergangenen Legislaturperiode abgeschnitten hat. Vielmehr wird seine „Zukunftstauglichkeit" bewertet. Es gibt eine zunehmende Zahl von Organisationen, die sich zunehmend dem demokratischen Prozess entziehen. Bei Privatisierung hat der Bürger seine Rechte verloren und kann nur noch als Kunde –solange ihm Alternativen geboten werden, Einfluss nehmen. Bei den im Rahmen eines Postparlamentarismus stärker werdenden Verwaltungen, Expertenkommissionen etc. können Kontrollrechte unter Berufung auf die Rechte der Parlamente in der horizontalen Gewaltenteilung eingefordert werden. Auch die Parteien, die zunehmend mit öffentlichen Mitteln gefördert werden, können zur weiteren Demokratisierung gezwungen werden. Insbesondere die diffizile Aufgabenverteilung im Rahmen vertikaler Gewaltenteilung und der Föderalismus können eine Kontrolle bewirken, ohne das politische System lahm zu legen.

4.4.1 Geteilte Mandate

Es sollten zunehmend Doppelkandidaturen ermöglicht werden, wobei der zweite Kandidat lediglich das halbe Gehalt erhält. Dabei sollten nach Alltag, Geschlecht, Religion und sozialer Herkunft Kandidatenkombinationen gebildet werden.

4.4.2 Verbot von Doppelmandaten

Um eine klare Zurechenbarkeit zu gewährleisten, sollen Kompetenzen personell wie institutionell klar getrennt werden. Doppelmandaten in unterschiedlichen Parlamenten sowie in Parlament und Regierung sollen stark eingegrenzt werden.

4.4.3 Elektronisches Monitoring und Online-Deliberation

Über die gesamte Legislaturperiode können über Kandidatenplattformen Informationen über die Mandatsträger offen gelegt werden. Dabei kann dargestellt werden, in wie weit deren Einstellung mit Fragestellungen zum Umweltschutz, zum Feminismus, zum Liberalismus etc. konform gehen, in Webforen und Chat-Rooms könnten Diskussionen zwischen Kandidaten und Wählern organisiert werden. Zudem besteht die Möglichkeit der permanenten Kontrolle bei Abweichungen und Aussagen vorangegangener Wahlprogramme.

4.4.4 Übergeordnete Kontrollinstanzen (Kontrolle der Kontrolleure)

Alle Kontrollinstitutionen wie z.b. Zentralbanken, das Militär, autonome Kommissionen etc. sollten regelmäßig von speziellen Ombudsleuten kontrolliert werden.

4.4.5 Kontrolle der Medien

Die Medienberichterstattung sollte fair, neutral und ausgewogen sein. Dabei überschreiten die Medien häufig ihre Kompetenzen als vierte Gewalt im Staat. Über entsprechende Aufsichtsgremien sollten sie stärker in die politische Verantwortung gebracht werden.

4.4.6 Gelbe Karte für Parlamentarier

Ähnlich wie die Subsidiaritätsklausel innerhalb der diskutierten EU-Verfassung soll dem Bürger die Möglichkeit gegeben werden, über Warnmechanismen die Gesetzgebung quasi in einer ersten Lesung zu korrigieren.

4.4.7 Innerparteiliche Demokratie

Parteien sollten einen Demokratisierungsprozess initiieren, der durch staatliche Mittel oder durch die Medien-Berichterstattung honoriert wird.

4.4.8 Rahmengesetzgebung

Über Rahmengesetze soll den unteren Ebenen die Möglichkeit gegeben werden, detaillierte spezifische Regelungen zu entwickeln. Unfunded mandates, d.h. nicht finanzierte Programme von nationaler Ebene für die Umsetzung in den Regionen sollen vermieden werden und gleichzeitig den unteren Ebenen die Chance gegeben werden, eigene Ressourcen in ihrer Ebene zu entwickeln.

Die Zukunft der Demokratie

5 Schlussfolgerungen

Es wird eine doppelte Partizipationskrise deutlich. Die repräsentative Demokratie kränkelt aufgrund schwächer werdender Parteien, denen die Mitglieder davonlaufen und die zu „leeren Bahnhöfen" werden (Alain Touraine). Aber auch die direkte Demokratie steckt in einer Krise. Die zivilgesellschaftlichen NGOs leiden ebenso an Mitgliederschwund und Überalterung. Es bilden sich zwar viele neue Bürgergruppen, ihre Mitglieder sind aber kaum noch zu längerfristigem Engagement bereit. Hier wird eine Verschiebung des Engagements von dem politischen zum rekreativen gesellschaftlichen Bereich offensichtlich. Zudem sind sie häufig eher sozial, finanziell und kulturelle Bessergestellten gesellschaftlichen Eliten.

Nur eine Kombination aus repräsentativen und direktdemokratischen Instrumenten kann den Bedürfnissen der Bürger gerecht werden. Neue verhandlungsdemokratische Verfahren versuchen repräsentative und direktdemokratische Mehrheitsentscheidung, sowie Interessenausgleich und kollektive Deliberation zu verkoppeln. Bürgerschaftliches Engagement wird als zentrale Bedingung für ein effektives politisches System gesehen. Dieses ist als verständnisorientiertes Handeln (siehe auch Habermas 1981) offen für Interessen der Gegenseite und kann im deliberativen Prozess gemeinwohlorientierte und akzeptierte Lösungen hervorbringen. Das „discursive or communicative model of democracy" bewirkt einen Abbau von Vorurteilen und eine Konsensfindung über die Interessenlager hinweg (Dryzek 1990: 44).

Die Entwicklung innovativer Instrumente beinhaltet eine Wiederbelebung demokratischer Prinzipien und Ziele, wie Partizipation und Machtkontrolle auf der Basis eines Empowerments. Nur hierüber kann die chronische Legitimitätskrise gemildert werden und kann die Kompetenzkrise, d.h. der zunehmende Einflussverlust des politischen Systems gebremst werden.

Die innovativen Reformvorschläge greifen auch die Abkehr von der Wahl im Wahllokal auf. Sie versuchen aber auch die Wahlrechte auszuweiten. Zudem soll eine Erhöhung der Wahlmotivation durch eine Verbindung von Personenwahlen mit einer Abstimmung über Sachfragen erfolgen. Die Kopplung an Lotterien ist dabei die wohl umstrittenste Forderung. Der Wahlentscheidung soll zudem eine verbesserte Information, wie z.B. eine Evaluation der Kandidaten auf der Basis ihrer bisherigen Leistungen und eine deliberative Diskussion vorausgehen.

Mit den neuen direkten Beteiligungsinstrumenten kommt es zu einer Öffnung der Verhandlungsdemokratien. Neue Gruppen und direkt Betroffene werden direkt in diese Beratungsgremien gewählt. Mit der Gesetzgebung (Baugesetze, Stadtplanung etc.) wird Beteiligung vorgeschrieben und die Möglichkeit zur Deliberation eröffnet. Vielfach nutzen auch private Investoren den Sachverstand der Bürger. Die Beteiligung bleibt aber zumeist nur temporär an lokale Planungsprozesse gebunden. Zudem ist sie beratend, da die Entscheidungsbefugnisse, insbesondere die Haushaltsrechte, bei den gewählten Vertretern liegen. Nur die bindenden Referenden bieten die Möglichkeit zur endgültigen Sachentscheidung.

Eine Erweiterung der Mandate und eine Reduktion von Mandatsanhäufung macht die Kontrolle des einzelnen einfacher und fördert die gegenseitige Kontrolle. Neue Informationstechnologien erlauben ein einfaches Monitoring und eine ex-post Evaluation des Abgeordneten in Form seines Abstimmungsverhaltens. Dies erlaubt auch symbolische Kritik innerhalb der Legislaturperiode. Neue Kommunikationstechnologien erlauben deliberative, mit vielfältigen Informationen angereicherte Diskurse. Zentralregierungen sollen den untergeordneten föderalen Ebenen nur einen gesetzlichen Rahmen vorgeben und diese Ebene nicht mit Bundesgesetzen überfordern. Während die für die Demokratien überlebenswichtigen Parteien einen inneren Demokratisierungsprozess durchlaufen müssen, müssen auch die politischen Organisationen einer stärkeren Kontrolle unterzogen werden. Dies gilt auch gesellschaftlichen Organisationen, wie die Medien, die nur dann eine staatliche Sonderstellung erhalten sollen, wenn sie demokratie- und nicht sensationszentriert sind.

Die neuen Informations- und Kommunikationstechnologien bieten neue Möglichkeiten. Zudem sollen durch entsprechende Orte (Agora) und Advokaten, die vor allem benachteiligten Gruppen Hilfestellung leisten, Demokratie vitalisiert werden. So müssen Informationen aufbereitet und die Komplexität der Realität reduziert werden, ohne Partei zu ergreifen. Der Rückgang ehrenamtlichen Engagements auch im politischen Bereich kann durch spezielle Gratifikationen oder durch eine Wiederbelebung des Pflichtgedankens (im positiven Sinne) belebt werden.

5.1 Umsetzungsfähigkeit der Reformen

Bei der Implementation sind nicht intendierte Konsequenzen zu berücksichtigen. Paketlösungen sind Einzelreformen vorzuziehen. Verfahren, die die bestehende Balance zwischen Partei und Zivilgesellschaft verändert, treffen auf stärkeren Widerstand.

Dabei wird ihre Umsetzungsfähigkeit durch folgende Aspekte gefördert (s. Schmitter/Trechsel 2004):

Überparteilichkeit und Neutralität: Die Reformen sollten nicht einzelne politische Parteien oder Ideologien jenseits der Demokratietheorie bevorzugen.

Machbarkeit: Die Reformen sollen implementierbar, evaluierbar und im breiten Stil anwendbar sein.

Niedriger Anwendungslevel: Reformen sollten zunächst auf den unteren Ebenen des politischen Systems getestet werden und in einem graduellen Prozess in die regionalen oder nationalen Ebenen transferiert werden.

Strategie: Reformen sollten zunächst Pilot- und Experimentiercharakter haben und dabei, um die Reproduzierbarkeit zu testen, in möglichst unterschiedlichen Subsystemen angewendet werden.

Zeithorizont: Reformen sollten möglichst einfach und schnell umzusetzen sein.

Reform-Mix: Bei der Umsetzung sollten Pakete geschnürt werden und dabei das Zusammenwirken unterschiedlicher Instrumente berücksichtigt werden.

Reformagenden: Der Demokratisierungsprozess soll durch Expertengruppen verfolgt werden, die über gelbe, orange und rote Karten Sanktionsmechanismen gegenüber den Ländern des Europarates implementieren können.

Die Reformbestrebungen zur Qualifizierung der Demokratie sollten den demokratischen Qualitätskriterien genügen. In vielen Ländern werden Umsetzungsprobleme und Pfadabhängigkeiten offensichtlich werden. Dennoch gilt es innovative Instrumente zu testen, um die Revitalisierung der Demokratie zu bewerkstelligen.

Literatur

Alemann, Ulrich von: Partizipation: Überlegungen zur normativen Diskussion und zur empirischen Forschung. In: Rammstedt, Otthein (Hg.): Bürgerbeteiligung und Bürgerinitiativen. Villingen 1977: 245-281.
Almond, Gabriel A./Verba, Sidney (Hg.): The civic culture revisited. An analytic study. Boston 1980.
Beyme, Klaus von: Politische Klasse im Parteienstaat. Frankfurt 1993.
Dahl, Robert: Who governs. Democracy and power in an American city. New Haven 1961.

Dahl, Robert A.: On Democracy. Boston 1998.
Dahrendorf, Ralf: Gesellschaft und Demokratie in Deutschland. München 1975.
Dryzek, John: Discursive democracy. Cambridge: Cambridge University Press 1990.
Grimme, Eduard: Zwischen Routine und Recherche. Eine Studie über Lokaljournalisten und ihre Informanten. Opladen 1991.
Habermas, Jürgen: Theorie kommunikativen Handelns. Frankfurt am Main: Suhrkamp 1981.
IDEA (International Institute for Democracy and Electoral Assistance): Voter turnout from 1945 to 1997. A global report on participation. Stockholm 2002.
Kersting, Norbert/Vetter, Angelika (Hg.): Reforming local government in Europe. Closing the gap between democracy and efficiency. Opladen 2003.
Kersting, Norbert: Nichtwähler. Diagnose und Therapieversuche. In: Zeitschrift für Politikwissenschaft 2 (2004a): 403-427.
Kersting, Norbert: Briefwahl im internationalen Vergleich. In: Österreichische Zeitschrift für Politik 3 (2004b): 339-349.
Kersting, Norbert/Baldersheim, Harald (Hg.): Electronic voting and democracy. London 2004.
Kersting, Norbert/Cronqvist, Lasse (Hg.): Democratization and political culture in comparative perspective. Wiesbaden 2005.
Mair, Peter/van Biezen, Ingrid: Party Membership in 20 European Democracies 1980-2000. In: Party Politics 7(2001).
Offe, Claus: Strukturprobleme des kapitalistischen Staates. Aufsätze zur politischen Soziologie. Frankfurt 1975.
Sartori, Giovanni: Demokratietheorie. Darmstadt 1992.
Schiller, Theo: Prinzipien und Qualitätskriterien von Demokratie. In: Berg-Schlosser, Dirk/Giegel, Hans Joachim (Hg.): Perspektiven der Demokratie. New York 1999b: 28-56.
Schmidt, Manfred G.: Demokratietheorien. Opladen 1995.
Schmitter, Philippe/Trechsel, Alexander: The future of democracy in Europe. Trends, Analysis and Reforms. A green Paper for the Council of Europe. Straßburg 2004.
Zilleßen, Horst: Theoretischer Rahmen. In: Zilleßen, Horst u.a. (Hg.): Die Modernisierung der Demokratie im Zeichen der Umweltproblematik. Internationale Ansätze. Opladen 1993: 17-39.

Informierte Demokratie.
Vom Zuschauer zum
Informationssubjekt

Anna Brake

Internetbasierte Befragung – ein Instrument für den Weg in eine aktive Bürgergesellschaft?

1 Einleitung

Die Frage nach den gesellschaftlichen und politischen Konsequenzen des eineinhalb Jahrzehnte währenden unaufhaltsamen Einzugs der neuen Informations- und Kommunikationstechnologien (IuK-Medien) in alle Bereiche des privaten wie öffentlichen Lebens ist so alt wie das Medium selbst. Als – auf den ersten Blick – prinzipiell teilnahmeoffenes, durch die verschiedenen Dienste (E-Mail, world wide web (WWW), Newsgroups u. a.) theoretisch sowohl Reziprozität als auch Diskursivität ermöglichendes Medium ist es in der Lage, traditionelle Sender-Empfänger-Strukturen aufzubrechen: Bürger haben die Möglichkeit, ohne hohe Kosten sowohl als Sender wie als Empfänger politisch in Erscheinung zu treten und die in der politischen Kommunikation dominierende one-to-many-Struktur durch many-to-many-, many-to-one- oder one-to-one-Kommunikation zu erweitern (Welz 2002). Die in der internetbasierten Kommunikation angelegten Möglichkeiten hierarchiefreier Kommunikation, der freien Artikulierung von Interessen und nicht zuletzt auch der Schaffung von kritischen demokratischen Gegenöffentlichkeiten werden dabei als zentrale Elemente eines erhofften demokratiestärkenden Potenzials des Internets gesehen. Seit ihrem rasanten Aufstieg wurde mit der internetbasierten Kommunikation die Hoffnung verbunden, dass diese sich nicht lediglich als Plattformen neuer Formen der Unterhaltung und des online-Einkaufs entwickeln werde, sondern dass sie auch in der Lage seien, der Demokratie neues Leben einzuhauchen, indem sie neue Beteiligungsformen für die Bürger eröffneten oder gar zu der Entwicklung neuer Formen des basisdemokratischen politischen Aktivismus' beitrügen. Eine solche Einschätzung ist nicht unwidersprochen geblieben. So argumentieren Vertreter des Reinforcement-Ansatzes, dass sich der „democratic divide" (Norris 2001), also die Kluft zwischen Nutzern der internetbasierten politischen Partizipationsmöglichkeiten und den Nichtnutzern noch verstärken werde. Diese Kontroverse wird im ersten Teil des vorliegenden Beitrags gestreift und empirisch eingeordnet. Auf die aus theoretischer Sicht notwendige Ausdifferenzierung des Verhältnisses von politischer Partizipation und Internet in die Konzepte E-Government (mit dem Fokus auf virtuelle Rathäuser, Online-Behördengänge und staatliche Dienstleistungen), E-Democracy (vor allem Online-Wahlen), Cyberdemocracy und digitale Demokratie muss dabei an dieser Stelle ebenso verzichtet werden (siehe dazu Siedschlag 2003) wie auf eine detaillierte Darstellung der verschiedenen Formen, die im Rahmen der Studie eParticipation als Möglichkeiten der Beteiligung der Bürger an der politischen Willensbildung beschrieben werden: E-Mail-Kontakt, Web-Formulare, Chats, Diskussionsforen, Umfragen oder Online-Konferenzen (vgl. Initiative eParticipation 2004). Stattdessen soll im zweiten Teil des Beitrags eine spezifische Beteiligungsform genauer in den Blick genommen werden: die internetbasierte Befragung. Hier soll möglichst praxisnah aufgezeigt werden, wie mit diesem Instrument eine stärkere Beteiligung der Bürger an politischen Dialog- und Entscheidungsprozessen ermöglicht werden könnte.

2 Politische Partizipation via Internet: Mobilisierung oder Reinforcement?

Grossman (1995) geht mit seiner Mobilisierungsthese gar soweit, dass sich durch das Internet ein eigener neuer Typus politischer Partizipation herausbilden werde, der nicht an den institutionellen Barrieren der Bürgerbeteiligung scheitere sondern jenseits der traditionellen Formen wie Parteiarbeit oder Bürgerinitiativen neue Möglichkeiten basisdemokratischer politischer Vergemeinschaftung schaffe. Das world wide web – so die Annahme der Mobilisierungseuphoriker – stärke die politische Partizipation durch die erweiterten Informations-, Diskussions- und Aktivitätsmöglichkeiten, die das Internet in Bezug auf politische Kommunikation biete.

Für eine derart euphorische Einschätzung – von Leggewie/Maar (1998) auf die Formel „von der Zuschauerdemokratie zur Beteiligungsdemokratie gebracht – scheint es indes kaum empirisch belastbare Befunde zu geben, so dass insgesamt der Eindruck entsteht, die optimistisch gehaltenen Einschätzungen des Internets als Medium, das „kommunikationstechnisch nahezu ubiquitäre und omnipotente zivile Öffentlichkeiten ermöglicht" (Grzeszick 2001: 28) orientierten sich stärker an dem in diesen neuen Kommunikationsformen liegenden Potential als dass sie die tatsächlichen Nutzungsmuster der User in Rechnung stellten. Unbestritten ist, dass die private Nutzung des Internets zugenommen hat: nach Berechnungen des

Statistischen Bundesamtes verfügten in Deutschland im Jahr 2002 43% der privaten Haushalte über einen Zugang zum Internet, während diese Zahl im Jahr 2005 bereits bei 58% lag. Allerdings lässt sich hier eine zunehmende Sättigung in Form einer Zuwachsabschwächung er erkennen (Statistisches Bundesamt 2006: 45). Gleichwohl lässt sich aus der alleinigen technischen Verfügbarkeit eines Mediums in keiner Weise auf seine soziale Gebrauchsweisen schließen.

In ihrer für Deutschland repräsentativen Panelstudie gehen Emmer/Seifert/Vowe (2006) der Frage nach, inwieweit die Einrichtung eines privaten Internetzugangs zu einer Mobilisierung politischer Kommunikationsformen führe. Zwar stellen sie einen „Netzeffekt" in dem Sinne fest, dass es mit der einsetzenden Verfügbarkeit eines Internetanschlusses zu einer signifikat gestiegenen politischen Nutzung dieses Medium kommt, schaut man in des genauer hin, dann wird deutlich, dass diese wesentlich darin besteht, das WWW zu Informationszwecken zu nutzen, während die herkömmlichen Formen der politischen Kommunikation weiterhin ihren Stellenwert behalten. Bezogen auf die Mobilisierungsthese lässt sich daher resümieren, dass es „insbesondere die rezeptiven politischen Kommunikationsaktivitäten sind, die in Folge des Internetzugangs stimuliert werden. Im Internet werden folglich bevorzugt diejenigen Formen der Kommunikation auch für politische Zwecke herangezogen, die leicht erlernbar und unkompliziert einzusetzen sind und die generell am meisten genutzt werden. Partizipative Kommunikation im engeren Sinne, also Kommunikationsaktivität, mit der Bürger ihre politische Meinung öffentlich zeigen, wird dagegen kaum vom Internet-Zugang beeinflusst. Insbesondere Online-Aktivitäten sind in diesem Bereich kaum messbar" (Emmer/Seifert/Vowe (2006: 188). Hinzu kommt, dass die Zuwachsraten in der Internetverfügbarkeit den Blick verstellen auf die sichtbar werdenden sozialen Disparitäten entlang der Dimensionen Einkommen, Bildung, Geschlecht, Alter usw. Auch für die Gegenwart gilt, dass unter den Internetnutzern nach wie vor der formal besser gebildete männliche User mit überdurchschnittlichem Einkommen in der Altersgruppe der 20- bis 40Jährigen dominiert (Hoecker 2002), auch wenn in den letzten Jahren die Frauen und die über 50-jährigen „silver surfers" deutlich aufgeholt haben (von Eimeren/Frees 2005: 365). Nutzungsmuster und Zugang zum Internet hängen also deutlich mit den vorhandenen sozialen, kulturellen und finanziellen Ressourcen der privaten Haushalte zusammen. So verfügen im Jahr 2005 lediglich 12% der Haushalte mit einem Haushaltsnettoeinkommen von mehr als 3600€ über keinen eigenen häuslichen Internetzugang, während diese Zahl bei 63% liegt, wenn man die Haushalte mit einem verfügbaren Einkommen von unter 1300€ betrachtet. Von 2002 bis 2005 hat sich dabei diese digitale Kluft noch verstärkt: in diesem Zeitraum ist der

Anteil der PONAs[1] in den Haushalten mit einem Einkommen von 3600€ und mehr um die Hälfte gesunken, während bei der gering verdienenden Einkommensgruppe unter 1300 Euro dieser Rückgang bei nur knapp einem Fünftel liegt (Statistisches Bundesamt 2006: 46).

Nicht nur die Internetversorgung, sondern auch die sozialstrukturell variierenden Nutzungsmuster lassen geben wenig Grund zu der Annahme, dass eine zunehmende Anbindung an das world wide web die politische Partizipation der Bürger nachhaltig stärken wird. Zwar wird (nach dem Verschicken von e-mails) das Suchen von Informationen als zweitwichtigste Art der Nutzung angegeben, unter den zielorientiert Suchenden, die sich nicht einfach im Netz treiben lassen, dominieren jedoch die Berufstätigen und die User, die über einen höheren Bildungsabschluss verfügen (von Eimeren/Frees 2005: 370). Insgesamt sprechen diese empirischen Belege dafür, dass – wie dies die Reinforcement-These postuliert – das Internet wenig dazu beitragen kann, die vorhandene solche Ungleichheit in der politischen Partizipation zu verringern.

Im Gegenteil – so die Annahme der Internetskeptiker – werde sich der „democratic divide" eher noch verstärken, weil sich in erster Linie die ohnehin schon politisch informierten, motivierten und aktiven Bürger des Internets bedienen, während die politisch desinteressierten Bürger sich auch durch die Möglichkeiten des Internets kaum politisch mobilisieren ließen. Danach scheint auch für das Internet zu gelten, was Schulze (2002: 363) allgemein zu den sozial ungleich verteilten Partizipationschancen anmerkt: „Je höher der soziale Status, desto vielfältiger sind die Partizipationsformen und Partizipationskanäle, die [...] zur Verfügung stehen, desto leichter und erfolgreicher können die Partizipationschancen wahrgenommen werden."

Auch wenn also derzeit wenig für eine Stärkung von quasi-basisdemokratischen politischen Beteiligungsformen durch das Internet spricht, so bleibt doch die Faszination angesichts der technisch prinzipiell möglich gewordenen neuen politischen Partizipationsformen bestehen. Mit Kaase (1996: 521) kann man unter Partizipation alle Tätigkeiten zusammenfassen, „die Bürger freiwillig mit dem Ziel unternehmen, Entscheidungen auf den verschiedenen Ebenen des politischen Systems zu beeinflussen." Dies betrifft – im Gegensatz zu den Formen direkter Demokratie – alle machtrelevanten Bereiche, also auch diejenigen in zentralen Lebens- und Arbeitsbereichen, die außerhalb der staatlichen Herrschafts-

---

1 ! Mit dem Akronym PONA (= persons of no account) werden im Internet-Slang diejenigen Menschen bezeichnet, die über keinen Internetzugang verfügen. Die Doppeldeutigkeit der Wendung „of no account" (1. ohne technische Anbindung ans Netz, 2. ohne Bedeutung) verweist auf die korrespondierenden sozialen Entwertungsprozesse.

kompetenzen angesiedelt sind. Letztlich geht es um politische Beteiligungsformen, die sicherstellen, dass alle Bürger sich in gleicher Weise an Entscheidungsverfahren beteiligen und ihre Interessen einbringen können. In diesem Zusammenhang können internetbasierte Befragungen ein Instrument darstellen, das über die Möglichkeiten eines Bürgerentscheids hinausgeht. Diese Form der Beteiligung an kommunalen Planungsprozessen beschränkt sich in der Regel darauf, das Ausmaß der Zustimmung bzw. Ablehnung unter den Bürger in einer klar formulierten Abstimmungsfrage zu ermitteln (etwa wie im Fall des umstrittenen Baus der Waldschlößchenbrücke in Dresden 2005). Hier orientiert sich die Beteiligungsform an dem Grundsatz des römischen Rechts, wonach dasjenige, was alle betrifft, auch von allen gebilligt werden müsse. Standardisierte Befragungen – seien diese nun internetbasiert, face to face, telefonisch oder postalisch – stellen demgegenüber im Vorfeld der politischen Entscheidungsfindung ein wichtiges Instrument dar, wenn es darum geht, die Verbreitung und Verteilung bestimmter politischer Einstellungsmuster und Meinungen in relevanten Teilgruppen der Bevölkerung zu untersuchen und zu vergleichen, um die Ergebnisse in die Entscheidung einbeziehen zu können. In ihrer internetbasierten Form stellt also die schriftliche Befragung also ein kostengünstiges und schnelles Instrument dar, das entscheidungsrelevante Informationen in Bezug auf die öffentliche Meinung der Bürger zu einer anstehenden Frage bereitstellen und so letztlich deren demokratische Legitimität sichern helfen kann.

3 Formen internetbasierter Befragungen

Internetbasierte Befragungen werden häufig als relativ neue Methode der empirischen Sozialforschung adressiert. Pötschke/Simonson (2001: 7) weisen jedoch darauf hin, dass hier lediglich neuartige technische Möglichkeiten für die Übermittlung des Fragenbogens bzw. für die Rück-Übertragung der Daten genutzt werden. Nach der jeweiligen Art der elektronischen Übermittlung des Fragenbogens und der Antwortdaten werden dabei verschiedene Formen von Online-Befragungen unterschieden. Im Anschluss an den Arbeitskreis Deutscher Markt- und Sozialforschungsinstitute (ADM et al. 2001) gelten diejenigen Befragungen als Online- bzw. internetbasierte Befragung, bei denen die Teilnehmenden den auf einem Server abgelegten Fragebogen im Internet online ausfüllen, Fragebogen von einem Server herunterladen und per E-Mail zurücksenden, Fragebogen per E-Mail zugeschickt bekommen und zurücksenden.

Dabei kann es sich sowohl um ad hoc durchgeführte Einmal-Befragungen handeln als auch um Folge- oder Wiederholungs-Befragungen, wie sie z.B. bei Access-Panels üblich sind. Access Panels sind in der Regel umfangreichere Dauerstichproben, für deren Mitglieder zentraler Hintergrundvariablen („Stammdaten") bekannt sind. Die Teilnehmer können als überdurchschnittlich befragungsbereit gelten und werden in regelmäßigen Abständen in der Regel per email für bestimmte Untersuchungen angefragt („aktive Stichprobenziehung"). Variieren kann auch die Art und Weise, wie die zu Befragenden auf die Online-Befragung hingewiesen werden: als „electronic mail survey" oder als „web survey" (Tuten/ Urban/Bosnjak 2002). Im Falle allgemeiner, d.h. nicht restringierter web-basierten Befragungen geschieht dies über entsprechende Hinweise, z.B. auf den Internetportalen von Kommunen oder Bürgerinitiativen. Der Nachteil eines solchen Vorgehens besteht darin, dass so nur schwer zu kontrollieren ist, wer sich letztlich an der Befragung beteiligt. Neben dieser weitgehend unspezifischen Rekrutierung von Teilnehmenden besteht eine weitere Möglichkeit darin, die Mitglieder über bestehende email-Adressenverzeichnisse anzuschreiben und sie um ihre Teilnahme zu bitten. Dabei kann der Fragebogen an die e-mail angehängt werden oder aber in der e-mail auf die entsprechende Seite im Internet verwiesen werden, wo dieser Fragebogen herunter geladen bzw. bearbeitet werden kann. Diese Unterscheidungen beziehen sich also zum einen darauf, wie auf die Befragung hingewiesen bzw. der Fragebogen zugänglich gemacht wird und zum anderen darauf, wie dieser vom Befragten beantwortet werden kann. Erfolgt beides internetbasiert, dann wird der Fragebogen als Formular auf einem WWW-Server installiert. Die adressierten Teilnehmer werden (z.B. über entsprechende Hinweise auf der Homepage einer Kommune oder einer Institution) auf die URL der Befragungs-Startseite aufmerksam gemacht, sie „surfen" zum Fragebogen, bearbeiten ihn online und schicken ihn ab. Die Ergebnisse werden Item für Item oder aber nach Bearbeitung des gesamten Fragebogens durch ein entsprechendes CGI-Script serverseitig abgespeichert und stehen sofort für eine Auswertung bereit. Beim „Common Gateway Interface" (CGI) handelt es sich um eine Standardschnittstelle, über die Web-Server externe Anwendungen starten und mit diesen Daten austauschen können.

Bei einer e-mail-basierten Online-Befragung werden die Fragebögen in Textform an potentielle Teilnehmer verschickt. Die Bearbeitung des Fragebogens erfolgt zumeist durch das Einfügen von Text oder Zeichen an den betreffenden Stellen der e-mail. Anschließend wird dann der ausgefüllte Fragebogen per e-mail zurückgeschickt oder ausgedruckt und postalisch zurückgesendet. Bei einem solchen Vorgehen besteht ein zentraler Nachteil in den eingeschränkten

Möglichkeiten der Fragebogengestaltung, da lediglich ASCII-Zeichen verwendet werden dürfen. Hinzu kommt das Problem, dass die im E-mail-Fragebogen gemachten Angaben noch in eine Datenbank zu übertragen sind, während die Verwendung eines HTML-Formulars ein direktes Abspeichern und damit die sofortige Verfügbarkeit der Daten ermöglicht. Ist also beim Erheben der Daten der Weg über ein HTML-Formular vorzuziehen, so bietet die e-mail-basierte Adressierung der Teilnehmenden den Vorteil ihrer gezielten Auswahl. Bei internetbasierten Befragungen von Mitgliedern sind hier die Ausgangsbedingungen oft günstig, weil bestehende e-Mail-Adresslisten der Mitglieder oder Mitarbeiter als Adresspool für eine gezielte Ansprache genutzt werden können. Insgesamt haben sich diejenigen intergestützten Befragungen durchgesetzt, bei denen der Fragebogen direkt im Netz bearbeitet werden kann.

4 Datenerhebung

Wohl für keine andere Erhebungsmethode – unabhängig davon, ob es sich um internetbasierte oder schriftliche paper and pencil-Befragung handelt – gilt in gleichem Maße, dass Entscheidungen, die im Vorfeld der eigentlichen Datenerhebung getroffen werden, so weit reichende Folge für den weiteren Forschungsprozess haben. So kann ein Leitfaden in mündlichen Befragungen noch modifiziert oder ein Beobachtungsprotokoll noch erweitert werden, wenn sich dieses im Verlaufe der Datenerhebung als notwendig erweisen sollte. Bei einer internetbasierten Befragung hingegen ist die Datengenerierung kaum mehr zu beeinflussen, sobald der Fragebogen ins Netz gestellt ist bzw. an die Adressat verschickt wurde. Daraus ergibt sich, dass bei der Konstruktion des Fragebogens sehr viel Sorgfalt aufgewendet werden muss.

Generell gilt dabei, dass bei der Fragebogengestaltung und Itemformulierung von web-basierten Fragebögen vergleichbare Standards gelten, wie sie auch für Papier-Fragebögen Anwendung finden (vgl. ADM u.a. 2001: 3). Gleichwohl ist dem Bearbeitungsmedium Computer in besonderer Weise Rechnung zu tragen, da sich das Leseverhalten am Bildschirm signifikant vom Umgang mit gedruckten Materialien unterscheidet. Wie Bucher/Barth (1998) u.a. auf der Basis von Eyetracking-Studien zusammenfassend feststellen, ist das Lesen am Bildschirm langsamer und fehleranfälliger als das Lesen entsprechender Texte in der gedruckten Version. WWW-Seiten werden in aller Regel nicht aufmerksam gelesen, sondern eher gescannt, d.h. oft werden sie nur überflogen und nach bestimmten Schlüsselwörtern durchforstet. Von dieser Flüchtigkeit des Rezeptionsverhaltens bleibt auch die Bearbeitung eines online angebotenen Fragebogens nicht ausgenommen. Daher ist bei der Gestaltung des Online-Instruments verstärkt darauf zu achten, dass die Items nicht zu lang und einfach formuliert sind, keine doppelten Verneinungen enthalten, eindeutig sind usw. Auf diese Punkte weist auch Gräf (1999: 169ff.) hin und benennt insgesamt zehn Leitlinien, die es bei der Fragebogenentwicklung zu beachten gelte:

- 1. Technische Erfordernisse bedenken: Der Fragebogen sollte durch die Einbindung von großen Grafiken, durch Umsetzung von spielerischen Elemente durch Java Applets usw. nicht unnötig technisch aufgerüstet werden, damit auch Nutzer mit weniger leistungsfähigen PCs an der Untersuchung teilnehmen können. Generell ist zu empfehlen, den entwickelten HTML-Fragebogen vor Beginn der Feldzeit mit unterschiedlichen Betriebssystemen sowie Browsern und Browserversionen auf problemlose Funktion zu prüfen.
- 2. Items nach den Regeln der empirischen Sozialforschung formulieren: Wegen der Flüchtigkeit des Mediums Internet ist – im stärkeren Maße noch als bei Papier-und-Bleistift-Fragebögen – darauf zu achten, die Regeln für die Itemformulierung einzuhalten (siehe dazu z.b. Atteslander 2000: 170f.).
- 3. Glaubwürdige Kommunikation mit den Adressat: Transparenz über das Ziel der Untersuchung sollte ebenso gegeben sein wie ehrliche Angaben über den zeitlichen Aufwand, der mit der Teilnahme verbunden ist.
- 4. Aufmerksamkeit erzeugen und wach halten: Der Fragebogen sollte von seinen Inhalten und von der Gestaltung so interessant sein, dass der Nutzer ihm seine gesamte Aufmerksamkeit schenkt (und nicht parallel fernsieht oder telefoniert) und die Bearbeitung für ihn „kognitiv lohnend" ist.
- 5. Anspruchsvolle Designs verwenden und Usability-Kriterien umsetzen: Eine ansprechende Gestaltung des Fragebogens unterstützt beim Nutzer den Eindruck, es mit einer ernsthaften Untersuchung zu tun zu haben. Alle Aufmerksamkeit soll auf die Beantwortung der Items gerichtet sein. Alles, was dem entgegensteht z.B. die Verwendung von Frame-Technologie, die Notwendigkeit eines Wechsels zwischen Tastatureingabe und Mausbedienung oder das Betätigen der Scroll-Leiste sollte vermieden werden.
- 6. Zentrale Textstellen hervorheben: Die Fragen und auch die vorgegebenen Antwortkategorien müssen so übersichtlich wie möglich dargeboten werden. Nach Möglichkeit sollte sogar nur eine Frage pro Bildschirm platziert werden. Wie Gräf (1999) mithilfe eines methodischen Vergleichs zwischen einem konventionellen Formular und einer one-screen-one-item-Version feststellte, liefert letztere eine höhere Datenqualität.

Internetbasierte Befragung 73

- 7. Matrixfragen vermeiden: Diese Form der Fragendarbietung, bei der gleichartige Antwortkategorien für eine Liste von verschiedenen Aussagen, Fragen oder Bereichen vorgegeben werden, ermüden die zu Befragenden und verleiten dazu, sich „durchzuklicken". Eine Drop-Out-Analyse von Knapp/Heidingsfelder (2002) ergab, dass Abbrüche in der Bearbeitung von Online-Fragebögen verstärkt bei offenen Fragen und bei Matrixfragen auftreten. Diese beiden Fragetypen sollten daher nur sparsame Verwendung finden.
- 8. Fragebogen kurz halten: Die Fragebögen sollen sich auf die wirklich wichtigen Fragen beschränken. Hier ist auch zu bedenken, dass der Nutzer möglicherweise für die Zeit, die er online ist, zahlt. Und auch diejenigen, denen z.B. an ihrem Arbeitsplatz keine Kosten entstehen, sind selten bereit, mehr als 10 Minuten aufzuwenden, wenngleich hier die wahrgenommene Relevanz des Themas die zeitliche Grenze deutlich nach hinten verschieben kann.
- 9. Filterfragen einsetzen: Wenn Fragebogenteile nur für bestimmte Subgruppen relevant sind, dann sollte ihnen auch nur diese Teile vorgegeben werden. Durch die Verwendung von Filterfragen und nachfolgender Steuerung des Fragenablaufes kann sich der Nutzer allein auf die für ihn zutreffenden Bereiche konzentrieren und wird nicht durch für ihn irrelevante Fragen ermüdet.
- 10. Pretest durchführen: „If you don't have the resources to pilot test your questionnaire, dont't do the study." (Sudman/Bradburn 1989, zitiert n. Prüfer/Rexroth 1996, S. 96). Dieser Ratschlag dürfte in besonderer Weise auch für internetbasierte Erhebungen zutreffen. Mittlerweile haben sich Pretest-Studios etabliert, die gegen Entgelt eine fachkundige Überprüfung des Fragebogens vornehmen (Gräf 2002: 63ff.).

5 Möglichkeiten und Grenzen internetbasierter Befragungen

Die zentralen Vorteile von internetbasierten Befragungen im Vergleich zu traditionellen Papier-Verfahren liegen auf der Hand: Sie sind vergleichsweise zeitökonomisch und kostengünstig: mit ihrer Hilfe können in relativ kurzer Zeit potenziell viele Bürger erreicht und so hohe Fallzahlen realisiert werden. Weder für das Drucken noch für die Verteilung (bzw. für den Versand bei postalischen Befragungen) der Fragebögen fallen Kosten an, ebenso wie die Organisation von Befragungszeiten und räumen entfallen kann. Und auch die – vor allem bei größeren Stichproben, wie sie in repräsentativen Bürger-Befragungen schnell nötig werden können – sehr aufwändige manuelle Dateneingabe kann entfallen, da die Daten direkt verfügbar sind. Dies schließt die Möglichkeit einer Zwischenauswertung zu jedem Zeitpunkt der Erhebung als Echtzeitstatistik (d.h. als jeweils aktueller Stand) ein, wobei die Ergebnisse der bis dahin vorliegenden Stichprobe sogar nach der abschließenden Bearbeitung durch den Befragten zugänglich gemacht werden können und dadurch ein Beitrag zur informellen Meinungsbildung in der Öffentlichkeit gesehen werden kann.

Durch die bestehenden technischen Möglichkeiten können HTML-basierte, graphisch anspruchsvolle Fragebögen entwickelt werden, die durch die Einbindung von Multimedia-Anwendungen die Bearbeitung abwechslungsreich und interessant machen und so die Beteiligungsbereitschaft erhöhen können. Durch die Verwendung von Java-Programmen zur flexiblen und automatisierten Filterführung ist das Bearbeiten einfacher als bei gedruckten Fragebögen, da die zu Befragenden die z.T. komplizierten Filterführungen nicht selbst nachvollziehen müssen, sondern nur die Fragen vorgelegt bekommen, die sie auch tatsächlich betreffen. Darüber hinaus kann bei Online-Befragungen der verwendete Fragebogen speziell auf zu Beginn der Befragung erhobene Merkmale der Teilnehmenden zugeschnitten werden. So kann z.B. die vorgeschaltete Frage nach der gewünschten Sprache, in der der Fragebogen dargeboten werden soll, Bürger mit Migrationshintergrund die Teilnahme erleichtern. Oder es kann, je nach Angabe zu Beginn, eine spezifische Version des Fragebogens für weibliche bzw. männliche Teilnehmende eingesetzt werden, was nicht nur seine Bearbeitung erleichtert, sondern auch die Spezifität der Ansprache erhöht. Über eine solche dynamische Fragebogenzuweisung besteht also die Möglichkeit, den Grad der Individualität des Inventars zu erhöhen. Allerdings kann hier durch den Einsatz zu vieler Gestaltungsvarianten das Problem entstehen, dass zu geringe Fallzahlen bei einzelnen Versionen die Folge sind oder aber im Anschluss die resultierenden Daten nicht vergleichbar sind und daher nicht sinnvoll zu einem Datensatz integriert werden können. Der Aufbau des Online-Fragebogens kann aber auch aus methodischen Gründen mit relativ wenig Aufwand variiert werden, um z.B. Reihenfolgeeffekte zu kontrollieren. Auch eine randomisierte Reihenfolge bei der Darbietung der Fragen ist möglich. Gerade wenn es in der Befragung um hochbrisante Themen geht, können hier Ausstrahlungseffekte zwischen den verschiedenen Befragungsbereichen verringert werden.

Für die Entwicklung von Online-Fragebögen bedarf es dabei kaum noch der speziellen Programmier-Kenntnisse, da mittlerweile ein Angebot an leistungsfähigen und bedienungsfreundlichen Fragebogengeneratoren vorhanden ist, die die technische Umsetzung erleichtern (s. kostenlose als auch kostenpflichtige

Internetbasierte Befragung

Generatoren http://online-forschung.de. Als weiterer Vorteil von Online-Befragungen wird angeführt, dass die Teilnehmer den Zeitpunkt und die Dauer für die Bearbeitung frei wählen können und so vermieden werden kann, dass sie beim Ausfüllen unter Zeitdruck geraten. Dadurch – so die Annahme – erhöhe sich die Qualität der generierten Daten.

An diesem Punkt wird deutlich, dass einige mögliche Stärken von Online-Befragungen gleichzeitig auch als ihre Schwächen gelten müssen. Die freie Wahl der Bearbeitungssituation bedeutet gleichzeitig auch, dass keinerlei Kontrolle und in der Regel auch kein Wissen darüber vorliegt, in welcher Situation der Fragebogen beantwortet wurde. Waren die Teilnehmenden allein am Computer, haben sie parallel ihre elektronische Post durchgeschaut? Hier ist allerdings der Hinweis berechtigt, dass über diese Einflussvariablen auch beim Einsatz herkömmlicher postalischer Fragebögen keine Informationen vorliegen und dass bei online-Erhebungen zumindest Aussagen über zeitliche Aspekte des Antwortverhaltens getroffen werden können. Auch die gestiegenen Möglichkeiten zur Entwicklung von multi-media-Fragebögen (Payrhuber/Schmuk 2001) mag einerseits die Attraktivität erhöhen und die Abbrecherquote reduzieren, andererseits ist aber weitgehend unklar, welche Kontexteffekte sich hier für das Antwortverhalten ergeben können (Gräf 2001).

Zu diesen technischen Schwierigkeiten kommen einige schwerwiegende Probleme hinsichtlich der erreichten Datenqualität hinzu. Als Haupteinwand wird dabei immer wieder die infolge der Selbstrekrutierung unzureichende Repräsentativität gewonnener Stichproben ins Feld geführt. Bei den durch www-Umfragen gewonnenen Daten bleibt so letztlich unklar, inwieweit sie generalisierbar sind. In diesem Zusammenhang spielt eine Rolle, dass der Partizipationskanal Internet vor allem von denjenigen Bürger genutzt wird, die sich vom Durchschnitt der Gesamtbevölkerung darin unterscheiden, dass sie einen höheren Bildungsgrad aufweisen, jünger sind und überdurchschnittlich häufig dem männlichen Geschlecht angehören. Entsprechende Ergebnisverzerrungen sind die Folge. Unter Partizipationsgesichtspunkten stellt sich hier also das schwerwiegende Problem, dass über dieses Medium so vor allem diejenigen Bürger erreicht werden können, die als überdurchschnittlich politisch interessiert gelten.

Die im Zusammenhang mit internetbasierten Befragungen immer wieder ins Feld geführten Probleme bezüglich der Aussagekraft der gewonnenen Daten infolge von stichprobenbedingten Verzerrungen erübrigen sich teilweise, wenn die Untersuchung auf eine Grundgesamtheit zielt, die klar abgegrenzt ist und deren Mitglieder nicht nur vollständig bekannt, sondern auch komplett über Internet bzw. Intranet erreichbar sind. So wurde z.B. an der Universität Augsburg eine internetbasierte Befragung der Studierenden, des wissenschaftlichen und wissenschaftsstützenden Personals mit dem Ziel durchgeführt, die Einstellungen der Universitätsangehörigen zu der geplanten Einführung der rauchfreien Universität Augsburg zu ermitteln. Hier konnten über die vorhandenen e-mail-Verteiler die verschiedenen Gruppen der Universität gezielt auf die Befragung aufmerksam gemacht werden. Diese Studie verweist auf ein weiteres Problem von internetbasierten Befragungen: die in der Regel sehr niedrigen Response-Raten. Dabei bewegt sich der Rücklauf in email-Befragungen häufig in einer Größenordnung, die hinter den Werten von allgemeinen postalischen Befragungen noch deutlich zurückbleiben. Tuten/Urban/Bosnjak (2002: 10) fassen in ihrer Übersicht der vorliegenden Vergleichsstudien als zentrales Ergebnis zusammen: „all studies comparing e-mail to mail report higher response rates to the traditional mail version of the survey." An der oben genannten internetbasierten Befragung in Augsburg beteiligten sich trotz intensiver Informationspolitik – so wurden z.B. alle öffentlich zugänglichen Computer mit einem Hinweisaufkleber versehen – nur lediglich 15% der Studierenden und etwa ein Drittel der an der Universität Beschäftigten (Demel/Gförer/Gorn u.a. 2007).

Ein weiteres Problem besteht in der nur schwer zu gewährleistenden Anonymität der Teilnehmenden. Wie auch ein Großteil der (internetaffinen) Befragten wissen dürfte, ist über eine Analyse von Logfiles bzw. die Identifikation der IP-Adresse in der Regel rekonstruierbar, von welchem Rechner aus die Bearbeitung des Fragebogens erfolgte. Mit der gängigen Software zur Analyse von Logfiles ist es z.B. kein Problem, mehrfache Aufrufe von derselben IP-Adresse zu erkennen und getrennt aufzulisten. Außerdem gibt es die Möglichkeit, bestimmte Adressen (IP oder Domainnames) markieren zu lassen, welche dann in weiterer Folge getrennt behandelt werden können. Dieses unvermeidliche Hinterlassen von Spuren schürt so möglicherweise die Befürchtungen vor „gläsernen" politischen Akteur.

6 Abschließende Bewertung

Die zentralen Vorteile von Online-Befragungen in Form von Kostenreduktion und Zeitsparnis bei der Datenerhebung und –Auswertung lassen erwarten, dass internetbasierte Befragungen zunehmend die klassische Form der paper-and-pencil-Befragung ergänzen und ersetzen werden. Auch wenn sich hier die Zuwachsraten zu verlangsamen scheinen, so ist doch für die Zukunft zu erwarten, dass der häusliche Internetzugang einen ähnlich selbstverständlichen Stellenwert erreichen wird wie der Telefonanschluss. Damit werden also vermutlich die technischen Zugangsschwierigkeiten zunehmend verringert werden. Allerdings – und hier kehren wir zu der eingangs thematisierten Debatte um Mobilisierung und Reinforcement zurück – gibt es wenig Gründe anzunehmen, dass dadurch schon die Bereitschaft und das Interesse erhöht wird, am politischen Prozess teilzunehmen. Insofern ist hier Siedschlag (2003) Recht zu geben, wenn er resümiert: „Aber die politische Internetnutzung schafft keine neuen Bürger und kein anderes politisches System, vor allem schafft sie kein politisches und soziales Global Village."

Das im Internet liegende kommunikationstechnische Potential stellt somit lediglich eine notwendige, jedoch eben nicht ausreichende Voraussetzung netzbasierter politischer Beteiligung dar. Die technisch immer leichter zu realisierenden internetbasierten Befragungsmöglichkeiten bergen dabei auch die Gefahr, dass nicht nur sorgfältige und lege artis durchgeführte Ad-hoc-Befragungen zum Einsatz kommen, sondern sie auch missbräuchlich in den Dienst von Legitimierungsinteressen gestellt werden, bei denen die Quasi-Beteiligung der Bürger lediglich plebiszitären Zustimmungscharakter zum Entscheidungshandeln der politischen Entscheider hat. Wenn es hingegen darum geht, tatsächlich differenziert zu ermitteln, welche Sichtweisen die von diesen Entscheidungen betroffenen Bürger einnehmen, dann kann eine internetbasierte Befragung ein Instrument darstellen, um relativ ökonomisch eine große Zahl dieser Bürger zu erreichen. Wenn man bedenkt, dass bereits kleinere Verschiebungen in den Formulierungen der Fragen – ist z.B. die Rede von „nicht erlauben" oder „verbieten" – zu deutlich unterschiedlichem Antwortverhalten führen, dann wird deutlich, dass Instrument der internetbasierten Bürgerbefragung nur mit großer Sorgfalt eingesetzt werden darf, wenn es nicht dazu beitragen soll, einer „Stimmungsdemokratie" den Weg zu bereiten. Insgesamt gilt auch für das hier vorgestellte Instrument kommunaler Bürgerbeteiligung, dass sie noch in viel stärkerem Maße als bisher auf lokaler Ebene erprobt und weiterentwickelt werden müssen. Dennoch liegt hier ein großes Potential – vor allem wenn die Probleme der Datenqualität mit der Verwendung von kommunalen Access-Panels verringert werden können – die Entscheidungen auf den verschiedenen Ebenen des politischen Systems stärker an die artikulierte öffentliche Meinung rückzubinden und sie so mit einer breiteren Akzeptanz abzusichern.

Literatur

Arbeitskreis Deutscher Markt- und Sozialforschungsinstitute (ADM) /Arbeitsgemeinschaft Sozialwissenschaftlicher Institute (ASI)/Berufsverband Deutscher Markt- und Sozialforscher (BVM)/Deutsche Gesellschaft für Online Forschung (D.G.O.F.) (Hg.): Standards zur Qualitätssicherung für Online-Befragungen. Frankfurt: ADM. 2001

Atteslander, Peter: Methoden der empirischen Sozialforschung. Berlin, New York: Walter de Gruyter: 2000

Bošnjak, Michael/Bandilla, Wolfgang/Schneid, Michael/Lorch, Guido/Batinic, Bernad/Werner, Andreas//Stiegler, Angelika: Online–Forschung im deutschsprachigen Raum. Erste Ergebnisse einer Umfrage unter Mitgliedern der „German Internet Research" Mailingliste. ZUMA (1998)

Bucher, H.-J./Barth, C.: Rezeptionsmuster der Online-Kommunikation. In: Media Perspektiven 10 ((1998): 517-523

Demel, Christian/Gfrörer, Daniel/Gorn, Pawel/Huzel, Vinzenz/Matthies, Benjamin/Peschke, Benjamin: Die Rauchfreie Uni Augsburg. Ergebnisbericht eines interdisziplinären Forschungspraktikums am Lehrstuhl für Soziologie und empirische Sozialforschung. Augsburg (unveröffentlicht).2007

Emmer, Martin/Seifert, Markus/Vowe, Gerhard: Internet und politische Kommunikation: Die Mobilisierungsthese auf dem Prüfstand. Ergebnisse einer repräsentativen Panelstudie in Deutschland. In: Filzmaier, Peter/Karmasin, Matthias/Klepp, Cornelia (Hg.): Politik und Medien – Medien und Politik. Wien: WUV. 2006: 170-187

Gräf, Lorenz: Optimierung von WWW Umfragen. Das Online-Pretest-Studio. In: Batinic, Bernad/Werner, Andreas/Gräf, Lorenz/Bandilla, Wolfgang (Hg.): Online Research. Methoden, Anwendungen und Ergebnisse. Göttingen, Bern, Toronto, Seattle. 1999: 159-177

Grossman, Lawrence K.: The Electronic Republic. Reshaping Democracy in the Information Age. New York u.a.: Viking Penguin. 1995

Grzeszick, Bernd: Erfolg durch Offenheit. Geistiges Eigentum unter den Bedingungen der Kommunikationsgesellschaft. Ein Plädoyer für Vertrauen in und Erfolg durch zivile Öffentlichkeit. In: Depenheuer, Otto (Hg.): Öffentlichkeit und Vertraulichkeit. Theorie und Praxis der politischen Kommunikation. Wiesbaden: Westdeutscher Verlag, 2001: 21-66

Hoecker, Beate: Mehr Demokratie via Internet? Die Potenziale der digitalen Technik auf dem empirischen Prüfstand. Aus Politik und Zeitgeschichte, (B 39-40/2002)

Initiative eParticipation: Elektronische Bürgerbeteiligung in deutschen Großstädten 2004 – Website-Ranking; Initiative eParticipation (Hg.). online-Ressource: http://www. Initiative – eparticipation.de/studie _eparticipation. pdf (heruntergeladen am 16.06.2007) 2004

Kasse, Max: Partizipation. in Dieter Nohlen (Hg.), Wörterbuch Staat und Politik. München: Piper. 1996

Kleinsteuber, Hans J./Martin Hagen: Was bedeutet „Elektronische Demokratie"? Zur Diskussion und Praxis in den USA und Deutschland. In: Zeitschrift für Parlamentsfragen 29 (1998): 128-143

Knapp, Frank/Heidingsfelder, Martin: Drop-Out Analysis: Effects of Research Design. In: Reips, U.-D./Bosnjak, M. (Hg.): Dimensions of Internet Science. Lengerich: Pabst Science Publishers. 2002

Leggewie, Claus/Christa Maar (Hg.): Internet und Politik. Von der Zuschauer zur Beteiligungsdemokratie. Köln: Bollmann. 1998

Norris, Pippa: Digital Divide. Civic Engagement, Information Poverty, and the Internet Worldwide. Cambridge u.a.: 2001

Pötschke Manuela/Simonson Julia: Online-Erhebungen in der empirischen Sozialforschung: Erfahrungen mit einer Umfrage unter Sozial-, Markt- und Meinungsforschern. In: ZA-Information 49 (2001): 6-28

Prüfer, Peter/Rexroth, Margrit: Verfahren zur Evaluation von Survey-Fragen: Ein Überblick. ZUMA-Nachrichten, 39 (1996): 95-115

Schultze, Rainer-Olaf: Partizipation. In: Nohlen, Dieter (Hg.): Kleines Lexikon der Politik. München: C.H. Beck, 2001: 363-365

Siedschlag, Alexander: Politologische Annäherungen an die digitale Demokratie – Ein Kommentar zum Forschungsstand. In: Rogg, Arne (Hg.): Wie das Internet die Politik verändert. Einsatzmöglichkeiten und Auswirkungen. Opladen: Leske+Budrich. 2003

Statistisches Bundesamt (Hg.): Informationstechnologie in Unternehmen und Haushalten 2005. Wiesbaden. 2006

Tuten, Tracy L/David J. Urban/Michael Bosnjak: Internet Surveys and Data Quality: A Review. In: Batinic, Bernad/Reips, Ulf/Bosnjak, Michael (Hg.): Online Social Sciences. Seattle, Toronto, Bern, Göttingen. 2002: 7-26

von Eimeren, Birgit/Frees, Beate: Nach dem Boom: Größter Zuwachs in internetfernen Gruppen. Ergebnisse ARD/ZDF-online-Studie 2005. In: Media Perspektiven, 8 (2005): 362-379

Welz, Hans-Georg: Politische Öffentlichkeit und Kommunikation im Internet. Aus Politik und Zeitgeschichte B 39-40/2002

Weiterführende Informationen im Internet

Zentrum für Umfragen, Methoden und Analysen (ZUMA), Mannheim: www.or.zuma-mannheim.de/
Deutsche Gesellschaft für Online-Forschung (DGOF): www.dgof.de
German Online-Research (GOR): www.gor.de
Online Forschung DE: www.online-forschung.de
Online Literatur Archiv (Archiv der GIRL-Mails): www.infosoc.uni-koeln.de/gola/

James S. Fishkin

Deliberative Poll. Jenseits von „Polling Alone"

1 Einleitung

Deliberative Demokratie war ein Schlüsselprinzip in der ursprünglichen Verfassung der US-amerikanischen Republik. Nach Aussage von James Madison wird die allgemeine Meinung dadurch gefiltert und erweitert. „... it passed through the medium of a chosen body of citizens ...".

Der Grundgedanke war, die öffentliche Meinung als Grundlage zu nehmen und durch angesehene Repräsentanten filtern zu lassen. Die besondere Idee einer konstitutionellen Übereinkunft umfasste nach Madison eine „Strategie schrittweiser Filterung" (strategy of successive filtrations) der öffentlichen Meinung. Der Senat handelte demnach genau nach diesem Prinzip. Sogar das Electoral College sollte eine Basis für die Wähler schaffen, um zu beratschlagen (Staat für Staat) und die qualifiziertesten und angesehensten Kandidaten auszuwählen (s. Fishkin 1991).

Der Aufstieg der politischen Parteien, eine von ihnen wurde ironischerweise von Madison selbst gegründet, störte diese Vision. In den anschließenden Debatten und Neukonstruktionen, angeregt durch die Gegner des Föderalismus, die Progressivisten und neuerliche Reformen zur Einführung von „primaries" und Referenden gewichten wir nun die ungefilterten Stimmen stärker.

Aber ist die Vorstellung eines deliberativen Prozesses der gefilterten öffentlichen Meinung völlig irrelevant? Müssten nicht in einem modernen oder aktuellen Kontext Wege vorhanden sein, diesen unseren politischen Entscheidungsprozess im öffentlichen Diskurs wiederzubeleben?

Allgemeine Abstimmungen sind eine der häufigsten Wege, um die öffentliche, ungefilterte Meinung auszudrücken. Eines der früheren Bücher von George Gallup trägt den Titel „The Pulse of the Public" und wir verwenden seine Methoden, um unseren kollektiven Impuls mit zwanghafter Frequenz auf jedes denkbare Thema zu übertragen.

Jedoch bilden diese Messwerte nicht mehr ab, als die allgemeinen Eindrücke zu einem Häppchen-Journalismus und seinen Schlagzeilen. Das Management bzw. die Manipulation solcher Eindrücke durch spin doctors, durch die in Fokusgruppen erzeugten Werbestrategien und durch Öffentlichkeitsarbeit, ist zu einem beträchtlichen Wirtschaftsfaktor geworden. Unsere Politik und unser öffentlicher Dialog sind von einer Überzeugungsindustrie kolonisiert worden, die uns weg von den demokratischen Idealen Madisons hin zu Praktiken bewegt, die später als „Madison Avenue" bezeichnet wurden.

Eine weitere Ironie ist, dass Gallups ursprüngliche Vision in Übereinstimmung mit der Madisons stand, die der überlegten Meinung und durchdachten Reflexion eine besondere Rolle beigemessen hat. Er dachte, dass seine Form der Abstimmung beim Filtern der öffentlichen Meinung hilfreich sein würde. Nach dem anfänglichen Triumph der „public opinion poll" bei der Wahl 1936 umriss Gallup diese demokratischen Bestrebungen bei einem Vortrag in Princeton. Demnach könne das demokratische Prinzip der „public opinion poll" von Neu-England auf die nationale Ebene übertragen werden. Durch „public opinion polling" würden die Leute in einer Debatte beide Seiten gehört haben und seien dadurch in der Lage, sich ihre eigene Meinung zu bilden. Er ging davon aus, dass im Ergebnis ein kontinuierliches „town meeting" auf nationaler Ebene stattfinden werde. Seiner Vorstellung nach wäre „the nation […] literally in one great room."

Nach sieben Jahrzehnten der Forschungsarbeit werden sowohl die Möglichkeiten als auch die Einschränkungen dieser Vision sichtbar. Die Möglichkeiten lägen darin begründet, dass wir den allgemeinen Impuls bei fast allen öffentlichen Streitfragen regelmäßig messen können. Die Einschränkungen hängen davon ab, was konkret gemessen werden soll und wie sich das von der Vorstellung Gallups der Entwicklung öffentlicher Meinung im Rahmen eines „town meetings" unterscheidet. Betrachten wir nur drei dieser Einschränkungen: die erste wäre, dass jedermann in einem derart großen Raum versammelt werden müsste und als Folge niemand der Debatte folgen würde. Niemand wäre optimal motiviert, um über die Streitfragen tiefgründiger nachzudenken. In den 1950er-Jahren hat der politische Ökonom Anthony Downs dieses Problem als „rationale Ignoranz" bezeichnet. Wenn ich nur eine Stimme oder Meinung von Millionen anderen habe, warum sollte ich dann viel Zeit verschwenden und Bemühungen anstellen, um mich über die komplexen politischen Fragestellungen zu informieren? Meine persönliche Stimme oder Meinung würde keinen großen Unterschied machen. Die meisten von uns müssen zudem anderen dringenderen Verpflichtungen weitaus mehr Zeit und Aufmerksamkeit widmen. Der sehr gut dokumentierte niedrige Informationsgrad der Allgemeinheit müsste aus demokratietheoretischer Sicht bedauerlich sein, aber er ist zugleich verständlich aus der Sicht des einzelnen Bürgers.

Eine zweite Einschränkung zu den verschiedenen Meinungen, über die in den Abstimmungen Bericht erstattet wird, ist, dass manchmal die dokumentierten Meinungen gar nicht existieren. Die Befragten sagen niemals gerne „ das weiß ich nicht", sondern greifen lieber eine mehr oder weniger zufällig gewählte Meinung auf, anstatt ihre Unwissenheit zuzugeben. Als George Bishop von der University of Cincinnatti in einer Umfrage nach dem „Public Affairs Act of 1975" fragte, antworteten ihm die Befragten, obwohl es sich um ein fiktionales Gesetz handelte. Als die Washington Post zwei Dekaden später das „Nicht-bestehen" dieses Gesetzes feierte, und aus Spaß nach dessen Abschaffung fragte, antworteten die Befragten ebenfalls so, als ob es existieren würde. Natürlich hat sich die Öffentlichkeit zu einigen Themen eine sehr gute Meinung gebildet, aber in vielen anderen Bereichen bewegen sich ihre Einstellungen auf einer Skala von „Hohe Kenntnisse"- bis zu „Keinerlei Kenntnisse".

Ein dritter Fehler basiert auf der Auswahl der Gesprächspartner und Nachrichtenquellen. Selbst wenn die Menschen über Politik diskutieren, tendieren sie dazu, sich mit Leuten zu unterhalten, die ihnen entsprechen, aus dem gleichen sozialen Umfeld stammen und meistens auch die gleichen Ansichten vertreten. Wenn es um ein Thema geht, das das Land spaltet und man jemanden auf der anderen Seite weiß, neigt man eher dazu, über das Wetter zu diskutieren, anstatt sich über vermeintlich unliebsame Meinungsverschiedenheiten auszutauschen. Die zunehmende Vielfalt bei der Nachrichtenauswahl (Angebot), vom Internet bis zu den Nachrichten des Kabelfernsehens, verstärken die Tendenz vieler Leute, ihre Sichtweise durch ihnen wohl gesonnene Perspektiven zu bestärken. Der Grad, in welchem das Internet dieses Problem verstärkt, ist beunruhigend, aber zugleich eine wichtige empirische Fragestellung (siehe Boston Review, Summer 2001 „Is the Internet Bad for Democracy?"). Aber egal wie weit das Internet dieses Problem verschlechtert, es ist bereits jetzt bekannt, dass an dieser Stelle ein signifikantes Problem vorherrscht, das mit dem Gedanken John Stuart Mills gesprochen, wonach die Freiheit den Menschen ermöglichen würde, ihre Verschiedenartigkeiten auszuleben und diese Verschiedenartigkeiten zugleich die Individualität bewahren würde (Mill benutzt die Bezeichnung „Individualität" im Sinne einer individuellen Reflexionsfähigkeit und Informiertheit bei der Wahl zwischen rivalisierenden Vorstellungen und Lebensstilen). Dieser positive Effekt entfällt, wenn die Menschen die Offenlegung ihrer Verschiedenartigkeit vermeiden (soziale Erwünschtheit).

Deliberative Poll. Jenseits von „Polling Alone"

Diese drei Probleme in Bezug auf öffentliche Meinung – Unwissenheit, die Vermeidung von Stellungnahmen und die Tendenz der Menschen, Gespräche nur mit Gleichgesinnten zu führen – sind folgenreich für die Frage, ob Abstimmungen tatsächlich ein überlegtes Urteil der Allgemeinheit zur Politik ausdrücken. Sind sie gut gemacht, erfüllen Abstimmungen die in sie gesteckten Erwartungen – sie geben den aktuellen Stand der öffentlichen Meinung (sollte eine solche existieren) zu einem bestimmten Oberthema wieder. Doch Demokratie ist zumeist eine Frage der institutionellen Ausgestaltung. Gallup, und mit ihm einige andere, hat gezeigt, dass formlose und inoffizielle Veränderungen in der demokratischen Praxis folgenreich sein können. Müsste es in einem modernen Kontext nicht möglich sein, die Bestrebungen von Madison zur Deliberation („to refine and enlarge the public's views") durch die Entsendung eines gewählten Vertreters und Gallup („to put the whole country in one room") im Rahmen eines „town meeting" zu verknüpfen?

2 Suche nach deliberativer Meinungsbildung

Das Forschungsprogramm mit dem Titel „Deliberative Polling" (s. Fishkin 1995, 1996; Price/Neijens 1998) experimentiert mit solch einer formlosen, beratenden Institution. Es beginnt mit einer Wahl im herkömmlichen Sinne. Nachdem sogenannte „Respondenten" auserkoren worden sind, werden diese zu einer beratschlagenden Diskussion eingeladen, die nach dem Vorbild einer politischen Talksendung aufgebaut ist (obwohl inzwischen auch eine wesentlich preiswertere Internet-Version gestartet wurde). Die Respondenten, die die Einladung annehmen, erhalten eine finanzielle Entschädigung (Reisekosten, Hotel etc.). So wird das Möglichste getan, um eine Teilnahme zu erleichtern. Das Wichtigste ist jedoch, dass die Teilnehmer davon überzeugt werden, dass ihre Stimme von Bedeutung ist (Fishkin/Luskin/Jowell 2000). Nach einer Vorfeldanalyse werden die Teilnehmer in heterogene Gruppen nach unterschiedlichem Alter und Einstellungen eingeteilt. Typischerweise gibt es dabei einige auffällige Unterscheidungen. Der Mikrokosmos, in dem die Teilnehmer für diese „national Deliberative Poll" versammelt werden, entspricht zwar der Idee von Gallup, jedoch auf eine andere Weise, als dieser es sich vorstellte. Es läuft auf ein „whole country in one room" hinaus, jedoch auf einen Raum von handhabbarer Größe – klein genug, dass die Teilnehmer nachvollziehen können, dass ihre Stimme innerhalb des Diskussionsprozesses auch von Bedeutung ist.

Eine „national Deliberative Poll" versammelt üblicherweise zwischen 300 und 500 Teilnehmer an einem langen Wochenende an einem Ort. Diese Teilnehmerzahl ist groß genug, um statistisch aussagekräftig zu sein (in Bezug auf Meinungsvielfalt und Repräsentativität) und doch klein genug, um praktikabel zu sein. Bevor die Respondenten eingreifen, werden sorgfältig ausgewogene Materialien ausgegeben, die versuchen die konkurrierenden politischen Hauptmeinungen mit Pro- und Contra-Argumenten zu umreißen. Diese Materialien werden zumeist von Gutachterkommissionen erstellt, die alle zentralen Standpunkte des Oberthemas repräsentieren. Sie fassen zusammen, was jeder informierte Bürger über die laufende Debatte zu einem vorgegebenen Thema wissen sollte. Manchmal ist bereits der Aushandlungsprozess und die Auswahl eines ausgewogenen Dokumentes ein wesentlicher Bestandteil des Beratungsprozesses. Dennoch sind die instruierenden Materialien erst der Beginn des Diskussionsprozesses. Die Öffentlichkeit wird mit Diskussionen über ein bestimmtes Oberthema zunächst in Kleingruppen und dann in Plenarsitzungen konfrontiert.

Bei ihrer Ankunft werden die Teilnehmer in zufällig zusammengestellte Diskussionsgruppen mit einem geübten Moderator eingeteilt. Dieser versucht den Gruppen bei ihrer Arbeit mit dem jeweiligen Thema zu helfen und entwickelt zugleich Schlüsselfragen, welche die Teilnehmer gerne in einer Diskussionsrunde mit kompetenten Experten und Politikern stellen würden. Während des Wochenendes wechseln sich Diskussionen in Kleingruppen mit ca. fünfzehn Personen und Plenarsitzungen, bei denen alle 300 oder 400 Teilnehmer versammelt sind, um Experten und Politiker zu befragen, ab. Am Ende des Wochenendes erhalten die Respondenten die gleichen Fragebögen wie beim Erstkontakt. Idealerweise erhält in einer derartig beaufsichtigten Gruppe, eine separate Stichprobe von Teilnehmern, die sich nicht beraten haben, den gleichen Fragebogen, so dass wir sicher sein können, dass eine Meinungsänderung als Ergebnis aus dem Diskussionsprozess entstanden ist und nicht von den Medien oder den Veränderungen der Außenwelt herrührt.

Dieser Prozess ist in den USA nahezu fünfzigmal bei nationalen und lokalen Ereignissen durchgeführt worden (s. Schweitzer 2004). Hinzu kommen weitere Länder wie Großbritannien, Australien, Taiwan, Dänemark, Bulgarien und erst kürzlich auch China (wo das Verfahren angewendet wurde, um auf lokaler Ebene über Infrastrukturprojekte zu entscheiden).

Es liefert Antworten auf alle drei Probleme der allgemeingültigen Meinung, die bei herkömmlichen Abstimmungen auftreten. Erstens sind die Teilnehmer höchstmotiviert weitere Informationen zu erhalten. Jeder hat eine Stimme von etwa 300 und ist in Kleingruppen im Rahmen von „Face-to-Face"-Diskussionen von etwa fünfzehn Personen eingebunden. Die Fragen nach Informationen vorher und nachher weisen substanzielle Veränderungen auf. Um nur ein Beispiel zu nennen, wussten vor der Beratung nur 18% der Befragten im Rahmen einer Fernsehdiskussion des „national Deliberative Poll" zum Thema Außenpolitik im Jahr 2003, dass die Auslandshilfe nur ein oder weniger Prozent des US-Budgets ausmacht. Dieses Ergebnis war identisch mit anderen konventionellen Abstimmungen. Nach den Beratungen jedoch stieg der Prozentsatz derjenigen, die die Auslandshilfe auf ein oder weniger Prozent beziffert hatten, auf 64%. Die Informationen waren äußerst folgenreich. Noch vor den Beratungen war eine Mehrheit der Teilnehmer für eine Senkung der Auslandshilfe. Nach den Beratungen war die Mehrheit gar für eine Erhöhung.

Der gesteigerte Anreiz für bessere Informationen wurde konkret, als sich mir während der ersten beratenden Abstimmung 1994 in Großbritannien zum Thema Kriminalität eine Frau näherte. Sie sagte, sie begleite ihren Ehemann und wolle mir danken. In dreißig Jahren Ehe hatte ihr Ehemann nie eine Zeitung gelesen. Doch seit er an dieser Veranstaltung teilgenommen hatte, habe er begonnen, „jede Zeitung jeden Tag" zu lesen und war zunehmend mehr interessiert, sein Leben als Rentner zu leben. Die Teilnahme hatte ihm einen Anlass gegeben, sich zu informieren. Eine solche Erfahrung, bei einem derartigen Ereignis, kann das Verhalten des gesamten bisherigen Lebens verändern. Spätere Kontakte zur Gruppe aus dieser Veranstaltung zeigten, dass sie weitaus besser informiert waren als noch zum Ende des Wochenendes. Vermutlich hatten sie weiterhin Zeitung gelesen und mehr Aufmerksamkeit auf die Medienberichterstattung gelegt, was durch die intensiven Diskussionen während des Beratungswochenendes ausgelöst worden war.

Das zweite Problem war, dass bisweilen die bei konventionellen Abstimmungen dokumentierten Meinungen gar nicht existieren. Sie sind Ergebnisse von fehlender Einstellung oder Phantommeinungen, weil die Respondenten nicht gerne zugeben, dass sie etwas nicht wissen. Dieses Phänomen wurde ursprünglich von dem bedeutenden Politikwissenschaftler Philip Converse (s. „American Voter") erforscht. Es gab nationale Wahlstudien, in welchen dieselben Fragen zwischen 1956 und 1960 gestellt wurden. Die Fragen beinhalteten einige weniger wichtige Punkte, etwa die Rolle der Regierung bei der Bereitstellung elektronischer Leistungen. Converse bemerkte, dass einige der Interviewten Antworten lieferten, die stark variierten und geradezu zufällig von öffentlichen Diskussionsrunden aufgeschnappt worden waren. Sie kümmerten sich so wenig um die jeweiligen Themen, dass sie sich vermutlich bei einer erneuten Befragung nach einem Jahr nicht einmal mehr an ihre Antworten erinnert hätten oder gar übereinstimmende Antworten hätten liefern können. Converse schloss daraus, dass es sich nicht bei allen Antworten um wirkliche Meinungen gehandelt habe, sondern dass ein signifikanter Teil der Befragten nach dem Zufallsprinzip geantwortet hatte.

Im „Deliberative Poll" werden gewöhnliche Bürger effektiv motiviert, sich mit konkurrierenden Argumenten auseinanderzusetzen, sie bekommen ihre Fragen beantwortet und finden schließlich zu einer eigenen Urteilsbildung (s. Fishkin/Luskin 1999). Auch falls sie keine eigene Meinung haben, wenn sie das erstemal kontaktiert werden, so werden doch viele von ihnen am Ende des Prozesses eigene Schlüsse gezogen haben. 1996 wollten Energiefirmen aus Texas die Öffentlichkeit als Teil eines „Integrated Resource Planning" fragen, welche Energiepolitik sie in ihrem Vertriebsgebiet am besten anbieten sollten. Würden die Bürger die Verwendung von Kohle, Gas oder regenerativen Energien (Wind oder Solar) oder ein Management der Nachfrage (Nachhaltigkeitspolitik zur Reduzierung des Energieverbrauches) bevorzugen? Die Firmen sahen sich vor das Problem gestellt, wenn sie Abstimmungen durchführen würden, dass sie davon ausgehen müssten, dass die Allgemeinheit nicht über ausreichende Informationen verfügt oder gar eine ausreichend fundierte Meinungen zu diesem Sachverhalt hat, um den Ansprüchen einer sich lohnenden Beratung gerecht zu werden. Da sie nichts von den früheren Ergebnissen von Convers in Bezug auf Phantommeinungen und das Nichtvorhandensein einer Einstellung zu ihrer Streitfrage wussten, hatten sie diese Grundidee. Als Alternative hätten sie ihre Beratungen auf bestimmte Gruppen oder kleine Diskussionsrunden beschränken können. Sie hätten den Regulatoren aber niemals beweisen können, dass solch kleine Gruppen repräsentativ genug wären. Und wenn sie „town meetings" abgehalten hätten, die offen für jedermann gewesen wären, würden diese Foren von Lobbyisten und organisierten Interessensgruppen dominiert werden. Sie würden also keine allgemeingültige Meinung einfangen können.

Sie beschlossen, dass ihnen „Deliberative Polling" eine durchführbarere Möglichkeit offerierte. Eine Ausgangsbedingung lag darin, dass eine Gutachterkommission, bestehend aus Vertretern verschiedener Positionen, die Supervision für das Vorbreitungsmaterial, die Fragebögen und die Tagesordnung für das Wochenende übernahmen. Diese Gutachterkommission bestand aus Vertretern der Verbrauchergruppen, Umweltgruppen, Fürsprecher sowohl von alternativen Energien, als auch von konventionellen Energien. Die Veranstaltung sollte zudem öffentlich und transparent sein, d.h. eine Fernsehübertragung sollte gewährleistet werden und der Pubic Utility Commissioner sollte für Fragen zur Verfügung stehen.

Deliberative Poll. Jenseits von „Polling Alone"

In acht dieser „Deliberative Polls" in verschiedenen Teilen von Texas in der Nähe von Louisiana, entschied sich die Allgemeinheit für eine kluge Kombination aus Gas, regenerativen Energien und Energiesparen. Im Durchschnitt dieser acht Projekte stieg der Prozentsatz derjenigen, die bereit waren, für regenerative Energien monatlich mehr zu bezahlen, von 52 auf 84 Prozent. Der Prozentsatz derer, die künftig mehr Energie sparen wollen, stieg von 43 auf 73 Prozent. Die Beratungen aus dem „Integrated Resource Plan" ergaben beträchtliche Investitionen in regenerative Energien und verwandelten Texas zum zweitwichtigsten Bundesstaat (hinter Kalifornien) im Bereich der Förderung regenerativer Energien. Zweifellos waren viele der Meinungen, die sich zu Ende der Veranstaltung entwickelten, Ausdruck von fehlenden Einstellungen und Phantommeinungen. Aber der Punkt ist, dass die am Ende ausgedrückten Meinungen die überlegten Urteile eines repräsentativen Mikrokosmoses waren – was die Allgemeinheit unter guten Bedingungen denken würde und nachdem großen Bemühungen der Balance und Transparenz unternommen worden waren, solch gute Bedingungen zu garantieren.

Die dritte Fehlerquelle der „sozialen Erwünschheit" wird durch „Deliberative Poll" vermieden. Die Bürger neigen dazu, allgemeine Streitfragen überwiegend mit Gleichgesinnten zu diskutieren. Vertraute soziale Bedingungen erleichtern es den Leuten, ernsthafte Argumente im Bezug auf den Diskussionsgegenstand anzunehmen. Erfahrungen der dänischen „National Deliberative Poll" zur Einführung des Euros zeigt den Unterschied zwischen „face-to-face"-Diskussionen im häuslichen Umfeld der Menschen und einer „Deliberative Poll". Das Land war in etwa gleichgroße Teile gespalten, ob der Euro angenommen werden sollte. Unser Fragebogen verfügte über informative Fragen, von denen die eine Hälfte Punkte waren, die die Einführung unterstützte, die andere Hälfte waren jene Art von Informationen, die von der Gegenseite beschwört würden. In der Zeit zwischen dem ersten Interview mit den Respondenten bis zum Beginn des Wochenendes, wurde ein zusätzlicher Fragebogen für die Ankunft ausgegeben. Dieser zeigte, dass in Vorbereitung für die Veranstaltung die Befürworter tendenziell die Informationen der Pro-Seite, aber nicht die der Nein-Seite lernten und die Gegner ebenso nur die Informationen der Contra-Seite, nicht aber die der Ja-Seite lernten. Jedoch im finalen Fragebogen, der am Ende des Wochenendes ausgegeben wurde, wurde diese Kluft geschlossen. Die Befürworter hatten die Contra-Argumente gelernt und die Gegner hatten die Pro-Argumente gelernt. In „face-to-face"-Diskussionen, die in zufällig eingeteilten Kleingruppen geführt wurden, hatten die Teilnehmer aus diesen Diskussionen das gelernt, was sie in ihrem häuslichen Umfeld nicht gelernt hätten – die Argumente und den Informationsstand der

Unterstützer der Gegenseite. Die „Deliberative Poll" schuf einen sicheren öffentlichen Raum, in dem die Leute sogar über Streitfragen auf einer vernünftigen Basis reden konnten, trotz ihrer fundamentalen Meinungsunterschiede zu einem Thema, welches das Land deutlich spaltete.

Manchmal ist das Gewicht eines Gegenargumentes ebenso emotional wie erkenntnisreich. So beispielsweise in einer 1996 vom Sender PBS übertragenen „National Issues Convention" mit Präsidentschaftskandidaten und zufällig ausgewählten Bürgern. Eines der Themen war die Reform der staatlichen Wohlfahrt und die aktuelle Situation in amerikanischen Familien (Fishkin 1996). Ein 84jähriger konservativer Weißer war dabei in derselben Kleingruppe wie eine afro-amerikanische Frau, die Sozialhilfe bezog. Zu Beginn der Diskussion sagte er zu ihr, „sie haben keine Familie" und erklärte ihr, dass eine richtige Familie aus einem gemeinsamen Haushalt von Vater, Mutter und Kindern besteht. Dieser Kommentar testete die sozialen Kompetenzen des Moderators, der nur mit Mühe die Diskussion fortsetzen konnte. Am Ende des Wochenendes fragte er sie ganz allgemein „Was sind die drei wichtigsten Wörter in der englischen Sprache. Sie sind: 'I was wrong'". Man könnte seinen Kommentar so interpretieren, als ob er gekommen sei, um ihre Situation aus ihrer Sichtweise heraus verstehen zu können. Ein Merkmal einer moralischen Diskussion ist es, ein Problem vom Standpunkt desjenigen aus zu sehen, der angegriffen wird, also eine Art idealtypische Rolle einzunehmen. In diesem Fall wurde er durch die Diskussionen mit ihr in einer gemeinsamen Kleingruppe dazu gebracht, die Welt aus ihrer Sicht heraus genauso einzuschätzen, wie von seinem eigenen Standpunkt heraus. Für gewöhnlich würden diese beiden nie die Möglichkeit bekommen, eine ernsthafte Diskussion über Familien zu führen und Frauen in der Sozialhilfe würde er nur aus dem Fernsehen gekannt haben. Wenn wir Gegensätze verstehen wollen, müssen wir mit Betroffenen sprechen, um deren Angelegenheiten und Wertmaßstäbe (aus ihrem Standpunkt heraus) verstehen zu können. Diskussionen in einem sicheren öffentlichen Raum mit zufällig ausgewählten Probanten, die nach dem Zufallsprinzip in Gruppen eingeteilt werden, können dieses leisten.

Manchmal ist die „Deliberative Poll" mehr als ein bloßes Medienereignis. Im Fall von Texas wurde ein Input über die allgemeinen Meinungen zu einer wichtigen politischen Entscheidung zusammengestellt, da eine glaubwürdige und repräsentative Eingabe anders nicht zu gewährleisten ist. Da die Energiepolitik wenig hervorsticht, würde man vermutlich fehlende Einstellungen oder nur schwerlich informierte „top of the head"- Meinungen bekommen. Würde man einen allgemeinen Input einfordern, würden die meisten selbst gewählten Diskussionsforen Lobbyisten und organisierte Interessensgruppen anziehen. Für einen präzi-

Deliberative Poll. Jenseits von „Polling Alone"

sen, organisierten Diskussionsprozess ist es daher notwendig, einen Input zu bekommen, der gleichzeitig repräsentativ wie informierend ist.

„Deliberative Polls" wurde unter anderem für aktuelle Entscheidungen auf lokaler Ebene in China benutzt. In den rapide wachsenden Teilen Chinas haben viele Städte und Gemeinden versucht, die Öffentlichkeit in gewisser Weise in die Lokalpolitik einzubeziehen. Jedoch haben die meisten Kommunen offene „town meetings" abgehalten, in denen die Teilhabe durch dominierende Interessensgruppen verzerrt wurde. So wurde 2006 Chinas erste „Deliberative Poll" im Zeguo Township in Winling City (etwa 300 km vom Süden Shanghais entfernt) vollendet. Mehr als 250 wissenschaftlich nach dem Zufallsprinzip ausgewählte Probanten wurden darum gebeten, auf der Grundlage ausgewogener und genauer Informationen, über die zehn ihrer Meinung nach wichtigsten Infrastrukturprojekte zu beraten, die sie aus einer vorgegebenen Liste von 30 Vorgaben ausgewählt hatten. Nachdem sie zunächst ihr Hauptaugenmerk auf verschiedene Straßen, Parks und andere Vorschläge gelegt hatten, entschieden sie sich für eine Liste von Maßnahmen, wie z.B. dem Bau einer Kläranlage und einer umfassenden Umweltschutzplanung. Das Ergebnis wurde später vom lokalen Parlament ratifiziert und die exakten Schwerpunkte aus diesen Beratungen werden heute umgesetzt. Für die lokalen chinesischen Verantwortlichen, die angesichts einer schwierigen Haushaltslage zwischen konkurrierenden Projekten zu entscheiden haben, ermöglichten die Ergebnisse mehr Transparenz und eine Möglichkeit, die Menschen/Bürger selbst entscheiden zu lassen, ohne sich der Notwendigkeit einer Parteienkonkurrenz aussetzen zu müssen. Weitere Projekte werden gerade geplant.

3 Schlussfolgerungen und Ausblick

Warum aber sollten sich Politiker in entwickelten Demokratien mit etablierten repräsentativen Systemen den Meinungen aus einer „Deliberative Poll" mit Aufmerksamkeit widmen? Schließlich denken die meisten Menschen nicht ernsthaft über die gegensätzlichen Argumente nach, die zur Politik oder zu politischen Fragestellungen vorgebracht werden. Vielmehr nutzen die meisten Menschen nur wenige Informationen und haben eine kurze Aufmerksamkeitsspanne. Ein gewählter Repräsentant möchte wissen, ob die Mehrheit der Bürger die Entwicklungshilfe verringern will. Dabei ist relevant, wenn die Bevölkerung mehrheitlich denkt, dass diese Ausgaben einer der größten Haushaltsposten sind. Wie sähe diese Einschätzung aus, wenn die Leute wüssten, dass die Entwicklungshilfe im

Haushalt nur eine winzige Rolle spielt? Würden sie diese dann erhöhen? Gewählte Repräsentanten erklären regelmäßig, dass sie die Meinungen ihrer Wähler repräsentieren sollten. Sie sind davon überzeugt, dass die Wähler mit ihnen übereinstimmen würden, wenn diese über den gleichen Kenntnisstand verfügen würden. Natürlich können diese Verantwortlichen nicht alle mit dieser Annahme Recht behalten. Letztlich verlangen diese Kommentare nach einer Strömung in Form einer dritten Position zwischen der klassischen Teilung in die Repräsentanten auf der einen Seite, die ausschließlich dem Wählerwille folgen und jenen auf der anderen Seite, die ihrem eigenen Urteil folgen. Es gibt eine dritte Position – zu tun was ihre Wähler ihnen raten, nachdem diese über die Fragestellung gut informiert worden sind. Sogar Edmund Burke, der in seinem Klassiker „Letter to the Electors of Bristol" das unabhängige Urteil der gewählten Repräsentanten verteidigt, behauptete, wenn seine Wähler, die etwa 300 Meilen entfernt von ihm sind, seinen Kenntnisstand hätten, ebenfalls einer Meinung sein würden. Folglich scheint es drei Hauptaufgaben für den Gesetzgeber zu geben: die unreflektierten Bedürfnisse der Wähler zu repräsentieren, zu tun was man für richtig hält und die informierten Standpunkte der Wähler zu repräsentieren. Ein pensionierter und einflussreicher Kongresslobbyist konstatierte, „die meisten der Parlamentsmitglieder würden gerne das Richtige tun, wenn dies nur von der Bevölkerung akzeptiert würde". Ein öffentlichkeitswirksames „Deliberative Poll" kann Parlamentsmitglieder dazu bewegen, die richtigen Dinge zu tun".

Aus demokratietheoretischer Sicht haben zufällig ausgewählte Probanten, zusammengesetzt aus gewöhnlichen Bürgern, einige Vorteile gegenüber den gewählten Repräsentanten in Parlamenten. Sie können Fragestellungen behandeln, ohne dass sie sich um ihre Wiederwahl sorgen müssen. Sie sind nicht in eine Parteidisziplin eingebunden. Sie können ihre ehrliche Sichtweise am Ende des Prozesses in geheimen Fragebögen zum Ausdruck bringen, ohne dass sie Angst vor sozialem Druck durch die (allgemeine) Meinung der anderen Teilnehmer haben müssten. Mit den Worten Madisons gesprochen, zeigten sie, dass sie fähig zur Weiterentwicklung („refining und enlarging") der allgemeinen Meinung sind. Das Ergebnis ist etwas, was Gallup hoffte durch seine „town meeting on a national scale" zu erreichen, bei denen die Bürger über die gegensätzlichen Argumente nachdenken würden. Doch um das zu erreichen, verlangt der Diskussionsprozess einen institutionellen Rahmen, um die Diskussionen zu erleichtern, den Zugang zu guten Informationen zu ermöglichen, Fragestellungen an Experten zu konzipieren und einen sicheren öffentlichen Raum, in dem sich die Leute sicher fühlen, um ihre Meinungen äußern zu können. Um die Meinungen einer gut informierten und repräsentativen Öffentlichkeit einzuholen, muss die Demokratie über Wahlen und Abstimmungen hinaus gehen („beyond polling alone").

Literatur

Fishkin, James S.: Democracy and Deliberation. New Haven: Yale University Press 1991
Fishkin, James S.: The Voice of the People. Public Opinion and Democracy, New Haven: Yale University Press 1995
Fishkin, James S.: The Televised Deliberative Poll: An Experiment in Democracy, in: Jamieson, Kathleen Hall (Hg.), The Media and Politics (Annals of the American Academy of Political and Social Science 546), Thousand Oaks: Sage 1996: 132-140.
Fishkin, James S./Luskin, Robert C.: Bringing Deliberation to the Democratic Dialogue, in: McCombs, Maxwell/Reynolds, Amy (Hg.), The Poll With a Human Face. The National Issues Convention Experiment in Political Communication, Mahwah/NJ: Lawrence Erlbaum 1999: 3-38.
Fishkin, James S./Luskin, Robert C./Jowell, Roger: Deliberative polling and public consultation. In: Parliamentary Affairs, 53 (2000) 4: 657-666.
Price, Vincent/Neijens, Peter: Deliberative Polls: Toward Improved Measures of „Informed" Public Opinion? In: International Journal of Public Opinion Research (1998) 10: 145-176.
Schweitzer, Eva. Deliberative Polling Ein demoskopischer Ausweg aus der Krise der politischen Kommunikation. Wiesbaden: Deutscher Universitätsverlag 2004

Claus Leggewie und Christoph Bieber

Webforum

1 Einleitung

Forum hieß der römische Ort des Austauschs von Bürgern über allgemeine Fragen (*res publica*), der zugleich ein Mittelpunkt des religiösen, politisch-säkularen und wirtschaftlichen Lebens war. Aus der meist runden Platzanlage, die sich durch die Überschaubarkeit der Versammelten, die Abwesenheit von Zugangsbeschränkungen (Offenheit), die Wertschätzung ad hoc vorgetragener Argumente und ihre Anbindung an Entscheidungsprozesse, zum Teil in direkt-demokratischen Abstimmungen auszeichnete, also insgesamt durch einen hohen Interaktivitätsgrad „face to face", wurde im übertragenen Sinn ein virtuell, unter Abwesenden zu führender Austausch. Webforen gelten heute als unverzichtbarer Bestandteil einer guten Webseite oder eines attraktiven Webportals (Steinmann o.J.), aber sie werden immer wieder auch als Kernstück „elektronischer Demokratie" angepriesen.

Die Wirklichkeit der Webforen sieht anders aus. Wir beschäftigen uns im Folgenden mit dieser unverminderten Diskrepanz zwischen Norm und Praxis, die – genau wie die klassisch-antiken Vorbilder – einen Mangel an Inklusion aufweist und durch die Flüchtigkeit oraler Kommunikation, Demagogie und generelle Nichtübertragbarkeit auf repräsentative Massendemokratien charakterisiert ist. Ebenso zu beobachten ist ihre Überformung und Marginalisierung durch Formate der Massenkommunikation. Ungeachtet dieser Mängel bleibt die Frage, ob Webforen Äquivalente bieten, die die Exklusivität protodemokratischer Versammlungstypen überwindet und den Mangel an Interaktivität postmoderner Massenkommunikationsmittel mindert. Dazu möchten wir in drei Schritten (a) kurz die Prinzipien deliberativer Demokratie rekapitulieren, (b) zwei Typen exemplarisch sichten und (c) mit einer Betrachtung zur Frage des möglichen Beitrags von Webforen für die „Gesellschaftsberatung" enden.

2 Theorie: Das Internet als Medium deliberativer Politik

Als „deliberativ" bezeichnen wir Aspekte des Politikprozesses, die Entscheidungen vor- und nachgelagert sind: Das sind diskursive, im Idealfall mehrstufige und von unmittelbarem Entscheidungszwang enthobene, gleichwohl entscheidungsorientierte Erörterungen öffentlicher Angelegenheiten durch Laien in der Öffentlichkeit (dazu der Überblick bei Leggewie 2004). „Regierung durch Diskussion" hieß in der politischen Theorie- und Ideengeschichte eine derartige Fundierung und Qualifizierung demokratischer Mehrheitsentscheide. Sie ergibt sich aus der Notwendigkeit, über politische Streitfragen nicht nur mit dem „Fallbeil der Mehrheit" abzustimmen, sondern der Entscheidung durch gründliche Erörterung mehr Legitimation zu verleihen. Öffentliche Deliberation kann im Sinne der „partizipatorischen Demokratie" nicht nur die Bürgerbeteiligung mehren, sondern bestenfalls auch die Qualität einer Entscheidung anheben, die nicht allein den Experten und Eliten überlassen bleibt, sondern in verschiedener Intensität und Filterung auf öffentliche Meinung rekurriert.

Diese Form der Kommunikation vollzieht sich in diversen öffentlichen Diskursen; und Online-Medien sind prädestiniert, Diskurse zwischen entfernt lebenden und diachron kommunizierenden Teilnehmern zu organisieren. Offline-Versammlungen physisch ko-präsenter, sich „von Angesicht zu Angesicht" austauschender Bürger, darunter längerfristige Mediationsverfahren und Expertenanhörungen, kann man auch online veranstalten oder begleiten (vgl. dazu ausführlich Bieber 2003). Hierbei kommt es, temporär und themenbezogen, zu einer virtuellen Vergemeinschaftung, die lokale Kommunikation über politisch-administrative Fragen verdichten und global erweitern kann, indem sie physisch nicht-anwesende, jedoch betroffene und interessierte Personengruppen einbezieht und eine Netzarchitektur bereit stellt, die verschiedene Grade von Information, dauerhaftem Interesse und Kompetenz kombiniert.

Eine wichtige Rolle für die Entstehung und Förderung neuer Formen deliberativer Netzkommunikation liefern Online-Projekte, die sich häufig entlang Internet-bezogener Themen wie Fragen des Datenschutzes und des Urheberrechts, oder der Flatrate- bzw. Bandbreiten-Diskussion formieren. Viele der in den letzten Jahren entstandenen Informations-, Kommunikations- und Aktionsplattformen im Internet sind „Nebenbei"- Produkte bürgerschaftlichen Engagements: Betreiber, Programmierer, Autoren und Techniker erbringen den größten Teil ihrer Leistungen für politische Projekte im Internet auf ehrenamtlicher Basis.[1] Bezeichnend ist, dass die diskursive Tätigkeit solcher Gruppierungen häufig in selbst diskussions- und deliberationsorientierten Kampagnen und Ereignissen einmündet – Beispiele sind jährlich verliehene Auszeichnungen wie etwa die „Big Brother Awards" (www.bigbrotherawards.de). Netzpolitisches Diskurs-Engagement weitet sich zunehmend auch in der internationalen Raum aus, reagiert damit folgerichtig auf die bereits skizzierten Entgrenzungstendenzen von politischen Handlungsräumen und bildet dabei in Einzelfällen Netzwerke transnationaler Kommunikation aus.[2]

Während derartige Netzvereine eine Art bürgerschaftliches „Grundrauschen" im Umfeld einer entstehenden Internet-Politik darstellen, bestehen im Bereich der Politikimplementation innovative Möglichkeiten zur Bürgerbeteiligung durch neue Medien. Hier ist die Nutzung bürgerschaftlicher Expertise für Planungs-, Mediations- oder Gesetzgebungsverfahren zu nennen. Weitere Akteure sind die mittlerweile zahlreichen regionalen „Bürgernetze", die sich um die kleinräumige „Verkabelung" von Landkreisen, Kommunen oder Stadtvierteln kümmern (inzwischen immer häufiger auf W-LAN-Basis[3]) und einen großen Beitrag zur Verbreitung digitaler Medienkompetenz leisten (vgl. Medosch 2003). Nicht selten unterstützen diese nicht-kommerziellen Internet-Projekte bestehende Angebote öffentlicher Informationsdienstleister, fügen deren Leistungsspektrum neue Facetten hinzu und dienen politischen Akteuren als Beispielgeber.[4]

Die Diskussionsangebote, Chats und Online-Foren auf den reichweitenstarken Websites der Parteien sind in der Regel schwach strukturiert und sachlich

---

[1] Konkrete Beispiele für derartige Organisationen und die damit verbundenen Netzdiskurse sind u.a. der Chaos Computer Club (www.ccc.de), der Verein zur Förderung des öffentlichen bewegten und unbewegten Datenverkehrs (www.foebud.org), pol-di.net e.V., der Trägerverein der Website politik-digital. de, oder mikro e.V., der Verein zur Pflege der Netzkultur (www.mikro.org).
[2] Ein Beispiel für die Entstehung eines themen-orientierten, international formierten Netzwerks liefert etwa das European Digital Rights-Netzwerk (www.edri.org). Für eine einführende Analyse zur Bildung transnationaler Internet-Projekte siehe Moes 2002.
[3] WLAN (Wireless Local Area Network)-Verbindungen ermöglichen den drahtlosen Zugang in Computernetzwerke und gelten als besonders zukunftsträchtige Technologie. Beispiele für (i.d.R. kostenpflichtige) drahtlose Zugangspunkte finden sich etwa in Hotels, Restaurants, Kaufhäusern, Bahnhöfen oder Messe-, Kultur- und Konferenzzentren.
[4] So ist etwa im Fahrwasser der klassischen Bürgernetzvereine ein Akteur wie campact! entstanden, der als eine Art „Kampagnendienstleister" auftritt und politisch interessierten BürgerInnen den Einstieg in Beteiligungsaktivitäten erleichtern möchte: „Mit Campact entsteht ein immer dichteres Netzwerk von Menschen, die sich einmischen, wenn politische Entscheidungen auf der Kippe stehen. Per E-Mail, Fax oder dem Griff zum Telefonhörer setzen wir die Vielzahl unserer Stimmen gegen gut organisierte Lobbyinteressen. Campact ermöglicht es politisch aktiv zu werden, auch wenn neben Studium, Beruf und/oder Familie nur wenig Zeit bleibt" (vgl. Website www.campact.de, 22.2.2006).

offen, ein virtueller Parteitag oder eine Debatte über das Informationsfreiheitsgesetz muss hingegen thematisch beschränkt und moderiert werden. Die (bisher unzureichende) Forschung über die Wirklichkeit und Wirkung solcher E-Diskurse (Hebecker 2003, Wilhelm 2000) zeigt, dass ihre Formate stark von den Konventionen herkömmlicher Medien geprägt bleiben. Die Funktion „Sprechen/ Schreiben" (Expression) wird auch hier stärker bedient als die Funktionen „Zuhören" (Reziprozität), „Antworten" (Responsivität), „andere Standpunkte einnehmen" (Empathie) und „(Sich-) Überzeugen(-lassen)" (Persuasion) – genau jene Elemente also, welche bei interpersonaler Koordinierung und öffentlicher Kooperation besonders wichtig sind.[5] Auch interaktive Medien werden im praktischen Gebrauch weiter als Instrument der Verteilung und Beschaffung von Information (*one-to many, many-to-one*) genutzt, und zwar überwiegend von relativ homogenen Gruppen bzw. von Teilnehmern, die im Schutz der Anonymität verharren. Passive „Kiebitze" und „Flaming" erschweren den Meinungsaustausch. Meist ist die Online-Kommunikation deshalb episodisch und flatterhaft, seltener auf Dauer und das wechselseitige Aufgreifen der behandelten Themen und Topoi angelegt.

Diese Schwächen sind bekannt und haben zur pauschalen Abwertung von Webforen geführt, ohne dass berücksichtigt wird, dass solche Kommunikationsdefizite nicht internet-spezifisch sind, sondern in weniger anonymen Offline-Formaten öffentlicher Kommunikation ebenso vorherrschen. Ein seriöser empirischer oder experimenteller Vergleich mit herkömmlichen Parallel-Diskursen fehlt bisher ganz. Experimente mit deliberativen Meinungsumfragen, digitalen Planungszellen und virtueller Konfliktmediation zeigen, dass Online-Kommunikation bei entsprechender Moderation ansprechende und ausbaufähige Ergebnisse gezeitigt hat (BMBF 2002). Für eine Zivilgesellschaft, der man in wachsendem Maße Selbsttätigkeit und Eigeninitiative empfiehlt und ebenso für staatliches Organisationshandeln, das sich am Ideal des Verhandlungsstaates und der kooperativen Demokratie ausrichtet, stellt die Qualifizierung des Diskurses auch durch interaktive Medien weiterhin eine echte Herausforderung dar.

---

[5] Diese Sichtweise wird bestätigt durch Steinmann o.J., die anschaulich die „Ärgerlichen", die „exzessiv Ehrlichen", die „Greiner", die „Radaubrüder" und die „Forderer" als Hindernisse offener und responsiver Kommunikation herausarbeitet und Tipps für die Moderation solcher schwieriger Zeitgenossen gibt.

3 Beispiele für Webforen

Erfreulicherweise gibt es Bürgerkonferenzen der verschiedensten Art (näher unter Leggewie/Bieber 2001 und Leggewie 2002), in denen sich Volkes Meinung differenzierter bilden und Volkes Stimme sachgerechter artikulieren kann, wie exemplarisch anhand lokalpolitischer Foren in Esslingen und Gießen nachgezeichnet werden soll. Zunächst muss genauer definiert werden, was ein „Webforum" auszeichnet und von virtuellen Kommunikationsformaten wie Chats und Boards unterscheidet.

Webforen sind auf Webseiten vorgehaltene Plattformen der Diskussion, die in der Regel nicht in Echtzeit erfolgt (wie der Chat und MUD's), sondern asynchron. Es werden Beiträge (Postings) hinterlassen, die von Lesern frei kommentiert und beantwortet werden können. In der Regel ergeben sich nach Themen angeordnete Beitragscluster (Threads, Topics), die hierarchisch oder linear dargestellt werden. Möglich sind offene und registrierungspflichtige Foren; per E-mail-Abonnement kann man sich über eingegangene Beiträge informieren lassen, man kann Beiträge bewerten, Signaturen und Avatare einbauen usw. Je stärker solche Elemente vorgesehen sind, umso ausgeprägter ist die *community*-Orientierung des Webforums. Bestmögliche Benutzbarkeit wird durch angemessene Foren-Software gewährleistet (Münz o.J.), die von einem Administrator gewartet wird.

Visualisierung spielt eine wesentliche Rolle zur Verortung des eigenen und fremder Beiträge, um zu gewährleisten, dass (anders als beim Gästebuch oder *Bulletin Board*) nicht nur auf einen Ausgangsbeitrag reagiert wird, sondern tatsächlich Teilnehmer auf Teilnehmer eingehen und der emergente Diskussionsstand leicht nachzuverfolgen ist. Ein wesentlicher Unterschied entsteht dadurch, dass Webforen moderiert werden, womit eine hierarchische oder wenigstens supervisorische Regulierung eingebaut wird. Moderatoren haben das Recht, Beiträge zu löschen und zu editieren bzw. Nutzer zu sperren; auch können sie Threads beenden oder neu(e) einrichten. Damit wird gegen basisdemokratische Ambitionen (und Illusionen!) eine formale Gliederung und inhaltliche Strukturierung erreicht.

Die beiden kurz referierten Beispiele zeigen, dass Moderation (anders als bei Weblogs) unabdingbar ist. Das erste ist ein in der Literatur breit rezipiertes, computervermitteltes Kommunikationsmodul im Vorfeld einer formalen Bauleitplanung bei einem umstrittenen Projekt in der Stadt Esslingen (Hagedorn u.a. 2003). Die Veranstalter des vier Wochen dauernden Experiments sehen als positive Ergebnisse der internet-basierten Bürgeranhörung die bessere Zugänglichkeit von Informationen, die zudem einer Bewertung unterzogen wurden, ferner die

Webforum

„automatische" Dokumentation des Diskussionsverlaufs und generell das Aufbrechen der Einbahnkommunikation in Richtung auf die Entscheidungsinstanz. Ermöglicht wurde dies durch eine „Entschleunigung" des Beratungsprozesses, zeitaufwändige Moderation und ein unübliches Engagement der Mitarbeiter der Verwaltung, womit, wie in vergleichbaren Fällen, eine oft geäußerte Erwartung an „E-Government" widerlegt wird – dass man damit Zeit und Geld sparen könne. Zielsetzung kann also nicht (oder höchstens indirekt) Verwaltungsrationalisierung sein, sondern die Herstellung und Einübung eines dialogischen Kommunikationsmodus zwischen Bürgerschaft und Verwaltung und die Annäherung an eine gewisse „informationelle Waffengleichheit", die immer wieder gefordert wird und zum Teil auch gesetzlich verankert wurde.

Kritisch wurde zu dem Esslinger Experiment angemerkt (Holtkamp 2002), dass es auf Grund der intensiven Betreuung einen Ausnahmefall in der kommunalen Praxis darstelle, also künstlich und weltfremd sei. Trotz massiver Öffentlichkeitsarbeit haben sich nur 20 (und sozialstrukturell homogene) Bürger aktiv beteiligt, unter denen eine (ablehnende) Meinung vorgeherrscht habe und Vereins- und Verbandsvertreter überproportional beteiligt gewesen seien. Eine konkrete Umsetzung der Beteiligungsergebnisse sei nicht erfolgt und auch nicht erwünscht gewesen, so habe es sich in der Sicht der Diskussionsteilnehmer auch nur um eine Alibiveranstaltung gehandelt. Generell wird der Output nur im Hinblick auf die bessere Transparenz höher bewertet als bei konventionellen Beteiligungsverfahren.

Die hier festgestellten Nachteile – Exklusivität, Selektivität, mangelnde Anbindung an Entscheidungen, geringe Reputation bei Entscheidern und Bürgern – bestätigte sich im Giessener Webforum www.forum-giessen.de, das eine geringere Reichweite, aber eine längere Laufzeit hatte und weniger aufwändig moderiert wurde. Dessen Gegenstand war ebenfalls die Erörterung eines konkreten Bauvorhabens in der Stadtmitte der Universitätsstadt Gießen am „Berliner Platz" (Koch 2002). Zur Diskussion standen Entwürfe eines erweiterten Behördenzentrums und dessen Nutzung für kommerzielle Zwecke (Einkaufszentrum), für Unterhaltung (Kino-Center, Sporthalle) oder als Bürgerhaus. Bürger bekamen Gelegenheit, im Netz eine nachhaltige Diskussion führen, die in der örtlichen Presse aufgrund ihrer Nähe zur lokalen Politik und Geschäftswelt nicht mit der notwendigen Tiefe diskutiert wurde. Diese moderierte Diskussion hatte zunächst eine, gemessen an bisherigen Erfahrungen in anderen Gemeinden zufrieden stellende, inhaltlich anspruchsvolle Beteiligung. Nach dem Abschluss der thematischen Fokussierung (das Bauvorhaben wurde zunächst für zwei Jahre gestoppt) wurde ein allgemeines Forum zu allen möglichen Fragestellungen weitergeführt, das nicht moderiert und lediglich von strafrechtlich oder ethisch problematischen Beiträgen gereinigt wurde. Die Beteiligung blieb je nach Thema hoch, verlief aber diskontinuierlich und auf inhaltlich sinkendem Niveau, bis die Betreiber – das Online-Forum mittelhessen1.de und die Projektgruppe des Instituts für Politikwissenschaft – den Betrieb des Forums im Jahr 2003 einstellten.[6] Eine Hinführung zu neuen Themen und eine durchgängige Moderation scheiterte aus finanziellen Gründen; es ist nicht gelungen, aus der engagierten Bürgerschaft der Stadt Gießen einen Förderkreis zu bilden. Ein Manko war auch das weitgehende Desinteresse der politischen Repräsentanten der Stadt, der kommunalen Verwaltung und der „Honoratioren", worin auf wiederholte Rückfrage eine starke Distanz zu den Neuen Medien erkennbar wurde. Als Lehre ist zu ziehen, dass derartige Foren dann erfolgreich sein können, wenn die Themen der Diskussion zeitlich begrenzt, inhaltlich eng strukturiert und „zupackend" moderiert werden. Die (von den Betreibern ohnehin nicht gehegte) Erwartung, Bürger und Bürgerinnen würden auf eine Möglichkeit zu freiem und ungezwungenem Austausch nur warten, konnte auch in Zeiten verstärkten politischen Interesses (in Gießen anlässlich der Direktwahl des Oberbürgermeisters 2003) nicht bestätigt werden.[7]

Nicht allein die lokale Ebene eignet sich aber zur Realisation solcher Kommunikations- und Beteiligungsplattformen, und auch schwierige Materien wie etwa die Gendiagnostik können im Rahmen von überlokalen Webforen verhandelt werden. Das zeigt das Experiment des Deutschen Hygiene-Museums in Dresden im Herbst 2001. Es initiierte eine „deliberative Meinungsumfrage", die nicht auf die einmalige Abfrage vorgefertiger Meinungen angelegt war, sondern aus einer repräsentativen Zufallsauswahl von Einwohnern ein bis zwei Dutzend interessierte Laien auswählte, die ihr Votum zur Präimplantationsdiagnostik (PID) abgaben. Sie taten dies nicht in der medialen Sturzgeburt einer Ja/Nein-Abstimmung oder per üblichem Mausklick, sondern nach langer und gründlicher Information über diverse Teilaspekte, nach einem Experten-Hearing. Was lange kontrovers in den Feuilletons und auf Podien diskutiert wurde, erreichte damit

---

[6] Die technische Infrastruktur wurde vom Online-Provider mittelhessen1.de besorgt, redaktionelle Arbeiten wurden von Mitgliedern einer studentischen Projektgruppe und Redaktionskräften des Gießener Anzeiger (im selben Verlagshaus wie mittelhessen1.de) ausgeführt. Die Zeitung kündigte Online-Diskussionen in ihrem Lokalteil an und begleitete sie durch Druckbeiträge; redaktionelle Beiträge wurden der Netzausgabe des Gießener Anzeigers zur Verfügung gestellt.

[7] Erstaunlich war, dass sich Angehörige der Universität – die „Universitätsstadt Gießen" verfügt über die zweitgrößte hessische Universität, diese ist der bei weitem führende Arbeitgeber der Region – wenig an den Diskussionen beteiligten; sie bringen auch der lokalen Presse wenig Interesse entgegen. Der Grund dürfte darin liegen, dass ein großer Teil der Gießener Studierenden sich wenig mit der Stadt identifiziert, und dass sich die akademische Population, sofern sie sich für politische Fragen interessiert, meist überregional informiert.

den oft nur mitleidig angesprochenen „einfachen Bürger", der einmal angeblich nichts versteht, ein anderes Mal als Sachwalter des gesunden Menschenverstandes oder Volksempfindens angerufen wird (Schicktanz 2003).

Beteiligungsformate wie diese erlauben eine selbstbestimmte, gründliche Debatte, die in den elektronischen Massenmedien aufgrund der ihnen eigenen Selektionskriterien und Präsentationsformate kaum zu haben ist. Man sollte derlei nicht als Spielwiese abtun, weil es etwa auf die Entscheidung des Bundestages wenig Einfluss hatte und auf beteiligte Interessen wenig Eindruck macht (oder sogar durch sie zu manipulieren ist). Bürgervoten in anderen Ländern zeigen, dass man sie näher an den Entscheidungsprozeß heranführen kann. Für virtuell-mehrkanalige Veranstaltungen spricht ferner, dass unabhängig vom Diktum moralischer Autoritäten und vom Votum des Gesetzgebers bioethische Fragen beispielsweise jedes Paar mit Kinderwunsch existenziell vor höchst prekäre Entscheidungen stellen. Medizinische Möglichkeiten und die Gesetzeslage stecken nur den Rahmen ab, bei „Risikokommunikation" muss am Ende jeder für sich entscheiden. Es geht dabei nicht um die „Akzeptanz" von Entscheidungen, sondern um die höhere Legitimität und auch Qualität des Ergebnisses.

4   Webforen in der Gesellschaftsberatung

Anzustreben sind also anspruchsvolle und kompetent moderierte Online-Foren, in welchen auch der Mensch auf der Straße behutsam (auf dem letzten Stand der Informationstechnik) mit den „Informationseliten", also mit dem gut informierten Bürger, der *scientific community* und mit den Beratungs- und Entscheidungsgremien des politisch-administrativen Systems vernetzt wird. Die interaktiven Medien mit ihrer flexiblen Architektur bieten die Chance für eine echte Debatte, die bürgernah *und* anspruchsvoll ist. In Deutschland behandelt man das Netz nach zehn Jahren Erfahrung mit grafischen Informations- und Navigationsoberflächen vielfach noch wie ein konventionelles Verteilmedium, in das man „Informationen stellt" als wäre es ein Flugblatt oder eine Massenwurfsendung. Dabei erlaubt seine flexible Architektur, unterschiedliche Informationsstände und Nutzungsgrade zu verbinden, eine variable und offene Informations-Infrastruktur zu schaffen und multimedial zu operieren – und damit eine nachhaltige und individualisierte Kommunikation. So können folgende Zielgruppen erreicht werden (vgl. Schaubild):

Akteursstruktur und Netzarchitektur von Online-Diskuren

Adressaten und Akteure	Netzarchitektur
Öffnung – Input ⬇	
weitere Öffentlichkeit	FAQ, Webseiten
engere Öffentlichkeit	Chat, Weblogs
Scientific community	Lehr-/Lernumgebung
Parlamentarische Beratung	Virtuelles Hearing, Bürgerkonferenz
Politisch-administrative Entscheidung	Intranet
⬇ **Verdichtung – Output**	

- die weitere Öffentlichkeit („Mensch auf der Straße");
- die engere Öffentlichkeit (der „gut informierte Bürger");
- die akademisch-wissenschaftliche Gemeinschaft;
- die Beratungs- und Entscheidungsinstanzen des politisch-administrativen Systems;
- und bei Bedarf: die interne, geschützte Kommunikation der Diskussions- und Entscheidungsgremien.

Das oft noch verfehlte Erfolgsgeheimnis von Webforen besteht in der Verbindung von „Reichweite" (Massenkommunikation) und „Intensität" (moderierte, zum Teil iterative Foren mit wenigen Dutzend Teilnehmern) sowie in der Kombination von Stetigkeit und Ereignisinszenierung. Eine so gestaltete Kommunikationsplattform weist unterschiedliche Grade an sachlicher (Thematik) und personeller Strukturierung (Moderation) auf. Sie reicht von FAQ's, Glossar und komplexeren Erklärfunktionen über Chats und Diskussionsforen bis zu spezialisierten Fachdiskursen. Zu den diskursiven und interaktiven Komponenten treten Archivierung und Speicherung in Datenbanken und Infotheken. Die Vernetzung mit Entscheidungsgremien und Beratungsorganen wie einer Enquetekommission und nicht zuletzt Initiativen der Zivilgesellschaft ist möglich, genauso wie mit digitalen Bürger-Konferenzen, auch in Verbindung mit Offline-Ereignissen und lokalen und reichweitenstarke Medien.

Im Blick auf die von Evaluationskriterien zu Potenzialen und Erträgen transformativer Verfahren politischer Kommunikation (mit den Qualitätsdimensionen

Offenheit und politische Gleichheit, Machtkontrolle und Responsivität, Transparenz und Rationalität, Effizienz und Effektivität) kann man, was die Webforen anbetrifft, eher von Potenzialen als von Erträgen sprechen. Eine realistische Beschreibung zeigt:

- Offenheit und politische Gleichheit: Webforen könne und sollen keine „breiten Bevölkerungsschichten" ansprechen; hier muss man sich zu einem elitedemokratischen Verständnis der Möglichkeiten interaktiver politischer Kommunikation durchringen (wobei „elitär" nicht die bekannten Faktoren der digitalen Spaltung wie Bildungsstand reflektiert, sondern die geringe Zahl von Aktivbürgern in Rechnung stellt, die sich üblicherweise an politischen Prozessen intensiv beteiligen). Mitglieder der Verwaltung und Regierung werden in der Regel nur selten von sich aus an Online-Diskursen teilnehmen; dazu bedarf es einer entsprechenden Modernitätsprämie bzw. einer vorgängigen oder anlassbezogenen Online-Mobilisierung. Technokratische Dominanz wird damit nicht notwendig abgebaut, eher scheint sich zunächst ein „populistischer" Paralleldiskurs einzustellen.
- Machtkontrolle und Responsivität: Mit Webforen kann bestenfalls Responsivität gesteigert werden. Effektive Machtkontrolle und Devolution werden kaum erreichbare Ziel bleiben, und zwar dem Charakter deliberativer Gremien entsprechend, die beratender Natur sind und somit Entscheidungsprozessen vorgelagert bleiben. Dabei haben sie „erzieherische" Funktion nach innen, das heißt: die Evaluation betrifft wesentlich das Kommunikationsverhalten und die Interaktion der Diskursteilnehmer.
- Transparenz und Rationalität: Es ist auch festzuhalten, dass eine inhaltlich fokussierte und moderierte Webdiskussion Werte wie Respekt, Fairness, Empathie, Konsensorientierung fördern kann. Die Wirklichkeit der Webforen zeigt, dass das in der Regel noch nicht der Fall ist, so dass man – vor allem auf Grund der Anonymität des Diskurses und seines überwiegend experimentell-unverbindlichen Charakters – selbsterzieherische Effekte wenig feststellen kann, wo der Teilnehmerkreis die angesprochenen Werte nicht ohnehin verinnerlicht hatte. „Social Software" allein, wie manche ihrer Verfechter zu glauben scheinen, schafft keine anspruchsvolle Diskussionskultur.[8] Aber noch einmal: das Gros der Leserbriefe, *call-in*-Beiträge, elektroni-

---

[8] Gleichwohl dürften sich einige Elemente dieser aktuellen Entwicklungsstufe der Online-Kommunikation, die gerne auch unter dem Schlagwort „Web 2.0" subsumiert werden, nachhaltig auf die Ausgestaltung von Forenkommunikation auswirken. An mancher Stelle ersetzen die technologisch weniger anspruchsvollen Weblogs bereits Diskussionsforen oder findet die klassische Forenkommunikation dort

schen Townhall-Meetings und Fernseh-Talkshows verbürgt diese ebenso wenig.
- Effizienz und Effektivität. Diese Ziele werden auch in moderierten Diskussionen meistens noch verfehlt; Vor- und Nachbereitung von Webforen reichen dazu nicht aus, leider werden überall wieder neue Foren eingerichtet, als müssten sie punktuell jeweils neu erfunden werden, und für eine nachhaltige Einbindung in den Entscheidungsprozess fehlen in der Regel Ressourcen und Interesse. Webforen befinden sich inzwischen seit Jahren im Pionierstadium, es gibt dazu weder Überblicksstudien noch langfristige Projektevaluationen, was auch eine Forschungsstrategie zur computervermittelten Kommunikation seit den 1990er Jahren widerspiegelt, die ganz auf dem E-Commerce nahe stehenden Projekte zu Online-Wahlen und analogen Prozeduren des E-Government gesetzt hat.

Es bleibt jedoch der Schluss, dass Erfahrungen in gut vorbereiteten, moderierten und an den politischen Entscheidungsprozeß eingebundenen Webforen durchaus die Hypothese bestätigt, dass sie im prä-legislativen Bereich für konkrete Planungsprozesse auf lokaler Ebene sinnvoll einzusetzen und in der geschilderten Informations-Architektur auch für überregionale Diskurse sinnvoll sind. Dabei sollte man sie aber weniger als virtuelle Ergänzungen konventioneller Politikberatung auffassen denn als intelligente Medien der Selbstberatung von Gesellschaft für besonders diskussionserfahrene Aktivbürger.

Literatur

Bieber, Christoph: Das Internet als Präsentations- oder Repräsentationsraum? Kommunikation in politischen Online-Versammlungen. In: Gellner, W./Strohmeyer, G (Hg.): Repräsentation und Präsentation in der Mediengesellschaft. Köln 2003: 139-152.
BMBF/IFOK/VDI: Projektbericht „Evaluation internetgestützter ITA-Diskurse". Berlin 2002.
Hebecker, Eike: Digitale Delegierte? Funktionen und Inszenierungsstrategien virtueller Parteitage. In: Alemann, Ulrich v./Marschall, Stefan (Hg.): Parteien in der Mediendemokratie. Wiesbaden 2002: 232-255.
Hagedorn, Hans/Märker, Oliver/Trénel, Matthias: Internetgestützte Bürgerbeteiligung. In: Märker, O./Trénel, M. (Hg.), Online-Mediation. Neue Medien in der Konfliktvermittlung – mit Beispielen aus Politik und Wirtschaft. 2003: 365-392.

---

einen neuen Ort. Auch die Tendenz zur Offenlegung personenbezogener Informationen in einigen „Web 2.0"-Anwendungen (z.B. Kontaktdatenbanken) bietet Ansatzpunkte zur Veränderung der bislang eher anonymen oder pseudonymen Kommunikationskultur der Webforen.

Holtkamp, Lars: E-Democracy in deutschen Kommunen – Eine kritische Bestandsaufnahme. In: Technikfolgenabschätzung 11, 2002: 48-57 (http://www.itas.fzk.de/tatup/023/ holt02a.htm) (1.3.2006)

Institut für Organisationskommunikation (Hg.): Evaluation internetgestützter Diskurse zur Innovations- und Technikanalyse. Endbericht. Berlin 2002.

Koch, Michael: www.forum-giessen.de. In: Universität Gießen (Hg.): Spiegel der Forschung 2 (2002)19: 84-94.

Kubicek, Herbert/Westholm, Hilmar/Wind, Martin: Stand und Perspektiven der Bürgerbeteiligung via Internet. Von verstreuten Einzelangeboten zur mandantenfähigen Beteiligungsplattform. In: Verwaltung und Management, 2(2003)9:. 62-71.

Leggewie, Claus/Bieber, Christoph: Interaktive Demokratie. Politische Online-Kommunikation und digitale Politikprozesse. In: Aus Politik und Zeitgeschichte. B41-42/2001: 37-45.

Leggewie, Claus: Regieren mit Kommissionen und mit Bürgerkonferenzen. Zur Rolle der Ethikräte im politischen Prozess. In: SOWI 4 (2002): 34-42.

Leggewie, Claus: Demokratietheoretische und demokratiepolitische Einordnung netzbasierter Kommunikation. Gießen (Gutachten für das Büro für Technikfolgen-Abschätzung beim Deutschen Bundestag) 2004.

Medosch, Armin: Freie Netze – Die Geschichte, Politik und Kultur offener WLAN-Netze. Hannover 2003.

Moes, Johannes: Die Realität transnationaler NGO-Netzwerke. In: Transit: Europäische Revue 24 (2002): 140-153.

Münz, Stefan: Foren und Boards (http://aktuell.de.selfhtml.org /artikel/gedanken/forenboards/) (2.3.2006)

Schicktanz, Silke (Hg.): Streitfall Gendiagnostik, Berlin 2003.

Steinmann, Asstrid: Ein Forum, ein Forum – ein Königreich für ein Forum! http://aktuell.de. selfhtml.org /artikel/projekt/forum/index.htm (2.3.2006)

Trénel, Matthias/Hagedorn, Hans/Märker, Oliver: Internetgestützte Bürgerbeteiligung bei kommunalen Konflikten. Das Esslinger Fallbeispiel. In: Beck, D./Best, Ch./Fisch, R./ Rother, K.-H. (Hg.): Partizipation und Landschaftsplanung im Kontext der Lokalen Agenda 21. Berlin 2004.

Wilhelm, Anthony: Democracy in the Digital Age: Challenges to Political Life in Cyberspace. London/New York 2000.

Weiterführende Informationen im Internet

pol-di.net e.V.: www.politik-digital.de
European Digital Rights-Netzwerk: www.edri.org

Institutionalisiertes Politik-Monitoring.
Von der repräsentativen zur direkten Demokratie

Norbert Kersting

Beiräte und Kommissionen. Integration von Partikularinteressen

1 Einleitung

Good local governance Strategien haben die Inklusion von Partikularinteressen erneut in den Vordergrund gehoben. Der demographische Wandel bewirkt zum einen eine Verschiebung der Alterspyramide (ergraute Gesellschaft) und zum anderen als Ausgleich für die Bevölkerungsabnahme einen verstärkten Zuzug von Migranten. Für diese wachsenden sozialen Gruppen gilt es eine soziale und politische Inklusion zu gewährleisten. Hier werden die Orts-, Behinderten-, Senioren- und Ausländerbeiräte näher untersucht. Kinder- und Jugendparlamente werden an anderer Stelle analysiert (s. Hafeneger/Niebling in diesem Band). Auf die ebenfalls vielfach neu eingerichteten Gestaltungsbeiräte, Nutzerbeiräte, Integrationsbeiräte etc., kann hier nicht eingegangen werden. Sie besitzen als Expertenkommissionen einen besonderen Charakter.

Bei den Ortsbeiräten geht man im Sinne der Dezentralisierungsstrategie von besonderen lokalen Interessen und Kenntnissen aus. Bei den anderen Beiräten werden sozialstrukturelle und kulturell begründete eigene Interessen vermutet. Es wird untersucht, welchen Stellenwert die Beiräte bei der Artikulation von Partikularinteressen besitzen, welche Organisationsformen sinnvoll sind und welche Rechte ihnen eingeräumt werden. Zentripetale Dezentralisierungsstrategien, die zur Bildung von Nachbarschaftskomitees führen, sind oft verknüpft mit zentrifugalen Territorialreformen und haben zum Teil eine längere Tradition. Die deutschen Erfahrungen mit den Ortsbeiräten basieren auf Erfahrungen der Gebietsreformen in den siebziger Jahren. Die weiteren Beiräte und Kommissionen (Ausländer-, Behinderten- und Seniorenbeirat) stammen vor allem aus den neunziger Jahren. Forciert durch Globalisierung und regionale Integration (EU) und hieraus resultierender Migration leben in zunehmendem Maße neben den Staatsbürgern (citizen) auch Bewohner ohne Staatsbürgerschaft (denizen). Die politische Inklusion dieser Bewohner soll zum Teil durch Ausländerbeiräte erreicht werden.

Weitere Partikularinteressen werden durch die Stärkung der Rechte von Minderheiten (z.B. Behinderung) sowie besonderen Gruppen (Senioren) aufgegriffen. Institutionalisierte Beteiligungsmöglichkeiten für legitimierte Partikularinteressen können nach dem Grundprinzip von Kommission auf der einen Seite oder als Beiratslösung auf der anderen Seite konzipiert werden. Kommissionen sind Hilfsorgane der Verwaltung (Bürgermeister, Magistrat etc.). Sie arbeiten zumeist nicht öffentlich und werden von der Verwaltungsspitze geleitet. Beiräte, wie z.b. der Ortsbeirat, arbeiten dem Parlament und der Verwaltung zu, haben Vorschlags- und Anhörungsrechte, d.h. sie haben auch tendenziell Rederechte gegenüber beiden Gremien. Sie besitzen eine eigene Geschäftsführung und können neben endgültigen Entscheidungsrechten in klar abgesteckten Bereichen ein eigenes Budget besitzen.

Bei der Analyse der Beiräte und Kommissionen liegt ein Schwerpunkt der Evaluation auf deren rechtlichen Status. Sind sie gesetzlich vorgeschrieben oder freiwillige kommunale Einrichtungen? Hiervon ist auch das zentrale Verhältnis zur Exekutive (Bürgermeister, Verwaltung etc.) und zur Legislative (Gemeinderat) betroffen. Wie sind die Vertreter dieser Institutionen eingebunden oder sind sie lediglich Ansprechpartner und nicht integriert? Haben die Gremien Vetofunktionen, d.h. treffen sie bindende Entscheidungen und haben sie ein eigenes Budget oder wirken sie eher konsultativ? Letztendlich spielt die (Aus-)wahl der Mitglieder eine wichtige Rolle. Sind die zentralen Interessengruppen beteiligt? Werden nicht-organisierte und schwache Interessengruppen berücksichtigt? Kommt es zur Urwahl, einer Delegiertenwahl oder zur Benennung durch die Exekutive bzw. Legislative?

2 Ortsbeiräte und Ortsbezirksvertretungen

Mit der Territorialreform der sechziger und siebziger Jahre wurde die Zahl der eigenständigen Kommunen drastisch reduziert. Künstliche Städte entstanden und wurden zum Teil wieder aufgelöst (s. die Stadt Lahn bestehend aus Gießen, Wetzlar etc.). Als Kompensation für den Verlust der Selbständigkeit im Rahmen der Gebietsreform erhielten viele Orte dezentrale politische Mitwirkungsgremien in Form von Ortsbeiräten, Ortsbezirksvertretungen etc., um ihnen zumindest ein geringes Mitspracherecht einzuräumen (s. Kersting 1997b).

Ortsbeiräte haben in der Regel die Funktion eines Hilfsausschusses für die Gemeindevertretung. Ihre Einrichtung ist zumeist fakultativ, d.h sie können, müssen aber nicht von den Gemeinden eingerichtet werden. Nur selten werden

Beiräte und Kommissionen. Integration von Partikularinteressen

ihnen endgültige Entscheidungsbefugnisse übertragen. Vielfach wird die Kritik laut, hiermit fördere man eine das Gemeinwohl unterlaufende „St. Florianspolitik". So bleibt es zumeist bei ihrem Antrags- und Anhörungsrecht gegenüber der Verwaltung, was ihnen oft das Verdikt eines „Debattierclubs für lokale Nachwuchspolitiker" oder den Vorwurf eines „Tabak-Kollegiums" einbrachte.

Die Bildung von Ortsbezirken im Laufe der Gebietsreform verlief sehr unterschiedlich. Der Gemeinderat übernimmt zumeist die Aufgabe der Einführung von Ortsbezirken und legte in der Hauptsatzung die Bezirksgrenzen fest. Der breite Spielraum, den der Landesgesetzgeber lässt, wurde weitgehend ausgenutzt. So führten einige Gemeinden flächendeckend Ortsbezirke ein, andere Kommunen führten nur in eingemeindeten Gemeinden Ortsbezirke ein und berücksichtigten nicht die Kernstädte. Zudem spielten gewachsene Einheiten aber auch Effizienzgesichtspunkte eine Rolle. So wurden sehr kleine Einheiten oder sehr große heterogene Einheiten geschaffen (z.B. in Frankfurt Ortsbezirke mit bis zu 100.000 Einwohnern neben kleinen Bezirken mit nur etwa 4000 Einwohnern).

Entsprechend variiert die Anzahl der Ortsbeiratsmitglieder nach der Größe der Ortsbezirke. Sie liegt zumeist zwischen 3 und höchstens 20 Mitgliedern. Die Wahl der Ortsbeiräte orientiert sich an Kommunalwahlgesetzen (Kersting 2005). Die Gemeindeordnungen sehen entweder eine Personenwahl oder, bei Existenz mehrerer Listen, je nach Bundesland Kumulieren und Panaschieren oder Verhältniswahl vor. So hat z.B. Hessen mit der Kommunalwahl 2001 auch bei Ortsbeiratswahlen Kumulieren und Panaschieren eingeführt, wie es z.B. in Bayern und Baden-Württemberg bereits seit langem bestand. Bei beiden Wahlverfahren (Parteilisten und Einheitslisten) besitzt der Wähler mehrere Stimmen. Beim Kumulieren kann er diese innerhalb einer Parteiliste streuen oder einem Kandidaten mehrere Stimmen geben. Beim Panaschieren kann er über die Wahllisten hinweg einzelnen Kandidaten, z.B. von verschiedenen Parteien seine Stimmen geben. Die Wahlverfahren sollen eine Parteidominanz weiter mindern und die Personenwahl fördern. Unabhängig von bestehenden Wahlsystemen zeigt sich aber ohnehin in kleineren Ortsteilen oft eine Tendenz zu Einheitslisten, d.h. zur reinen Personenwahl (Kersting 2005).

Der Ortsbeirat wählt aus seiner Mitte einen Vorsitzenden (Ortsvorsteher) und einen Stellvertreter. Verfügt die Gemeindeverwaltung im Ortsbezirk über eine Verwaltungsaußenstelle, so kann er zum ehrenamtlichen Leiter dieser Stelle ernannt werden. Die Sitzungen des Ortsbeirats sind öffentlich und müssen öffentlich bekannt gemacht werden.

Ortsbeiräte stellen eine Mittlerrolle zwischen den Bürgerinnen und Bürgern des Ortsbezirks sowie dem Rat und der Verwaltung dar. Die Gemeindeordnungen räumen den Ortsbeiräten vor allem Anhörungsrechte (insbesondere beim Haushaltsplan) aber auch Vorschlagsrechte ein (Kersting 2005). Das Recht auf Anhörung bedeutet, dass dem Ortsbeirat bei wichtigen Angelegenheiten die vorgesehene Maßnahme dargestellt werden muss und Gelegenheit zu geben ist, hierzu Stellung zu nehmen. Diese wichtigen Angelegenheiten sind: Entwurf des Haushaltsplanes, Änderung der Ortsbezirksgrenzen, Erlass, Änderung und Aufhebung von Satzungen, Aufstellung, Änderung und Aufhebung von Flächennutzungs- und Bebauungsplänen, Festlegung von Sanierungsgebieten nach dem Städtebauförderungsgesetz, Investitionsmaßnahmen im Ortsbezirk, Straßenbenennungen, Bürgerversammlungen, Volks- und Heimatfeste des Ortsbezirks. Das zuständige Organ muss diese Äußerung in seinen Willensbildungsprozess einbeziehen. Es muss sich jedoch nicht der Meinung des Ortsbeirats anschließen. Die Pflicht zum Anhören trifft zumeist die Verwaltungsspitze. Im Gegensatz zum Anhörungsrecht bezieht sich das Vorschlagsrecht nicht allein auf wichtige Angelegenheiten.

Weitere Beteiligungsmöglichkeiten, wie z.B. die Übertragung endgültiger Entscheidungsrechte, sind abhängig von der Delegationsbereitschaft der Gemeinderäte. Ein Mehr an Rechten für Ortsbeiräte wird von den Lokalpolitikern durchaus gewollt. Ein Antrags- und Rederecht im Gemeinderat wird zwar von einigen Vertretern der Ortsbeiräte, aber auch von Ratsmitgliedern befürwortet (Kersting 1997b). Auch die Übertragung eines eigenen Budgets für die jeweiligen Ortsbeiräte, das diesen dann zur freien Verfügung stände, wurde kontrovers diskutiert.

Die Ortsbeiräte fordern eine bessere Zusammenarbeit mit der Stadtverwaltung und eine engere Einbindung in Verwaltungsabläufe, die die Ortsbezirke betreffen (Kersting 1997b). Zumeist nutzen die Ortsvorsteher ihre Möglichkeiten der Einflussnahme über informelle Kanäle zur Verwaltungsspitze und Kontakte in den Fachämtern.

Die Ortsbeiräte haben bislang in vielen Kommunen kein Antragsrecht und kein Rederecht im Parlament. Geht man davon aus, dass die Gemeinderatsbeschlüsse am Ende der Entscheidungskette stehen, so hätte ein Rederecht den Vorteil, öffentlichkeitswirksam die Interessen der Ortsteile zu artikulieren. In den wichtigen Ausschüssen besitzen betroffene Bürger, zu denen die Mitglieder der Ortsbeiräte gehören, auf Antrag ein Rederecht. Gleiches gilt für die Parteifraktionen, die innerhalb der Fraktionssitzungen den Ortsbeiratsmitgliedern Rederecht einräumen können.

Eine Erweiterung der Beteiligung, z.B. in Form von Antrags- und Anfragerechten gegenüber dem Stadtparlament, wird kritisch gesehen, da man eine Flut von Anträgen befürchtet.

Die Dezentralisierung von Entscheidungen soll die zentralen Gremien und Institutionen entlasten. Insofern sind in bestimmten abgegrenzten Bereichen die Übertragung von Entscheidungsrechten wie auch dazugehörige Budgets sinnvoll. Verschiedene Bundesländer praktizieren dies seit einiger Zeit (s. z.B. NRW; s. Kersting 2005). Weitere Beteiligungsformen, wie Bürgerbegehren und -entscheide auf Ortsbezirksebene sind nur sinnvoll und bindend, wenn entsprechende lokale Befugnisse existieren (s. zu dieser Möglichkeit die hessische Gemeindeordnung HGO §82 Abs. 6b, §8b).

3 Ausländerbeiräte

Die Integration von ausländischen Mitbürgern wird als eine zentrale gesellschaftliche Aufgabe in Deutschland gesehen. Obwohl die Anzahl der Ausländer zunimmt, die hier geboren und aufgewachsen sind, bleiben sie oft passives Objekt politischer Entscheidungen in Stadträten, Landtagen und Bundestag. Deutschland geht in Bezug auf seine ausländischen Mitbürger in mancher Hinsicht einen Sonderweg (Bundesarbeitsgemeinschaft der Immigrantenverbände in der Bundesrepublik Deutschland 1999). In Deutschland dominierte Ende der Neunzigerjahre die bei ihrer Verabschiedung heftig umstrittene Gesetzgebung zum Asylrecht, die doppelte Staatsbürgerschaft und die Diskussion über Einwanderungsgesetze sowie die Kontroverse über die Staatsbürgerschaft. Anders als in vielen anderen europäischen Ländern bestanden in Deutschland vielfältige verfassungsrechtliche Bedenken gegenüber dem Kommunalwahlrecht für Ausländer (s. Bammel/Sen 1996). Die Einführung des kommunalen Wahlrechts für die EU-Ausländer führte dazu, dass nun eine sehr kleine Zahl Ausländer in Kreis- und Gemeindeparlamenten vertreten sind. Die neue Regelung bewirkt z.T. eine Spaltung der Interessenvertretung der ausländischen Mitbürger in „EU-Ausländer" und „Nicht-EU Ausländer" (s. Kersting 2005).

Die Einrichtung von Ausländerbeiräten wird als eine Möglichkeit gesehen, die „schwachen" Interessen öffentlich zu artikulieren (vgl. a. Gessenharter u.a. 1994). Bereits Ende der sechziger Jahre wurden in einigen Städten erste Gremien der politischen Interessenvertretung für Ausländer gegründet (s.a. Nordrhein-Westfälisches Ministerium für Arbeit und Gesundheit 1994). Anlässe hierfür waren neben Einsicht in die Notwendigkeit der sozialen Integration von ausländischen Einwohnern, Konflikte zwischen verschiedenen ausländischen Gruppen, eine latente Ausländerfeindlichkeit sowie eine Konkurrenz um Arbeits- und Ausbildungsplätze sowie um Wohnraum. Bereits Ende der siebziger Jahre wurden auf Ratsbeschluss in einigen deutschen Städten Ausländerbeiräte installiert. Zumeist wurden die Mitglieder von Rat oder Verwaltung benannt. In Hessen wurden zwischen 1984 und 1992 in vielen Kommunen ohne Vorgaben durch die Landesregierung schließlich Ausländerbeiräte in allgemeiner, unmittelbarer, freier, gleicher und geheimer Wahl von ausländischen Einwohnern gewählt. Seit den neunziger Jahren wird in fast allen Bundesländern die Einrichtung von Ausländerbeiräten in großen Gemeinden (mit mindestens 1.000 ausländischen Einwohnern) eine Pflichtaufgabe. Der Ausländerbeirat besteht dabei zumeist aus mindestens drei und höchstens 37 direkt gewählten Mitgliedern. Wählbar als Mitglied des Ausländerbeirats sind nur ausländische Einwohner, die seit mindestens sechs Monaten in der Gemeinde leben. Laut Gemeindeordnungen vertritt der Ausländerbeirat die Interessen der ausländischen Einwohner der Gemeinde und berät die Organe der Gemeinde in allen Angelegenheiten, die ausländische Einwohner betreffen. Hierfür sind ihm die zur Erledigung seiner Aufgaben erforderlichen Mittel zur Verfügung zu stellen (Kersting 2005). Insbesondere in diesen letzten Punkten ist es in der Praxis vielfach zu Konfliktsituationen zwischen dem Ausländerbeirat und den Stadtverwaltungen gekommen.

Die Funktionen eines Beirats können vielfältig sein. Die Gemeindeordnungen sehen prinzipiell das Gremium als eine politische Interessenvertretung der Ausländer im kommunalen Bereich (s. Kersting 2005). Im Rahmen der Integration der Ausländer in einer multikulturellen Gesellschaft, kann die Arbeit eines Ausländerbeirats aber auch eine stärkere Konzentration auf Informationsvermittlung v.a. für Deutsche beinhalten, um so ein gegenseitiges Verstehen zu erleichtern. So werden häufig kulturelle Veranstaltungen organisiert um die Charakteristika und Probleme ausländischer Kulturen in der deutschen Gesellschaft darzustellen. Umfragen unter Ausländern zeigten, dass Ausländerbeiräte weniger als politische Interessenvertretung denn als Beratungsgremium gesehen werden z.B. in rechtlichen Fragen des Aufenthalts, im Verhalten gegenüber der Stadtverwaltung (Ombudsmann für Ausländer) oder als Beratungsinstrument in sozialen, kulturellen und anderen Fragen (Kersting 1997a, 2005; Koch-Arzberger 1985). Zusätzlich zu der gesetzlichen Aufgabe setzen sich Ausländerbeiräte somit oft das Ziel, als Beratungsorgan für die Ausländer tätig zu werden, also z.B. gerade in Fällen von Asylbewerbern Verhandlungen mit der Ausländerbehörde zu führen und in Streitfällen einen Rechtsbeistand zu organisieren.

Die Gemeindeordnungen sehen zumeist eine Beiratslösung, also ein Hilfsorgan des Parlaments vor. De facto sind die Ausländerbeiräte aber zumeist eher der Verwaltung zugeordnet. Der Beirat muss zwar bei für Ausländer relevanten Fragen gehört werden, dennoch besteht kein Vorschlag- oder Rederecht im Gemeinderat. Die bestehenden Rederechte gegenüber den Parlaments-Ausschüssen werden aber zumeist auf Antrag auch jedem sachkundigen Bürger zugestanden. Die vorwiegend beratende Funktion des Ausländerbeirats gegenüber den politischen Gremien kann nur in einem äußerst begrenzten Rahmen vorgenommen werden, da die Mitglieder des Ausländerbeirats zwar Rederecht vor den einzelnen Ausschüssen der Stadtverordnetenversammlung haben, nicht jedoch vor der Stadtverordnetenversammlung selbst. Initiativen müssen also über die Verwaltung oder einzelne Abgeordnete eingebracht werden und nur selten finden sich die entsprechenden Mehrheiten zugunsten der Vertreter der Ausländer (s. Kersting 2005). Zwischen diesen Idealtypen Beirat und Kommission zeigt die Verfassungsrealität eine Vielzahl von Zwischenlösungen. Neben den repräsentativen Gremien werden auch andere Lösungen geplant und z.T. umgesetzt. Frankfurt hat ein eigenes Amt für multikulturelle Angelegenheiten. Berlin hat ausländische Repräsentanten in allen wichtigen Gremien der Stadt.

Die Installation der Ausländerbeiräte wurde zumeist durch Parteien, Gewerkschaften und Wohlfahrtsverbände vorbereitet, deren Engagement und Unterstützung aber mit der Installation vielfach abebbt. Bei den Ausländerbeiratswahlen ist die Wahlbeteiligung sehr gering. Das Gremium hat zudem aufgrund mangelnder Anwesenheit seiner Mitglieder, Probleme eine Beschlussfähigkeit herzustellen. Die geringe Teilnahme der Mitglieder an den Beiratssitzungen lässt darauf schließen, dass diese das Gremium als wenig einflussreich ansehen. Diese mangelnde Mitarbeit führt oft bei der lokalen Presse wie der Stadtverwaltung zu einem abgeschwächten Interesse an der Arbeit des Ausländerbeirats. Die geringe Wahlbeteiligung und die mangelnde Teilnahme der gewählten Vertreter an den Sitzungen schwächen die Legitimationsbasis des Gremiums, auch gegenüber Parlament und Verwaltung. So sind, abgesehen von Stadtverordneten, die gleichzeitig Mitglieder des Beirats sind, selten Vertreter bei den Sitzungen anwesend.

Bei der Konzeption des Ausländerbeirats wurde vielfach fälschlicherweise zumeist davon ausgegangen, dass es sich um eine relativ homogene Gruppe mit gleichen Partikularinteressen handelt. Bei den ausländischen Bürgern ist aber in weitaus stärkerem Maße als in anderen kommunalen Interessengruppen, eher eine starke Heterogenität in Bezug auf Kultur, Sprache, Religion und Einkommen, Ausländerstatus etc. festzustellen (s. Kersting 2005). So sind die ausländischen Mitglieder nicht nur aus unterschiedlichen Ländern und sprechen unterschiedliche Muttersprachen. Gemeinsam ist ihnen zumeist nur der Wohnortsbezug (denizen) und die oft bestehende soziale und politische Exklusion und Marginalisierung.

4 Behindertenbeiräte

Schließt man nicht nur Menschen ein, die offensichtliche geistige und körperliche Behinderungen wie zum Beispiel eine Querschnittslähmung oder eine Sehbehinderung haben, sondern auch Menschen, die z.b. unter Epilepsie oder Gehörlosigkeit leiden und auch viele ältere körperlich eingeschränkte Menschen, so haben etwa 10% der Bevölkerung in der Bundesrepublik Deutschland in irgendeiner Weise eine Behinderung.

Selbsthilfegruppen und Behindertenorganisationen setzen sich für die Belange der behinderten Mitbürger ein. Die verschiedenen Behinderungsarten führen zu unterschiedlichen Bedürfnissen. Politik für Behinderte wird jedoch in der Regel von Nichtbetroffenen gemacht. Um die Interessen der Behinderten vertreten und verwirklichen zu können, sind oft hohe finanzielle Aufwendungen nötig. Mangelnde Berücksichtigung der Interessen der Behinderten führt leicht zu Fehlplanungen und -ausgaben.

In vielen Städten wurden die Bedürfnisse der Behinderten oft nicht bei der kommunalen Planung bedacht. Behindertenbeiräte sollen die Interessen koordinieren und auf Missstände sowie mangelhafte Planung aufmerksam machen. Aus diesen Gründen ist die Installierung eines politisch legitimierten Behindertenbeirates wichtig, der konstruktiv und vor allem verantwortlich auf die Interessen der Behinderten hinweist. Probleme, wie zum Beispiel behindertengerechtes Wohnen, Verkehr und Arbeit sind vordringlich. Allgemeines Ziel ist die Verbesserung der Teilhabemöglichkeiten der Behinderten an dem öffentlichen, kulturellen und sozialen Leben in der Stadt.

Im Folgenden soll ein Best practice Modell vorgestellt werden (s. Kersting 2005). Beim Wahlmodus der Behindertenbeiräte wird nach dem Repräsentationsprinzip verfahren. Eine Urwahl ist auch aufgrund mangelnder amtlicher Register kaum möglich. Die Wählerschaft des Behindertenbeirats besteht aus allen behinderten Menschen, die nach §1 SchwbG anerkannte Schwerbehinderte oder nach §2 SchwbG Gleichgestellte sind. Die Stimmen von geistig Behinderten oder auch psychisch Kranken können, insofern sie nicht wahlmündig sind, aufgrund eines miteinbezogenen Vertretungsrechtes geltend gemacht werden. Auf diese Art und Weise herrscht eine weitgehend uneingeschränkte Gleichheit aller Behinderten.

In einigen Fällen wird der Wahl der Mitglieder des Behindertenbeirates eine Versammlung der unorganisierten Behinderten vorgeschaltet. Die Zahl der nicht organisierten Behindertenvertreter misst sich an der Anzahl der nicht organisierten Wähler zum Zeitpunkt der Wahl. Die ansässigen Behindertenorganisationen entsenden ebenfalls Vertreter in die Delegiertenversammlung. Die Aufgabe der

Beiräte und Kommissionen. Integration von Partikularinteressen   115

Delegiertenversammlung ist es, die Behindertenvertreter und ihre Stellvertreter zu wählen, welchen dann das Behindertenbeiratsmandat für die Dauer einer Legislaturperiode des Gemeinderates obliegt.

Umstritten ist und unterschiedlich gehandhabt wird die Beteiligung der Verwaltung und der lokalen Parteien im Behindertenbeirat. In einigen Städten können die Fraktionen im Gemeinderat vertretenen Fraktionen Mitglied entsenden. Ein weiterer Vertreter wird aus den Reihen der Verwaltung gewählt. Alle Mitglieder sind stimmberechtigt. Vertreter der im Behindertenbereich tätigen Wohlfahrtsverbände (Deutscher Paritätischer Wohlfahrtsverband, das Diakonische Werk etc.) und das Sozialamt sind mit beratender Funktion im Beirat.

Beiratswahl: Delegiertenmodell

Wahl des Behindertenbeirats

```
                          entsendet 1 Mitglied je Fraktion    ┌─────────────────┐
    ┌──────────────────────┐    ◄─────────                    │ Stadtverordneten-│
    │  Behindertenbeirat   │                                  │ versammlung      │
    └──────────────────────┘                                  └─────────────────┘
           ▲                    entsendet 1 Mitglied
           │                                                   ┌─────────────┐
    wählt 16 Delegierte                                        │  Magistrat  │
           │                                                   └─────────────┘
    ┌──────────────────────┐
    │ Delegiertenversammlung│                                  ┌─────────────┐
    └──────────────────────┘    entsenden je 1 Vertreter       │  Sozialamt  │
     ▲                          (ohne Stimmrecht)              │ freie Wohlfahrtsverbände │
  entsendet einen                                              └─────────────┘
  Delegierten je
  10 Teilnehmer              entsenden 2 Delegierte je Organisation

    ┌──────────────┐              ┌──────────────┐
    │  "Nicht-     │              │ Behinderten- │
    │ organisierten"- │           │ Organisationen│
    │ Versammlung  │              │              │
    └──────────────┘              └──────────────┘
```

(Kersting 2005)

Die kommunalen Geschäftsordnungen definieren die Aufgabenbereiche. Sie reichen von der behindertengerechten Gestaltung öffentlicher Verkehrsräume, Anlagen und Gebäude bis hin zur Planung, Errichtung oder Schließung von Behinderteneinrichtungen.

Die Institution des Behindertenbeirates ist zumeist nicht explizit auf Landesebene gesetzlich geregelt. Sie orientiert sich an der Rolle der Kommissionen, die formal nur als Hilfsorgan der Verwaltung gesehen werden und nur als beratendes Gremium vorgesehen sind. Eine Kommission besteht z.B. laut Hessischer Gemeindeordnung (HGO §72 Abs.2,3) aus dem Bürgermeister, welcher auch den Vorsitz hat oder einen Vorsitzenden ernennt, „weiteren Mitgliedern des Gemeindevorstands, Mitgliedern der Gemeindevertretung und, falls dies tunlich erscheint, aus sachkundigen Einwohnern". Aufgrund der starken Rolle der Verwaltung in diesem Kommissionskonzept erhofft man sich eine rasche Erledigung geschäftlicher Angelegenheiten und einen geringeren Kostenaufwand. In vielen Fällen wurde von diesem Prinzip abgewichen und die Leitung des Beirates an Behindertenvertreter delegiert.

Der Behindertenbeirat soll Verwaltung und Rat in wichtigen relevanten Angelegenheiten unterstützen und auch den Parteien und Behindertenorganisationen als Gesprächspartner dienen. Gleichzeitig hat der Beirat Anhörungsrechte und damit Informationsrechte, d.h. er bekommt die Möglichkeit zur Stellungnahme. Der Behindertenbeirat hat zudem ein Antragsrecht gegenüber dem Magistrat. Diese Rolle einer Quasi-Kommission wird von den Beiräten akzeptiert, da die Vorschläge des Behindertenbeirates weitgehend angenommen und umgesetzt werden. Auch wenn der Behindertenbeirat in keiner Weise Entscheidungsbefugnis hat, geling es ihm doch, konstruktiv an den Entscheidungsprozessen mitzuwirken. Dies gelingt vor allem dann, wenn im Gegensatz zu den klassischen Kommissionen der Behindertenbeirat öffentlich tagt. Diese Öffentlichkeit kann dafür sorgen, dass die Stadtverwaltung nicht an dem Behindertenbeirat „vorbeiregieren" kann. Zudem erwies sich die besondere Form der Integration der Politiker und der Verwaltung als sehr positiv, da hierüber enge Kontakte zu den Fraktionen und zur Verwaltung aufgebaut werden konnten. Da die Geschäftsführung und die Leitung der Behindertenbeiräte federführend durch die Behindertenvertreter übernommen wird, wird einer Dominanz der Verwaltungsspitze vorgebeugt. Gleichzeitig sind aber Politik und Verwaltung eingebunden. Über ein gemeinsames Vorgehen gegenüber Rat und Verwaltung konnte die kommunale Entscheidungsfindung stark beeinflusst werden. Von zentraler Bedeutung ist somit die „gleichberechtigte" Integration der dezisiven kommunalen Institutionen (Gemeinderat und Gemeindevorstand).

5 Seniorenbeiräte

Der demographische Wandel hat insofern zunächst ein zentrales Charakteristikum: Die ergraute Gesellschaft. Durch die abnehmenden Geburtenzahlen bei gleichzeitigem Anstieg der Lebenserwartung erhöht sich der Anteil der älteren

Generation an der Gesamtbevölkerung. In Deutschland lag der Anteil der über 60-Jährigen im Jahre 2000 bei 23,5% so steigt er im Jahre 2030 auf 34%. (Birg 2003; Klauder 1996). In den nächsten Jahren müssen für etwa 5 Millionen mehr Menschen dieser Altersgruppen die entsprechenden Wohn- und Infrastruktureinrichtungen, aber auch die geeigneten Partizipationsmöglichkeiten zur Verfügung gestellt werden (vgl. Reggentin/Dettbarn-Reggentin 1990: 19; Roloff 1996).

Bis in die achtziger Jahre kam es zur Gründung von Verbänden und Organisationen im Altenbereich, wie z.b. die Lebensabendbewegung (1958), die sich primär gegen Probleme der Exklusion der Alten aus dem gesellschaftlichen Leben wenden und vor allem auf Bundesebene advokatorische Interessenvertretungen und politische Lobbyisten für Ältere darstellen. Die Seniorenforschung ging lange Zeit von zunehmender politischer Apathie im Alter aus. Im Alter schwindet – so zeigten empirische Untersuchungen – das aktive Engagement. Soziale Interaktionen finden vor allem in den Primärgruppen (Familie oder Nachbarschaft) und weniger in Vereinen statt (s. Schaal 1984). Stigmata wie auch das daraus resultierende mangelnde Engagement zu einem weiteren Verlust an Kompetenzen (vgl. zur Dis-Engagement-Theorie Rosenmayr u.a. 1978: 46-48; Schaal 1984: 22f.). Die politische Partizipationsforschung zeigt aber zunehmend, dass die „neuen Alten" sich stark politisch engagieren. Der medizinische Fortschritt und Vorruhestandsregelungen machen die älteren Generationen zu „zeitreichen" politisch aktiven Bürgern. Viele Beteiligungsgremien weisen repräsentative Verzerrungen zugunsten der älteren Bevölkerungsgruppen auf.

Die Mehrzahl der bereits seit den achtziger Jahren verstärkt gegründeten Altenselbsthilfegruppen liegt im Sozial- und Kulturbereich. Bei steigenden Mitgliederzahlen nehmen rund 2% der Altenbevölkerung (vgl. Reggentin/Dettbarn-Reggentin 1990: 15, 35) an den Alteninitiativen teil. Solange keine institutionalisierten Seniorenbeiräte bestehen, übernehmen neben den eher advokatorisch agierenden Verbänden und Kirchen autochthon entwickelte, ebenfalls eher karitativ arbeitende Organisationen oft auch die lokale politische Interessenvertretung. Die mangelnde Vernetzung und die geringe Legitimationsbasis dieser zumeist als Verein verfassten Organisationen führte 1972 zur Einrichtung der ersten verfassten Seniorenbeiräte. Die Zahl der Seniorenbeiräte stieg von 15 (1975) auf 85 (1980) und von 140 (1985) auf 210 (1990) an.

Seniorenbeiräte entstanden, da spezifische Fragen, Interessen und Probleme Älterer nicht hinreichend berücksichtigt wurden. Sie konzentrieren sich in der Kommune auf den verkehrspolitischen und infrastrukturellen Bereich, aber auch auf die Baupolitik und die Neuerstellung öffentlicher Bauten (Reggentin/Dettbarn-Reggentin 1990: 175).

Bundesweite Untersuchungen zeigen, dass Angehörige von Seniorenbeiräten in der Regel „Experten in eigener Sache" sind und zum Teil auch schon in ihrem Berufsleben in sozialen Bereichen gearbeitet haben (etwa 30%) oder vor ihrer Pensionierung politische Erfahrungen sammeln konnten (ca. 12%) (Reggentin/ Dettbarn-Reggentin 1990: 55f.). Allerdings hat mehr als die Hälfte der in Seniorenbeiräten Tätigen ohne vorherige Erfahrungen aus sozialen, politischen oder juristischen Berufen die Arbeit aufgenommen (etwa 56%). Nur etwa 2% können Erfahrungen aus juristischen Berufen einbringen (s.a. Salentin 1986).

Die Auswahl der Mitglieder der Seniorenbeiräte erfolgt entweder über Urwahl oder Delegiertenwahl (s. Kersting 2005). Bei der Urwahl werden allen Wahlberechtigten, über sechzigjährigen Einwohnern ein Wahlzettel zuzüglich eines Freiumschlages für die Antwort zugeschickt. Mit diesem Verfahren kann ein großer Kreis Älterer erreicht werden (Reggentin/Dettbarn-Reggentin 1990: 49). Die Widerstände gegen eine sollten intensive Urwahl sind oft groß. Obwohl eine Urwahl für alle am leichtesten verständlich ist, wird wegen des geringeren Arbeits- und finanziellen Aufwandes eine Delegiertenwahl in vielen Wahlordnungen verankert. Untersuchungen zeigen, dass 43% der Seniorenbeiräte zu ihrer Konstituierung eine Delegiertenwahl anwenden (s. Kersting 2005). Bei der Delegiertenwahl soll die über lange Jahre hinweg erworbene Fachkompetenz der in der Altenarbeit Tätigen genutzt werden. Auf der anderen Seite werden so Personenkreise, die nicht in Verbänden organisiert sind, kaum erreicht.

Seniorenbeiräte unterstützen städtische Organe bei wichtigen Altersfragen und haben zumeist Antrags- und Anhörungsrecht gegenüber der Exekutive. Zudem muss die lokale Exekutive die Beiräte, die sich zumeist regelmäßig mindestens viermal im Jahr treffen, über wichtige, alte Menschen betreffende Angelegenheiten rechtzeitig informieren. Seniorenbeiräte wirken vor allem konsultativ und haben keine eigenen Entscheidungsrechte. Da kaum in der Landesgesetzgebung vorgeschrieben, bleiben sie zumeist Hilfsorgane der Stadtverwaltung, die das Engagement der „zeitreichen Senioren" zu kanalisieren versuchen. Die Beziehungen zwischen Seniorenbeirat und Stadtverwaltung werden somit oft durch die geschäftsführenden Vertreter der Sozialämter dominiert. Es gelingt ihnen kaum, Öffentlichkeit für ihre Belange herzustellen. Die Gemeinderäte, die ohnehin häufig durch einen hohen Altersdurchschnitt charakterisiert sind, sehen Seniorenbeiräte vielfach als nicht ernst zunehmende, nicht durch Wahlen legitimierte Konkurrenten an.

Die bisherigen Erfahrungen mit kommunalen Seniorenbeiräten sind zum Teil negativ. Es erweist sich oft als problematisch, wenn Parteiinteressen, die es in fast jedem Seniorenbeirat gibt, zu vehement mit den Interessen des Seniorenbeirates verknüpft werden. So wird in Untersuchungen abschließend resümiert, dass „so genannte Seniorenbeiräte nach wie vor kein geeignetes Mittel (sind), den Ansprüchen der alten Menschen in unserer Gesellschaft gerecht zu werden" (Reggentin/Dettbarn-Reggentin 1990: 172). Ein Erfolg hängt stark von der aktiven Arbeit des Seniorenbeirates und den Beziehungen bzw. der Zusammenarbeit mit der Stadtverwaltung und der Stadtverordnetenversammlung und den anderen Organisationen im Altenbereich ab.

6 Schlussfolgerungen und Evaluation

Mit der Ausdifferenzierung der Interessen zeigt sich eine Tendenz zur Dezentralisierung und zur Installierung bzw. zur Aufwertung von Beiräten und Kommissionen, die diese Partikularinteressen aufnehmen. Auch die mangelnden Mitsprachemöglichkeiten der vielfach in den Gemeindeordnungen verankerten Ortsbeiräte (Ortsbezirksvertretungen), die nach der Gebietsreform der frühen Siebziger einen dezentralen Einfluss auf die Entscheidungsfindung sichern sollten, stehen seit geraumer Zeit in der Kritik. Vielfach sind endgültige Entscheidungsrechte nicht oder nur symbolisch übertragen worden. Wenig umstritten ist somit, dass die Ortsbeiräte stärker beteiligt werden sollen. Übertragene Aufgabengebiete greifen zum Teil sehr konfliktreiche Themen auf wie z.B. die Benennung von Straßen, die Standorte der Kultur- und Sozialeinrichtungen, und Verkehrsberuhigungs- und -führungsmaßnahmen.

Der Prozess, der zur Einführung der Ortsbeiräte führte, weist viele Parallelen zur Entwicklung anderer Beiräte, wie z.B. dem Behindertenbeirat und dem Seniorenbeirat, im kommunalen Bereich auf. Es zeigt sich auch hier, dass zunächst informelle Gremien der Interessenvertretung auf eine formelle Verfasstheit drängen.

Die Ausländerbeiräte stehen mit der Einführung des Wahlrechts für EU-Ausländer vor der Spaltung. Sie kämpfen mit dem Problem lokaler politischer Apathie bzw. Zynismus und einem hohen Interesse der Ausländer an sozialer und juristischer Beratung. Politische Lobby-Arbeit ist für viele Ausländer weniger relevant. Die vielfach installierten Senioren- und Behindertenbeiräte – zumeist de facto als Kommissionen Hilfsorgane der Verwaltung – wurden auf Druck der Interessengruppen gebildet und fordern vielfach ebenfalls mehr Rechte. In diesen Kommissionen sitzen zumeist Vertreter der Verwaltung und der Parteien mit den Interessengruppen zusammen.

Die Verfasstheit der Institution hat nicht immer Einfluss auf deren Erfolg. Behindertenbeiräte sind nicht explizit in der Landesgesetzgebung verankert und dennoch oft sehr effektiv. Sie scheinen besser zu arbeiten, wenn sie zum einen konsensorientiert sind und es ihnen weiterhin gelingt, die Administration und die Politik einzubinden, ohne ihnen eine dominante Rolle zu geben. Letzteres beinhaltet die Gefahr der exekutiven Dominanz des Gremiums. Wird die Administration nicht in das Gremium miteingebunden, fehlen zentrale Informationsgeber und auch die enge Verknüpfung mit dem administrativen Implementationsbereich. Diese Verknüpfung gelingt selten bei parteipolitisch aufgeladenen Orts- und Seniorenbeiräten und sehr selten beim Ausländerbeirat. Sie gelingt eher bei Behindertenbeiräten.

Rat und Verwaltung müssen die Interessengruppen und deren Organisationen betreuen und in Verhandlungen mit ihnen Mitwirkungsmöglichkeiten entwickeln. Von Seiten des Gemeinderates und der Verwaltung gilt es, die neuen Gremien im Dialog davon zu überzeugen, dass konkurrierende Interessen bestehen und Gruppenegoismen dem Gemeinwohl untergeordnet werden müssen bzw. überzogene Forderungen zurückgestellt werden sollten. Auch hierfür ist ein enge Zusammenarbeit nötig.

Beiräte und Kommissionen, die die Verwaltung und die Politik mit einbeziehen und zudem Öffentlichkeit gewährleisten, wie z.B. der Behindertenbeirat, arbeiten besonders erfolgreich. Die Ortsbeiräte und zum Teil auch die Seniorenbeiräte haben aufgrund eines zumeist sehr guten Kontaktes zur Verwaltung eher die Chancen ihre Interessen einzubringen. Dem Ausländerbeirat fehlen oft diese Kanäle der Interessenvertretung.

Die Ortsbeiräte und Ausländerbeiräte, und auch die an das Kommissionsmodell angelehnten neuen Gremien wie die Senioren- und Behindertenbeiräte, sind öffentlich. Dennoch gelingt es besonders dem Ausländerbeirat und dem Seniorenbeirat kaum, eine Medienpräsenz herzustellen. Die Artikulation von Interessen benötigt aber die Öffentlichkeit. Nur im öffentlichen Diskurs lassen sich Probleme aufzeigen und Forderungen Nachdruck verleihen. Gelingt dies nicht über die lokalen Medien, ist eine eigene aktive Informationspolitik notwendig.

Gemeinsam ist den Beiräten und Kommissionen der Wunsch, die starke Orientierung auf die Verwaltung, die nach den Gemeindeordnungen z.B. bei Ausländer- und Ortsbeiräten, zumeist nicht einmal zwingend ist, aufzuheben. Viele fordern Antragsrechte, Rederechte in der Gemeindevertretung, endgültige Entscheidungsrechte und damit zusammenhängend eigene Budgets. All diese Aspekte lassen sich mit good governance, aber auch mit den Prinzipien der Verwaltungsreform der neunziger Jahre d.h. dezentraler Ressourcenverantwortung und dem Abbau der Überlastung der Stadtparlamente in Einklang bringen. Ortsbeiräte, können, wie vielfach schon geschehen, die Arbeit der Stadtparlamente teilweise ersetzten und diese entlasten, indem sie in begrenztem Rahmen endgültige Entscheidungsrechte erhalten. Eine derartige Dezentralisierung würde die Steuerungsmöglichkeiten der Politik stärken, indem sie Entscheidungsverantwortung in Detailfragen an die durch die Verwaltung betreuten Beiräte delegiert. Sie verlagert die politischen Entscheidungen nicht allein auf die Verwaltung und den Sachbearbeiter, sondern auf politische Gremien, die Detailfragen aufgreifen können.

Die Befürworter der neuen Beiräte sehen zudem neue Formen der Öffentlichkeit und eine höhere Qualität der Demokratie durch einen besseren Kenntnisstand über die involvierten Interessen, da die Betroffenen direkt beteiligt werden.

Literatur

Diehl, Claudia/Urban, Julia/Esser, Hartmut: Die soziale und politische Partizipation von Zuwanderern in der Bundesrepublik Deutschland. Bonn: Friedrich Ebert Stiftung. 1998.
Birg, Herwig: Die demographische Zeitenwende. München 2003.
Bammel, H./Sen, Faruk (Hg.): Kommunales Wahlrecht und politische Partizipation für Ausländer am Beispiel ausgewählter europäischer Länder. Bonn: Friedrich Ebert Stiftung 1996.
Gessenharter, Wolfgang u.a. (Hg.): Zusammenleben mit Ausländern. Eine empirische Studie. Hamburg 1994.
Koch-Arzberger, C.: Politische Orientierungen von Ausländern in der Bundesrepublik Deutschland, in: Aus Politik und Zeitgeschichte B35(1985): 35-45.
Kersting, Norbert (Hg.): Beiräte in der Kommunalpolitik. Teil 2: Ausländerbeirat. Marburg: Schriftenreihe: Marburger Meinungsbilder. 1997a.
Kersting, Norbert (Hg.): Beiräte in der Kommunalpolitik. Teil 1: Ortsbeiräte, Senioren- und Behindertenbeirat. Marburg: Schriftenreihe: Marburger Meinungsbilder. 1997b
Kersting, Norbert: Die Zukunft der lokalen Demokratie. Frankfurt: Campus 2005.
Klauder, Wolfgang: Die Alterspyramide in Deutschland wird sich umkehren. In: Das Parlament 10(1996): 3ff.
Nordrhein-Westfälisches Ministerium für Arbeit und Gesundheit: „Ausländerbeiräte in NRW". Düsseldorf 1994.
Reggentin, Heike/Dettbarn-Reggentin, Jürgen: Wir wollen Unruhe in die Ratsparteien bringen. Bonn 1990.
Roloff, Juliane: Alternde Gesellschaft in Deutschland. Eine bevölkerungsstatistische Analyse. In: Das Parlament 35(1996).
Rosenmayr, Hilde/Rosenmayr, Leopold: Der alte Mensch in der Gesellschaft, Hamburg 1978.

Salentin, Klaus Georg: Zur Partizipation und zum Selbstverständnis der Seniorenvertretungen in der Bundesrepublik Deutschland- Dokumentation und Erfahrungsbericht. Berlin: Zentrum für Altersfragen 1986.
Schaal, Franziska: Repräsentation und Partizipation älterer Menschen in Politik und Gesellschaft. Berlin 1984.
Statistisches Bundesamt Wiesbaden: Statistisches Jahrbuch für die Bundesrepublik Deutschland, Wiesbaden 1995: 60-62.

Benno Hafeneger und Torsten Niebling

Kinder- und Jugendparlament

1 Beteiligungslandschaft

Vor dem Hintergrund von problemzentrierten Jugenddebatten, vielfältigen Erkenntnissen aus Jugendstudien und Diagnosen über die junge Generation ist seit Ende der neunziger Jahre „Kinder- und Jugendpartizipation" zu einem zentralen kinder- und jugendpolitischen wie auch -pädagogischen Thema und „Instrument" geworden (vgl. Hafeneger u.a. 2005). Die politischen Motive für die Etablierung von unterschiedlichen Partizipationsformen sind vielfältig und zwei Dimensionen zeigen, in welchem Spannungsfeld sich der Diskurs bewegt: Die Motive liegen einmal in empirischen Befunden zu Mentalitätsentwicklungen, zur Politikdistanz und Wahlabstinenz in der jungen Generation sowie deren Kritik, Skepsis und dem fehlenden Vertrauen gegenüber den Strukturen, Parteien und Akteuren des politischen Systems. Sie liegen dann in der Einsicht, die junge Generation in die Bearbeitung ihrer kommunalen Lebensthemen einzubeziehen und deren Engagement mit unterschiedlichen Formen und Ansätzen zu fördern. In vielen Kommunen, Städten und Landkreisen wurden – weil hier Beteiligung am effektivsten und anschaulichsten erscheint – Partizipationsmöglichkeiten geschaffen; weiter haben gesetzliche Regelungen, Initiativen und Förderprogramme auf internationaler, nationaler und Länderebene mittlerweile zu einer vielfältigen und unüberschaubaren Partizipationslandschaft geführt.

Der Elfte und Zwölfte Kinder- und Jugendbericht der Bundesregierung (2002, 2005), die den fördernden, partizipativen und den bildenden Auftrag der Kinder- und Jugendarbeit betont sowie zahlreiche wissenschaftliche Publikationen und Materialien zeigen ein von Pluralität gekennzeichnetes Feld, in dem sich unterschiedliche Typen und Formen von Partizipation entwickelt haben. Dazu gehören rechtlich „verfasste" und „nicht verfasste" Formen, dann werden nach der Art der Beteiligung unterschieden: im verfassten Bereich „direkt" und „mittelbar/repräsentativ" und im nicht verfassten Bereich „direkt" und „mittelbar/ stellvertretend" (vgl. BMFSFJ 2002: 198). Weiter zeigen erste empirische Befunde wie sich die Partizipationsformen verteilen; sie zeigen Motive, Aktivitäten und Lernprozesse, die Interessen der Akteure im Feld und schließlich auch die Bedeutung der begleitenden pädagogischen Profession. Die vorliegenden Erkenntnisse haben zu ersten Merkmals- und Kriterienlisten als Voraussetzung für gelingende und wirkungsvolle Partizipation geführt (Sturzenhecker 1998, 2005; Möller 2000).

Kinder- und Jugendparlamente gehören zu den etablierten und weit verbreiteten Formen der Partizipation in Kommunen, Städten und Landkreisen; sie sind entweder als ein gemeinsames Parlament oder als zwei Fraktionen (Kinder, Jugend) ausgewiesen. In der Typologisierung und Differenzierung der Beteiligungsmodelle werden im Elften Kinder- und Jugendbericht drei „neue" Formen vorgestellt: Repräsentative Formen, Offene Formen und Projektorientierte Formen. Zu den repräsentativen Formen gehören wiederum: Jugendgemeinderäte, Jugendstadträte, Jugendbeiräte, Stadtteiljugendräte und Kinder- und Jugendparlamente (BMFSFJ 2002: 192). Letztere gehören rechtlich zu den verfassten Beteiligungsformen, in der Art sind sie mittelbar/repräsentativ und in der Durchführung „versammelnd" (im Gegensatz zu „individuell", d. h. als anwaltschaftliche Instanz mit einem/einer Beauftragten). Kinder- und Jugendparlamente sind eine parlamentarische Instanz, vergleichbar mit Modalitäten, die auch für Jugendringe, Kinder- und Jugendhilfeausschüsse, Kinder- und Jugendbeiräte gelten. Als parlamentarische Form der Selbstorganisation wird unterschieden zwischen den beiden Institutionalisierungsgraden mit unterschiedlichen Reichweiten, die in den Gemeindeordnungen der Bundesländer geregelt sind: dem „Recht auf Beteiligung" und der „Chance der Beteiligung". Ersteres bedeutet bewusste Mitwirkung und Mitbestimmung (als Teilhabe), letzteres bedeutet Mitsprache (als Mitmachen). Sturzenhecker hat in der Diskussion um Partizipation eine basale Fundierung vorgeschlagen, nach der „Partizipation als einforderbares Recht von Kindern und Jugendlichen zu realisieren" ist, und diese damit als Subjekte demokratischer Entscheidungen zu verstehen sind (2005: 256).

2 Kinder- und Jugendparlamente

Kinder- und Jugendparlamente sind eine mögliche Ausdrucksform und ein Instrument, die junge Generation als Expertinnen und Experten in eigener Sache in der Kommune zu organisieren und in sie einzubinden. Ihnen wird als gesellschaftliche Gruppe eine rechtlich abgesicherte Möglichkeit gegeben, in ihren Lebenswelten und -bereichen demokratische Verhaltensweisen zu erproben, mit zu wirken bzw. mit zu bestimmen. Kinder- und Jugendparlamente gehören mit ihrem Wahlmodus und ihrer repräsentativen Struktur zu den konventionellen und „klassischen" Formen von Beteiligung und Interessenartikulation, sie sind an die Struktur der parlamentarischen und repräsentativen Verfasstheit moderner Demokratie angelehnt. Demokratisch gewählte und verfasste Parlamente sind gedacht als repräsentative „Idee der Selbstverwaltung" einer lebendigen Kommune, als öffentliche Orte der Auseinandersetzung und Problemlösung; das heißt, dass sich in den Parlamenten die Probleme, Themen und Fragen der jungen Generation wieder finden sollen, dass sie hier im konstruktiven Sinne und angemessen (kontrovers) behandelt und gelöst werden. Kinder- und Jugendparlamente können somit als „Lernort für Demokratie" eine vitalisierende Funktion haben und Motor sein für eine Kommunalpolitik, in der Kindern und Jugendlichen ein großer Stellenwert zugewiesen wird.

Kinder- und Jugendparlamente sind vor allem auf kommunaler Ebene (in Gemeinden, Städten, Landkreisen) mit Zielen, Zuständigkeiten und Aufgaben etabliert, und sie bilden mit ihren Wahl- und Repräsentanzmodalitäten, ihrer formalen Struktur und ihren Mechanismen die „große" Politik bzw. das politische System ab; sie sind somit den Regeln und Besonderheiten der parlamentarischen Kultur und ihrer Merkmale angepasst. Mit ihr werden die gewählten Kinder und Jugendlichen vertraut gemacht und deren Spielregeln (Wahlen, Zuständigkeiten, Sitzungen, Regularien, Tagesordnung, Fristen etc.) werden eingeübt.

Die Parlamentsarbeit hat – z. B. im Gegensatz zum punktuellen Engagement bei anderen Beteiligungsverfahren – einen prozesshaften und verbindlichen Charakter für die jeweilige Wahlperiode und sie ist auf Dauer und Kontinuität angelegt. Kinder- und Jugendparlamente operieren – im Rahmen ihrer formalen Vorgaben und Möglichkeiten – zwischen Verwaltung, Politik und Öffentlichkeit mit der Aufgabe, im parlamentarischen „Betrieb" die Interessen, Themen und Wünsche von Kindern und Jugendlichen in geregelten Verfahren aufzunehmen, zu bearbeiten und sie Lösungen zuzuführen. Somit sind Kinder- und Jugendparlamente in ihrem konzeptionellen „Kern" vor allem Lern- und Erfahrungsangebote in zwei Richtungen: für die Artikulation der Interessen der jungen Generation, sie zur Mitwirkung zu motivieren und ihnen Chancen zur Beteiligung zu geben; sie machen gleichzeitig vertraut mit politischen Entscheidungsprozessen, Kenntnissen und Kompetenzen der parlamentarischen Demokratie, ihrer Verfahren und Interessen, mit Konflikten und Kompromissbildungen. Dabei ist ein wesentliches Kriterium für die Beurteilung des „Instrumentes", welchen Grad an Mitwirkung und Beteiligung, welche Reichweite und welchen Einfluss die Kinder- und Jugendparlamente haben; ob sie auch mit „Machtabtretung" der etablierten Politik verbunden sind. Dies verweist neben den hier skizzierten idealtypischen und formalen Merkmalen auf die zu untersuchenden (zu evaluierenden) Wirklichkeiten und Praxen von Kinder- und Jugendparlamenten. Hier zeigt eine neuere Studie der Bertelsmann Stiftung (2005) zur Kinder- und Jugendpartizipation, dass über den Grad der Mitbestimmung an Entscheidungsprozessen in Kommunen, Schule und Elternhaus aus Sicht der jungen Generation unterschiedliche Ansichten existieren: im Elternhaus werden die größeren, in schulischen Bereich mit großem Abstand geringere und im kommunalen noch geringere Einflussmöglichkeiten gesehen.

3 Demokratietheoretischer Begründungshorizont

Partizipation von Kindern und Jugendlichen kann mit unterschiedlichen theoretischen Begründungsmustern konzipiert werden. Für die Form des Kinder- und Jugendparlamentes ist neben einer mehr subjekttheoretischen Begründung (als Recht auf Partizipation), einer mehr bildungstheoretisch-pädagogischen Begründung (mit den Zielen Demokratie, Mündigkeit und Selbstbestimmung) und einer mehr dienstleistungstheoretischen Begründung (politische Nutzerperspektive) Begründung vor allem eine demokratietheoretische Begründung interessant und plausibel.

Demokratietheoretische Begründungen für Kinder- und Jugendparlamente zielen auf die Prinzipien und Prozesse demokratischer Gesellschaften, in denen die Bürger-/Zivilgesellschaft als Ressource und Akteur der Demokratie zu verstehen sind; mit unmittelbaren oder mittelbaren Beteiligungsformen – wie hier Kinder- und Jugendparlamente – sollen sich Bürger und Bürgerinnen mit öffentlichen Belangen auseinandersetzen, an ihnen teilhaben und mitwirken (vgl. Zimmer/Nährlich 2000; Breit/Massing 2002; Bertelsmann Stiftung 2004). Bürgergesellschaftliches Engagement ist freiwillig und ehrenamtlich, es ist vielschichtig und kann auch mit verfassten Formen – hier mit periodischen Wahlen für ein Parlament – verknüpft sein. Als Ergänzung zum politischen System hat die Zivil-/Bürgergergesellschaft in modernen, demokratisch-liberalen Gesellschaften unterschiedliche Traditionslinien. Ihr kommt mit freiwilligen Vereinigungen (Assoziationen) und Organisationen für problemlösende Diskurse, als demokratische Öffentlichkeit („von unten") und „Vermittlungsinstanz" zwischen Bürger und Staat (bzw. dem politisch-administrativen System) eine bedeutsame Akteurs- und Einflussrolle zu. Mit unterschiedlichen Hintergründen und Bezugssystemen sind in der deutschen Tradition vor allem Namen wie Jürgen Habermas und Ralf Dahrendorf seit Beginn der 90er Jahre des letzten Jahrhunderts von Bedeutung; in der

Tradition des amerikanischen Kommunitarismus sind es Namen wie Michael Walzer, Richard Rorty oder auch Robert Putnam. Der „Kern" des Leitbildes ist der aktive, demokratische Mitbürger (der Citoyen) mit „Ziviltugenden" und „Bürgerkompetenzen" in einem „kooperativen Staat", der auf dem Miteinander von staatlichen und zivilgesellschaftlichen Akteuren einerseits, dem gemeinwohlorientierten mitgliedschaftlichen und auch unkonventionellen Engagement und entsprechenden Aktivitäten der Bürger andererseits basiert (vgl. Zimmer 2002). Dazu zählt auch die freiwillige, unbezahlte und delegierte Mitarbeit in gesellschaftlichen und politischen Gremien wie Verbänden und Vereinen, kommunaler Selbstverwaltung und auch in Kinder- und Jugendparlamenten.

In der politischen Diskussion um Partizipation und in der Partizipationspädagogik ist auf eine grundlegende Differenzierung hinzuweisen, auf die Büttner (2005) aufmerksam macht. Danach ist Partizipation in den (pädagogischen) Beziehungsverhältnissen in den Institutionen einer Demokratie zu unterscheiden von denen des politisch-demokratischen Systems: „Der grundsätzliche Unterschied ist ja der, dass institutionelle Hierarchien die Rechte des Einzelnen (legal) anders beschränken als die Rechte des einzelnen Staatsbürgers in einer Demokratie. Institutionelle Hierarchien definieren Abhängigkeits- und Machtverhältnisse, die nicht durch ausschließlich demokratische Verfahren zustande kommen, während genau dies zum Grundkonzept eines demokratischen Konzepts gehört" (641).

Vor allem in vielschichtigen Krisen- und Umbruchzeiten und den damit verbundenen – hochgradig ambivalenten – Reform-/Modernisierungsprozessen in Gesellschaft, Staat und Verwaltung gibt es die Diskussion um (neue) Aufgaben- und Verantwortungsverteilung zwischen Staat und Gesellschaft, wie sie sich über einen langen Zeitraum in repräsentativen Demokratien und modernen Wohlfahrtsstaaten herausgebildet hat. Das politisch (wieder entdeckte) Bürgerengagement zeigt, dass es um einen neuen Mix und die Potenziale der Vergesellschaftung, aber auch die Weiterentwicklung und gleichzeitig Kontrolle der (repräsentativen) Demokratie geht. Die Entwicklung der kommunalen Selbstverwaltung in Deutschland hat zwei Traditionslinien und handlungsleitende Motive; sie sind einmal eher etatistisch und stark obrigkeitsstaatlich und dann eher freiheitlich-liberal geprägt. In beiden Konzeptionen wird das Bürgerengagement unterschiedlich verstanden: Während es im ersteren mehr funktional (im Spannungsfeld von Stabilität und Wandel) eingebaut ist und staatlichen Steuerungsdirektiven unterliegt, ist es im liberalen Verständnis mehr offen und dient dem Abbau etatistischer Traditionen. Damit werden den Bürgern mehr Befugnisse gegeben, Spielräume für kritische Dialoge und Entwicklungen zugelassen, sich als neuer Akteur aus der eigenen Perspektive einzubringen.

In dieses Spannungsfeld sind Kinder- und Jugendparlamente verwoben; sie sind ein Instrument um die junge Generation (kontrolliert) über indirekt-demokratische Elemente einzubinden und/oder ihr Aufgaben zu übertragen sowie Erweiterungen repräsentativer Demokratie bzw. demokratische Einflussnahme zuzulassen. Sie sind ein neuer – durchaus widersprüchlicher – Baustein in der Verfasstheit lokaler Demokratie, des kommunalen Lebens bzw. in kleinen gesellschaftlichen Einheiten. Letztlich sind Kinder- und Jugendparlamente ein institutionalisiertes „Bindeglied" zwischen der jungen Generation und kommunaler (staatlicher) Politik und Verwaltung; angesiedelt zwischen der Rollenzuweisung als angepasste, loyale Untertanen oder aktiven und kritischen jungen Bürgern und Bürgerinnen bzw. als wichtige Ressource einer vitalen politischen Kultur. Dieser analytische Blick wäre mit den Wirklichkeiten der Kinder- und Jugendparlamente noch zu konfrontieren; hierzu bedarf es zukünftig gehaltvoller empirischer Untersuchungen (Evaluationen), die wiederum einem produktiven „normativ-empirischen" Dialog verpflichtet sein müsste.

4 Wissen, Ertrag und Grenzen

Der erste Jugendgemeinderat wurde im Jahr 1985 in Baden-Württemberg eingerichtet, und die weitere Etablierung von Kinder- und Jugendparlamenten erfolgte in der Bundesrepublik seit den neunziger Jahren; damit ist mittlerweile ein erstes Experimentierstadium abgeschlossen. Das vorliegende empirische Wissen über Kinder- und Jugendparlamente basiert auf zwei Quellen:

Erstens gibt es zahlreiche Erfahrungsberichte, die je nach Kontextbedingungen positive und negative Erfahrungen schildern; für das Bundesland Hessen sei exemplarisch der Beitrag von Luft (2000) genannt, weitere Beiträge finden sich in Überblicksdarstellungen, (Fachausschuss Kommunale Jugendarbeit 1998; Hessisches Sozialministerium 2003) und den Abschlußberichten von Begleitprogrammen (Hafeneger u. a. 2002, 2006).

Zweitens gibt es einige wenige lokale Einzelfallstudien, deren Gegenstand unterschiedliche Formen repräsentativer kommunaler Kinder- und Jugendbeteiligung sind, und die in ihrer Anlage differieren. Hierzu zählen vor allem die Evaluation der Jugendgemeinderäte in Baden-Württemberg (Hermann 1996), die Untersuchung der Stuttgarter Jugendräte (Möller 1999) und die Studie zum Jugendparlament der Stadt Wittingen (Burdewick 2001, 2003). Der Wissensfundus basiert bisher nicht auf breiten, systematisch angelegten empirischen Studien und Evaluationen. Vor dem Hintergrund der vorliegenden Untersuchungen, Konzep-

Kinder- und Jugendparlament

tionen und Darstellungen sollen im Folgenden die repräsentativen Vertretungsformen mit ihren typischen Merkmalen dargestellt und mit ihren Stärken und Schwächen eingeschätzt werden. Die Merkmale sind: Verbreitung und Implementation, Struktur und Formalisierung, Zugang und Teilnahme, Themen und Inhalte, Arbeitsformen und Praxis, Machtbefugnisse und Ergebnisse, Pädagogische Begleitung, Anbindung an Politik und Verwaltung und Konzeptionelle Modifikationen.

Verbreitung und Implementation

Für die Bundesrepublik liegen nur wenige Daten zur Verbreitung parlamentarischer Formen der Beteiligung von Kindern und Jugendlichen in Kommunen vor. Im Rahmen einer repräsentativen bundesweiten Befragung des Deutschen Jugendinstituts (Bruner u.a. 1999) haben Ende der neunziger Jahre 153 Kommunen (=38%) Beteiligungsangebote in unterschiedlichen Formen mitgeteilt – und in 30 (=20%) dieser beteiligungsaktiven Kommunen gab es repräsentative Beteiligungsformen. Damit stehen sie an dritter Stelle hinter den projektorientierten (70%) und offenen (35%) Beteiligungsformen. Dieser geringen Anzahl stehen Daten und Umfragen auf Länderebene gegenüber, die auf eine deutlich größere Verbreitung und Implementation von Kinder- und Jugendparlamenten hinweisen. Die Ende der neunziger Jahre erhobenen Daten basieren dabei auf uneinheitlichen Begriffsbestimmungen, Befragungsmodi und Untersuchungsdesigns. Den Ergebnissen zufolge gab es in etwa 40% der Städte und in ca. 34% der verbandsfreien Gemeinden im Bundesland Rheinland-Pfalz parlamentarische Formen, im Land Baden-Württemberg gab es im Jahr 1999 etwa 60 Jugendgemeinderäte, in Nordrhein-Westfalen 20 Jugendparlamente und vier Jugendräte; in Hessen gab es sieben Jugendparlamente, in Thüringen sechs Kinder- und Jugendparlamente, in Niedersachsen 12 parlamentarische Beteiligungsformen, und in Schleswig-Holstein 10 Kinder- und Jugendparlamente bzw. -kreistage (vgl. Bruner u.a. 1999: 22f.). Insgesamt zeigen die Zahlen, dass parlamentarische Formen und repräsentative Gremien – mit 220 Einträgen in der Datenbank des Deutschen Kinderhilfswerkes – bundesweit in unterschiedlicher Dichte verbreitet sind und auf unterschiedliche landesspezifische Traditionen, Beteiligungskulturen und kinder- und jugendpolitische Schwerpunktsetzungen hinweisen.

Struktur und Formalisierung

Kinder und Jugendparlamente sind Gremien, die auf der Grundlage der Gemeinde- oder Landkreisordnungen durch kommunale Beschlüsse eingerichtet und legitimiert sind. Die Struktur, Zielsetzung, Legislaturdauer, der Wahl- oder Delegationsmodus und die Arbeitsformen werden in der Regel in einer Satzung geregelt und die Arbeit wird aus dem Haushalt der Kommunen und Landkreise finanziert. Parlamentarische Formen ermöglichen den Kindern und Jugendlichen eine Mitbestimmung durch Stimm- und Wahlrecht und den gewählten Mitgliedern der Parlamente auch Antrags- oder Rederechte in kommunalen Gremien. Vor der Wahl werden die Kinder und Jugendlichen schriftlich informiert und zur Kandidatur aufgefordert, der Wahltermin wird bekannt gegeben etc. Es gibt in den Kommunen vor allem zwei Wahlmodi: Urwahl aller stimmberechtigten Kinder und Jugendlichen einer Kommune (bzw. eines Landkreises) und Wahlen über Schulen. Ziel ist es, möglichst allen Kindern und Jugendlichen unabhängig von sozialer Schicht-/Milieuzugehörigkeit und besuchten Schultypen an der Wahl zu beteiligen; die Wahl erfolgt analog den Grundsätzen des Kommunalwahlrechts nach dem Mehrheitsprinzip. Alle Gewählten sind ordentliche Mitglieder des Gremiums. Je nach Satzung wählen die Kinder und Jugendlichen aus ihrer Mitte einen Vorstand, bestehend aus Sprecher, Stellvertreter, Schriftführer. Ausscheidende Mitglieder werden z. T. durch Nachwahlen oder gewählte Stellvertreter ersetzt. Die Wahlbeteiligung ist abhängig vom Wahlmodus. Erfolgt eine Urwahl in der Kommune, so beteiligen sich mit etwa 10 bis 20% deutlich weniger Kinder und Jugendliche als an Wahlen, die an Schulen organisiert werden und die z. T. eine Beteiligung von mehr als 80% haben (Hessisches Sozialministerium 2003: 56, 67). Das Interesse unterliegt zudem Konjunkturen und die Beteiligung ist insbesondere bei der Einführung des Beteiligungsmodells oder aktuellen Themen besonders hoch. Aufgrund der Wahl sind die Abgeordneten demokratisch legitimiert und repräsentieren in der Artikulation und Mitbestimmung die Gesamtheit der Kinder und Jugendlichen, damit wird die Mitsprache nicht einer sich zufällig bildenden Gruppe überlassen. Zwei Aspekte sind in dieser formalisierten Partizipationsstruktur erkennbar: Die Kinder und Jugendlichen legen Wert auf Kontinuität, sie streben langfristige Mitbestimmungsmöglichkeiten an und fordern entsprechend von den Erwachsenen genügend Zeit für die kinder- und jugendgerechte Erarbeitung von Lösungen. Zugleich wird von ihnen eine Beschleunigung von Verfahren durch Erwachsene angemahnt; langwierige Beratungen in Ausschüssen und zögerliche Realisierung von Anliegen werden kritisiert (vgl. Burdewick 2003).

Zugang und Teilnahme

Die Zugangschancen werden maßgeblich durch die in der Satzung geregelten (und durch die Kommunalpolitik gesetzten) Verfahren und vorgesehenen Grup-

Kinder- und Jugendparlament

pengrößen (ca. 10 bis 40 Personen, z. T. aber auch 60 Personen) geregelt. Die Kinder- und Jugendparlamente umfassen meist nicht mehr als 30 Kinder und Jugendliche im Alter von 12 bis 18 Jahren (Bruner u.a. 1999: 37); es gibt aber auch Parlamente die über Grundschulen jüngere Kinder erreichen (vgl. Hessisches Sozialministerium 2003). Gegenüber projektorientierten und offenen Beteiligungsformen sprechen repräsentative und diskussionsintensive Formen eher ältere Zielgruppen aus der jungen Generation an. Sie sind eher gut ausgebildet, redegewandt und politisch besonders interessiert (Bruner u.a. 1999: 44). Mädchen sind in Jugendparlamenten unterrepräsentiert, ihr Anteil liegt unter 50% und lediglich in einem Viertel der Projekte lag ihre Zahl höher als die der Jungen (Bruner u.a. 1999: 45). In der Untersuchung der Jugendgemeinderäte in Baden-Württemberg waren Mädchen in 64% der Projekte in der Minderheit (vgl. Hermann 1996: 172).

Hermann (1996) zufolge haben Jugendräte ein hohes Interesse an der politischen Mitwirkung in kommunalen Belangen. Burdewick weist auch darauf hin, dass „die wahlberechtigten Schüler sehr große Hoffnungen in das Parlament setzen; 84% der Befragten sind der Meinung, dass sich die Situation von Kindern und Jugendlichen in Wittingen und Umgebung durch die Einrichtung des Jugendparlamentes verbessern wird" (2001: 8).

Kinder- und Jugendparlamente bieten insgesamt nur einem kleinen Kreis von gewählten Kindern und Jugendlichen Gelegenheit aktiv mitzuarbeiten. In ihrer Zusammensetzung unterscheiden sie sich vom gesellschaftlichen Querschnitt der jungen Generation; Parlamente sind eine mittelschichtorientierte und eher männlich dominierte Beteiligungsform, die mehr ältere Altersgruppen und vor allem Jugendliche anspricht, die bereits politisch interessiert und auch in anderen Zusammenhängen engagiert sind. Herrmann (1996) weist darauf hin, dass aufgrund des bereits hohen politischen Interesses der Delegierten die erhoffte Sozialisationswirkung durch die pädagogischen und politischen Erfahrungen eher begrenzt ist.

Themen und Inhalte

Die Kinder und Jugendlichen betrachten es als ihren Aufgabenbereich, die Interessen der jungen Generation zu artikulieren, adäquate Lösungsvorschläge zu Problemstellungen zu erarbeiten und auch beim Umsetzungsprozess mitzuwirken. Die Kinder und Jugendlichen entscheiden selbst, welche Themen sie auf ihre Tagesordnung setzen; ihr primäres Handlungsfeld ist dabei die Kommune als alltäglicher Lebens- und Freizeitraum von allen Kindern und Jugendlichen. Im Zentrum der parlamentarischen Agenda stehen vor allem: Freizeitangebote, Treffpunkte, Angebote der Jugendarbeit; Umgestaltung und Reparaturen von Spielflächen, -geräten und Aufenthaltsorten; Sicherheit und Wohlbefinden im öffentlichen Raum, Schul- und Radwege, saubere Spielplätze; Angebote des öffentlichen Nahverkehrs, Disco-Busse; Mitwirkung an der konkreten Stadtteilplanung und -gestaltung; Durchführung eigener Veranstaltungen und Aktivitäten, z. B. zu Themen wie z. B. Drogen, Rechtsextremismus, AIDS.

Trotz des prinzipiellen Anspruchs, dass die Kinder und Jugendlichen ihre Agenda selbst bestimmen, nehmen begleitende Erwachsene (meist pädagogisch ausgebildete und zuständige Fachkräfte) in der Praxis begründeten Einfluss, um Qualifizierung anzubieten, Prozesse zu strukturieren, Überforderungen zu vermeiden und Erfolgserlebnisse zu ermöglichen.

Arbeitsformen und Praxis

Im Mittelpunkt der parlamentarischen Arbeit repräsentativer Beteiligungsgremien stehen zunächst regelmäßige (meist monatliche) Treffen und Sitzungen. Sie sind Orte der Information, Diskussion und Meinungsbildung, und sie bieten damit Voraussetzungen für eine aktive und kompetente Mitwirkung an kommunalpolitischen Fragen. Nach der Konstituierung des Parlaments und erfolgter Wahl des Vorstandes findet eine Einführung in die Struktur, Arbeitsformen und Rechte durch erfahrene Jugendliche oder die pädagogische Begleitung statt. Die Themen werden von den Kindern und Jugendlichen in Arbeitsgruppen bearbeitet. Die Ergebnisse und Vorschläge werden im Plenum vorgestellt und nach einer Redeordnung diskutiert und mehrheitlich abgestimmt. Wenn erforderlich, wird das direkte Gespräch mit Politikern oder Verwaltungsfachkräften gesucht, um den Informationsfluss aufrechtzuerhalten und Realisierungschancen festzustellen. Die Beschlüsse werden mündlich oder schriftlich in kommunale Gremien eingespeist und deren Entscheidungen rückgekoppelt. Zur Sicherung der Verbindlichkeit werden Protokolle von Absprachen mit der Politik und Verwaltung angefertigt. Diese Struktur ermöglicht es Kindern und Jugendlichen im Laufe der Sitzungsperioden ihre Anliegen über einen längeren Zeitraum zu verfolgen und dabei Erfolge und Misserfolge (im Sinne einer Selbstevaluation) wahrzunehmen.

Repräsentative Formen bevorzugen zu 75% ein verbales oder schriftliches Vorgehen, weitere 19% kombinieren diese nach der DJI-Studie mit spiel- und kulturpädagogischen Elementen (Bruner u.a. 1999: 39). So eröffnen Parlamente z. B. Mitwirkungsgelegenheiten im Rahmen von Zukunftswerkstätten, Erhebungen, Modellbau, Wettbewerben, und es werden Fortbildungen zu Moderation,

Kinder- und Jugendparlament

Rhetorik, Organisation oder Öffentlichkeitsarbeit von der pädagogischen Begleitung angeboten. Die Gestaltung und Moderation von Sitzungen erfordern zielgruppen- sowie altersgerechte, weiter unterhaltsame Methoden und Gelegenheiten für private Kontakte, Elemente wie Spaß und Freizeit. So können die unterschiedlichen Interessen und Auseinandersetzungsformen der Altersgruppen und Geschlechter in die Planungs- und Entscheidungsprozesse einfließen, die Motivation erhalten und Kompetenzen genutzt werden. Wichtig ist hier die Berücksichtigung des Zeitverständnis von Kindern und Jugendlichen und auch die Sicherstellung ihrer Arbeit durch kommunale Finanzmittel. Die Mehrzahl (87%) der Parlamente verfügt zur Organisation der eigenen Arbeit über ein eigenes Budget, das ihnen von der Kommune zugewiesen wird (Bruner u.a. 1999: 65). Der Etat liegt zwischen 4.000 und 10.000 Euro (vgl. Hessisches Sozialministerium 2003).

Kinder- und Jugendparlamente dienen als Ansprechpartner für Erwachsene aus Politik und Verwaltung. Sie verstehen sich dabei aber nicht als „Schule für politischen Nachwuchs", sondern als überparteiliche Gremien. Intern wird ein Politikverständnis gepflegt, dass im Sinne einer hierarchiefreien Kommunikation an Aushandlung und Kompromiss orientiert ist und nicht der Auseinandersetzungslogik von Parteien folgt. Aufgrund ihrer eher konventionellen Struktur, zweijährigen Amtszeit und stark verbal orientierten Praxis sind die Parlamente für weniger selbstbewusste und sprachgewandte Jugendliche und solche, die eher eine vorübergehende, spontane und unkonventionelle Mitbestimmung bevorzugen, wenig attraktiv.

Machtbefugnisse und Ergebnisse

Kinder- und Jugendparlamente verfügen im Vergleich zu anderen Beteiligungsformen über weitreichende Befugnisse. So sind beispielsweise 91% der Parlamente mit organisatorischen Transferhilfen versehen, gibt es in 75% ein Antragsrecht und in 44% ein Rederecht in kommunalen Gremien. Etwa ein Drittel der Kommunen mit repräsentativen Beteiligungsformen verfügt über Dienstanweisungen, welche die Kooperation mit dem repräsentativen Beteiligungsgremium regeln (vgl. Bruner u.a. 1999: 68). Die Übertragung von kommunalpolitisch relevanten Rechten ist durch die Verfasstheit und demokratische Legitimität begründet, Kinder- und Jugendparlamente sind daher auch eine bevorzugte Partizipationsform der „offiziellen" Politik. Neben den Antrags- und Rederechten werden die Parlamentarier z. T. auch in die Arbeit von Ausschüssen und die Beratungen der Kommunalparlamente einbezogen. Solche Rechte signalisieren den Ernstcharakter der Partizipation. Sie finden ihre Grenzen dort, wo Entscheidungen getroffen werden, weil die Beschlüsse primär empfehlenden Charakter für die kommunalen Entscheidungsträger haben. In Einzelfällen gibt es, wie z. B. im Kinder- und Jugendparlament des Vogelsbergkreises, auch ein Stimmrecht im Jugendhilfeausschuss; Voraussetzung ist hier die Volljährigkeit der Delegierten (vgl. Hessisches Sozialministerium 2003: 67). Kinder- und Jugendparlamente sind zwar offizielle Vertretungsgremien für Kinder und Jugendliche, um deren Anliegen regelmäßig und langfristig in den politischen Diskurs der Kommune einbringen, aber sie haben keine – oder nur sehr eingeschränkte – eigenständigen Machtbefugnisse und können ihre Beschlüsse nicht gegen den Willen der Kommunalparlamente durchsetzen (vgl. Bruner u.a. 1999: 31f.).

Welche Reichweite die Mitbestimmung von Kindern und Jugendlichen erreichen kann, hängt auch von der Vielfalt der Angebotsstruktur ab. So wird darauf hingewiesen, dass ein Kinder- und Jugendparlament als Alibi für die Kommunalpolitik dienen kann, die sich durch diese Einrichtung der „Aufgabe, Kinder und Jugendliche permanent an der Gestaltung ihres Alltags zu beteiligen" (Tiemann 1998: 336f.) entledigt.

Neben der Reichweite der Beteiligung stellen die wahrgenommenen Auswirkungen ein wesentliches Kriterium für die Einschätzung von Kinder- und Jugendparlamenten dar. Die Erfahrungsberichte zeigen einerseits Erfolge; es gibt vielfältige Beispiele, dass Forderungen durchgesetzt wurden sowie Hinweise von Anerkennungserfahrungen, Ermutigung und Kompetenzerwerb (vgl. Hessisches Sozialministerium 2003; Fachausschuss Kommunale Jugendarbeit 1998; Hafeneger u.a. 2002, 2006; Knauer u.a. 2004). Auch Möller (1999) kommt in seiner Evaluation der Stuttgarter Jugendräte zu einer positiven Einschätzung und betrachtet diese als eine bewährte Partizipationsform, die eine produktive und wirkungsvolle Vertretung von Interessen ermöglicht.

Es gibt andererseits auch Hinweise für Scheitern, fehlgeschlagene Versuche der Umsetzung, lange kommunale Prozesse und Verfahrenswege, eine Praxis des Vertagens von Anträgen. Nach Burdewick mangelt es an Erfolgserlebnissen bzw. stellen sie sich erst mittel- bis langfristig ein. So haben 28% der Mitglieder des Wittinger Kinder- und Jugendparlaments die unzureichende Umsetzung ihrer Beschlüsse oder Empfehlungen angemahnt, und 41% der Kinder und Jugendlichen zweifeln daran, ob die Beschlüsse des Parlamentes kommunalpolitische Entscheidungen tatsächlich beeinflussen können. Etwa 50% der älteren Befragten halten „das Jugendparlament eher für eine Beteiligungsspielwiese als für ein ernst zu nehmendes politisches Gremium" (vgl. Burdewick 2001, 2003). Auch Hermann (1996) kommt in seiner Befragung von 107 Mitgliedern in Jugendgemeinderäten zu dem Ergebnis, dass diese insgesamt weit weniger leistungsfähig

Kinder- und Jugendparlament 135

sind, als in der öffentlichen Diskussion vermutet wird, vor allem weil die Möglichkeiten der Artikulation und Einflussnahme unzureichend sind.

Pädagogische Begleitung

Die Erfahrungsberichte und Auswertung von Programmen zeigen, dass eine gelingende Kinder- und Jugendbeteiligung wesentlich davon abhängt, dass die Kinder und Jugendlichen sich begleitet, angenommen und unterstützt fühlen. Die pädagogische Begleitung organisiert die Alltagsgeschäfte, lädt zu den Sitzungen ein, sorgt für Räume, Materialien, Verpflegung, die eigene Homepage und in Landkreisen auch für den Transfer. Daneben hat sie die Aufgabe, den Parlamentariern eine faire Chance in den Aushandlungsprozessen zu ermöglichen, denn die Einmischung in die lokale Politik und Planung bedarf der Unterstützung und des Coachings. Die pädagogische Begleitung leistet die notwendige Motivationsarbeit, Konfliktmoderation und vermag verschiedene Gruppen von Jugendlichen zu integrieren und ein tragfähiges Gruppenklima herzustellen. Die Begleitung ist zwischen Leitung und Moderation angesiedelt und organisiert als Ansprechpartner die notwendigen Informationen und Qualifizierungen (vgl. Knauer u.a. 2004: 125). Sie hat weiter eine Mittlerfunktion zwischen Parlament und den politischen Entscheidungsträgern sowie anderen Kooperationspartnern, sie gewährleistet den Kontakt und Transfer von Informationen und fungiert als „Dolmetscher zwischen den Generationen". Hierfür ist ihr anerkannter Status in der Kommune eine wichtige Voraussetzung. Von den repräsentativen Formen sind 52% mit hauptamtlichen Stellen versehen und 48% werden nicht durch hauptamtliches Personal begleitet (vgl. Bruner u.a. 1999: 64). Damit verfügen repräsentative Formen im Vergleich zu anderen Beteiligungsformen über einen hohen Anteil an hauptamtlicher und qualifizierter fachlicher Unterstützung; in der Regel sind es kommunale Fachkräfte der Jugendarbeit. Die Rolle erfordert eine aufmerksame und achtungsvolle Wahrnehmung der Interessen der Kinder und Jugendlichen, einen Balanceakt zwischen notwendiger Begleitung und Förderung (u. a. Qualifizierung und Fortbildung) der Jugendlichen, einer zu großen Einflussnahme und Gefahren der Instrumentalisierung (Hermann 1996: 294).

Anbindung an Politik und Verwaltung

Kinder- und Jugendparlamente sind in der Regel an die Verwaltungsstrukturen einer Gemeinde oder Stadt angebunden. Damit ist der Kontakt mit den Entscheidungsträgern gewährleistet und es erfolgt eine direkte Rückkoppelung zu Politik und Verwaltung. Diese Formen der Rechenschaft dokumentieren den Kinder- und Jugendparlamenten die Ernstsituation und Verbindlichkeit. Zur Verbesserung der Einbindung von Verwaltung und Politik regt Möller (1999) an, dass Vertreter dieser Gruppen bei den von Jugendlichen geleiteten Sitzungen anwesend sein können. Die Zusammenarbeit erfordert von den Personen aus Politik und Verwaltung einen Perspektivenwechsel. Günstig für eine gelingende und dauerhafte Kooperation ist die Benennung zuständiger Personen oder eine feste Anlaufstelle für die Jugendlichen und eine pädagogische Begleitung. Problematisch wird der Kontakt dort, wo sich die Erwachsenen nicht auf die Interessen und Ausdrucksformen der jungen Parlamentarier einlassen, Zuständigkeiten nicht hinreichend geklärt sind oder die Personen mit den Bedarfs- und Problemlagen überfordert sind. Hingewiesen wird auch auf die Gefahr der Funktionalisierung für politische bzw. Verwaltungsinteressen, indem den Jugendlichen „ihre" Themen übergestülpt werden (Stange/Wiebusch 1998: 388f.).

Ein oft genanntes Problem ist die fehlende Anpassung der politischen Verfahren und des Verwaltungshandelns an den spezifischen Zeithorizont von Kindern und Jugendlichen. So zeigten z. B. die Jugendlichen im Parlament von Wittingen auch Gefühle der Ohnmacht und enttäuschte Erwartungen, weil zeitnahe Ergebnisse fehlten und es den Erwachsenen an der Bereitschaft mangelte, sich auf die Kinder und Jugendlichen einzustellen. Die Autorin fasst die negativen Einschätzungen der jungen Abgeordneten so zusammen: „Politiker sprechen eine fremde Sprache, sie stellen sich zu wenig auf die Bedürfnisse von Jugendlichen ein, sie haben häufig ein Informationsdefizit, täuschen aber über diese Unzulänglichkeit hinweg und sie sind in der Regel zu alt, um Jugendliche verstehen zu können. Politische Entscheidungsprozesse sind langweilig und zäh. Den Akteuren der Politik mangelt es in der Regel an moralischer Integrität und an Kompetenz bzw. Durchsetzungsfähigkeit, wenn es um die Lösung existenziell bedeutsamer Probleme geht" (Burdewick 2001: 14).

Konzeptionelle Modifikationen

In der etwa 20-jährigen Zeit ihres Bestehens wurden alle Partizipationskonzepte wiederholt diskutiert und modifiziert. Eine Modifikation bietet z. B. die Öffnung der Parlamente hin zu halboffenen parlamentarischen Formen. Dabei wird an der Verfasstheit und der organisatorischen Absicherung durch die Kommunalverwaltungen festgehalten, diese aber mit den Chancen projektorientierter Beteiligung (kreative Methoden, ganzheitliches Lernen) kombiniert. In Fragen des Umweltschutzes, der sozialen Arbeit, der Verkehrswege oder der Freizeitgestaltung können so weitere aktive Jugendliche für spezifische und überschaubare Projekte gewonnen werden. Auch durch die Zusammenarbeit mit Schulen oder Vereinen/ Verbänden kann die Mitwirkung einer größeren Zahl von Kindern und Jugendlichen ermöglicht werden. Diskutiert wird zudem die befristete Anbindung von Projektgruppenmitgliedern in ein „Parlament der Projekte" (vgl. Hermann 1998). Ein anderer Trend weist in Richtung interner Differenzierungen der Parlamentsarbeit. Durch die Einrichtung von Kinderfraktionen sollen die Altersgruppen jeweils Raum für „ihre" Themen erhalten und in altersangemessenen Arbeitsformen und Aktivitäten umgesetzt werden. Da verschiedene Zielgruppen (Alter, Herkunft, Bildung, Geschlecht) jeweils spezifische Partizipationsformen erfordern, wird eine Vielfalt (ein Mix) an unterschiedlichen Beteiligungsformen für unterschiedliche Lebens- und Interessenlagen angeregt; gefragt wird nach der Stellung repräsentativer Formen in der kommunalen Beteiligungskultur. Als Ziel wird die Integration von Parlamenten in einen „Partizipations-Mix" miteinander vernetzter verschiedener Beteiligungsmodelle markiert (Möller 1999: 93).

5   Abschließende Einschätzung

Ein bilanzierender und abwägender Blick lässt Stärken und Schwächen dieses Partizipationstypus markieren, die für die weitere Profilierung bedeutsam sind. Kinder- und Jugendparlamente bieten *einerseits* Chancen für eine erweiterte Mitbestimmung der jungen Generation; sie sind ein Rahmen, in dem Politik auf kommunaler Ebene mitgestaltet und Demokratie als unmittelbarer Prozess erfahren wird. Die repräsentativen Formen gehen dabei über unverbindliche Beteiligungsformen hinaus und integrieren die gewählten oder delegierten Kinder und Jugendlichen in rechtlich abgesicherte und anerkannte Gremien. Die Artikulation und Mitbestimmung ist – jenseits politischer Parteien – einem egalitären Anspruch verpflichtet, die Interessenaushandlung und die Entscheidungsfindung an Kompromissen orientiert. Eine gelingende Mitarbeit in Parlamenten bietet den Kindern und Jugendlichen zahlreiche Möglichkeiten zur persönlichen Fortentwicklung, Anregungen für Wissenszuwachs und politisches und soziales Lernen, einer erweiterten Perspektivübernahme, Verständnis für andere Positionen, Akzeptanz und auch politisches Vertrauen. Damit ist diese Partizipationsform ein Beitrag in der Demokratieerziehung und Bildung von demokratischen Staatsbürgern. In einer Kombination von Bildungs- und Kommunikationsräumen ermöglichen sie den Parlamentariern Zugänge zu Informationen und persönlichen Kontakten in die Kommunalpolitik. Die Kinder und Jugendlichen erfahren durch die

Praxis die Anforderungen, Möglichkeiten, Widerstände und Chancen politischen Handelns; sie werden selbst aktiv und können sich über ihre Rechte und Möglichkeiten informieren. Mit ihren langfristig angelegten Mitgliedschaften und regelmäßigen Sitzungen erreichen Parlamente eine hohe Mitwirkungsqualität, die durch eigene Projekte und attraktive, öffentlichkeitswirksame Aktionen, eine qualifizierte pädagogische Begleitung sowie auf die Differenzierungen innerhalb der Zielgruppe abgestimmten Methoden und Formen gesichert werden kann. Gelingende Entscheidungs- und Planungsprozesse unter Beteiligung von Kinder- und Jugendparlamenten tragen dazu bei, materielle Ressourcen der Kommunen zu „schonen" und befördern eine kinder- und jugendgerechte Gestaltung der kommunalen Lebensräume; sie können als dauerhafte Einrichtung als Ansprechpartner und zur Klärung latenter und manifester kommunaler Konflikte genutzt werden. Ein struktureller Vorteil liegt in der ausgeprägten Verzahnung mit den Entscheidungsträgern durch fixierte Rechte (Anhörung, Antragstellung, Rede), durch die sie – begrenzt – Einfluss nehmen können. Hier kommt der pädagogischen Begleitung – neben der Organisation – eine moderierende und auf gegenseitiges Verstehen ausgerichtete Aufgabe zu; sie trägt damit zu einer Effektivierung der Parlamentsarbeit bei und stärkt die Motivation und die Teilnahmebereitschaft der Kinder und Jugendlichen. Bildungsauftrag ist es zudem, den Teilnehmenden die notwendigen Kenntnisse zu vermitteln, um die komplexen Abläufe und Entscheidungen zu verstehen. Klug konzipierte und von den lokalen Entscheidungsträgern unterstützte Kinder- und Jugendparlamente sind ein wichtiges Element einer kommunalen Beteiligungsstrategie, eine Plattform für neue Kooperationen und ein Praxisfeld für eine sektorübergreifende Querschnittspolitik im Interesse der jungen Generation.

Den Chancen und Stärken stehen *andererseits* einige identifizierbare Risiken und Schwächen gegenüber. Der deutschen Partizipationspädagogik liegt auch ein harmonischer Demokratiebegriff zugrunde, „der der politischen Wirklichkeit nur zum Teil entspricht" (Büttner 2005: 641). Die parlamentarischen Gremien stellen vergleichsweise exklusive und geschlossene Gruppen dar, die nur einem kleinen Teil der jungen Generation eine direkte Mitwirkung ermöglicht. Die Schicht- und Bildungsselektivität bildet ein besonders prekäres Problemfeld; des Weiteren sind Fragen der Alters- und Geschlechtsangemessenheit klärungsbedürftig. Die Parlamentsarbeit ist stark formalisiert und ritualisiert; breite Kreise der Kinder und Jugendlichen sowie organisierte Interessensgruppen oder Vereine sind nicht involviert und sollten durch ergänzende Projekte oder andere Partizipationsangebote der Kommune beteiligt werden. Eine weitere Schwäche besteht in der unzureichenden Ausstattung mit Machtbefugnissen und Entscheidungskompetenzen.

Durch den vor allem beratenden und mitplanenden Charakter des Gremiums bestehen durchaus Hierarchien und Abhängigkeiten; die daraus resultierende Gefahr liegt in der Beeinflussung bzw. Angebundenheit an die Entscheidungsträger aus Politik und Verwaltung. Kommunikationsbarrieren, Verzögerungen und Entscheidungsbefugnisse können die Stärken der engen Verzahnung zunichte machen und vorhandene Motivation und Mitbestimmungsbereitschaft in Enttäuschung und Ablehnung verkehren, weil Politik und Verwaltung „am längeren Hebel" sitzen.

Literatur

Bartscher, Matthias: Partizipation von Kindern in der Kommunalpolitik. Freiburg i. Br 1998.
Bertelsmann Stiftung (Hg.): Kinder- und Jugendpartizipation in Deutschland. Daten, Fakten, Perspektiven. Gütersloh 2005.
Bertelsmann Stiftung (Hg.): Politische Partizipation in Deutschland. Ergebnisse einer repräsentativen Umfrage. Gütersloh 2004.
Breit, Gerhard/Massing, Peter (Hg.): Bürgergesellschaft. Zivilgesellschaft. Dritter Sektor. Schwalbach/Ts 2002.
Bruner, Claudia Franziska/Winklhofer, Ursula/Zinser, Claudia: Beteiligung von Kindern und Jugendlichen in der Kommune. Ergebnisse einer bundesweiten Erhebung. München 1999.
Büttner, Christian: Angst vor Partizipation? In: Neue Praxis (2005) 6: 639-654.
Bundesministerium für Familie, Senioren, Frauen und Jugend: Elfter Kinder- und Jugendbericht. Bonn 2002.
Bundesministerium für Familie, Senioren, Frauen und Jugend: Zwölfter Kinder- und Jugendbericht der Bundesregierung. Bonn 2005.
Burdewick, Ingrid: Jugend – Politik – Anerkennung. Eine qualitative empirische Studie zur politischen Partizipation 11- bis 18-Jähriger. Opladen 2003.
Burdewick, Ingrid: Jugend – Politik – Partizipation. Ergebnisse einer quantitativen und einer qualitativen Untersuchung. In: Unsere Jugend, Zeitschrift für Studium und Praxis der Sozialpädagogik (2001) 1: 5-15.
Fachausschuss Kommunale Jugendarbeit (Hg.): Partizipation und Beteiligung von Kindern und Jugendlichen. Anstöße III. Darmstadt 1998.
Hafeneger, Benno/Jansen, Mechthild M./Niebling, Torsten (Hg.): Kinder- und Jugendpartizipation. Im Spannungsfeld von Interessen und Akteuren. Opladen 2005.
Hafeneger, Benno/Klose, Christiana/Niebling, Torsten: Das Aktionsprogramm „Partizipation im Rahmen des Hessischen Jugendbildungsförderungsgesetzes". Ergebnisse der wissenschaftlichen Begleitung. Wiesbaden 2002.

Hafeneger, Benno/Klose, Christiana/Niebling, Torsten: Das Aktionsprogramm „Partizipation und interkulturelle politische Bildung". Bericht der wissenschaftlichen Begleitung. Wiesbaden 2006.

Hermann, Michael C.: Institutionalisierte Jugendparlamente: Über die Beteiligungsmotivation kommunaler Akteure – Formen, Chancen und Risiken. In: Palentien, Christian/ Hurrelmann, Klaus (Hg.): Jugend und Politik. Ein Handbuch für Forschung, Lehre und Praxis. Neuwied/Kriftel/Berlin 1998: 315-334.

Hermann, Michael C.: Jugendgemeinderäte in Baden-Württemberg. Eine interdisziplinäre Evaluation. Pfaffenweiler 1996.

Hessisches Sozialministerium (Hg.): Kinder reden mit... ...in Hessen. Eine „Selbst"dokumentation von Kinderbeauftragten, Kinderbüros, Kinder- und Jugendparlamenten Jugendforen und Jugendbeiräten. Wiesbaden 2003.

Knauer, Raingard/Friedrich, Bianca/Herrmann, Thomas/Liebler, Bettina: Beteiligungsprojekte mit Kindern und Jugendlichen in der Kommune. Vom demokratischen Beteiligungsprojekt zum demokratischen Gemeinwesen. Wiesbaden 2004.

Knauer, Raingard/Brandt, Petra: Kinder können mitentscheiden. Beteiligung von Kindern und Jugendlichen in Kindergarten, Schule und Jugendarbeit. Neuwied/Kriftel/Berlin 1998.

Luft, Thomas: Können sich Kinder öffentlich einmischen? Erfahrungen und Reflexionen auf dem Hintergrund des Kinder- und Jugendparlamentes im Vogelsbergkreis (Hessen). In: Büttner, Christian/Meyer, Bernhard: Lernprogramm Demokratie. Möglichkeiten und Grenzen politischer Erziehung von Kindern und Jugendlichen. Weinheim/München 2000: 157-169.

Möller, Kurt: Kommunalpolitische Partizipation von Jugendlichen – Entwicklungsstand und Qualitätskriterien, in: Neue Praxis (2000) 4: 379-396.

Möller, Kurt: Die Stuttgarter Jugendräte-Studie. Möglichkeiten zur politischen Beteiligung Jugendlicher an gesamtstädtischen Belangen in einer Großstadt. Esslingen 1999.

Palentien, Christian/Hurrelmann, Klaus (Hg.): Jugend und Politik. Ein Handbuch für Forschung, Lehre und Praxis. Neuwied/Kriftel/Berlin 1998.

Stange, Waldemar/Wiebusch, Rainer: Pro- und Contra-Diskussion von Kinder- und Jugendgremien. In Palentien, Christian/Hurrelmann, Klaus (Hg.), Jugend und Politik. Ein Handbuch für Forschung, Lehre und Praxis. Neuwied/Kriftel/Berlin 1998: 364-396

Sturzenhecker, Benedikt: Partizipation als Recht von Kindern und Jugendlichen. In: Deutsche Jugend (2005) 6: 255-262.

Sturzenhecker, Benedikt: Qualitätsanfragen an Jugendpartizipation. In: Deutsche Jugend (1998) 5: 210-218.

Tiemann, Dieter: Alltagsdemokratie statt Partizipationsspielwiesen: Beteiligung und Verantwortung als Regelfall. In: Palentien, Christian/Hurrelmann, Klaus (Hg.): Jugend und Politik. Ein Handbuch für Forschung, Lehre und Praxis. Neuwied/Kriftel/Berlin 1998: 335-363.

Zimmer, Annette: Bürgerengagement, Zivilgesellschaft und Dritter Sektor vor Ort. Standortbestimmung und Entwicklungsperspektiven. In: Breit, Gerhard/Massing, Peter (Hg.): Bürgergesellschaft. Zivilgesellschaft. Dritter Sektor. Schwalbach/Ts 2002: 39-59

Zimmer, Annette/Nährlich, Stefan (Hg.): Engagierte Bürgerschaft. Traditionen und Perspektiven. Opladen 2000.

Weiterführende Informationen im Internet

www.servicestelle-jugendbeteiligung.de
www.jupp-21.de
www.hessen.junetz.de

Volker Mittendorf und Theo Schiller

Initiative und Referendum

1 Verfahrensmerkmale

Direkte Demokratie als unmittelbare Entscheidung über Sachfragen – international als „Initiative und Referendum" bekannt – hat in Deutschland seit 1990 einen starken Bedeutungszuwachs erlangt.[1] Die Verfahren erfuhren seitdem auf kommunaler Ebene als Bürgerbegehren und Bürgerentscheid, auf Landesebene als Volksbegehren und Volksentscheid eine wesentlich stärkere Verbreitung und haben inzwischen eine relevante Anwendungspraxis erlebt. Mit diesen Verfahren kann eine bestimmte Anzahl von Bürgern einen Gesetzes- oder Entscheidungsvorschlag präsentieren und eine Volksabstimmung herbeiführen, falls nicht das jeweilige Parlament den Vorschlag übernimmt oder dem Anliegen sonst wie abhilft. Damit werden die Institutionen und Verfahren der repräsentativen Demokratie durch ein Verfahren der direkten Sachentscheidung ergänzt, um Funktionsdefizite auszugleichen und zusätzliche politische Teilnahmemöglichkeiten zu eröffnen. Wesentliche Merkmale sind die Themenzentrierung des Verfahrens und der Rollenwechsel der Bürger, die selbst zu Entscheidungsträgern werden, statt Mandate zu erteilen.

Volksbegehren und Volksentscheid auf Landesebene waren bereits seit der Nachkriegszeit in den meisten Landesverfassungen vorgesehen. Nach 1990 führten alle neuen Bundesländer die Verfahren ebenfalls ein, einige alte Länder kamen hinzu (Hamburg) oder erleichterten ihre Verfahrensregeln. Kommunale Bürgerbegehren/Bürgerentscheide kannte bis 1990 nur Baden-Württemberg; seitdem haben alle Bundesländer diese Verfahren ebenfalls eingeführt (zuletzt Berlin auf Bezirksebene 2005).

Eine Verfahrensvariante sieht vor, dass ein Initiativvorschlag nur auf die Tagesordnung des jeweiligen Parlaments (mit Behandlungspflicht) gesetzt wer-

---

[1] Der Text bezieht sich vor allem auf direktdemokratischer Verfahren auf der Kommunalebene. Wo es sinnvoll erscheint werden die entsprechenden Regelungen auf Landesebene (Volksbegehren und -entscheid) ebenfalls diskutiert.

Initiative und Referendum

den kann, ohne dass ein Volksentscheid folgt (international: Agenda-Initiative). Auf Kommunalebene kennen mehrere Bundesländer einen solchen „Einwohnerantrag" oder „Bürgerantrag" (z. B. Rheinland-Pfalz, Thüringen). Auch zwei Drittel der Bundesländer haben eine solche „Volksinitiative" zum Teil als Vorstufe zum Standardverfahren des Volksbegehrens (z. B. Schleswig-Holstein, Brandenburg).

In einer zweiten Verfahrensvariante wird der Bürger- oder Volksentscheid (Referendum) nicht durch einen Antrag von Bürgern herbeigeführt, sondern durch Parlamentsbeschluss. In Deutschland kommt dieses Verfahren allerdings nur auf Kommunalebene in sieben Bundesländern vor („Ratsreferendum").

- Für die Ausgestaltung des Standardverfahrens für Bürgerbegehren und Volksbegehren sind eine Reihe zentraler Elemente zu beachten:
- Die Zulässigkeit von Anträgen ist eingeschränkt. Haushalts- und Abgabenangelegenheiten sind in der Regel ausgeschlossen (Ausnahme: Kommunalebene Bayern). Beim kommunalen Bürgerentscheid sind wichtige Themenbereiche wie Bauleitplanungen oder Satzungsrecht nur in einigen Bundesländern (Bayern, Hessen, Sachsen) zulässig.
- Die Quoren für die erforderlichen Unterstützungsunterschriften (Einleitungsquorum) sind unterschiedlich hoch, der Regelfall mit 10 Prozent der Wahlberechtigten liegt im internationalen Vergleich sehr hoch (vgl. Tab. 1).
- Für die Gültigkeit von Bürger-/Volksentscheiden wird in der Regel zusätzlich zur Mehrheit ein Zustimmungsquorum verlangt, also ein Prozentsatz positiver Voten aller Stimmberechtigten; die in Deutschland in der Regel geforderten 25 Prozent gelten ebenfalls als sehr hoch (vgl. Tab. 1).
- Fristen für die Sammlung der Unterschriften sind zum Teil sehr knapp bemessen (z. T. nur zwei Wochen, auf Landesebene allerdings meist drei oder mehr Monate). Auch die Frist für die Vorlage des Bürgerbegehrens gegen einen Beschluss der Gemeindevertretung (meist 6 Wochen) kann sehr eng sein.

Diese Verfahrensregelungen können sich erheblich auf den politischen Prozess auswirken und damit auch den Rahmen abstecken, in dem das Verfahren überhaupt sinnvoll genutzt werden kann.

Bürger-/Volksbegehren und -entscheid (Initiative und Referendum) können grundsätzlich als Verfahren gelten, das die politischen Beteiligungsmöglichkeiten wesentlich über die Beteiligung an repräsentativen Wahlen hinaus erweitert. Das Potenzial wird unterschiedlich beurteilt. Es wird von verschiedenen Faktoren beeinflusst, wozu neben den Verfahrensregeln sicher auch der Kontext des übrigen Institutionensystems, die Struktur des Parteienwettbewerbs und die Muster der politischen Kultur gehören.

Tabelle 1: Verfahrensregeln bei Volksbegehren/Volksentscheid und Bürgerbegehren/Bürgerentscheid (Stand 2006) – geordnet nach Höhe der Quoren

Land	Volksbegehren	Volksentscheid	Bürgerbegehren	Bürgerentscheid
	Quorum in %	Quorum in %	Quorum in %	Quorum in %
Brandenburg	ca. 4	25	10*	25
Hamburg	5	20	3-2**	kein Quorum
Schleswig-Holstein	5	25	10	20
NRW	8	15	10-3**	20
Bayern	10	kein Quorum	10-3**	20-10**
Bremen	10	25	10	25 / 30 (BremHav)
Niedersachsen	10	25	10	25
Thüringen	10	25	17-13**	25-20**
Rheinland-Pfalz	ca. 10	25 (Beteilig.)	15-8,8**	30
Mecklenburg-Vorpommern	ca. 10	33	10-4,2**	25
Berlin	10	33	3	15 (Beteilig.)
Sachsen-Anhalt	11	25	15-5**	30
Sachsen	ca. 12,5	kein Quorum	15 (5)***	25
Baden-Württemberg	16,6	33	10-5**	25
Hessen	20	kein Quorum	10	25
Saarland	20	50	15-12,4**	25

Quellen: Forschungsstelle für Bürgerbeteiligung und direkte Demokratie der Universität Marburg in Kooperation mit Mehr Demokratie e.V.; Weixner 2002; Kost 2005 (Länderbeiträge).
* Fettgedruckt: deutliche Abweichung von der Landesebene.
** In größeren Gemeinden sinkt die geforderte Prozentzahl.
*** Hauptsatzung kann Quorum bis auf fünf Prozent senken.

Initiative und Referendum 145

2 Praxis in Deutschland

Volksbegehren und Volksentscheid (Landesebene) wurden in Deutschland nicht besonders häufig genutzt. Allerdings zeigen sich beträchtliche Unterschiede zwischen den Bundesländern, die zum Teil auf die Verfahrensanforderungen zurückgeführt werden können. Die größte Themenhäufigkeit bei den Volksbegehren liegt im Bereich Bildung und Kultur, gefolgt von Fragen der Staatsorganisation und der Demokratie (s. Tabelle 2).

Tabelle 2: Themenstruktur (1946-2005)

Themenbereiche	Volksinit., Volksbeg.-antrag	Volksbegehren	Volksentscheid		
				(Alle)	(Erfolg)
Demokratie, Innenpolitik, Staatsorganisation	(24 %)	12	Bayern	3	2
				Kommunaler Bürgerentscheid, Abschaffung Senat	
			Hamburg	3	2
				Wahlrecht, Bürgerentscheid in Bezirken	
Bildung, Kultur	(32 %)	20	Bayern	1	
			Schleswig-Holstein	1	1
				Rechtschreibreform	
			Sachsen-Anhalt	1	
Wirtschaft, Soziales	(10 %)	7	Schleswig-Holstein	1	
			Sachsen	1	1
				Kommunale Sparkassen	
			Hamburg	1	1
				Klinik-Privatisierung	
Umwelt, Verbraucherschutz und Gesundheit	(11 %)	6	Bayern	1	
Sonstiges	(9 %)	7			
GESAMT	172 (204)*	52		13	7

*172 VI/VB-Anträge + 32 Volkspetitionen.
Quellen: Mehr Demokratie 2006.

Die meisten Volksentscheide, auch solche mit Erfolg im Sinne des Begehrens, finden sich im Themenfeld von Staatsorganisation und Demokratie.

Kommunale Bürgerbegehren und Bürgerentscheide kommen in absoluten Zahlen viel häufiger vor, was sich je nach Gemeindezahl pro Bundesland jedoch relativiert. Auch hier zeigen sich beträchtliche Unterschiede zwischen den Ländern, wiederum mit Bayern, Hamburg und hier mit Nordrhein-Westfalen an der Spitze.

Während in den Ländern der alten Bundesrepublik Verkehrsthemen und Infrastrukturprojekte dominieren, liegt der Schwerpunkt in den neuen Ländern vor allem bei Fragen der Gebietsreform, also Gemeindefusionen oder Gebietswechseln. In der Darstellung nach Einleitungsjahren zeigt sich bei infrastrukturellen Versorgungseinrichtungen eine sinkende Tendenz, während die Zahl von Begehren zu sozialen Infrastrukturfragen tendenziell zunimmt und die Tendenz bei Verkehrsfragen uneinheitlich bleibt. Dabei ist zu beachten, dass auch die Einleitungshäufigkeit deutlichen Konjunkturen unterworfen zu sein scheint. Während es nach einer ersten Hochphase im Jahr 1996 zu einem Rückgang kommt, scheint die Zahl der eingeleiteten Bürgerbegehren ab dem Jahr 2000 wieder anzusteigen, ohne dass dies allein durch graduelle Senkungen von Einleitungshürden erklärbar wäre.

Initiative und Referendum

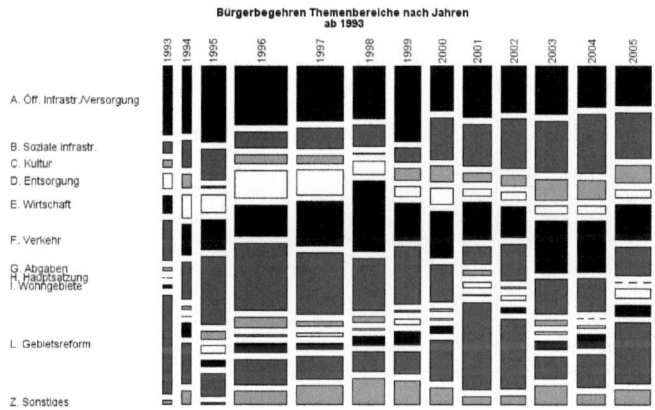

Will man Wirkungen der direktdemokratischen Verfahren intensiver beobachten, sind die vielen Gemeinden mit nur einem Bürgerentscheid relativ wenig aussagekräftig. Interesse verdienen dann diejenigen Orte mit einer größeren Zahl von Bürgerbegehren und -entscheiden, bei denen die Verfahren bereits als politisch institutionalisiert gelten können.

Die erfassten 3647 Bürgerbegehren (bis Ende 2005 eingeleitet) fanden in 2329 Orten statt. In 90 Orten fanden bereits mehr als 4 Begehren statt, wie etwa München (22), Passau (16), Dresden, Wuppertal und Düsseldorf (je 9).

Tabelle 3: Kommunale Bürgerbegehren/Bürgerentscheide (Häufigkeit) (bis 2005)

Land	Zahl der Gemeinden	Verfahren seit	Ratsreferendum	Bürgerbegehren	Bürgerentscheid (aus Bürgerbegehren)	Bürgerentscheid - Erfolg i. S. des Antrags aus Bürgerbegehren	Ratsreferendum
Bayern*	2056	1995	178 (+39)**	1058 (+159)**	538*	305*	103*
Baden-Württemberg***	1111	(1956) 1976	(1976-2005) 63	(1976-2005) 212	(1976-2005) 116	56	25
Nordrhein-Westfalen	396	1994	nicht mögl.	409	113	44	n. mögl.
Hessen	426	1993	nicht mögl.	240	90	45	n. mögl.
Schleswig-Holstein	1132	1990	21	177	96	55	6
Sachsen	779	1993	50	153	52	50	33
Niedersachsen	1032	1996	nicht mögl.	136	45	20	n. mögl.
Rheinland-Pfalz	2305	1994	nicht mögl.	115	47	20	n. mögl.
Sachsen-Anhalt	1295	1993	66	87	63	29	41
Meckl.-Vorpommern	1069	1994	26	58	4	3	13
Brandenburg	1489	1993	99	69	31	19	81
Thüringen	1053	1993	nicht mögl.	57	18	15	n. mögl.
Hamburg (Bezirke)	7	1998	nicht mögl.	46	9	6	n. mögl.
Saarland	52	1997	nicht mögl.	10	0	0	n. mögl.
Berlin (Bezirke)	12	2005	nicht mögl.	5	2	1	n. mögl.
Bremen	2	1994/96	nicht mögl.	2	1	0	n. mögl.
SUMME			542****	2993****	1225	668	302

Quellen: Forschungsstelle für Bürgerbeteiligung und direkte Demokratie der Universität Marburg in Kooperation mit Mehr Demokratie e.V.: Konsolidierter Datensatz * Für Bayern gewisse Abweichungen zu Mehr Demokratie (2005). ** 198 Fälle mit unbekanntem Verfahrenstyp wurden analog im Verhältnis 1:4 aufgeteilt *** Für Baden-Württemberg für den Zeitraum von 1956-1975 zusätzlich 93 Ratsreferenden, 52 Bürgerbegehren und 25 Bürgerentscheide aus Bürgerbegehren, wobei das Thema Gebietsreform und die Form des Ratsreferendums häufig verknüpft waren (Wehling 2005). **** Mit weiteren 112 Fällen mit unbekanntem Verfahrenstyp ergibt sich die Gesamtzahl von 3647 Fällen.

Initiative und Referendum

3 Fallbeispiele

a) Bayern: Müllkonzept (1990/91)

Der Gesetzentwurf „Das bessere Müllkonzept" stammt von der im Jahr 1988 als bayerischer Zusammenschluss lokaler Müllinitiativen gegründeten Vereinigung unter dem Namen „Das bessere Müllkonzept e.V". Ziel des Entwurfs sollte eine ökologische Abfallwirtschaft (Müllvermeidung, schadstoffarme Entsorgung) sein. Bereits in der Vorphase des Volksbegehrens legten CSU und SPD einen gemeinsamen Gesetzentwurf im Landtag vor. Nachdem die Initiative, die von ÖDP, Grünen und Teilen der SPD unterstützt wurde, am Volksbegehren festhielt und binnen 14 Tagen das Unterschriften-Quorum von 10 Prozent erreichte, stellte die CSU im Volksentscheid einen Gegenvorschlag mit zur Abstimmung, welcher dem Entwurf der Initiatoren weitere Konzessionen machte. Der Gegenvorschlag erhielt im Volksentscheid mit 51% der Abstimmenden (gegenüber 43,5 Prozent für den Initiativvorschlag) eine knappe Mehrheit.

b) Freiburg: Wohnungsverkauf (2006)

Beispielhaft für die zunehmende Anzahl von Bürgerbegehren zu sozialen Infrastrukturfragen kann das Korrekturbegehren über den Verkauf der Freiburger Wohnungsbaugesellschaft Erwähnung finden. Der Verkauf von 8.900 stadteigenen Wohnungen durch die grün-schwarze Mehrheit an eine ausländische Investorengruppe führte zur Gründung einer Initiative „Wohnen ist Menschenrecht", die sich vor allem dagegen wandte, dass die zuvor auch unter sozialen Kriterien vermieteten Wohnungen dem „freien Wohnungsmarkt zur Verfügung stehen sollten". Die Kampagne wurde von der Vorsitzenden des lokalen Mieterbundes angeführt und von der linken Gemeinderatsfraktion (LISST) und SPD unterstützt unter einem „Heuschrecken"-Logo (unter Bezugnahme auf das Zitat von Franz Müntefering) geführt. Das Einleitungsquorum von 10 Prozent der Stimmberechtigten wurde mit 29.000 Unterschriften (über 19% der Stimmberechtigten) deutlich übertroffen. Obwohl sich lediglich 39,9 Prozent aller Stimmberechtigten an der Abstimmung beteiligten, konnte das Zustimmungsquorum (25 Prozent) erreicht werden, da sich 70,5 Prozent der Abstimmenden im Sinne der Vorlage äußerten.

4 Evaluation

Vorab muss klar sein, dass qualitative Beurteilungen der direktdemokratischen Verfahren nur sinnvoll sein können, soweit sie überhaupt praktisch genutzt werden. Verfahrensregelungen mit prohibitiver Wirkung blockieren die Potenziale (vgl. 20-Prozent-Quorum für Volksbegehren in Hessen), allenfalls lassen sich dann noch Wirkungen vergeblicher Initiativversuche bewerten. Auch ist festzuhalten, dass Evaluation Wirkungen und Wirkungsanalysen voraussetzt und nur dann Bewertungen mit normativen Kriterien möglich werden.

Initiative und Referendum eignen sich als Verfahrenstypus grundsätzlich für verschiedene Funktionen: zur Erweiterung von Partizipation, zur Innovation und zur Machtkontrolle, aber auch zur Blockierung repräsentativ getroffener Entscheidungen. Die Prozessverläufe können freilich verschiedenartig ausfallen; ihr funktionales Potenzial erfordert daher genauere Analysen. Dabei ist generell der institutionelle Gesamtkontext zu beachten. Mit der Ergänzung der repräsentativen Demokratie durch direktdemokratische Verfahren verbindet sich in der Regel ein Spannungsverhältnis: dass im Volksentscheid die Entscheidungsbefugnis auf die Stimmbürger übergeht, bedeutet einen Machtverlust für die Inhaber repräsentativer Mandate. Sie können auf diese institutionelle Machtkonkurrenz vielfältig und je nach eigener Machtposition reagieren, z.B. durch Ausnutzung restriktiver Spielräume, durch Instrumentalisierung, durch Koalitionsbildung, durch Kompromissangebote, durch schadensbegrenzende Akzeptanz usw. Die unwahrscheinlichste Reaktion wäre neutrale Hinnahme.

Zur Grundkonstellation des Verfahrens gehört es, dass die Politik der repräsentativen Mehrheit für eine relevante Gruppe der Gesellschaft zu bestimmten Themen nicht akzeptabel ist und die jeweilige Opposition/Minderheit für eine Korrektur nicht den Willen oder jedenfalls nicht die parlamentarischen Durchsetzungsmittel hat. Bürgerbegehren oder Volksbegehren bieten sowohl ein neues Instrument als auch die Möglichkeit, andere politische Zielsetzungen und Willensbekundungen zu propagieren. Das bedeutet jeweils eine Öffnung des politischen Prozesses mit dem Potenzial, demokratische Qualitäten wie Offenheit, Machtkontrolle, Transparenz und Effektivität zu verbessern.

a) Offenheit und Machtkontrolle

Zwar sind in das System repräsentativer Demokratie Mechanismen der Offenheit eingebaut, besonders durch befristete Mandate und regelmäßige Wahlen sowie Gewaltenteilung, doch bleiben Tendenzen zur Schließung virulent (z. B. durch

Initiative und Referendum 151

Verfestigung des Parteiensystems, spezifische Reproduktionsmechanismen, Themenselektion durch Parteienkonkurrenz). Direktdemokratie kann demgegenüber mehr Offenheit herbeiführen. Die augenfälligste Form der Machtkontrolle findet in dem durch die Bürger initiierten Referendum gegen eine Parlamentsentscheidung statt, in klassischer Form in der Schweiz als „fakultatives Referendum" gegen ein noch nicht in Kraft getretenes Gesetz. Gegen die Parlamentsmehrheit wird damit eine potentiell abweichende Mehrheit der Stimmbürger angerufen. Auch wenn in Deutschland diese Form verfahrensmäßig nicht spezifisch abgegrenzt ist, entspricht ihr auf kommunaler Ebene der Vorgang, dass gegen einen Beschluss der Gemeindevertretung (in bestimmter Frist) ein Bürgerbegehren beantragt wird. Solche „Korrekturbegehren", die ca. drei Viertel der Bürgerbegehren ausmachen, korrigieren im Erfolgsfall konkrete Machtausübung der repräsentativen Organe; dies gilt auch für das Fallbeispiel Freiburg 2006. Auf Landesebene ist ein analoger Prozess möglich, zwar ohne eine an die Verabschiedung des Gesetzes gebundene Frist, doch es kann jederzeit ein Volksbegehren auch gegen ein beabsichtigtes oder gegen ein gültiges Gesetz in Gang gebracht werden. Soweit die Repräsentationsorgane diese Möglichkeit antizipieren, können sie versuchen, ihre Beschlüsse „referendumsfest" zu machen und damit responsiv zu handeln.

Die Varianz des Themenspektrums kommunaler Bürgerbegehren, sichtbare Tendenzen zur Verschiebungen innerhalb des Themenspektrums und Schwankungen in der Zahl eingeleiteter Verfahren deuten darauf hin, dass die Artikulationsfunktion direktdemokratischer Verfahren prinzipiell erfüllt wird.

Offenheit wird vor allem gefördert durch die Erweiterung des Themenspektrums, die Aktivitäten zusätzlicher politischer Akteure und eine Ausweitung der öffentlichen Debatte (Kommunikation). Bei „Korrekturbegehren" auf Kommunal- und Landesebene liegt das Thema bereits fest, wird allerdings intensiver und wohl mit veränderten Argumentationen kontrovers diskutiert. „Initiativbegehren" bringen demgegenüber neue Themen auf die politische Tagesordnung und nehmen damit eine Innovationsfunktion wahr. Auf Kommunalebene gilt dies für ca. ein Viertel der Begehren, auf Landesebene eher mehr als ein Drittel, etwa das Fallbeispiel Bayern 1990/91 zum „Müllkonzept" sowie die demokratiepolitischen Volksbegehren in Bayern und Hamburg. Bei Agenda-Initiativen (Bürgeranträge, „Volksinitiativen"), die einen Gegenstand zur verbindlichen Beratung in den jeweiligen Parlamenten vorschlagen können, tritt innovative Themenwahl in der Regel noch deutlicher hervor.

Für die Akteursstruktur ist festzustellen, dass zwar auf Kommunal- wie auf Landesebene Oppositionsparteien durchaus auch als Akteure bei Initiativen auftreten. Allerdings zeigt sich empirisch, dass in der Mehrheit der Fälle nicht einfach Oppositionsparteien eine verlorene Auseinandersetzung mit anderen Mitteln weiterführen.[2] Vielmehr treten mehrheitlich neue Akteure auf (Bürgerinitiativen, neue Bündnisse), die auch dann ihr Gewicht behalten, wenn sie mit Oppositionsparteien Unterstützungskoalitionen eingehen. Dies ist auch daran ablesbar, dass sich auf Kommunalebene verschiedentlich über das Bürgerentscheidsverfahren hinaus neue Gruppen stabilisieren, die in dem Themengebiet weiter aktiv bleiben oder auch als „überparteiliche Liste" zum Kommunalparlament kandidieren.

Drittens lässt sich in der Regel eine Erweiterung der Öffentlichkeit beobachten, meist als vorübergehende Öffnung. Sie können sich in der erweiterten Akteursstruktur verfestigen, aber selten in neuen Publikationsorganen. Während der öffentlichen Debatte über das Begehrensthema und die Volksabstimmung kommt es jedoch überwiegend zu größerer Diskussionsintensität, zusätzlicher Veranstaltungsöffentlichkeit, einem erweiterten Debattenangebot der jeweiligen Medien, einer gewissen Ausweitung der diskutierenden Personenkreise.

b) Transparenz und Rationalität

Jedes direktdemokratische Verfahren führt zu einem Schub an politischer Aufmerksamkeit aus mehreren Gründen: Die Routine der Entscheidungsprozesse wird durchbrochen, die Stimmbürger sind als Unterstützer der Initiative und als Entscheidungsträger gefragt und müssen von den konkurrierenden Akteuren kommunikativ erreicht werden, somit steigt auch die Medienaktivität. Das jeweilige Thema wird bekannter und zugleich relevanter, aber auch der damit verbundene kontroverse Inhalt gewinnt für einen größeren Personenkreis Transparenz. In der Regel werden insbesondere Vor- und Nachteile einer Maßnahme, vordergründig erkennbare Interessenlagen sowie die Kosten durchsichtig. Die Zurückhaltung von Informationen, die bei parlamentarischen Entscheidungen immer wieder relevant wird, kann gegenüber den Stimmbürgern als Entscheidungsträgern nur schwer durchgehalten werden, zumal die Rechercheinteressen der Medien zusätzliche Legitimation gewinnen. Es kann nicht ausgeschlossen werden, dass Potenziale des Verfahrens insbesondere in größeren Gemeinden dann nicht ausgeschöpft werden, wenn die Antragsgegner ein unechtes Scheitern

---

[2] Selbst in den Fällen, wo einzelne Oppositionsparteien direktdemokratische Wege zur Durchsetzung ihrer Interessen nutzen, lässt sich in aller Regel eine Aktivierung der Parteibasis und eine Verstärkung des Feedbacks von „unten" nach „oben" beobachten.

erwarten, wenn also erwartet wird, dass ein Bürgerentscheid am Zustimmungsquorum scheitert. Transparenz bildet generell eine wesentliche Voraussetzung für die Rationalität des Verfahrens, kann diese jedoch nicht allein garantieren. Es geht um die Qualität der öffentlichen Abstimmungsdebatte und den Entscheidungsvorgang insgesamt einschließlich des Ergebnisses. Rationalität muss dabei einen vernünftigen Umgang mit den moralischen, interessenbezogenen und kognitiven Aspekten einer Entscheidung umfassen. Zu diesen Rationalitätsdimensionen gehört ein hohes Informationsniveau, ein (kluger) Umgang mit Entscheidungskomplexität, die faire Berücksichtigung verschiedener Interessen und die angemessene Reflexion von Wertfragen.

Diese Qualitäten stellen sich in der direktdemokratischen Arena weder automatisch ein noch sind sie strukturell unmöglich. Je nach sonstigen Prozessfaktoren werden sie besser oder schlechter ausfallen. Wieweit z. B. das größere Informationspotential von vielen Bürgern aufgenommen wird, hängt wohl von Betroffenheit, übergreifender Relevanz und sonstigen Motivationsfaktoren ab, aber auch von der Aufbereitung und Vermittlung der Informationen. Für das Verhältnis der verschiedenen Rationalitätsdimensionen von moralischen Wertfragen, Interessen und rein faktischen Aspekten und Zusammenhängen kommt es sicherlich auf eine Balance an. Die empirisch-kognitive Dimension mag dabei am schwierigsten zugänglich sein.

Generell ist zu erwarten, dass es im Rahmen des Entscheidungsereignisses zu einer Zuspitzung bzw. Polarisierung bezüglich der Ja- oder Nein-Option (in Bayern zusätzlich: Gegenvorschlag des Gemeinderates) kommt. Dabei stehen in der Regel Wertpräferenzen, Interessen und Sachcharakteristika (im Gegensatz zu moralischen und Kompetenzcharakteristika) im Vordergrund. Diese stellen gegebenenfalls Argumente und verhandelbare Positionen bereit, die nicht selten Anknüpfungspunkte für weitere deliberative Verfahren im Anschluss an Referenden bieten. Wahrscheinlich erscheint überdies, dass durch hohe Einleitungsquoren nur besonders stark emotionalisierbare Konflikte zur Entscheidung gelangen und dass kurze Fristen vor allem einen Anreiz für eine Emotionalisierung der Konflikte bilden.

c) Effizienz[3] und Effektivität

Die Beurteilung von Effizienz und Effektivität macht vorab die Klärung von Nutzen- und Wirksamkeitskriterien erforderlich. Zunächst ist der Entscheidungscharakter der Verfahren hervorzuheben, die nicht nur unverbindliche Beteiligung, sondern eine verbindliche Entscheidung vorsehen. Zweitens liegt aus der Sicht der Initiatoren ein Entscheidungserfolg im Volks- oder Bürgerentscheid nahe; auch ein indirekter Erfolg durch Übernahme des Vorschlags durch repräsentative Entscheidungsträger kommt in Frage. Ein drittes Kriterium bietet der sachliche Nutzen des erfolgreichen Entscheidungsvorschlags; dieser ist freilich in der Regel kontrovers und daher schwer zu objektivieren. Als viertes Kriterium ist an die Stärkung des Implementationspotentials oder die Zunahme von Akzeptanz und Legitimität zu denken, da sich ein Volks- oder Bürgerentscheid, unabhängig vom Ausgang, auf eine besondere Legitimitätsgrundlage stützen kann. Fünftens kann man dem direktdemokratischen Verfahren einen spezifischen Verfahrensnutzen zusprechen, der in der Öffentlichkeitsfunktion des Verfahrens, der gesteigerten thematischen Aufmerksamkeit und Relevanz und dem erhöhten Diskussionspotential liegt.

Als Aufwand sind auf Seiten der Initiatoren erhebliche Organisations- und Werbungskosten zu nennen. Hinzu kommen der Vermittlungsbedarf im Medienbereich und die von Ländern und Gemeinden zu deckenden Kosten für die Durchführung der Volksabstimmung. Für die Stimmbürger ist der Aufwand für Informationsbeschaffung und die Stimmabgabe relativ gering. Die Gesamtkosten lassen sich zwar nur grob abschätzen und werden je nach Fall stark schwanken; sie sind sicher nicht unbeträchtlich, dürften aber immer noch deutlich unter den Kosten eines normalen Wahlkampfes liegen.

Beurteilt man auf diesem Hintergrund die Effizienz aus der Sicht der Initiatoren, so hat auf Landesebene nur ein Siebtel der Volksbegehren zum direkten Entscheidungserfolg geführt (allerdings ging die Hälfte der Volksentscheide im Sinne der Antragsteller aus). Jedoch müssen erhebliche, wenngleich schwer quantifizierbare, inhaltliche Anstoßeffekte durch indirekte Wirkungen (Responsiveffekte) hinzugerechnet werden. Dazu gehören auch ganz oder teilweise von den Parlamenten übernommene Initiativvorschläge, besonders in Ländern, die eine

---

[3] Unter Effizienz wird hier das Verhältnis von eingesetzten (Verfahrens-)Ressourcen und Effektivität verstanden. Die ebenfalls naheliegende Deutung von wirtschaftlicher Effizienz des Outcome wird von Kirchgässner, Feld und Savioz (1999) behandelt. Es muss jedoch berücksichtigt werden, dass die beschriebenen Effizienzgewinne direktdemokratischer Verfahren sich auf Finanzreferenden der Schweiz beziehen. Da Finanzmaterien in Deutschland meist ausgeschlossen sind, dürften sich diese Effekte relativieren.

Initiative und Referendum 155

Volksinitiative als erste Verfahrensstufe vor dem Volksbegehren (im Sinne einer Agenda-Initiative) kennen. Auf der kommunalen Ebene führt ein etwas höherer Anteil von Bürgerbegehren zum direkten Abstimmungserfolg im Bürgerentscheid, und zusammen mit indirekten Effekten kommt hier eine Gesamt-Erfolgsquote von knapp 40 Prozent zustande.

Die Bilanz verschlechtert sich allerdings dann, wenn gültige Volksentscheide durch die Parlamente umgehend wieder aufgehoben oder modifiziert werden, wie etwa die Aufhebung der Volksentscheide zur Rechtschreibreform in Schleswig-Holstein, zur Klinikprivatisierung bzw. zur Wahlrechtsreform in Hamburg. Eine Anzahl ähnlicher Fälle kann auch für kommunale Bürgerentscheide beobachtet werden.

Die anderen Aspekte von Nutzen und Wirksamkeit der direktdemokratischen Beteiligungsverfahren sind nicht nur aus der einseitigen Akteursperspektive der Initiatoren zu beurteilen. Die Breitenwirkung der Beteiligungsmotivation und Stimmbeteiligung zeigt sich bei der Mehrheit der Fälle, ebenso die Aktivierung des Diskussionspotentials, unabhängig von den verschiedenen Themenkreisen. Die Akzeptanzwirkung der gültigen Entscheide kann in aller Regel auf Grund der Legitimationsform als hoch gelten. Darauf kann sich dann auch der Verstärkungsdruck auf den Implementationsprozess stützen, wobei in Einzelfällen auf kommunaler Ebene nicht ausgeschlossen ist, dass die Umsetzung administrativ behindert wird. Sehr selten treten jedoch einzelne Bürger noch mit Gerichtsverfahren gegen Ergebnisse von Bürgerentscheiden auf. Generell können daher die direktdemokratischen Verfahren als durchaus effektiv beurteilt werden.

5 Fazit

Die seit den 1990er Jahren vermehrt eingeführten und angewendeten direktdemokratischen Verfahren bieten eine effektive Möglichkeit, die politische Beteiligung über die Wahlbeteiligung hinaus auszudehnen. Initiativrechte bieten Potenziale der Agenda-Gestaltung, in der Rolle als Entscheidungsträger können Bürger zur Machtkontrolle und zu einer erhöhten Verbindlichkeit beitragen. Die vergleichsweise hohen Kosten für die Durchführung von Verfahren auf Seiten der Bürger wie auf Seiten der Gemeinden lassen es auch bei niedrigen Einstiegshürden unwahrscheinlich erscheinen, dass die Anzahl der Verfahren der Anzahl parlamentarischer Entscheidungen nahe kommt. Andererseits steht den Verfahren die Aktivierung von öffentlicher Aufmerksamkeit, Stärkung des Diskussionspotenzials eine Stärkung von Legitimität und Akzeptanz gegenüber, so dass es wenig effizient erscheint, wenn gültige direktdemokratische Entscheidungen umgehend parlamentarisch revidiert werden, wenn Potenziale zur Steigerung der Rationalität der öffentlichen Abstimmungsdebatte in der Entscheidung nicht ausgeschöpft wurden. Im Gegenteil böte es sich an, die Rationalitätspotenziale informeller kooperativer Beteiligungsverfahren durch direktdemokratische Entscheidungsfindung zu erhöhen.

Zu denken wäre etwa daran, die Innovationseffekte von Agenda-Initiativen in Form von kooperativen Verfahren in konkrete Planungen zu übersetzen. Das Potenzial der Aktivierung der öffentlichen Aufmerksamkeit und der Diskussionsressourcen ist bei Bürgerentscheiden hingegen viel größer als bei den meisten kooperativen Planungsverfahren. Es böte sich auf diesem Hintergrund an, Planungsergebnissen im Rahmen von direktdemokratischer Entscheidungen eine erhöhte Verbindlichkeit zu verschaffen und durch die Verzahnung von Verfahren der repräsentativen, direkten und kooperativen Demokratie die Partizipationsqualität zu erhöhen.

Literatur

Kirchgässner, Gebhard/Feld, Lars P./Savioz, Marcel R.: Die direkte Demokratie: Modern, erfolgreich, entwicklungs- und exportfähig. Basel/Genf/München: Helbing und Lichtenhahn. 1999

Kost, Andreas (Hg.): Direkte Demokratie in den deutschen Ländern, Wiesbaden: VS Verlag für Sozialwissenschaften. 2005

Mittendorf, Volker: Kommunikation in Wahlen und Abstimmungen. Qualifizierungspotenziale direkter Demokratie. Frankfurt a. M./New York : Campus. 2007

Schiller, Theo: Direkte Demokratie. Eine Einführung. Frankfurt a. M./New York : Campus. 2002

Schiller, Theo: Direkte Demokratie auf Bundesländer- und Kommunalebene, in: Freitag, M./Wagschal, U. (Hg.): Direkte Demokratie. Bestandsaufnahme und Wirkungen im internationalen Vergleich. Hamburg/Münster: LIT. 2007

Schiller, Theo/Mittendorf, Volker: Direkte Demokratie. Forschung und Perspektiven. Wiesbaden: Westdeutscher Verlag. 2003

Weiterführende Informationen im Internet

Foschungsstelle Direkte Demokratie: www.Foschungsstelle-direkte demokratie.de
Institute for Referendums and Initiatives: www.IRI-EUROPE.org
Mehr Demokratie e.V.: www.mehr Demokratie.de

Dialogische Konsensfindung.
Von strukturellen Konflikten zum Konsens

Harrison Owen

Open Space Konferenz: Eine transformative Praxis

1 Einleitung

Die Bezeichnung „Transformation" oder „Transformative Praxis erfordert eine Definition, weil sie im allgemeinen Change Management und in Modernisierungsdiskursen in verschiedenen Kontexten benutzt wird. In den frühen 1980er-Jahren, als die Bezeichnung „Transformation" zunächst mit Organisationen (Länder, Gemeinschaften, Unternehmen) in Verbindung gebracht wurde, waren bestenfalls neugierige Reaktionen zu beobachten, die bis hin zu Empörung reichten. Für viele war Transformation eine Bezeichnung, die sich auf den Bereich der Chemie begrenzte, andere beschränkten den Begriff auf den esoterischen Bereich. Die Vorstellung 'Organisation' und 'Transformation' nebeneinander zu stellen, bewirkte skeptische Gesichtszüge und Verachtung. Seit dieser Zeit hat sich der Transformationsbegriff scheinbar von einer esoterischen Randerscheinung hin zum allgemeinen Mainstream bewegt, dass wir heute an einem Punkt sind, wo kaum ein Tag vergeht, an dem nicht ein Unternehmen in der Finanzpresse beschrieben wird, das sich transformiert, sich auf dem Weg zur Transformation befindet oder einen ernsthaften Bedarf an Transformation anmeldet (Owen 1997).

Aber was bedeutet eigentlich Transformation? In seinem ursprünglichen Kontext bedeutete Transformation einen fundamentalen Wandel eines Zustandes oder Daseins. Eine persönliche Transformation deutete auf eine vollständige Veränderung des Lebens hin, nicht nur oberflächlich, sondern auch im tiefsten Sinne einer persönlichen Identitäts- und Sinneswandlung. Begleitumstände einer derartigen Transformation waren häufig Schmerz und Desorientierung, die für gewöhnlich eine lange Phase tiefgründiger Meditation erforderte. Kurz gesagt, war eine Transformation nichts für schwache Nerven.

Transformation wurde offensichtlich domestiziert. Jedermann kann sie ohne große Unannehmlichkeiten nachvollziehen. Probleme und Hindernisse werden nicht erwähnt. Um eine Organisation (die sowohl ein Land als auch ein Unternehmen sein kann) zu transformieren, müssen lediglich die beschriebenen Schritte vollzogen werden. Jeder gute Berater kann gegen Bezahlung, für jene, die eine „transformational practise" wünschen, diese ohne große Anstrengungen in Bewegung setzen. Zusammengefasst könnte man sagen, dass Transformation zum Synonym für einen weit entfernten Verwandten, dem Begriff der Veränderung, avanciert ist. Obwohl es richtig ist, dass sich viele Dinge während eines Transformationsprozesses verändern, so ist es nicht wahr, dass alle Veränderungen etwas mit Transformation zu tun haben. Findet nur eine hauchdünne Veränderung statt, so handelt es sich nicht um Transformation sondern oft nur um eine neue Verpackung (Petersen 2000).

Hier wird das ursprüngliche Verständnis von Transformation, mit all seinen mystischen, majestätischen Assoziationen deutlich. Wenn wir also über „transformational practise" sprechen, setzen wir die Messlatte sehr hoch. Für mich bedeutet Transformation eine fundamentale Veränderung eines Zustandes oder Daseins. Es unterscheidet sich radikal von der vielfältigen Verwendung von „Veränderung", bei der zwar die oberflächlichen Charakteristika verrückt werden, der wesentliche Kern jedoch unberührt bleibt.

2   Implementation: Transformative Praxis

Open Space Technology (OST) wurde erstmals im Jahr 1985 angewendet (s. Burow 2000). Der Prozess ist an sich sehr einfach. Einzelpersonen, die sich mit speziellen Streitfragen oder Möglichkeiten beschäftigen, werden in einem Kreis versammelt. Es wird eine Art Schwarzes Brett errichtet, an dem sie ihre einzelnen Bedürfnisse anbringen können. Darüber hinaus wird ein offener Marktplatz eröffnet, in welchem über die Einzelheiten, wie z.B. Zeit und Ort des Treffens verhandelt wird. Diese Bemühungen werden von einem einzelnen Vermittler geleitet, der sich nach einer kurzen Einführung von 10-15 Minuten vollständig zurückzieht und in keinem Fall in die laufenden Diskussionen eingreift. Die Teilnehmer organisieren alle Dinge selbständig. Seit seinem Erscheinen ist Open Space Technologie mehr als 60.000 mal in 120 Ländern mit Gruppengrößen zwischen 5 und 2500 Leuten angewendet worden.

In einer Veranstaltung kamen z.B. 50 Palästinenser und Israelis auf Einladung der italienischen Regierung und verschiedener Parteien in Rom zusammen. Ihre Aufgabe war eine unliebsame und umstrittene. Sie sollten offene Fragen zum Thema: „Welches sind die Wege und Möglichkeiten, um die Gewaltspirale im Nahen Osten zu beenden?" erörtern. Die Teilnehmer entsprachen nicht der üblichen friedliebenden Masse. Einbezogen wurden Offiziere der israelischen Vertei-

Open Space Konferenz: Eine transformative Praxis

digungskräfte, Mitglieder der palästinensischen Autonomiebehörde, orthodoxe Rabbis, Politiker beider Seiten und normale Bürger. Für zweieinhalb Tage konfrontierten sich die Teilnehmer in einer hitzigen Debatte mit ihren Ansichten, oftmals begleitet von Tränen und zornigen Ausrufen. Am letzten Tag saß die Gruppe in einer geschlossenen Runde und in mehr als zwei Stunden teilten sie ihre Gefühle, Hoffnungen und Pläne – in einer Atmosphäre, die von gegenseitigem Respekt gezeichnet war, von vielen Tränen und einigem Gelächter. Die Runde endete in tiefer Stille.

Als ich einige Zeit nach der Versammlung darüber schrieb, sagte einer der Teilnehmer: „Die visuelle Erinnerung hat sich in meinem Geist festgesetzt: lächelnde Menschen, Umarmungen, sogar Küsse, eine ganz bestimmte Art von Intimität im „Open Space". Ich bete dafür, dass wir in der Lage sind, diese Ausgangserfahrung zu bewahren und sie erfolgreich mehr und mehr Menschen mitzuteilen."

Dieser Prozess war „transformational". Offensichtlich haben Veränderungen im Verhalten stattgefunden – Umarmungen und Küsse standen nicht am Anfang der Open Space Konferenz als alle Teilnehmer aus den Schlachtfeldern ihrer Heimatländer gekommen waren. Aber nach Meinung der meisten Teilnehmer, wenngleich nicht aller, haben fundamentale Veränderungen in den Tiefen des kollektiven Bewusstseins stattgefunden. Furcht, Hoffnungslosigkeit und Misstrauen mündeten in einem neuen Gemeinschaftsgefühl und Respekt. Natürlich sind nicht alle kritischen Streitfragen gelöst worden, aber nun werden diese von einer anderen Ausgangsposition her betrachtet. Und es ist gleichermaßen einleuchtend, dass nicht plötzlich Frieden im Nahen Osten ausbrechen wird, aber es ist keine Frage, dass die Vorstellung von Frieden auf eine sehr tiefgründige Art in diesem Moment an diesem Ort erfahren wurde. Diese Erfahrung ist viel mehr als nebensächlich, denn für das gewaltige Konfliktgebiet Israels und Palästinas ist sogar die Erinnerung an Frieden ein seltenes Gut. Und es wieder zu erfahren, wenn auch nur für einen Moment, kann einen ersten Schritt hin zu einem Wiederaufkommen der Hoffnung bedeuten.

Langfristige Ergebnisse sind nur schwer zu spezifizieren, wenn auch nur deshalb, weil sich ein gewisses Chaos aufgrund der vorhandenen strittigen Fragen offenbarte. Aber es macht den Geist von Rom aus, dass alle Mitglieder ihre Treffen fortsetzten, wann immer sie es konnten. Diese entwickelten persönlichen Bindungen machen weitere bedeutungsvolle Schritte möglich, die verhindern, dass die schlechte Ausgangslage zur totalen Katastrophe wird.

Die Erfahrung aus Rom ist natürlich nur eine einzelne Erfahrung, eine von mehr als 60.000 Ereignissen, mit denen sich Open Space Technology beschäftigt hat. Die Darstellungen mögen dramatisch und möglicherweise extrem erscheinen, doch sind sie nicht atypisch. Bei jeder Veranstaltung hat der offene Raum („the open space") einen respektvollen Umgang ermöglicht, in der Regel in Verbindung mit einem tiefen Gemeinschaftsgefühl, höchst kreativem Denken und Handeln und einem bemerkenswerten Sinn von Verspieltheit. Alle produktiven und substanziellen Lösungen waren durchaus denkbar und selbst in vielen Situationen, in denen keine positiven Ergebnisse erzielt wurden, erschienen diese als plausibel. Und das vielleicht Bemerkenswerteste war, dass das Ganze aus sich selbst heraus entwickelt wurde. Im Klartext: die Leute haben es selbst erarbeitet (Maleh 2000). Zweifellos gibt es einen Vermittler, doch diese Person ist für nicht länger als maximal 20 Minuten der zentrale Akteur am Beginn der Versammlung. Danach verwandelt sich der Vermittler zu einer Art besserem „Mikrofonständer", der lediglich das Mikrofon an die Teilnehmer weiterreicht, damit diese ihre einzelnen Streitpunkte verkünden können. Während des Verlaufes der „Open Space Konferenz", wenn die vielseitigen Standpunkte besprochen und diskutiert worden sind, verschwindet der Vermittler völlig von der Bildfläche. So gelingt es, dass in einer großen „Open Space Konferenz", in der 2.000 Leute etwa 232 Streitpunkte einbrachten, alle Punkte während eines Zeitraums von 8 Stunden in gleichzeitigen Sitzungen diskutiert wurden, und die Teilnehmer selbst das Management übernehmen. Sie organisieren alles selbst, sie konzipieren sogar die schriftlichen Berichte mit interessanten Fragestellungen, die vor der Abreise verteilt werden.

3 Evaluation: Selbstorganisation – Die treibende Kraft des „Open Space"

Vom Standpunkt der konventionellen Theorie und Praxis der Gruppenarbeit, wäre die Durchführung einer Open Space Konferenz nicht realisierbar. Tatsächlich könnte sie nicht durchgeführt werden, weil wir alle „wissen", dass ein Verfahren, das versucht mehr als 2000 Leute ohne vorherige Vorbereitung bzw. vorheriges Training unter der Obhut eines einzigen Vermittlers, der zudem auch noch größtenteils nicht sichtbar ist, in einem Desaster enden muss. Dennoch funktioniert das Verfahren, und nicht in einem einzelnen Fall, sondern inzwischen mehr als 60.000 mal.

Der Clou dieser geheimnisvollen Erscheinung liegt darin, was wir im Folgenden über die Kraft eines Systems der Selbstorganisation lernen werden. In Anlehnung an jene, die sich mit diesen Dingen beschäftigen, etwa Stuart Kaufmann vom Santa Fe Institute, müssen nur sehr einfache Voraussetzungen erfüllt sein: Arbeitsanweisungen. Oder in den Worten, die in Kaufmanns Arbeiten regelmäßig wie eine Beschwörungsformel auftauchen: „Order for free". Es gibt keine Notwendigkeit eines Organisationskomitees oder eines Aktionsplans. Die Arbeitsaufträge werden alle selbst erarbeitet. Es scheint, als würde die Open Space Technologie die wesentlichen Vorbedingungen konzipieren, obwohl sie nicht mit den Grundprinzipien von Selbstorganisation im Hinterkopf erfunden wurde.

Man kann sich fragen, ob die Behauptung, dass die Open Space Technologie ein Beispiel für Selbstorganisation ist, als zutreffend bezeichnet werden kann. Tatsächlich ist diese Frage ein Teil der laufenden Diskussionen und Debatten. Wie dem auch sei, wenn sie (die OST) als ein System der Selbstorganisation gesehen wird, macht das Sinn, was bei Open Space Konferenzen wiederholt geschieht, und ist sogar vorhersagbar. Das Phänomen von Open Space Technologien steht traditionellen Theorien intuitiv entgegen. Dennoch kann und muss diese Behauptung als Hypothese in jeder Open Space Konferenz verifiziert werden.

Offenheit und politische Gleichheit

Die Open Space Technologie konzipiert für die Teilnehmer Bedingungen, die meiner Ansicht nach ein Inbegriff für Offenheit und Gleichheit darstellen. Es spielt keine Rolle, welchen gesellschaftlichen Rang oder welche Position die jeweilige Person inne hat, sobald sie im Kreis sitzen, sind alle Mistreiter auf einem Level. Ohne Zweifel prägt auch hier der soziale Status der Teilnehmer die Diskussion. Dennoch ist es bemerkenswert, dass diejenigen Teilnehmer, die nicht Teil des politischen Establishments sind, fortwährend von ihrem Rederecht Gebrauch einfordern und davon Gebrauch machen. Zum Abschluss einer ganzen Reihe von „Open Space"-Versammlungen in Chile, konstatierte ein älterer Politiker: „Diese Methode bringt uns eine radikale Form der Demokratie in die Organisationen."

Machtkontrolle und Reaktionen

In Open Space Konferenzen wird die Machtposition von Teilnehmer zu Teilnehmer verlagert. Meistens wird die „Macht" von mehreren Personen gleichzeitig gehalten. Wenn die Teilnehmer zum Abschluss einer Konferenz gefragt werden, wie sie die Führung empfunden haben, geben sie zumeist an, dass es keine wirkliche Führung gegeben habe. Nicht zuletzt bis sie damit beginnen, tiefgründiger zu reflektieren und erkennen, dass alle eine Art Führungsposition hatten, oder eine solche innehaben konnten. Durch diese Verteilung von Macht, kommt es zu einer besonderen Reaktionsweise. Würde sich herausstellen, dass die Leute nicht bekommen würden was sie wollen, haben sie sowohl die Möglichkeit, als auch die Verpflichtung, die notwendigen Veränderungen vorzunehmen. Üblicherweise tun sie genau das, manchmal zur Überraschung und zum Verdruss derjenigen, die dachten sie seien in der Verantwortung.

Transparenz und Rationalität

Jede Open Space Konferenz beginnt mit einer vollständig informellen Agenda, obwohl man sehr schnell auf eine von den Teilnehmern gemeinsam entwickelte Version trifft. Jeder Teilnehmer wird eingeladen, seinen jeweiligen Streitpunkt auf die Tagesordnung zu setzen. Des Weiteren werden sie darüber informiert, dass sie, wenn ein strittiges Thema von ihnen nicht auf die Tagesordnung gesetzt wird, die Verantwortung dafür tragen. Der Prozess zur Erstellung einer solchen Agenda, bei dem jeder Teilnehmer mit seiner jeweiligen Streitfrage vor seinen Kollegen steht, um diesen Streitpunkt mit entsprechendem Namen zu verkünden, ist vollkommen öffentlich und transparent. Es gibt keinerlei Anonymität und keine geheimen „Hinterzimmer" bei der Erstellung der Agenda. Das Agenda setting funktioniert als ein sehr rationaler Prozess.

Effektivität und Effizienz

Die Effektivität der Open Space Technologie zeigt sich im gelingen des Diskurses. Es kann durchaus hilfreich sein, die Art und Weise wie sie funktioniert genauer zu spezifizieren. Auf einer formalen Ebene (die Leute sitzen in einem Kreis, konzipieren ein Schwarzes Brett, eröffnen einen Marktplatz und beginnen zu arbeiten) hat es noch nie einen Fall gegeben, bei dem diese Formalitäten nicht erreicht worden wären. Und überraschenderweise scheint es in fast allen Fällen in identischer Weise zu funktionieren, unabhängig von der Größe oder der Zusammensetzung der Gruppe. Zusammengefasst könnte man sagen, dass solche Dinge wie ethnische Herkunft, Geschlecht, ökonomischer oder politischer Status oder Bildungsstand offensichtlich keinen Einfluss haben. Die Open Space Technologie wurde in verschiedenen sozialen Gruppen in praktisch jedem Erdteil implementiert.

Auf einer höheren Ebene könnte man fragen: Erreichen die Teilnehmer das, was sie sich vorstellen? Die Antwort ist komplizierter, da sie komplett vom Ziel der jeweiligen Open Space Technologie abhängig ist. War die Intention beispielsweise nur die Demonstration des „Open Space" als ein formaler Prozess und werden keine wichtigen Interessengruppen berücksichtigt, funktioniert Open Space nicht. „Open Space" wird von der Leidenschaft und der Einstellung der Teilnehmer getragen. Gibt es also keine solche Leidenschaft oder gefestigten Meinungen, wird der formale Prozess zu einer hohlen Hülse. „Open Space" beabsichtigt, reale Probleme abzuwickeln, egal wie auch immer diese definiert werden. „Open Space" nur zu simulieren, ist reine Zeitverschwendung.

Ebenso ist es wichtig, das tatsächliche Ziel zu berücksichtigen. Besteht die Intention nur darin, die Streitfragen zu sammeln und auf ihre Form und Beschaffenheit hin zu untersuchen, ist ein kürzerer Prozess des „Open Space" (für gewöhnlich ein Tag) ausreichend. Wenn man jedoch weiter gehen möchte und ein wirklich tiefes Verständnis für ein Thema erzielen möchte, sind im Allgemeinen zwei Tage nötig, besonders dann, wenn die Themen komplex und konfliktbeladen sind. Wenn zudem die Intention nicht nur darin besteht, die Streitfragen herauszuarbeiten und ein tieferes Verständnis für diese zu entwickeln, sondern auch aktiv zu werden, sind in der Regel drei Tage notwendig. Zusammengefasst kann man sagen, dass die Dauer von großer Bedeutung ist. Steht ein entsprechendes Zeitkontingent zur Verfügung, können die erzielten Ergebnisse durchaus überraschen. Als „Open Space" im Rahmen einer kommerziellen Situation angewendet wurde, stellte es unter Beweis, dass es möglich ist, mit einer Gruppe von 23 kompetenten Teilnehmern die Planung eines 200-Millionen-Dollar-Bauprojektes in zwei Tagen effektiv zu behandeln.

Letztlich muss man langfristige Ergebnisse betrachten. Wenn die Zielsetzung wie im gerade geschilderten Fall ziemlich konkret ist, offenbarte sich das langfristige Ergebnis mit dem Bau eines Gebäudes fünf Monate später. Wenn das zu behandelnde Objekt dagegen diffuser ist, wie der Friedensprozess im Nahen Osten, ist es bedeutend schwerer, die Konsequenzen der oben beschriebenen Versammlung in Rom nachzuvollziehen. Doch sogar bei diesem Fall kann man sagen, dass für einen Moment der Frieden ausbrach und die Erinnerung an diesen Frieden auch über den Tag hinaus weiter anhalten wird.

Der letzte Punkt meiner Betrachtung ist Effizienz. In Bezug auf seine Effizienz kann man argumentieren, dass die Open Space Technik die Ansprüche durchaus erfüllt. In der Tat ist es so, dass ein vorgegebener Ort, die entsprechenden Leute und strittige Einstellungsfragen vorhanden sein müssen, damit „Open Space" mit knapp einer Stunde Vorbereitung gestartet werden kann. Da es keine vorbereitete Agenda und nur eines einzelnen Vermittlers bedarf, ist der Aufwand an Zeit und Geld sehr gering. Am Ende der Veranstaltung werden die Leute diese Arbeit selbst erledigt haben.

4 Resümee

Bei den vorangegangenen Anregungen muss man berücksichtigen, dass der Autor dieses Artikels der Urheber der „Open Space Technology" ist. Es ist daher nur ehrlich anzumerken, dass alle Kommentare mit einem Grad an Voreingenommenheit versehen sind. Aber sie stammen aus einer 20jährigen Erfahrung der Arbeit mit „Open Space" in der ganzen Welt. Ich würde jedoch annehmen, dass Sie nicht eine Sache von dem, was ich gesagt habe, glauben würden, bis sie selbst ein „Open Space"-Experiment durchlebt haben. Dasselbe gilt für die möglichen Urteile, ob „Open Space" funktioniert oder nicht. Wenn die meisten Leute zum ersten Mal von „Open Space" hören, sind sie davon überzeugt, dass es niemals funktionieren würde. Doch in den meisten Fällen ändert sich ihre Überzeugung, wenn sie erstmalig die Möglichkeit gehabt haben, es einmal selbst auszuprobieren.

Literatur

Burow, Alex: Ich bin gut. Wir sind besser. Erfolgsmodelle kreativer Gruppen. Stuttgart: Klett Kotta 2000
Maleh, Carole: Open space. Arbeiten mit grossen Gruppen. Weinheim: Beltz Verlag 2000
Owern, Harrison: Expanding our now. San Francisco: Berret Koehler 1997
Petersen, Hans Christian: Open space in Aktion. Paderborn: Junfermann 2000

*Frederick Steier, Bo Gyllenpalm, Juanita Brown und
Sabine Bredemeier*

World Café. Förderung der Teilhabekultur

1 Einleitung

Das „World Café" ist „ein einfacher und doch leistungsfähiger Kommunikationsprozess, der Gruppen aller Größen dabei hilft, sich in konstruktive Dialoge einzubringen, persönliche Bindungen herzustellen und das gemeinschaftliche Lernen zu fördern" (Tan und Brown, 2005). Es wird angewendet um gemeinsame Probleme zu bearbeiten und Ziele zu definieren. Darüber hinaus wurde es zur Förderung einer innovativen Zukunftsplanung benutzt. Ebenso sollte das soziale Kapital in einer Gemeinschaft oder Organisation deutlicher sichtbar werden. Es stellt jedoch auch einen Prozess dar, der die Revision der eigenen Vorurteile ermöglichen kann. Es ist insofern eine radikale Form der Partizipation, die den Teilnehmern die Möglichkeit bietet, sich intensiv auf ein Thema einzulassen, um an den wesentlichen Fragen teilzuhaben und sich eine Meinung zu ihrem Leben, ihrer Arbeit und ihrem lokalen Umfeld bilden zu können.

Der Kern eines „World Café"-Dialogs basiert auf der Annahme, dass man Chancen zur radikalen Teilhabe herstellen muss, da die Teilnehmer bereits „die Klugheit und Kreativität [besitzen], um sie auch mit schwierigsten Herausforderungen zu konfrontieren" (Brown, 2005: 5). Es beruht auf der Idee zur Förderung von Konversationsnetzwerken („cross-pollinating interconnections"), die durchaus auch unerwartete Ergebnisse zulassen. Das „World Café" ist ein „lebendiges" System, das je nach Kontext seine Form verändert.

Der „World Café"-Prozess ist zwar einfach, kann aber dennoch überraschende Ergebnisse erzielen. Zuerst werden Rahmenbedingungen geschaffen, um eine „Café"-Atmosphäre im Sinne von Oldenburgs (1999) „third place" herzustellen. „World Cafés" ermöglichen es Gruppen, in der Größenordnung zwischen etwa 20 und mehreren hundert Personen, an Diskussionsrunden mit unterschiedlichen Zusammensetzungen teilzunehmen und erlauben gleichzeitig eine gemeinsame, miteinander verbundene Konversation. Kleine, vertraute Diskussionsrunden werden miteinander verknüpft bzw. bauen aufeinander auf, indem die Teilnehmer zwischen den einzelnen Gruppen wechseln, ihre Ideen weitertragen und neue Fragestellungen oder Streitthemen kennen lernen. Diese sollen eng mit ihrem Leben, ihrer Arbeit oder ihrem persönlichen Umfeld verbunden sein. Als den wesentlichen Kern ihrer Erfahrungen mit dem „World Café" sahen die bisherigen Teilnehmer die Möglichkeiten, bei jeder Diskussionsrunde Einfluss nehmen zu können. Da das Netzwerk Kontaktmöglichkeiten bietet, steigt zugleich der Wissensaustausch. Der Sinn für das Ganze erschließt sich so für die Teilnehmer immer besser. Aufgrund dieser aktiven Partizipation und aufgrund des Engagements innerhalb des „World Café", wird das kollektive Gruppenverständnis erweitert und es ergeben sich neue Handlungsmöglichkeiten.

Dabei stehen folgende sieben Grundprinzipien und Ziele im Vordergrund: gemeinsame Kontextdefinition, gastfreundliches Ambiente, Schlüsselfragenexploration, Ermunterung zur Diskussion, Perspektivenaustausch und -verknüpfung, Muster- und Kernfragenentdeckung, gemeinsame Ergebnisernte.

Nach einer kurzen Beschreibung der Ursprünge des „World Cafés" werden zunächst die Grundprinzipien an einem Beispiel erläutert. Anschließend soll vor dem Hintergrund vielfältiger Erfahrungen mit dem „World Café" eine Evaluation erfolgen.

Das inhärente Interesse an Verbindungen zwischen Teilen und deren ganzheitlicher und systemischer „Partnerschaft" bildet den theoretischen Kern für die Praxis dieser Form der Partizipation. In der Tat ist es genau dieser theoretische Kern, der die Basis für das „World Café" und das Grundprinzip der Teilhabe bildet. Das schließt die Frage mit ein, was genau einen interaktiven Prozess dazu befähigt, nützliche Ergebnisse zu produzieren. Hierbei stützen wir uns auf die Aussagen von Maturana, wonach das menschliche System aus einem Netzwerk verschiedener Konversationen besteht (Maturana, 1988) und auf die Überlegung von Luhmann, wonach Kommunikation fundamental für den ökologischen Prozess ist, nach dem wir uns selbst als menschliche Systeme organisieren (Luhmann, 1989). Wir müssen uns also selbst fragen: „Welche Techniken und Praktiken sind erforderlich, um die Erarbeitung von Ergebnissen zu fördern?" Welches sind die Grundvorstellungen von Partizipation aus der Sicht der Teilnehmer und aus der Sicht der „externen Experten".

World Café. Förderung der Teilhabekultur

2 Das World Café in der Praxis : Das „Skandinavian Sustainability Forum"

Informations- und Kommunikationsdienstleistungen spielen im Alltag eine wichtige Rolle. Videokonferenzen und andere Formen visueller Meetings ermöglichen es, dass Menschen auch über weite Entfernungen zusammenarbeiten können, ohne dafür zu reisen und nicht-regenerative Kraftstoffe verbrauchen zu müssen. Der Vizepräsident für Umweltfragen der Schwedischen Telekomgesellschaft wollte daher einen offenen Dialog in einer globalen Gemeinschaft mit zentralen Interessensvertretern initiieren, der diskutieren sollte, wie die neuen Informations- und Kommunikationstechnologien zu einer verbesserten nachhaltigen Entwicklung beitragen können.

Führende Globalisierungsexperten, „Querdenker", Ökologen, Wissenschaftler, Akademiker, Zukunftsforscher, Informationstechnologie (IT)-Spezialisten, Jugendliche, Politiker und Unternehmensvertreter wurden zu einem „Focus Search Café" eingeladen.

Eines der Hauptanliegen des „World Cafés" ist es, Fragen herauszuarbeiten, die von Bedeutung für ein Thema sind. Eine Aufgabe war es, dabei zu helfen, die Bereiche ausfindig zu machen, die für die Interessensvertreter in den nächsten vier bis acht Jahren zu erforschen sind. Meetings dieser Art verlaufen zumeist so ab, dass die Teilnehmer schon zu einem Ergebnis kommen, ohne zuvor die wichtigste Fragestellung vorgelegt zu bekommen. In diesem Zusammenhang könnte man Albert Einstein zitieren:

„Wenn ich eine Stunde Zeit habe, ein Problem zu lösen und mein Leben von dieser Lösung abhängt, würde ich die ersten 55 Minuten dafür verwenden, die richtige Frage zu formulieren. Wenn ich dann die richtige Frage weiß, könnte ich das Problem binnen 5 Minuten lösen."

Die führenden Denker kamen zu dem Ergebnis, dass eine der Schlüsselfragen sei, „wie die IT-Industrie die Entwicklung einer nachhaltigeren Zukunft in Bezug auf den Transport fördert und wo sie hinderlich ist". So können etwa LKW-Firmen durch Investitionen in Navigationssysteme Fahrleistungen einsparen. Eine interne/externe Forschungsgruppe begann daraufhin, innerhalb von fünf Monaten die kritischsten Fragen in Bezug auf das Oberthema von Informationstechnologie und Transport zu entwerfen. Ihre Thesen („World Insighters Report") stellten Schlüsseldilemmata und wichtige Entscheidungen für die nächsten Jahre dar.

Einflussreiche Leute aus wichtigen Gruppen verschiedener Bereiche mit sehr unterschiedlichen Sichtweisen wurden zu einem gemeinsamen „Word Café" eingeladen: Führungskräfte aus den wichtigsten Transportunternehmen, wie DHL, UPS und der Schwedischen Eisenbahn, CEOs von Firmen, die diese Transportdienstleistungen in Anspruch nehmen, Planer von IT-Firmen, die Transporttechnologien entwickeln, ein Mitglied des Europaparlaments, ein führender Repräsentant von Greenpeace und der Chef der Verkehrsabteilung einer großen schwedischen Stadt.

Dies waren keine normalen Bürger, die oft (wenn überhaupt jemals zuvor) gemeinsam zusammensitzen und beratschlagen. Wenn sie zusammen kommen, wird dies wohl eher im Rahmen einer hitzigen Diskussion und nicht in einem Café-Dialog geschehen. Was daher wirklich notwenig war, war eine natürliche Umgangsform für die Teilnehmer zu schaffen, um sich wirklich die jeweils anderen Standpunkte anhören zu können ohne gleich zu polarisieren. Der Rahmen des „WC" war für die Schaffung eines solchen Umgangstones sehr hilfreich.

Als die Leute durch die Tür traten, waren einige von der freundlichen Atmosphäre und den kleinen Tischen sehr überrascht. Dennoch nahmen sie teil, setzten sich in Gruppen zu je vier Teilnehmern zusammen und schienen neugierig auf das zu sein, was geschehen würde. Dies half sehr dabei, ein gastfreundliches Ambiente bereitzustellen – ein weiteres Grundprinzip des Cafés.

Bei der gemeinsamen Kontextdefinition, also unmittelbar nach der Einführung, teilte eine frisch verheiratete Frau der Gruppe ihre Gedanken mit. Sie sprach davon, eine Familie gründen zu wollen. Sie sagte, dass sie hoffe, dass diese Gruppe die Kraft besitzen würde, die gegenwärtige Entwicklung zu verändern und gemeinsame Ideen finden könne – nicht nur für heute, sondern auch für die zukünftigen Generationen der eigenen Kinder und Enkelkinder. Es herrschte daraufhin eine sehr nachdenkliche Atmosphäre.

Für gewöhnlich verlaufen bei solchen Treffen die Diskussionen in einer hohen Geschwindigkeit, dass es den Teilnehmern schwer fallen kann dem Gesagten zu folgen und sich mit ihren eigenen Vorstellungen einzubringen. Das trifft besonders dann zu, wenn die Teilnehmer aus verschiedenen Lagern kommen. Auf jedem Tisch lagen Stifte bereit, um die Schlüsselideen auf die Café-Tischdecken notieren zu können und um gleichzeitiges Zuhören und eine aktive Teilnahme zu unterstützen.

Die Teilnehmer wurden gebeten, mit dem „Dialogstein" als einem praktischen Werkzeug zu experimentieren, um gemeinsam zuzuhören und die Aufmerksamkeit auf die Mitte des Tisches zu lenken. Nur die Person, die den Stein hält, durfte sprechen. Solange er oder sie den Stein hält, müssen die anderen zuhören ohne zu intervenieren. Dies ermöglicht jedem einzelnen, der den Stein hält,

World Café. Förderung der Teilhabekultur

innezuhalten und darüber nachzudenken, was er oder sie wirklich sagen möchte, ohne dabei unterbrochen zu werden.

Ein weiteres Prinzip beinhaltet die Unterstützung aller Beiträge. Um das zu forcieren, wurden die Teilnehmer gebeten, für eine kurze Zeit auf ihre innere Stimme zu hören und zu überlegen, ob einer der anderen Teilnehmer mit seiner Meinung Recht haben könnte. Das Ziel dabei war, gemeinsam zu erfahren wie jedermanns Sichtweise zum gestellten Thema ist und welchen Beitrag jede einzelne Perspektive bringen kann. Die Teilnehmer wurden ermutigt, für sich selbst zu sprechen und nicht etwa unter dem Deckmantel ihrer jeweiligen Organisation – eine weitere Abkehr von traditionellen Meetings. Sie wurden ebenso gebeten, die präsentierten Lösungen festzuhalten, da diese Anfangsphase lediglich dazu dient, tiefer in das Thema einzusteigen und tiefgründigere Fragestellungen zu formulieren und nicht etwa bereits eine Antwort zu finden.

Nach dieser kurzen Einführung begannen die Teilnehmer mit der ersten Runde des Cafés. Jedes Mitglied nahm den Stein und tauschte sich über die Schlüsseleinsichten und tiefer gehende Fragen aus dem „World Insights Report" aus. Die Aufgabe der drei anderen Teilnehmer an jedem Café-Tisch war es, in besonderer Weise zuzuhören. Sie wurden gebeten, den Roten Faden der vorgebrachten Vorstellungen festzuhalten und alle interessanten Verbindungen der verschiedenen Vorstellungen in der Mitte des Tisches auf die Tischdecke zu notieren. Als schließlich alle ihre ersten Gedanken und Vorstellungen mitgeteilt hatten, wurde der Stein wieder in der Mitte des Tisches platziert. Jeder konnte dann den Stein nehmen und weitere Kommentare hinzufügen.

Die Benutzung des „Dialogsteins" macht für die Qualität der Teilnahme einen großen Unterschied aus, wenngleich noch immer einige Leute das Bedürfnis haben, andere zu unterbrechen. Doch hilft die Verwendung eines „Dialogsteins" oder etwas Vergleichbarem dabei, manche Dinge zu verlangsamen und die Aufmerksamkeit auf das Zuhören zu lenken. Die Teilnehmer wissen im Grunde, wie man zuhört bzw. partizipiert, wenn sie wirklich am Diskussionsprozess interessiert sind. Anstatt sich gegenüberzustehen, standen sie in gewisser Weise nebeneinander, während sie alle in dieselbe Richtung – die Mitte – blickten und zuhörten. Dies führt zu dem fünften Prinzip – „Gegenseitiges Bestäuben" und Perspektivenvernetzung („cross-pollinate und connect diverse perspectives"). Jede Tischgruppe wurde aufgefordert, einen Gastgeber für ihren Tisch auszuwählen und drei neue Teilnehmer von drei anderen Tischen zu begrüßen, während die drei übrigen an den drei anderen Tischen Platz nahmen. Der Gastgeber präsentierte zunächst eine Zusammenfassung darüber, was in der ersten Gruppe erarbeitet wurde, bevor die drei neuen Gäste vortrugen, was sie aus ihrer jeweiligen ersten Runde gelernt hatten.

Nach einer gewissen Zeit wurde die Zusammensetzung an den Tischen erneut verändert, um dann damit zu beginnen, als Gruppe zu arbeiten und nach tiefgründigeren Voraussetzungen und Bedeutungsmustern zu suchen, die ihren vielfältigen Sichtweisen zugrunde liegen und diese auf die Tischdecke zu schreiben. Dies ist ein Beispiel für das sechste Prinzip – der Erkennung von Mustern und tiefer gehenden Fragen („listening for patterns, insights and deeper questions").

Am Ende der dritten Runde wurde die Diskussion für die ganze Gruppe geöffnet, um aktiv zusammenzuarbeiten und die kollektiven Erkenntnisse und Einsichten zusammenzutragen. Eine „große Pinnwand" (in Form einer Tischdecke) bildete als „graphischer Rekorder" die Reflexionen der Teilnehmer ab. Die Themen, Annahmen, die Verbindungen von einzelnen Ideen und die entstandenen Aha-Effekte wurden durch die Pinnwand deutlich und so für alle Teilnehmer visualisiert. Hier findet sich ein Beispiel für das siebte Prinzip – Teilnahme an der Ernte der kollektiv gewonnenen Erkenntnisse („harvest and share collective discoveries").

Am Ende bestätigten viele Teilnehmer, dass sie sich das erste Mal gemeinsam mit Leuten engagiert hätten, die sie eigentlich als Konkurrenten oder gar Gegner betrachtet hätten. Dies habe zu einem besseren Verständnis für andere Ansichten geführt. Es wurde dabei erkannt, dass es mehr Gemeinsamkeiten gab, als zunächst angenommen wurde.

3 Evaluation

Aufbauend auf der Vorstellung des „World Cafés" als ein eigenes vitales System, können die Leitprinzipien des „World Cafés" festgehalten werden.

- **Gemeinsame Kontextdefinition:** Beim „World Café" ist relevant, in welchem Zusammenhang oder zu welchem Thema die Teilnehmer eingeladen werden. Was ist die Absicht des Cafés? Ist der Zweck auf einen bestimmten signifikanten Inhalt gerichtet oder wird die Entwicklung kollektiver Beziehungen betont? Beinhaltet es Wissensaustausch, Erkenntnisgewinn, Produktentwicklung, Entwicklung von Strategien, Verständnisaustausch, Erfahrungsaustausch, die Entwicklung bestimmter Fragestellungen zu bestimmten Streitthemen, oder handelt es sich um einen politischen Dialog? Diese Überlegungen helfen dabei, die Einladung verbindlicher zu gestalten, ebenso muss deutlich gemacht werden, dass die Beteiligung jedes Einzelnen wertvoll ist und wie verschiedene Sichtweisen gleichermaßen von Wert sind. In dieser Hinsicht ist es wichtig zu erkennen, dass die Festlegung des Kontextes idealerweise durch ein Planungskomitee geschieht, das sich aus Persönlichkeiten zusammensetzt, die über Kenntnisse bezüglich des Systems verfügen, in dem das „World Café" stattfinden soll, oder darin arbeiten. Den Kontext festzulegen bedeutet außerdem den Diskurs in seinem radikalsten Sinne zu verstehen, die Sponsoren darauf vorzubereiten, der Diskussion Raum zu lassen, den Teilnehmern innerhalb des Systems zu vertrauen und ihnen ausreichend Raum zu gewähren, ihre Gedanken zu entwickeln. Die Teilnehmer können über äußerst unterschiedliche Lernstile verfügen. Es könnte daher die Frage aufgeworfen werden, ob während des Prozesses ein graphischer Rekorder benutzt werden kann (der den „Austausch" visuell aufbereitet) – evtl. erklären sich die Teilnehmer damit einverstanden, ihre erarbeiteten Ergebnisse anzuschauen (oder besser: visuell darzustellen). Bei der Festlegung des Kontextes ist es zudem wichtig, deutlich zu machen, dass jedes „World Café" als Grundlage für zukünftige „World Cafés" dient, was die Teilnehmer zum mitmachen ermutigten kann. Eine der Schlüsselvorstellungen ist die Idee der Meta-Kommunikation von Gregory Bateson (1972). Gleichzeitig müssen die Ansichten Batesons in Beziehung zu den Grundideen des „World Cafés" gesetzt werden. Das bedeutet für die Festlegung des Kontextes, dass wir mit dem Paradoxon umgehen müssen, dass wir den Rahmen (frame) nicht für andere spezifizieren können, sondern dass wir nur dabei helfen, den Rahmen oder Kontext zu konzipieren. Wir können keinen Kontext oder Rahmen übernehmen, sondern müssen vorbereitet sein, mehrfache (oder besser: zahlreiche) Rahmen (frames) zu erkennen.

- **Gastfreundliches Ambiente**: Hierbei ist es wichtig, den kulturellen Kontext zu berücksichtigen, d.h. die „Muttersprache" (Alexander, 1977) zu erkennen. Aufbauend auf den Streitfragen, die über der Festlegung des Kontextes stehen, ist es wichtig, dass die Frage, was „gastfreundlich" bedeutet sehr weit gefasst ist. Bei größeren Tischen haben wir beobachtet, dass sich die Leute mit ihrem Gegenüber weitaus weniger aktiv ausgetauscht haben. Einen Raum gastfreundlich zu gestalten, ist in unterschiedlichen Kulturen durchaus verschieden. Die Benutzung von farbigen Tischdecken und einige Pflanzen, die den Raum nicht wie einen herkömmlichen Konferenzraum aussehen lassen, verleiht eine angenehme Note. In dem Beispiel des „Swedish Sustainability Forum" waren die Teilnehmer ein wenig überrascht, als sie einen Raum mit vielen kleinen runden Tischen mit rot-weiß karierten Tischdecken betraten und legten sogleich ihren normalen, bei Konferenzen üblichen Habitus ab. Neben der Festlegung des Kontextes muss man beim Ausrichten eines „World Cafés" darauf achten, welche Verhaltensweisen durch den Raum ausgelöst werden. Dazu gehören auch der symbolische Wert von Blumen, Tischdecken oder Musik als Bestandteil für ein „World-Café"- Ambiente.

- **Schlüsselfragenerkennung**: Die Entwicklung der Fragestellungen von außergewöhnlicher Anziehungskraft, die zu verschiedenen Konversationen – einschließlich der Konversation über die eigentliche Fragestellung selbst – einladen, steht im Vordergrund. Daher ist es von großer Bedeutung, darauf zu achten, was unsere Fragestellungen bewirken können. Die Herausbildung einer Antwort, also eine Fragestellung im Sinne eines strikten Transmissionsmodels, ist nur eines der Ziele. Fragen, die die Teilnehmer in eine bestimmte Richtung lenken sollen, sind zu vermeiden. Daher ist es wichtig, Fragestellungen zu konzipieren, die wirklich von Bedeutung und zugleich flexibel und interessant gestaltet sind. Den Teilnehmern wird ermöglicht, die Fragestellungen durch ihre eigenen Interessen zu beeinflussen. Dabei zeigte sich, wie Vorannahmen das spätere Handeln der Teilnehmer beeinflussen können. Zum Beispiel impliziert eine Fragestellung „Wie können wir unsere Kommune verbessern?", dass man davon ausgeht, dass die derzeitige Kommune nicht funktioniert. Das wiederum kann zur Folge haben, dass die Teilnehmer, die aktiv im System arbeiten und der Ansicht sind, einen guten Job zu verrichten, beleidigt sein könnten und in die Defensive gedrängt werden. Eine unserer Haupterfahrungen ist daher, bei jedem Café darauf zu achten, wie sich die Fragestellungen entfalten – welchen Weg nehmen sie an jedem einzelnen Tisch, welche Spannung wird erzeugt und welche Verpflichtungen werden eingegangen?

- **Ermunterung zur Diskussion**: Um dies zu erreichen wird eine einfache aber zentrale Idee aufgegriffen. Teilnehmer können ihre Beiträge auf sehr unterschiedliche Art und Weise leisten. Gutes und intensives Zuhören ist z.B. ein Bestandteil einer guten Konversation. Auch die Anerkennung von Momenten der Stille kann ein Bestandteil von guter Konversation sein. Die Beiträge können sowohl Antworten bereit stellen als auch Raum für neue Themen eröffnen. Eine weitere Idee, die darauf aufbaut, dass alle Teilnehmer ermutigt werden, (zugleich) gute Beobachter ihres eigenen Prozesses zu sein, ist es, den Roten Faden der Konversation festzuhalten. Um gutes Zuhören und Offenheit zu ermöglichen, war es besonders bei „neuen" Gruppen hilfreich,

World Café. Förderung der Teilhabekultur 175

dass sich jeder Tisch einige Zeit darüber austauscht, was eine gute Konversation ausmacht. Wir erkannten, dass viele Teilnehmer über Erfahrungen mit einer guten Unterhaltung im Freundeskreis, in einem „World Café" oder einem vergleichbaren Ort verfügten, aber diese Kenntnisse nicht zwingend in dem aktuellen Konversationsprozess zu artikulieren wussten. Dieses war auch im Falle des skandinavischen Forums der Fall. Die Teilnehmer bewerteten „aktives Zuhören, offen und nicht wertend sein, nicht unterbrechen, die Möglichkeit des freien Austauschs, Spaß" etc. positiv, was als Richtschnur für ihre spätere Konversation verwendet wurde. Bisweilen wird, wie im Falle des skandinavischen Forums, auch ein „Redestein" benutzt. Doch der Hauptpunkt hierbei ist, dass die Qualität und die Bewertung einer guten Konversation durch die Gruppe selbst erarbeitet wurde. Selbstorganisation und rekursive Qualität können dabei helfen, diesen partizipatorischen Besitz auch auf den Prozess selbst zu übertragen.

- **Perspektivenaustausch und -verknüpfung:** „World Cafés" fördern den gewünschten Perspektivenwechsel und Beziehungsnetze zwischen den Teilnehmern. Wie bereits bei der Festlegung des Kontextes geschildert, ist die Verschiedenartigkeit der Teilnehmer überaus wichtig. Je unterschiedlicher eine Gruppe zusammengesetzt ist, desto mehr Perspektiven werden offenbart. Es gibt zudem einen wachsenden Wunsch, jeder Tischgruppe beizuwohnen. Was im übertragenen Sinne bedeutet, dass der Gastgeber (also derjenige, der an einem Tisch bleibt, während die anderen sich von Tisch zu Tisch weiterbewegen) abwägen muss, welche Punkte der Tisch während der Gesprächsrunde kommunizieren soll und was die neuen Teilnehmer aus ihren vorherigen Tischen dazu beitragen können. Daher ist ein Bewusstsein für die Transformation von Ideen durch neue Beiträge wichtig. Verschiedene „World Cafés" haben gezeigt, dass es hilfreich ist, die Teilnehmer zu ermutigen, die Tischdecken und Marker etc. zu benutzen, um wichtige Ideen und Gedanken aufzuzeichnen und bildlich darzustellen. Wenn neue Gruppen mit jeder neuen Runde gebildet werden, bekommt man unterschiedliche Perspektiven zu hören und kann auf diesen aufbauen. Es ist interessant, dass die Gruppen später diese Idee (die Fähigkeit verschiedene Sichtweisen zusammenzubringen) als Qualitätsmerkmal für eine gute Kommunikation ansehen.
- **Muster- und Kernfragenentdeckung:** Hierbei lässt sich eine faszinierende Verbindung zum oben genannten Prinzip der Verknüpfung verschiedener Sichtweisen feststellen. Während der bisherige Fokus mehr auf dem Prozess selbst lag, erscheint es hilfreich zu sein, in diesem Zusammenhang Dinge

miteinander zu verbinden, die auf den ersten Blick nicht in Beziehung zueinander zu stehen scheinen. Im Wesentlichen laden wir die Teilnehmer sowohl dazu ein, Systemdenker zu sein, als auch metaphorisch im Sinne Wittgensteins (1968) („see as") zu denken. Die Teilnehmer richten ihren Fokus auf das Denken, ohne dabei die eigenen Beiträge aus den Augen zu verlieren (eine andere Art von Einheit in der Vielfalt) („unity-in-diversity"). In einem „World Café" haben die Teilnehmer bei der Suche nach tiefgründigeren Mustern die Perspektive von anderen eingebracht, die gar nicht anwesend waren: Wie würde dies ein Stadtkind sehen? Wie würde es wohl ein Besucher aus einem anderen Land sehen? Wir haben sogar durch eigene „Stühle" die Möglichkeit geboten, um die nicht anwesenden Stimmen (Meinungen) bei der Suche nach tiefgründigeren Mustern zu symbolisieren. Wir könnten fragen: Wie sieht die zugrunde liegende Vorstellung aus, die unsere verschiedenen Standpunkte verknüpfen könnte? Zudem erschien es hilfreich zu sein, diese Probleme eher indirekt und auf abstrakter Ebene zu benennen, um Wege zu finden, die spezifisch für dieses „World Café" sind.

- **Gemeinsame Ergebnisernte:** Dies ist wohl das Prinzip, das wir am stärksten von unseren Teilnehmern gelernt haben. Es gibt einen profunden Einblick in die Denkweisen innerhalb eines „World Cafés." Es umfasst Vorannahmen, Metaphern, die Wissensproduktion und die „Datengenerierung". In einem „World Café" wird das Wissen aus der Konversation und aus Beziehungen heraus erzeugt, also auf eine Weise, die nachhaltiges Wachstum für die Zukunft zulässt und sehr stark durch den Prozess selbst erzeugt wird.

4 Muster quer durch die Prinzipien: Gemeinsame Gastgeberschaft

Eine der Kernvorstellungen, die dem System des „World Cafés" zugrunde liegen, ist die Unabhängigkeit. Ein Gebiet, auf dem diese am relevantesten sein könnte, ist das der gemeinsamen Gastgeberschaft („co-hosting"). Ausgehend vom Standpunkt, dass ein „World Café" die radikale Form der Teilhabe sein soll, müssen wir beim „hosting" von einer gemeinsamen bzw. aufgeteilten Aktivität ausgehen. Wenn wir von den unterschiedlichen Arten des Verstehens sprechen, dann geschieht dies von dem Standpunkt aus, dass es sich nicht zwingend um einen „externen" Gastgeber handeln muss, der das „World Café" als Moderator von außen betrachtet, sondern diese Rolle ebenso gut von Teilnehmern ausgeübt werden kann, die aus dem System selbst kommen und deren Position selbst im Zusam-

World Café. Förderung der Teilhabekultur 177

menhang mit der Themenstellung des „Cafés" steht. Daher bieten „World Cafés" Möglichkeiten zur Selbstreflexion, verbunden mit möglichen Abschlusshandlungen. Wir erkennen dabei einige Schlüsselbereiche:

- **Verständnis für das Klima eines Systems**: Hierbei muss das Vertrauen in die Organisation, die Gemeinschaft etc. betrachten werden. Dies beinhaltet das Vertrauen der Sponsoren in ihre Teilnehmer, ebenso wie in die „Außenseiter", die zum „Co-hosting" in das Café einbezogen werden.
- **Verständnis für die Emotionalität des Systems**: Maturana (1988, 2002) erkennt Emotionen als eine Grundvoraussetzung für späteres Handeln. Es ist jedoch kritisch, verschiedene Emotionen zu verbinden. So muss die Sichtweise der Teilnehmer berücksichtigt werden. Zum Beispiel ist die Formulierung „der Fragen, die von Bedeutung sind" ein Bereich, der für viele Teilnehmer oft mit Tabuthemen behaftet ist.
- **Verständnis für die zugrundeliegende „Geschichte"**: Wenn wir an Wissen denken, das in die Darstellung eingebunden ist, ist das die Geschichte, in der sich die Café-Teilnehmer wiederfinden können. Was ist ihre Geschichte, die sie sich gegenseitig erzählen wollen? Welche Geschichte wird erzählt, während sich das „World Café" entfaltet?
- **Verständnis über die Position im „Prozesszyklus"**: Die zentrale Frage beschreibt den Diskussionszusammenhang (Frame) und die verschiedenen Aktivitäten im „World Cafe". „World Cafes" dienen der Entscheidungsfindung, sie können zukünftige „Plätze" (Fragestellungen) entwickeln oder sie dienen lediglich zum Aufbau sozialen Kapitals. Dabei sind Unterschiede bei der Planung sich neu entwickelnder Systeme und bei der Diskussion bereits bestehender etablierter Organisationen offensichtlich.
- **Erkennen der tiefgründigen Essenz**: Wird das Prinzip der radikalen Partizipation im World Cafe anerkannt, so entwickeln sich in den interaktiven Netzwerken Diskussionen zu den zentralen Annahmen, Zielen und Werten der Organisationen der Gemeinschaft sowie der Kultur im Allgemeinen. Dies muss von den Initiatoren und Geldgebern anerkannt werden. Die Moderatoren sollten im Vorfeld bei den Sponsoren überprüfen, ob eine solche Toleranz vorhanden ist. Es ist ein Schlüsselproblem bei partizipativen Systemen, ob die Sponsoren tiefgründigere kritische Fragen zulassen.

Es wird deutlich, dass ein „World Café", weit bevor die erste Sitzung beginnt, und insbesondere bei etablierten Gruppen mit eigenen Geschichten und Annahmen, einer besonderen Vorbereitung bedarf, da hier oft unbewusste Verhaltensweisen als selbstverständlich hingenommen werden und nicht diskutiert werden. Von gleicher Bedeutung ist die Nachhaltigkeit und die Verpflichtung, die die Teilnehmer des World Cafes eingehen. „World Cafes" respektieren die bestehende lokale Kultur und decken gleichzeitig kulturelle Normen auf, die oft nicht wahrgenommen werden. In diesem Sinne beinhaltet ein „World Cafe" sowohl eine Erfindung als auch eine Intervention (Steier 1991). Das Spannungsverhältnis zwischen diesen beiden Punkten muss im dialogischen Ansatz in Balance gehalten werden. Insbesondere die Intervention berücksichtigt, dass das World Cafe die Strukturen verändert. Hier wird deutlich, ob die Sponsoren nur an der Beibehaltung der bestehenden Machtstrukturen interessiert sind, oder Raum öffnen für einen demokratischen Prozess. In Bezug auf die inhaltliche Diskussion generiert das „World Cafe" neue Erkenntnisse in Bezug auf die zentralen Fragen.

5 Zusammenfassung: „World Café als die partizipative generative Methodologie

Heinz van Foerster (1984, 2003) hat in seiner Arbeit „Order/Disorder: Discovery or Invention" zentrale Fragen gestellt, wie unsere Welten zu dem geworden sind, was sie sind. Mit der Frage, ob unsere Ordnungen bzw. Unordnungen Kontexte darstellen, die erforscht werden oder die erfunden werden müssen, liefert er ein überzeugendes Argument für Letzteres. Die Anerkennung unserer Welt als konstruierte Wirklichkeit hat schwerwiegende Auswirkungen für unsere Erkenntnis und Selbsterkenntnis. Dies erbringt neue Kenntnisse über den Lernprozess als solchen und über die Erkenntnisbildung im Rahmen partizipativer Planung, d.h. zum Beispiel beim Design einer Stadt oder einer Organisation, bei der Entwicklung eines Lernortes oder einer Methodologie. „World Cafés" helfen dabei, tiefe Einblicke in die Erkenntnisentwicklung zu erlangen. Wenn man davon ausgeht, dass wir in konstruierten Welten leben, wie wird dann das Verständnis von Konversationsnetzwerken und die Entwicklung von Schlüsselfragen von uns verstanden?

Der Konstruktivismus hat die traditionellen Forschungsmethoden in Frage gestellt und neu definiert. Mit dem „World Café" wird dieses Problem weiter durchleuchtet. Das „World Café" entwickelt die Realität eines Prozesses, der demokratische partizipative Erkenntnisse produziert. Dies geschieht auf unterschiedlichem Wege. Der Wert der Netzwerke und interdependenten Konversationen wird anerkannt. Zudem wird dem Teilnehmer erlaubt, die zentralen Fragen neu zu stellen und hierbei neue und unterschiedliche Konturen zu entwerfen. Die

Reformulierung der zentralen Fragen bringt neue überraschende Resultate. Das letzte zentrale Prinzip, die „Ernte" von Daten und Kenntnissen (ein besserer Begriff als die Entdeckung von Daten oder das Data Mining) ist das Hauptziel. In der „Ernte- Metapher" wird davon abgerückt, dass Daten bereits vorhanden bzw. begraben sind und lediglich der Extraktion bedürfen. Vielmehr wird in den Vordergrund gerückt, dass sie in einem partizipativen Prozess entwickelt werden. Entsprechend der Metapher gehen wir davon aus, dass sie wie ein Samen der nötigen Pflege bedürfen und über dialogische Konversation die Daten geerntet werden können. Hierüber entwickelt sich ein nachhaltiger und erneuerbarer Prozess, der über ein Schürfen nach bereits bestehenden Daten (data mining) hinausgeht. Es wurde bereits viel über generative Methodologien gesprochen, da im traditionellen Sinne viele Daten in einem „World Café" verloren gehen, aber gleichzeitig durch den partizipativen Prozess auf einem höheren Level neu gewonnen werden. „World Cafés" als generative Methodologien stehen in engem Zusammenhang mit demokratischen Modellen des Lernens, der Wissensvermittlung und des Handelns und bieten daher eine besondere Form der Erkenntnisproduktion.

Literatur

Alexander, C./Ishikawa S./Silverstein, M./Jacobson, M./Fiksdahl-King, I./Angel, S.: A pattern language: Towns, building, construction. New York: Oxford University Press 1977.
Bateson, G.: Steps to an ecology of mind. New York: Chandler 1972.
Brown, J.: The World Café: Shaping our futures through conversations that matter. San Francisco: Berrett-Koehler 2005.
Herbst, P. G.: Alternatives to hierarchies. Leiden: Martinus Nijhoff 1976.
LeGates, R. T./Stout, F. (Hg.): The city reader. New York: Routledge 1996.
Luhmann, N.: Ecological communication: Chicago: University of Chicago Press 1989.
Maturana, H. R.: Reality: The search for objectivity, or the quest for a compelling argument. Irish Journal of Psychology, 9, 1988: 29-49.
Maturana, H. R.: Autopoiesis, structural coupling, and cognition. Cybernetics and Human Knowing, 9 (2002)3-4: 5-34.
Oldenburg, R.: The great good place: Cafes, coffee shops, bookstores, bars, hair salons, and other hangouts at the heart of a community. New York: Marlowe and Company 1999.
Seamon, D.: A geography of the lifeworld: Movement, rest and encounter. New York: St. Martin's Press 1979.
Steier, F.: Reflexivity and methodology: An ecological constructionism. In: F. Steier (Hrsg), Research and reflexivity. London: Sage 1991.

Tan, S./Brown, J.: The World Café in Singapore: Creating a learning culture through dialogue. The Journal of Applied Behavioral Science, 41 (2005)1: 83-90.
Von Foerster, H.: Disorder/Order, Discovery or Invention. In P. Livingston (Hg.), Proceedings of the Stanford International Symposium. Palo Alto 1984.
Von Foerster, H.: Understanding understanding: Essays on cybernetics and cognition. New York: Springer 2003.
Wittgenstein, L.: Philosophical Investigations (3rd edition). New York: Macmillan 1968.

Olaf-Axel Burow

Zukunftskonferenz. Anspruch, Wirklichkeit und Perspektiven

1 Zum besonderen Charakter der Zukunftskonferenz

Unter den Verfahren partizipativer Zukunftsgestaltung nimmt die auf Marvin Weisbord (1992) zurückgehende Zukunftskonferenz eine besondere Stellung ein: Mit ihrem sechsphasigen Verlauf ermöglicht sie in vergleichsweise kurzer Zeit einen orientierenden Durchgang durch *alle* wesentlichen Dimensionen, die die Zukunft einer Organisation oder Region/Gemeinde betreffen:

So tragen die Teilnehmer der Zukunftskonferenz in der ersten Phase unter der Leitfrage *Wo kommen wir her?* auf einem Zeitstrahl die Höhe- und Tiefpunkte aus der Geschichte ihrer Organisation/Region/Gemeinde ab; gestalten in der zweiten Phase *Was kommt auf uns zu?* in Form eines Mindmaps (ca. 4x6m) eine komplexe Landkarte erwarteter Zukunftsherausforderungen; analysieren in der dritten Phase *Worauf sind wir stolz? Was bedauern wir?* Stärken und Schwächen bezüglich der projizierten Anforderungen; entwerfen in der vierten Phase *Was ist unsere Vision? Was wollen wir gemeinsam erschaffen?* vielfältige Bilder der erwünschten Zukunft; klären in der fünften Phase *Was ist unser gemeinsamer Grund?* diejenigen Entwicklungsaufgaben und Ziele, die alle mit Engagement tragen wollen; und erarbeiten in der sechsten Phase *Was wollen wir gemeinsam umsetzen?* konkrete Maßnahmenpläne unter Benennung von eindeutigen Verantwortlichkeiten und verbindlichen Terminplänen.

Mit diesem systematischen Durchgang beginnend bei der Vergangenheit, weiter zu den erwarteten Umfeldeinflüssen, einer Analyse der gegenwärtigen Situation, über die Entwicklung von Bildern der erwünschten Zukunft bis hin zum Start konkreter Maßnahmen liegt hier ein *einzigartiges Instrument partizipativer Zukunftsgestaltung* vor, dessen umfassender Charakter sich auch in der Teilnehmerzusammensetzung zeigt: „Das ganze System in einem Raum" – so die Forderung Weisbords, bedeutet, dass ein weites Spektrum nicht nur von Mitgliedern der Organisation/Gemeinde/Region etc. aller Hierarchie- und Tätigkeitsebenen einbezogen werden soll, sondern auch Schlüsselpersonen aus dem Umfeld. Im Unterschied zu traditionellen Verfahren der Organisationsentwicklung, in denen externe Berater Organisationsdiagnosen erstellen und Maßnahmenpläne erarbeiten, wird hier – zumindest in der Theorie – der gesamte Diagnose, Entwurfs- und Umsetzungsprozess in die Hände der Mitglieder der Organisation sowie von Personen aus dem unmittelbaren Umfeld (Kunden, Lieferanten, Mitbürgern etc.) gelegt.

2 Ziele der Zukunftskonferenz

Dieses komplexe und zugleich komprimierte Vorgehen soll verschiedene Ziele auf mehreren Ebenen erreichen:

- durch die Auswahl von Schlüsselpersonen aus allen die Organisation/Region/Gemeinde tangierenden Bereichen, soll eine repräsentative Zusammensetzung gewährleistet werden
- hierdurch soll tendenziell das gesamte Wissen der jeweiligen Mitglieder sowie der Personen aus dem Umfeld so erschlossen und vernetzt werden, dass es zur Entwicklung kreativer Zukunftsentwürfe und/oder Problemlösungen genutzt werden kann
- die Zusammenarbeit in gemischten Gruppen soll zum Aufbau auch über die Konferenz hinauswirkender persönlicher Kommunikationsbeziehungen, also zur Netzwerkbildung beitragen
- durch die gemeinsame Arbeit soll nicht nur die Identifikation mit der Organisation/Region/Gemeinde gestärkt, sondern auch eine gemeinsame Wertebasis entdeckt bzw. geschaffen werden
- durch den Verzicht auf externe Experten sollen im Sinne des Empowerments Vertrauen in die Kompetenz der Teilnehmer signalisiert und damit die Selbstlösungsfähigkeiten der Organisation/Region/Gemeinde gestärkt werden
- das Design ist darauf ausgelegt, die oftmals zersplitterten Energien der Organisation/Region/Gemeinde in Form einer gemeinsam geteilten Vision zu konzentrieren und eine motivierende Aufbruchsstimmung zu erzeugen.

Soweit die ambitionierten Ziele, doch wie sieht die Wirklichkeit aus?

3 Schneller Wandel in großen Gruppen? Anspruch und Wirklichkeit der Zukunftskonferenz

Ganz im Trend neuerer Großgruppenverfahren (s. Holman/Devane 2002) behauptet auch der Erfinder der Zukunftskonferenz, Marvin Weisbord (2001), erstaunlich weitreichende Wirkungen als Folge einer einzigen, zweieinhalbtägigen Zukunftskonferenz; Wirkungen, die nicht selten bis zu einem kompletten Turnaround einer bislang in Stagnation und Depression verharrenden Organisation reichten und zur Erzielung sagenhafter Effizienzsteigerungen und sogar Gewinnmaximierungen beitrügen.

Dabei existieren keineswegs empirische wissenschaftlich fundierte Belege für die behauptete Wirksamkeit von Zukunftskonferenzen. Alles andere wäre auch überraschend, denn spätestens seit der Desillusionierung über die vergleichsweise unspektakulären Wirkungen von Managementkonzepten in den achtziger und neunziger Jahren und den Untersuchungen von Argyris (1997; 1999) über „institutionelle Abwehrroutinen", wären wir doch sehr erstaunt über die Existenz eines solchen vergleichsweise einfachen, wenig zeitaufwändigen und überaus wirksamen Wunderinstruments. Schließlich haben eine erdrückende Zahl von Untersuchungen zu komplexen und langfristig eingesetzten Instrumenten organisationellen Wandels belegt, dass viele Methoden nicht die versprochenen Ergebnisse erzielt haben, zum Teil sogar kontraproduktiv waren.

Zunächst muss festgestellt werden, dass es bislang keine wissenschaftlichen Standards genügende Untersuchung zu den Wirkungen von Großgruppenverfahren im Allgemeinen und der Zukunftskonferenz im Besonderen gibt.

Entgegen des Neuigkeitsversprechens handelt es sich bei der Zukunftskonferenz keineswegs um ein völlig neues Verfahren, sondern eher um eine originelle Neukombination von Elementen, die aus anderen Gruppenverfahren bekannt sind. Von der auf Robert Jungk zurückgehenden Zukunftswerkstatt (Burow/Neumann-Schönwetter 1998) über die Encounter-Gruppen Carl Rogers aus den siebziger Jahren, der Planungszelle Peter Dienels und diversen Typen von Bürgerkonferenzen (Burow/Pauli 2006), um nur einige Verfahren zu nennen, gibt es eine Tradition von partizipativen Verfahren, die darauf abzielen, eine gemeinsame Wissensbasis für gemeinsames Handeln in großen Gruppen zu erzielen.

Wenn man einige der mit Neuigkeitsanspruch auftretenden Verfahren wie z.B. Appreciative Inquiry betrachtet, dann entsteht der Eindruck, dass mithilfe eines kreativen Namens und verbesserter Verpackung bekannte Einsichten als neu verkauft werden. Der Markterfolg legitimiert solche Marketingstrategien durchaus. Allerdings stellt sich die Frage, ob sich die Anbieter mit einem solchen

Vorgehen mittelfristig einen Gefallen tun, da sie sich damit selbst unter das Diktat der Modezyklen stellen und immer unhaltbarere Versprechen liefern müssen. Wir plädieren daher für den Abschied von überzogenen Wirkungsversprechen und stattdessen die begrenzten, aber durchaus beachtlichen Wirkungen der Zukunftskonferenz herauszustellen.

Das eigentlich „Neue" an der Zukunftskonferenz besteht nämlich nicht im „Schnellen Wandel", sondern in der Bereitstellung eines relativ gut zu handhabenden Verfahrens, das es Organisationen, Gemeinden und Gruppen ermöglicht, nicht nur *das für komplexe Zukunftsentscheidungen notwendige Wissen aus eigener Kraft heraus zu bündeln*, sondern auch das für den Wandel nötige *Engagement anzustoßen* und gruppenübergreifende Umsetzungsnetzwerke zu schaffen.

Das Versprechen schnellen Wandels weist auch insofern in die falsche Richtung, weil breit angelegte empirische Untersuchungen, wie zum Beispiel die von Jim Collins (2004) gezeigt haben, dass erfolgreiche Organisationen nicht durch spektakuläre Einzelmaßnahmen und charismatische Führerfiguren entstehen, sondern durch kontinuierliche, langfristige Arbeit aller Beteiligten an ihren grundlegenden Werten, Auffassungen und Kompetenzen. Erfolgreiche Organisationen/Regionen/Gemeinden verändern sich nicht im schnellen Wandel, sondern nach dem *Schwungradprinzip:* Zu Anfang geht es in einem sehr kraftaufwändigen Prozess darum, das Rad überhaupt in Bewegung zu bringen, bis eine kritische Masse erreicht ist, von der aus man dann immer weniger Kraft benötigt, um den Schwung und damit Qualität und Effizienz kontinuierlich zu steigern.

Die Zukunftskonferenz, wie wir sie verstehen, kann ein wichtiger Teil eines solchen *Anschubvorgangs* sein. Um die entfesselten Energien wirkungsvoll zu nutzen, bedarf es aber kontinuierlicher Weiterarbeit an der durch sie entstandenen Vision mithilfe geeigneter Instrumente. Insofern wäre die Formel: *Nachhaltiger Wandel durch große Gruppen* treffender.

4 Die Weisheit der Vielen nutzen

Eine weitere zentrale Leistung der Zukunftskonferenz besteht nach unseren Untersuchungen darin, das im jeweiligen Feld vorhandene interne Wissen freizusetzen und mit vielfältigen Sichten zu vernetzen, so dass die Beteiligten in die Lage versetzt werden, die Komplexität der jeweiligen Problemlagen zu erfassen und angemessenere Problemlösungsstrategien zu entwickeln Insofern beinhaltet die Future Search Conference das Potential einer *„Forschungskonferenz"*, die im Sinne der Aktions- und Handlungsforschung die Beteiligten in die Lage versetzt, zentrale Dimensionen selbst zu erforschen und aus dem im jeweiligen Feld vorhandenen Wissen, originelle Handlungsstrategien zeitnah zu entwickeln *und* umzusetzen; Strategien, die oft denen von Experten überlegen sind und dies nicht von Ungefähr:

Wie jüngst James Surowiecki (2005) in seiner Untersuchung „Die Weisheit der Vielen" nachgewiesen hat, werden die Kompetenzen von Experten überschätzt. Anhand vieler Beispiele zeigt er, das vielfältig gemischte und gut informierte Gruppen, die nicht durch Experten oder Führer manipuliert werden, in ihren Urteilen fast immer klüger sind als Einzelne, weil große Gruppen über bislang ungenutztes kollektives Wissen verfügen; Pierre Levy (1996) spricht in anderem Zusammenhang deshalb von *„kollektiver Intelligenz."* Surowiecki führt aus:

„Fachwissen und Fachkompetenz werden in vielen Zusammenhängen überbewertet"; er spottet über die „erbärmliche Leistungsbilanz der meisten Experten" und führt vor, dass in der Praxis ausgerechnet „ein Maximum an Unordentlichkeit" „oftmals als eminent weise" dastehe. Was viele hochnäsige Denker lange nicht glauben mochten, Statistiker und Ökonomen, Sozialforscher und Biologen haben es bewiesen: Je bunter zusammengewürfelt die Urteile, desto präziser treffen sie im Schnitt die Wahrheit" (Salzwedel 2005: 184 f.).

Ob es um das Schätzen des Gewichts eines Ochsen, der Anzahl von Murmeln in einem Glas oder die Untergangsstelle eines vermissten U-Boots im endlosen pazifischen Ozean geht, stets erweist sich eine zufällig zusammengesetzte Gruppe der Kompetenz eines einzelnen Experten überlegen. Diese Einsicht widerspricht den spontanen Einschätzungen vieler Führungskräfte, die oft noch ein äußerst negatives Bild von ihren Mitarbeitern haben und sich damit eines der wirkungsvollsten Instrumente für Wandel selbst nehmen. Die grotesken Fehlentscheidungen von vermeintlichen Managereliten, aber auch mancher Spitzen in Politik, Wissenschaft und Verwaltung sind kein Zufall: *Komplexe Systeme lassen sich nicht durch Unterkomplexität angemessen steuern.*

Aufgrund des rasanten Erkenntniszuwachses, aber auch der zunehmenden Arbeitsteilung und Spezialisierung verfügen wir zwar über immer mehr Informationen, sind aber als Individuen immer weniger in der Lage, komplexe Zusammenhänge zu durchschauen und einzelne Aspekte angemessen zu gewichten. Wenn wir aber zukunftsfähige Entscheidungen treffen wollen, dann muss an die Stelle von zusammenhanglosen Informationen *Wissen* treten. Unter *Wissen* verstehen wir *bewertete Information.* Zur Generierung von Wissen ist es nötig, vielfältige, ja widersprüchliche Sichten aus unterschiedlichsten Bereichen zusammenzutragen. Warum diese Gewährleistung von Vielfalt für Organisationen aber auch ganze Gesellschaften, die häufig nur eng begrenzte Ziele verfolgen, überlebensnotwendig ist, zeigt uns Jared Diamond (2005) aus einer interessanten anderen Perspektive: In seinem faszinierenden Buch „Kollaps" hat er die *Ursachen für den Niedergang von Gesellschaften* untersucht. Am Beispiel der traumhaft schönen amerikanischen Bergregion Montana zeigt er, wie unterschiedliche Bedürfnisse der Bewohner, die alle für sich genommen als durchaus berechtigt erscheinen, in ihrer Summe aber zu Wirkungen führen, die das Überleben der Region insgesamt gefährden. So erscheint Montana auf den ersten Blick als eines der letzten Naturrefugien mit einer atemberaubenden Landschaft und einer intakten Natur. Dieser Eindruck ist einer der Gründe, weswegen sich dort immer mehr Superreiche Luxusanwesen bauen, mit der Nebenwirkung, dass Grundstückspreise ins Unermessliche steigen, traditionelle Wirtschaftszweige unrentabel werden und das Leben für die Alteingesessenen unbezahlbar wird, so dass immer mehr wegziehen. Die Renditeinteressen der Bergbauunternehmen führen aufgrund fehlender gesetzlicher Limitierungen zur Einleitung von giftigen Abraumprodukten; die an schnell nachwachsenden Bäumen interessierten Waldbesitzer zerstören eine gewachsene Natur; die nach Ruhe und Erholung suchenden Städter tragen zur Auflösung funktionierender Sozialstrukturen bei, mit der Folge, dass in wachsendem Ausmaß der Gegensatz zwischen Arm und Reich das Leben der Region prägt. Die Analyse einer Vielzahl solcher Faktoren und deren Verknüpfung, die Diamond vornimmt, münden in eine überraschende Erkenntnis:

„Das scheinbar so unberührte Montana leidet also in Wirklichkeit unter zahlreichen Umweltproblemen: Giftmüll, Waldverlust, Bodenerosion, Wasserverschmutzung, Klimawandel, Verlust von Artenvielfalt und eingeschleppte Schädlinge" (Diamond 2005).

Der entscheidende Punkt ist aber, dass es sich hierbei nicht ausschließlich – wie es scheinen mag – um „Umweltprobleme" handelt, sondern um die *Folge unverbundenen Handelns einzelner Gruppen,* die alle ihre berechtigten Interessen verfolgen. Den Einzelnen fehlt der Überblick über die Wirkungen ihres Handelns im Gesamtgefüge und es fehlt eine Instanz, die dafür sorgt, dass die Interessen von Natur und Gesellschaft gleichermaßen berücksichtig werden. Diese Instanz kann in einer Demokratie aber nur durch die Bürger bereitgestellt werden. Nun zeigt aber Diamond, dass diese sich aufgrund ihrer entgegenstehenden Interessen nicht nur gegenseitig blockieren, sondern darüber hinaus einen massiven Widerstand gegen konfliktentschärfende Regulierungen durch den Staat entwickeln, so dass kompetente Politiker keine Chance haben, gewählt zu werden.

Unter der Voraussetzung, dass es in solchen Konfliktfällen nicht ausschließlich um das Durchsetzen ökonomischer und machtpolitischer Interessen geht, sondern um ernsthafte Problemlösung und Interessenausgleich, erscheint die Zukunftskonferenz als eine Möglichkeit, Bewegung in die festgefahrenen Fronten zu bringen, bietet sie doch mit ihren sechs Phasen die Möglichkeit, unterschiedliche Sichten und Interessen zusammenzubringen, eine sich der Komplexität annähernde Gesamtschau zu ermöglichen sowie mit der Entdeckung des Gemeinsamen Grundes, eine Vision zu finden, die dazu geeignet ist, die unter dem Terminus *Allmende-Klemme* bekannten Probleme zu überwinden.

5 Methodische Weiterentwicklungen: Symbole zur Entdeckung des Gemeinsamen Grundes nutzen

Ohne Zweifel besteht ein Verdienst Weisbords neben der Verbreitung seines hilfreichen Phasenmodells vor allem in der Beschreibung eines erstaunlichen Phänomens als Ergebnis vieler Zukunftskonferenzen, nämlich der *„Entdeckung des Gemeinsamen Grundes"* (Discovering the Common Ground), so auch der Titel seines ersten Buches zur Future Search Conference. Allerdings ist die Art und Weise wie er diesen Gemeinsamen Grund im Anschluss an die Visionenphase herauszuarbeiten sucht, zu aufwändig und wenig effektiv. Indem er sich nämlich darauf beschränkt, mithilfe einer Diskussion in der Großgruppe gemeinsam getragene Leitsätze herauszuarbeiten dominiert ein einseitig kognitiv-rationaler Erkenntnistyp die Suche nach der gemeinsam geteilten Basis, was den Vorgang häufig langwierig und anstrengend macht. Aufwand und Ertrag stehen oft in keinem angemessenen Verhältnis.

Von der *Gestalttherapie und Gestaltpädagogik* (Burow 1988; Burow 1993) herkommend, haben wir deshalb einen besonderen Akzent auf intuitiv-emotionale Erkenntniszugänge vermittels imaginativer Gestaltungsverfahren gelegt und schon in den frühen achtziger Jahren die Visionenphase der Zukunftswerkstatt umgestaltet: Im Anschluss an Entspannungs-verfahren und eine Zeitreise in die erwünschte Zukunft zeichnen die Teilnehmer zunächst ein *Symbol* für ihre individuelle Vision und setzen darunter eine programmatische Unterschrift bzw. einen erläuternden Text. Interessanterweise gestalten die Teilnehmer unterschiedlichster Organisationen einige Grundtypen von ähnlichen Symbolen, die auf gemeinsam geteilte Bedürfnisse und Vorstellungen hinweisen. Eine spannende, bislang offene Frage bleibt, ob es sich dabei um so etwas wie die von C.G.

Jung beschriebenen *Archetypen*, also um universelle oder eher um kulturspezifische Symbole handelt.

Im Anschluss an diese Phase der Selbstbesinnung auf die eigenen Werte und Wünsche veranstalten wir eine Ausstellung der in wenigen Minuten entstandenen Symbole. Die Reaktion der Teilnehmer ist immer wieder verblüffend: Fast alle sind fasziniert von der erstaunlichen Übereinstimmung vieler ihrer Gestaltungen. Diese spontane Entdeckung eines zunächst in Symbolen verschlüsselten Gemeinsamen Grundes erweist sich als eine erstaunlich wirksame Kraft zur Vereinheitlichung der unterschiedlichen Bestrebungen: Die Einzelpersonen formieren sich zu einem *Kreativem Feld* (vgl. Burow 1999).Die Veranstaltung endet mit einer Ausstellung der Projektposter, die anschließend fotografiert und ins Netz gestellt werden.

Die individuellen Symbole bilden die Basis für die Schaffung gemeinsamer Symbole, die das Wollen der gesamten Projektgruppe prägnant werden lassen und den Gemeinsamen Grund in Form ausdrucksstarker Bilder sichtbar und kommunizierbar machen. Die Arbeit mit inneren Bildern setzt starke *Motivationskräfte* frei, weil die Symbole eine neue, persönlichere, emotional prägnante Form der dialogischen Begegnung mit sich selbst und anderen ermöglichen. Wie die Hirnforschung (Pöppel 2006) gezeigt hat, wird unser Handeln weniger durch explizites Wissen, sondern eher durch *„Bildwissen"* (pictorial knowledge) gesteuert, das in unserem episodischen Gedächtnis gespeichert ist. Zukunftskonferenzen erhöhen ihre Wirksamkeit, wenn sie dieses Wissen abrufen und in handlungsleitenden und orientierenden *Zukunftsbildern* erschließen.

Wie wir aus den Untersuchungen von Chris Argyris (1997, 1999) wissen, bewirken top-down-geplante Maßnahmen der Organisationsentwicklung oft statt dem beabsichtigten Wandel den Aufbau institutioneller Abwehrroutinen: Die Organisation lernt, wie sie sich gegen Eingriffe von Außen schützen kann. Nachhaltig wirksamer Wandel kann also nur erfolgen, wenn die Mitglieder der Organisation *von innen heraus* motiviert sind, wenn sie die jeweilige Fragestellung oder Aufgabe in ihrem Innersten betrifft, ja sogar emotional bzw. körperlich ergreift, so wie es Heisenberg – nach seiner Selbstbeschreibung – bei der Entdeckung seiner Quantenformel ergangen ist.

An Heisenbergs Erfahrung anknüpfend hat uns der Physiker Pauli an die alte Erkenntnis der Kreativitätsforschung erinnert, derzufolge kreative Durchbrüche nicht als geplante Maßnahmen etwa mit Hilfe von Zielvereinbarungen linear entstehen, sondern der (spiralförmig organisierten) *Inkubationszeit* bedürfen. Die jeweilige Frage muss immer wieder aus unterschiedlichen Blickwinkeln betrachtet werden, bis sich endlich die neue Lösung zunächst als inneres Bild in den

Einzelnen formt. Allzu oft vergessen wir noch, dass jeder von uns nur einen Teil des Elefanten hat. *Die Nutzung von Vielfalt und Unterschieden und ihr Ausdruck in prägnanten Zukunftsbildern* tragen zur gegenseitigen Anregung bei; sowie zur Vernetzung des verteilten Wissens und sorgen für die bisweilen erstaunlich effektiven Wirkungen von Zukunftskonferenzen.

Zukunftskonferenzen, aber auch andere Großgruppenverfahren weisen gute Wege zu neuen Formen des kreativen, „*syntopischen*" Dialogs (Bohm 1998; Hartkemeyer 2005; Pöppel 2006), der Statusgruppen, Fachdisziplinen und Kulturgrenzen überwinden hilft. Um allerdings das ungenutzte Potential besser auszuschöpfen, bedarf es der Entwicklung neuer „Sprachen", in denen sich die Teilnehmer verbal und nonverbal, mit narrativen, poetologischen und ikonographischen Mitteln gegenseitig darin unterstützen, neue gemeinsame Zukunftsbilder zu schaffen, die anschließend in die jeweiligen Alltags- und/oder Fachsprachen rückübersetzt werden.

Auf einen weiteren Aspekt hat uns der Begründer der Mega-Trends, John Naisbitt in seinem Buch „High Tech – High Touch" (Naisbitt 1999) hingewiesen. In unserer gegenwärtigen Gesellschaft sind wir von unseren rasant zunehmenden technischen Möglichkeiten so fasziniert, dass wir die andere Seite der Medaille, nämlich unsere *emotionalen und spirituellen Bedürfnisse* vernachlässigen. Managementtechniken scheitern auch deswegen, weil sie zu oft auf einem verkürzten Menschenbild beruhen, das davon ausgeht, man könnte Mitarbeiter für beliebige Ziele funktionalisieren. In der Arbeit mit inneren Bildern taucht diese verdrängte Seite auf, die aber erst unser Menschsein ausmacht. Wenn man also Menschen, Organisationen und Gesellschaften in Bewegung bringen will, dann benötigt man High Touch *und* High Tech; oder wie es mir John Naisbitt, im Berliner Technik-Museum an eine 150-Jahre alte Dampflokomotive gelehnt, mitteilte: „If you tell me: In every classroom a computer, I tell you: Bullshit! I say: In every classroom a poet!"(Burow 2000) Unsere Frage also lautet: Wie können wir Zukunftskonferenzen so weiterentwickeln, dass sie nicht zu einem Instrument der Anpassung an ökonomische Entwicklungen verkümmern, sondern einen Zugang zur Bildung von Kreativen Feldern ermöglichen.

Diese wenigen Anregungen sollen deutlich machen, dass im Strukturmodell der Zukunftskonferenz noch viele ungenutzte Möglichkeiten bzw. Leerstellen liegen, die man auf unterschiedliche Weise füllen kann. Weisbord kommt der Verdienst zu, die Grundlagen der Konferenz entwickelt und verbreitet zu haben, was auf seine Weise Matthias zur Bonsen für den deutschsprachigen Raum fortgeführt hat. Doch statt dieses Modell immer nur nachzuahmen, käme es jetzt darauf an, es weiterzuentwickeln. So wäre es sicher interessant, in der Visionenphase völlig auf die verbale Sprache zu verzichten und mit der Großgruppe ein gemeinsames Zukunftsbild zu gestalten. Auf diese Weise könnte man die aus der Managementtheorie bekannten allgemeinen „Bilder der Organisation" (Morgan 2002) um die vorbewußten Bilder der Vielen ergänzen und so neue, nachhaltig wirksame Bilder kreieren, die von allen Beteiligten getragen werden. Die Nutzung unseres verborgenen Bildwissens könnte dazu beitragen, dass wir mehr über die latenten Wirkungen von Organisationen und die wirklichen Antriebe ihrer Mitglieder erfahren, aber auch einen neuen, verdichteten, unmittelbar verstehbaren Ausdruck des gemeinsamen Wollens schaffen. Ebenso wäre es sicher aufschlussreich, in der erste Phase die Geschichte der Organisation in eindrücklichen Bildern skizzieren zu lassen. Auch poetische Bilder, Metaphern etwa mithilfe von Elementen des Storytelling (Loebbert 2003) könnten hier zum Einsatz kommen, um die Freisetzung neuer Formen *kollektiver Kreativität* und *kollektiver Intelligenz* anzubahnen.

Literatur

Argyris C.: Wissen in Aktion. Eine Fallstudie zur Lernenden Organisation. Stuttgart 1997.
Argyris C./Schön D.A.: Die lernende Organisation. Grundlagen, Methode, Praxis. Stuttgart 1999.
Blanke T.: Unternehmen nutzen Kunst. Stuttgart 2002.
Bohm D.: Dialog. Das offene Gespräch am Ende der Diskussionen. Stuttgart 1998.
Burow, Olaf Axel: Grundlagen der Gestaltpädagogik. Lehrertraining – Unterrichtskonzept – Organisationsentwicklung. Dortmund 1988.
Burow, O. A.: Gestaltpädagogik – Trainingskonzepte und Wirkungen. Paderborn 1993.
Burow, O.A.: Die Individualisierungsfalle – Kreativität gibt es nur im Plural. Stuttgart 1999.
Burow, O.A.: Ich bin gut, wir sind besser – Erfolgsmodelle kreativer Gruppen. Stuttgart 2000.
Burow, O.A./Neumann-Schönwetter (Hg.): Zukunftswerkstatt in Schule und Unterricht. Hamburg. 1998
Burow O.A./Pauli B.: Von der Expertenzentrierung zur Weisheit der Vielen. Die Bürgerkonferenz als Instrument partizipativer Politikberatung. Berlin: Friedrich-Ebert-Stiftung. 2006.
Collins J.: Der Weg zu den Besten. Die sieben Management Prinzipien für dauerhaften Unternehmenserfolg. 3. Auflage. München. 2004.
Diamond J.: Kollaps. Warum Gesellschaften überleben oder untergehen. Frankfurt. 2005.
Hartkemeyer J.F.: Die Kunst des Dialogs. Stuttgart 2005.

Holman P./Devane T. (Hg.): Chance Handbook. Zukunftsorientierte Großgruppenmethoden. Heidelberg. 2002.
Jung C.G.: Archetypen. 12. Auflage. München. 2005.
Levy, P.: Kollektive Intelligenz. München. 1996.
Loebbert M.: Storymanagement. Der narrative Ansatz für Management und Beratung. Stuttgart. 2003.
Morgan, G.: Bilder der Organisation. Stuttgart. 2002.
Naisbitt, J.: High Tech – High Touch. Signum. 1999.
Pöppel E.: Der Rahmen. Ein Blick des Gehirns auf uns Ich. Hanser. 2006.
Salzwedel, J.: Lob der Unordnung. In: Der Spiegel, 42 (2005):184-185.
Surowiecki, J.: Die Weisheit der Vielen — Warum Gruppen klüger sind als Einzelne und wie wir das kollektive Wissen für unser wirtschaftliches, soziales und politisches Handeln nutzen können. München 2005.
Weber, S.M.: Rituale der Transformation. Großgruppenverfahren als pädagogisches Wissen am Markt. Wiesbaden 2005.
Weisbord, M.: Zukunftskonferenzen 1: Methode und Dynamik. In: Organisationsentwicklung (1996) 1: 4-13.
Weisbord, M./Janoff S.: Future Search. Die Zukunftskonferenz. Wie Organisationen zu Zielsetzungen gemeinsamen Handelns finden. Stuttgart 2001.

Weiterführende Informationen im Internet

www.art-coaching.org
www.7000zeichen.de
www.uni-kassel.de/fb1/burow

Diskursive Entscheidungsvorbereitung. Vom manifesten Konflikt zur Entscheidung

Anna Geis

Mediation. Verhandlungen im öffentlichen Bereich

1 Die Verfahrensidee und die Einsatzgebiete: Umweltmediation

Mediationsverfahren gehören zu der Familie „alternativer Konfliktregelungsverfahren", die in den USA seit den siebziger Jahren allmählich etabliert worden sind und auch in Deutschland spätestens seit den neunziger Jahren größere Aufmerksamkeit erlangt haben. Mit Mediation werden besondere Kommunikations- und Verhandlungstechniken bezeichnet, Mediationsverfahren sollen der außergerichtlichen, kostensparenden einvernehmlichen Streitbeilegung dienen. Es gibt zahlreiche unterschiedliche Ansätze zur Durchführung von Mediationen (Breidenbach 1995: 137), anstelle einer Definition kann man daher nur einige Grundmerkmale benennen: vermittelnder Dritter (Mediator), freiwillige Teilnahme möglichst aller betroffenen Konfliktparteien, selbstbestimmte und an Konsens orientierte Verhandlungen der Parteien, Ergebnisoffenheit des Verfahrens (Fietkau/Weidner 1998: 15-16). Im privaten Bereich ist Mediation in Form von Wirtschafts-, Familien- und Schulmediation oder als Täter-Opfer-Ausgleich verbreiteter als im öffentlichen Bereich, wo sie vorwiegend in der Kommunalpolitik als sogenannte Umweltmediation eingesetzt wird. Nur mit dieser Umweltmediation beschäftigt sich auch der vorliegende Beitrag. Die genaue Anzahl an stattgefundenen Umweltmediationen kann in der Regel nicht angegeben werden, da weder über eine Definition Einigkeit besteht noch alle Verfahren bekannt werden. Für Deutschland könnte die Zahl unter Zugrundelegung eines sehr weit gefassten Mediationsbegriffs nach groben Schätzungen bei mehr als hundert Verfahren liegen (vgl. Fietkau/Weidner 2001: 210). Mediationsverfahren werden heute auch in Deutschland von zahlreichen professionellen Dienstleistungsunternehmen angeboten.

Die durchaus aufwändigen Mediationsverfahren sollen für besonders „verzwickte" Fälle reserviert werden, in denen Konflikte bereits manifest sind (Weidner 1996: 41). Sie werden zur Erleichterung von absehbar problematischen Planungsprozessen bei Infrastrukturmaßnahmen eingesetzt; bei Standortsuchen, Großbauprojekten und anderen umweltrelevanten kommunalen Problemen sollen sie Entscheidungsblockaden zwischen Anwohnern, Projektbetreibern und Verwaltung verhindern helfen. Mediationsverfahren werden in Deutschland üblicherweise von den Verwaltungen eingeleitet und sind so Ausdruck eines Leitbildes der „kooperativen Verwaltung". Die Haupteinsatzfelder liegen bislang im Bereich Abfall/Entsorgung, Verkehr, Chemie/Gentechnik/Energie und Umweltprogrammen (Jeglitza/Hoyer 1998; Troja 2001). Der Teilnehmerkreis setzt sich in der Regel aus Vertretern von konfliktrelevanten organisierten Interessengruppen, Umweltverbänden, Bürgerinitiativen, Verwaltungen und Kommunen zusammen, die Auswahl der Teilnehmer soll idealerweise über eine vorausgehende Interessen- und Konfliktanalyse eines Mediators vorbereitet werden (Voßebürger/Claus 1999). Mit Hilfe von wissenschaftlicher Expertise werden in strukturierten Verständigungs- und Verhandlungsprozessen Probleme gemeinsam diagnostiziert, Analysen erstellt, Gutachten in Auftrag gegeben, offene Fragen identifiziert, eigene Interessen offen gelegt und potentielle Handlungsoptionen für alle Beteiligten erörtert. Mediationsverfahren sind allerdings weniger dem Typus „Diskursverfahren" zuzurechnen, sondern sie stellen mit ihrer Orientierung an fairen Kompromissen („win-win"-Lösungen) in einem konkreten Konfliktfall eher ein Verhandlungsverfahren dar (Feindt 2001). Daher sind hier die Kommunikationen der Teilnehmer stärker an einem „Aushandeln" (im Sinne eines „negotiate") als an „Argumentieren" ausgerichtet (vgl. Saretzki 1996) und die Machtverhältnisse der im Verfahren repräsentierten Interessengruppen bleiben ein wichtiger Einflussfaktor im Verfahrensprozess (insofern sich hieraus unterschiedliche Verfügung über Personal, Zeit, Geld und Expertise ergibt). Mediationsverfahren sind keine Instrumente zur zeitweisen Aufhebung von Machtunterschieden (vgl. Zilleßen/Barbian 1997: 173). Das Gelingen der Verfahren hängt zudem stark davon ab, ob Vertrauen zwischen den Konfliktparteien gebildet werden kann (vgl. Geißel/Penrose 2002: 20-26). Das Abmildern von Asymmetrien im Kommunikationsprozess und die Bildung von Vertrauen sind zentrale Aufgaben des „überparteilichen" Mediators/der Mediatorin. Die vermittelnde Person kann idealtypisch eine stärker prozessorientierte Rolle (primär Management komplexer Sozialbeziehungen und Sorge für den Verfahrensablauf) oder eine ergebnis- und inhaltsorientierte Rolle (Streben nach und aktive Beteilung an der Lösung) einnehmen (Fietkau/Weidner 1998: 85).

Wissenschaftlich wurden Umweltmediationsverfahren hierzulande zunächst von der Verwaltungswissenschaft erörtert (z.B. Hoffmann-Riem/Schmidt-Aßmann 1990), später wurden sie auch Gegenstand demokratietheoretischer Überlegungen. In dieser Perspektive betrachtete man sie als innovative Formen reflexiver Institutionalisierungen, die zur Modernisierung der Demokratie beitragen könnten (Schmalz-Bruns 1995: 236; Zilleßen u.a. 1993). Die Verfahrens*idee* erscheint allgemein als so attraktiv, dass sich hohe Erwartungen an die Leistungsfähigkeit dieses Instruments ausgebildet haben: Sie könnten „Reflexionsschleifen" im Vorfeld politischer Entscheidungen darstellen, aufgrund der frühzeitigen Einbeziehung der Entscheidungsbetroffenen sowohl Rationalität als auch Legitimität von Entscheidungen vergrößern und die Nachhaltigkeit von Entscheidungen verbessern. Die erhöhte Sachrationalität kommt durch die Verknüpfung unterschiedlicher Wissensarten bzw. Rationalitäten im Verfahren zustande (wissenschaftliche Expertise, Expertise der jeweiligen Interessenvertreter, lokales Wissen betroffener Bürger u.a.), die gesteigerte Legitimität durch die partizipative Erweiterung des Teilnehmerkreises. Die Effektivität der Entscheidungen soll durch das Interesse der Teilnehmer an der nachhaltigen Umsetzung der von ihnen erarbeiteten Lösungen gewährleistet werden. Angesichts dieser Erwartungen wird das Instrument fälschlicherweise oft voreilig mit einem Zugewinn an Demokratie gleichgesetzt, obwohl es zunächst nicht mehr als eine Sozialtechnik darstellt (kritisch dazu Saretzki 1997: 35-37). Die verbreitete Hoffnung auf ein Mehr an Demokratie durch Mediation müsste in jedem Einzelfall kritisch überprüft werden, denn als informelle, nichtöffentliche Verfahren, die nur einen kleinen, oft intransparent ausgewählten Teilnehmerkreis an Interessenvertretern zulassen, können sie keine rechtliche Legitimität beanspruchen. So sind Mediationsverfahren der Idee nach sicherlich sehr anspruchsvolle Instrumente der Konfliktvermittlung, teils auch der Politikberatung von Verwaltungen – die an sie gerichteten hohen Erwartungen werden jedoch durch die Analyse tatsächlich durchgeführter Verfahren relativiert, da sich in der Praxis eine Reihe problematischer Aspekte zeigen (Holtkamp/Stach 1995; Geis 2005: 67-97).

2 Die Probleme von Umweltmediation in der Praxis

Weil die Verfahren in der Praxis einen hohen Ressourcenverbrauch haben, können sie auch nur selten eingesetzt werden; für ihr Gelingen wird viel Zeit, Geld und Personal benötigt. Zudem müssen alle Teilnehmer vorgängig bereits das Vertrauen haben, dass das ihnen angebotene Verfahren fair verlaufen wird und eine faire Lösung überhaupt (noch) möglich ist – die Teilnahme an einem informellen Prozess ohne institutionalisierte Rechte, die immer auch Risiken mit sich bringt, muss sich also „lohnen" für die betreffende Konfliktpartei. Gerade ressourcenschwächere Gruppen wie Bürgerinitiativen und Umweltverbände sind in dieser Hinsicht äußerst misstrauisch. Zum einen, weil sie argwöhnen, für einen politischen Zweck instrumentalisiert zu werden; zum anderen sprechen ihre eigenen Organisationsinteressen (heterogene Klientel; Vorfestlegung auf eine Position; wenig Ressourcen) eher gegen eine Teilnahme. Die Einbindung solcher Gruppierungen, die durch Mediationsverfahren gerade angesprochen werden sollen, ist daher in der Praxis häufig schwierig oder gelingt nicht (vgl. Lauer-Kirschbaum 1996; Jansen 1997; Tils 1997).

Die Informalität der Verfahren bietet den Teilnehmern – nicht zuletzt den Mediatoren/Mediatorinnen – die Chance, auf den Prozess und das Ergebnis selbst stark einzuwirken. Diese Chance ist aber abhängig von den außerhalb des Verfahrens bestehenden Macht- und Organisationsverhältnissen der vertretenen Gruppierungen, da die jeweils verfügbaren Ressourcen aller Art und die Form der Rückbindung der Repräsentanten an ihre entsendende Organisation/Institution den Gestaltungseinfluss mitbestimmen. Da zumindest in Deutschland häufig die politische Exekutive die Verfahren initiiert, nehmen staatliche Akteure auch eine Reihe von Steuerungsmaßnahmen vor, die eine zeitliche Fristsetzung, die Identifizierung der Teilnehmergruppierungen, die finanzielle Ausstattung, die Vorgabe von Themenkreisen, die Vorgabe eines groben prozeduralen Rahmens und ähnliche Vorstrukturierungen einschließen können. Umweltmediation steht somit prinzipiell in der Gefahr der politischen Instrumentalisierung, d.h. der bloßen Akzeptanzbeschaffung für längst gefallene unliebsame Entscheidungen (vgl. Perschel 2001: 56-57).

Ob Mediationsverfahren überhaupt zu einem umsetzbaren Ergebnis kommen, ist ohnehin nicht garantiert, da Verfahren teils abgebrochen werden oder kein „greifbares" Ergebnis produzieren (Herz 2003: 174, 179; Troost 2001: 273). Der Konfliktgegenstand sollte *aus Sicht der Konfliktparteien* einem Kompromiss prinzipiell zugänglich sein, im Falle von Standortentscheidungen (z.B. für eine neue Landebahn) dürfte schon diese Frage, die für Einleitung einer erfolgversprechenden Mediation zentral ist, angezweifelt werden. Nach Abschluss einer Mediation ist überdies völlig unklar, wie die politischen Entscheidungsträger mit etwaigen Ergebnissen umgehen. Aufgrund der rechtlichen Unverbindlichkeit der Ergebnisse ist es der politischen Opportunität bzw. der Klugheit der legitimierten Entscheidungsträger überlassen, ob sie die Ergebnisse übernehmen, modifizieren oder gänzlich ignorieren. Allerdings soll hier die Einbeziehung von Mitgliedern der Verwaltung in die Mediationsverfahren die Chancen erhöhen, mögliche Ergebnisse in die politischen Institutionen hinein zu vermitteln und die Mediationsteilnehmer umgekehrt bereits frühzeitig auf die Bedenken aus Sicht der später Verantwortlichen hinweisen (vgl. Daele/Neidhardt 1996: 32).

3 Ein umstrittenes Praxisbeispiel: Die Frankfurter Flughafen-Mediation

3.1 Hintergrund, Einleitung und Arbeit der Frankfurter Mediation

Im Folgenden sollen am Beispiel der Frankfurter Flughafen-Mediation, die von der Hessischen Landesregierung initiiert wurde und von Juli 1998 bis Januar 2000 dauerte, Chancen und Grenzen von mediationsähnlichen Verfahren verdeutlicht werden (im Folgenden Geis 2005). Das sogenannte Frankfurter Verfahren wurde eingeleitet, weil im Herbst 1997 der Lufthansa-Vorstandsvorsitzende mit seiner Forderung nach einer neuen Start- und Landebahn auf dem siebtgrößten Flughafen der Welt eine neue Debatte um die Flughafenerweiterung in der Rhein-Main-Region auslöste. Viele in der Region betrachteten diese Forderung als Tabu-Bruch, da seit den langandauernden gewalttätigen Auseinandersetzungen um die Startbahn West Ende der 1970er/Anfang der 1980er Jahre das Thema weiterer möglicher Großausbaumaßnahmen peinlich vermieden wurde. Die zahlreichen Anwohner des „Flughafens in bester Innenstadtlage" sehen die Grenze an Lärm- und Umweltbelastung erreicht, während die Flughafenbetreiberin Fraport AG und die angesiedelten Wirtschaftsunternehmen auf die ihrer Meinung nach drohenden Kapazitätsengpässe und den Abstieg Frankfurts vom „Weltflughafen" zum „Provinzflughafen" hinweisen (Sack 2001).

Diese Debatte traf die seinerzeit amtierende rot-grüne Landesregierung nicht nur zu einem ungünstigen Zeitpunkt, sondern auch in ihrem Nerv: Die Regierung stand kurz vor einem Landtagswahlkampf, und in der Koalitionsvereinbarung war eine Begrenzung des Flughafens auf sein damaliges Gelände festgeschrieben. Die Grünen sprachen sich in der Debatte gegen eine neue Erweiterung aus, während die SPD keine eindeutige Position zum Ausbau hatte. In dieser Situation suchte die Staatskanzlei nach einem Weg, sowohl den Konfliktaustrag zu kanalisieren als auch den Konflikt aus der Koalitionsregierung und dem Wahlkampf herauszuhalten. Ein von Ministerpräsident Eichel einberufener „Gesprächskreis Flughafen" schlug schließlich die Einleitung eines „Mediationsverfahrens" vor. Bezeichnenderweise wollte die Landesregierung darunter aber keine Konfliktvermittlung verstanden wissen, sondern ein „Informations- und Beratungsverfahren". Die Staatskanzlei und der Gesprächskreis bereiteten Konzeption, Zusammensetzung und Fragestellung des Verfahrens vor und legten bereits zwei der drei vorgesehenen Mediatoren fest, die zudem aus den Reihen des Gesprächskreises stammten. Als „Zielbestimmung", die die zugesicherte „Ergebnisoffenheit" des Verfahrens zum Ausdruck bringen sollte, gab der Gesprächskreis folgenden Prüfauftrag vor:

> „Das Mediationsverfahren soll klären, unter welchen Voraussetzungen der Flughafen Frankfurt dazu beitragen kann, die Leistungsfähigkeit der Wirtschaftsregion Rhein-Main im Hinblick auf Arbeitsplätze und Strukturelemente dauerhaft zu sichern und zu verbessern, ohne die ökologischen Belastungen für die Siedlungsregion außer Acht zu lassen." (Mediationsgruppe 2000: 7).

Zur Teilnahme an der Mediation eingeladen wurden insgesamt 20 Personen: Bürgerinitiativen (vertreten durch 4 Personen), Umweltverbände (2), Städte und Kommunen (4), das Hessische Wirtschaftsministerium (1), das Hessische Umweltministerium (1), das Bundesverkehrsministerium (1), die Flughafenbetreiberin Fraport AG (1), die Lufthansa (1), die Interessenvertretung der Fluglinien BARIG (1), die Deutsche Flugsicherung (1), die Gewerkschaft ÖTV (1), die Industrie- und Handelskammer Frankfurt (1) und die Vereinigung der hessischen Unternehmerverbände (1).

Umweltverbände und Bürgerinitiativen waren in die Vorbereitung des Verfahrens nicht eingebunden, was für die Vorbereitung einer aussichtsreichen Mediation unabdingbar gewesen wäre. Es kann kaum überraschen, dass diese Gruppierungen sich gegenüber anderen in der Vorbereitung privilegierten Gruppen zurückgesetzt sahen und die Landesregierung mit massiver Kritik überzogen. Schließlich lehnten Umweltverbände und Bürgerinitiativen eine Teilnahme unter den gegebenen Bedingungen ganz ab. Sie stützten sich in ihrer Kritik an dem Verfahren u.a. auf Kriterien, die in der Expertenliteratur zu Mediation erarbeitet worden sind (vgl. Busch 2000). Sie vermissten eine Selbstbestimmtheit des Verfahrens und hielten die Mediatoren für parteiisch. Zudem sei eine Ergebnisoffenheit des Verfahrens nicht gewährleistet, weil der Ausbau schon feststehe. Einige Gegner bezweifelten prinzipiell, dass man in der Frage einer Landebahn überhaupt einen Kompromiss finden könne, der alle Seiten zufrieden stellt – der Einsatz eines an „win-win"-Lösungen orientierten Mediationsverfahrens erschiene damit aber von vornherein aussichtslos. Insgesamt erfülle das angestrebte Verfahren also keines der wichtigen Kriterien eines Mediationsverfahren und diene nur der Akzeptanzbeschaffung für eine schon feststehende Entscheidung. Schließlich, so der letzte Einwand der Nichtteilnehmer, sei auch überhaupt nicht zu erkennen, wie etwaige Ergebnisse des Verfahrens die Politik binden würden. Die Landesregierung hatte lediglich zugesagt, dass das Ergebnis „Beachtung" finden würde – angesichts der rechtlichen Unverbindlichkeit von Mediation wäre eine weitergehende in Aussicht gestellte Selbstbindung der Politik jedoch ein fragwürdiges Versprechen gewesen.

Ungeachtet der starken Kritik konstituierte sich die Mediationsgruppe im Juli 1998 auf der Basis der Vorgaben durch die Staatskanzlei. Die freigelassenen Plätze von Bürgerinitiativen und Umweltverbänden nahmen schließlich vor allem Vertreter von Städte und Kommunen ein. Es wurde erwartet, dass die zahlreichen Kommunalvertreter die Argumente der nichtteilnehmenden Ausbaugegner quasi „mitrepräsentieren" würden, da viele von ihnen ebenfalls gegen den Ausbau waren. Um ihr komplexes Arbeitsprogramm zu bewältigen, bildete die Mediationsgruppe differenzierte Strukturen aus, sie gründete drei Arbeitskreise und weitere Untereinheiten. Für die fachliche Begleitung wurden die Hessische Landesanstalt für Umwelt (HLfU) und die Hessische Landesentwicklungs- und Treuhandgesellschaft (HLT) ausgewählt, für die wissenschaftliche Begleitung das Öko-Institut e.V. Die Mediationsgruppe sollte die Struktur der derzeitigen Beziehungen des Flughafens zur Region unter ökonomischen, verkehrlichen, ökologischen und sozialen Aspekten beschreiben und die bestehenden Erkenntnisse aus vorliegenden Untersuchungen bewerten. Schließlich sollte sie die zukünftigen Konsequenzen der Entwicklung des Flughafens für die Region abschätzen und beurteilen.

Die Mediationsgruppe entwarf für das Frankfurter Verfahren vier Szenarien, die jeweils eine Zielgröße von im Jahr 2015 nachgefragten jährlichen Flugbewegungen angaben und eine Aussage über die Anzahl der Nachtflüge enthielten (Mediationsgruppe 2000: 30-35). Diesen vier Szenarien wurden nach Auswertung der eingeholten Gutachten, der Experten-Hearings und der Arbeitspapiere die jeweils bis 2015 zu erwartenden gesundheitlichen, ökologischen, sozialen, siedlungsstrukturellen und ökonomischen Wirkungen zugeordnet. Im Laufe des Verfahrens konsultierte die Mediationsgruppe 129 externe Experten (Mediationsgruppe 2000: 9). Die fachliche und wissenschaftliche Begleitung leisteten erhebliche Vorarbeiten bei der inhaltlichen Konkretisierung des Arbeitsprogramms und der Vorbereitung der Gutachten, da die meisten Mitglieder der Mediationsgruppe – mit Ausnahme der Fraport und der Flugsicherung – nicht die notwendige Expertise zur außerordentlich komplexen Problematik eines Flughafenbetriebs hatten. Daher fungierte die Mediationsgruppe häufig vorwiegend als Beschlussorgan, Grundlage ihrer Beschlüsse waren die schriftlichen Ergebnisse ihrer Arbeitskreise (Troost 2001: 258).

Nach insgesamt 24 nichtöffentlichen Sitzungen verfasste die Mediationsgruppe im Januar 2000 ihren 192-seitigen Endbericht. Darin bewertete sie insgesamt neun denkbare Bahnvarianten und ihre Auswirkungen, aber auch die derzeit schon bestehenden erheblichen Belastungen für die Bevölkerung und die Siedlungsentwicklung wurden hier deutlich. Die Mediationsgruppe schloss ihren Endbericht mit konkreten politischen Empfehlungen ab, dem sogenannten Mediationspaket. Dieser Kompromissvorschlag besteht aus fünf „untrennbar miteinander verbundenen" Komponenten: Optimierung des vorhandenen Bahnsystems, Kapazitätserweiterung durch Ausbau, Nachtflugverbot, Anti-Lärm-Pakt, Regionales Dialogforum. Mit dem Regionalen Dialogforum unterbreitete die Mediationsgruppe der Landespolitik den Vorschlag einer Institutionengründung, die ihren eigenen Kommunikationszusammenhang auf Dauer stellen sollte. Inhaltlich sollte das Gremium insbesondere offen gebliebene Sachfragen klären sowie detaillierte Umsetzungsvorschläge für das Nachtflugverbot und den Anti-Lärm-Pakt entwickeln.

3.2 Das Innenleben der Mediationsgruppe

Was ist über das Innenleben der Mediationsgruppe bekannt? Aus Schilderungen, die sich aus teilnehmender sozialwissenschaftlicher Beobachtung (Troost 2001), aus einer nachträglichen Evaluation (Bora/Wolpert 2003) und weiteren Interviews mit Beteiligten (Geis 2005) sowie Berichten von Mediatoren (Hänsch 2003) ergeben, lässt sich Folgendes zusammenfassen: Die Mediatoren (und ihr Beraterteam) spielten eine sehr aktive, ergebnisorientierte Rolle. Bei den Teilnehmern machten sich die teils erheblichen Unterschiede in Ressourcenausstattung und Fachwissen bemerkbar. Da die Arbeit der Mediationsgruppe mit einer sehr komplexen Materie befasst war und nicht umsonst mit zahlreicher wissenschaftlicher Expertise unterstützt wurde, hatten hier insbesondere die Vertreter der ressourcenstarken Flugverkehrsbranche einen wichtigen Informationsvorsprung (Troost 2001: 261-271). Dass die formale Gleichberechtigung aller Mitglieder faktisch durch Macht- und Ressourcenmissverhältnisse zuungunsten der Kommunalvertreter und der nebenamtlich Tätigen unterlaufen wurde, beklagten zahlreiche Teilnehmer in der Evaluation selbst (Bora/Wolpert 2003: 118). Das Fehlen der Umweltverbände und Bürgerinitiativen führte dazu, dass ökologische Fragestellungen in den Hintergrund gerieten, da sie nicht – wie erwartet – in gleichem Maße von den neun

Kommunalvertretern „mitrepräsentiert" wurden. Als belastend empfanden die meisten Mitglieder den Zeitdruck, der durch die Fristsetzung des Ministerpräsidenten entstand und in der Endphase zur äußerst gedrängten Arbeit am Endbericht führte. Der Mediator berichtet hier jedoch, dass dieser Zeitdruck letztlich geholfen habe, überhaupt zu einem Ergebnis zu kommen, da sich bereits Ermüdungs- und Erosionserscheinungen in der Gruppe zeigten und sich wohl kaum noch etwas an den Positionen der Einzelnen geändert hätte (Hänsch 2003: 86). Formelle Abstimmungen über Sachfragen oder Positionen gab es nicht; lediglich im Falle reiner Verfahrensfragen wurde abgestimmt und dies äußerst selten. Es wurde jeweils so lange diskutiert, bis einer der Mediatoren einen Diskussionsstand als konsensuales Ergebnis zusammenfassen konnte, was die Geduld der Gruppe offenbar arg strapazierte (Hänsch 2003: 85). Die Sozialbeziehungen innerhalb der Gruppe haben sich im Laufe des Verfahrens verbessert, Misstrauen konnte abgebaut werden und die Gruppe fand so zu einem offeneren und kontroverseren Diskussionsstil. Voraussetzung war eine außergewöhnlich hohe Präsenz und Kontinuität der Personen in der Mediationsgruppe (Hänsch 2003: 85). Ein Großteil der Mitglieder bewertete die Arbeit im Nachhinein selbst als sehr konstruktiv (Bora/Wolpert 2003: 121), knapp die Hälfte bewertete die Bereitschaft der Beteiligten, die Probleme im Mediationsverfahren anzugehen und zu lösen, als gut (Bora/Wolpert 2003: 123). Eine Reihe von Mitgliedern stellte auch die Initiierung von reflexiven Lernprozessen fest (Bora/Wolpert 2003: 130). Das Verfahren hat zudem zu einer dauerhaften Netzwerkbildung geführt, sowohl zwischen Beteiligten innerhalb der Mediationsgruppe als auch zwischen Bürgerinitiativen, Umweltverbänden und Kommunalvertretern (Troost 2001: 274; Geis 2005: 263-265). Zudem werden diese Vernetzungsbeziehungen durch die im Juni 2000 erfolgte Einrichtung des Regionalen Dialogforums stabilisiert.

3.3 Die Bindungswirkung der Frankfurter Mediation

Obwohl sich Mitglieder der Mediationsgruppe sofort von einzelnen Elementen des Mediationsergebnisses distanzierten – die Flugwirtschaft lehnte das Nachtflugverbot ab, Kommunalvertreter den Ausbau –, hatte das Mediationspaket eine erstaunliche Bindungswirkung auf die Landespolitik: Obwohl inzwischen ein Regierungswechsel stattgefunden hatte, nahm die Landesregierung das Mediationspaket geradezu dankbar an, der Landtag stimmte mit CDU-FDP-Mehrheit ebenfalls für die komplette Umsetzung des Pakets. Im Juni 2000 wurde auch das Regionale Dialogforum eingerichtet, das auf unbestimmte Zeitdauer besteht. Das

Mediationsergebnis wurde schließlich als Ziel in die (allerdings unverbindliche) Präambel des Landesentwicklungsplans aufgenommen, und es ist als Referenz in die laufenden Verwaltungsverfahren eingegangen. Obwohl das spätere Planfeststellungsverfahren bereits mit anderen Expertisen und Informationen arbeitete als noch die Mediationsgruppe, wurde dennoch von der Landesregierung und dem Vorsitzenden des Regionalen Dialogforums immer wieder auf das Mediationsergebnis als bester möglicher Kompromiss im Flughafen-Konflikt verwiesen. Die Mediationsgruppe hat zudem davon profitiert, dass sowohl Medienöffentlichkeit wie Protestöffentlichkeit dem Verfahren in der Endphase und insbesondere dem Mediationspaket große Beachtung schenkten. Die von der Mediationsgruppe markierten Diskussionspunkte und Erkenntnisse haben monatelang die intensive öffentliche Debatte in den Kommunen wie in den Medien prägen können.

In der Produktion von neuem Wissen und Argumenten ist auch die größte Leistung des Frankfurter Verfahrens zu sehen (ausführlich Geis 2005: 276-286). Das Verfahren hat insgesamt zu einer neuen Qualität des Politikprozesses beigetragen. Es hat wesentliche Strukturierungsleistungen für die politische Debatte erbracht, die Entstehung von zahlreichen Öffentlichkeiten zu einem sehr frühen Zeitpunkt des Entscheidungsprozesses angeregt, und es hat eine starke Wissensproduktion in Gang gesetzt, von der alle Akteure im politischen Prozess profitieren – wider Erwarten auch die Ausbaugegner, die eine Teilnahme an der Mediation abgelehnt hatten. Sie konnten sich auf die Dokumentation der hohen Belastung der Kommunen stützen, und ihre Forderung nach Nachtflugverbot und Lärmminderungsmaßnahmen fanden nun aufgrund ihrer Verankerung im Mediationspaket wesentlich größere Resonanz in der Öffentlichkeit. Vermutlich lagen bei keinem infrastrukturellen Großprojekt in Deutschland bereits vor Beginn der Genehmigungsverfahren so viele Daten vor wie vor dem Ausbau des Frankfurter Flughafens.

Mit der Einleitung der Verwaltungsverfahren zeichnete sich allerdings ab, dass die Hauptkontrahenten Fraport, Lufthansa und Kommunen die große Vermehrung des Wissens über viele Sachfragen, über komplexe Problemzusammenhänge, aber auch über die anderen Akteure im Feld immer weniger dazu nutzten, Kompromisse zu erreichen – vielmehr hilft ihnen das neue Wissen nun auch bei der intensiven Vorbereitung ihrer anstehenden Klagen und gerichtlichen Auseinandersetzungen. Es ist nahezu absehbar, dass die *Langfrist*wirkung der Mediation darin bestehen wird, dass jetzt zwar alle viel mehr wissen – über die Sachfragen, über komplexe Problemzusammenhänge, über die anderen Akteure –, dies aber nur noch dazu nutzen, ihre jeweiligen Klagen noch besser vorzubereiten.

Die enorme Steigerung der Rationalität eines Politikprozesses ist offenkundig nicht gleichbedeutend mit einer Konsensbildung: auch der rationalste Prozess *kann* am Ende in der Entscheidungsblockade münden. An der langfristigen Effektivität der Frankfurter Mediation, d.h. der Nachhaltigkeit ihres von vielen gelobten Ergebnisses, sind daher große Zweifel erlaubt.

4 Fazit

Das viel beachtete „Frankfurter Verfahren" war nicht nur politisch umstritten, sondern löste auch unter Mediationsexperten erhebliche Kontroversen aus, weil es nicht den zentralen Kriterien eines Mediationsverfahren entsprochen habe und daher einen „Etikettenschwindel" darstelle (z.B. Kessen 1999; vgl. Ewen u.a. 2003). Ähnlich sahen dies, wie oben beschrieben, die nichtteilnehmenden Umweltverbände und Bürgerinitiativen. Legt man ein ideales Mediationsverfahren zugrunde (Voßebürger/Claus 1999), kann das Frankfurter Verfahren tatsächlich nicht als „Mediation" eingestuft werden. Man muss bei der Bewertung des Verfahrens jedoch in Rechnung stellen, dass Mediationsverfahren im öffentlichen Bereich auf den einzelnen Konfliktfall zugeschnitten werden sollen (Weidner 1998: 19) und dass die Kriterien, die an Privatmediationen angelegt werden, nicht in gleichem Maße auf öffentliche Konflikte, d.h. auf stark politisierte, medial sichtbare und von zahlreichen Konfliktparteien geprägten Konfliktkonstellationen, übertragen werden können. Das Frankfurter Verfahren kann am besten als „namenloser" Verfahrenshybrid charakterisiert werden, der Elemente einer Mediation, eines Gutachterverfahrens und eines Schlichtungsverfahrens in sich vereinte. Obwohl das Verfahren damit kein „reines" Mediationsverfahren darstellte, lassen sich an ihm m.E. die gleichen strukturellen Probleme, Chancen und Grenzen studieren, wie sie die Expertenliteratur für Idealverfahren erwarten lässt. Nicht zuletzt die politische Einflussnahme in der Einsetzungsphase, gegen die Umweltmediationen nur schwer abzuschirmen sind, ließ sich hier sehr gut beobachten.

Die Kosten und Nutzen solcher Art Beteiligungsverfahren in stark politisierten umweltrelevanten Konflikten müssen im Einzelfall genau abgewogen werden. Umweltmediationen sind zeitlich, finanziell und personell aufwändig sowie rechtlich nicht abgesichert, d.h. unklar legitimiert. Nicht alle Verfahren sind so wirkungsvoll wie das Frankfurter Verfahren – manche werden bereits vorab abgebrochen oder bleiben ergebnislos. Daher bleibt schließlich offen, ob die Nutzen einer *möglichen* Konsens-, Wissens- und Vertrauensproduktion immer in einem gerechtfertigten Verhältnis zur Strapazierung anderer Ressourcen stehen.

Literatur

Bora, Alfons/Wolpert, Marco: Das Mediationsverfahren aus der Sicht der Teilnehmer und Beobachter – Daten zur Evaluation. In: Wörner, Johann-Dietrich (Hg.): Das Beispiel Frankfurt Flughafen. Mediation und Dialog als institutionelle Chance. Dettelbach 2003: 107-137.

Breidenbach, Stefan: Mediation. Struktur, Chancen und Risiken von Vermittlung in Konflikten. Köln 1995.

Busch, Per-Olof: Konfliktfall Flughafenerweiterung. Eine kritische Würdigung des Verfahrens „Mediation – eine Zukunftsregion im offenen Dialog" zum Flughafen Frankfurt/Main. Frankfurt a.M. HSFK-Report 8/2000.

Daele, Wolfgang van den/Neidhardt, Friedhelm: Regierung durch Diskussion. In: Daele, Wolfgang van den/Neidhardt, Friedhelm (Hg.): Kommunikation und Entscheidung. Politische Funktionen öffentlicher Meinungsbildung und diskursiver Verfahren, Berlin 1996: 9-50.

Ewen, Christoph/Striegnitz, Meinfried/Troja, Markus: Das Mediationsverfahren zum Frankfurter Flughafen aus der Sicht von Mediationsexperten. In: Wörner, Johann-Dietrich (Hg.): Das Beispiel Frankfurt Flughafen. Mediation und Dialog als institutionelle Chance. Dettelbach 2003: 92-106.

Feindt, Peter-Henning: Regierung durch Diskussion? Diskurs- und Verhandlungsverfahren im Kontext von Demokratietheorie und Steuerungsdiskussion. Frankfurt a.M. 2001.

Fietkau, Hans-Joachim/Weidner, Helmut: Umweltverhandeln. Konzepte, Praxis und Analysen alternativer Konfliktregelungsverfahren. Berlin 1998.

Fietkau, Hans-Joachim/Weidner, Helmut: Umweltmediation in der Kontroverse. In: Österreichisches Studienzentrum für Frieden und Konfliktlösung (Hg.): Die Umwelt. Konfliktbearbeitung und Kooperation. Münster 2001: 209-219.

Geis, Anna: Regieren mit Mediation. Das Beteiligungsverfahren zur zukünftigen Entwicklung des Frankfurter Flughafens. Wiesbaden 2005.

Geißel, Brigitte/Penrose, Virginia (2002): Lokale Vernetzung und Wissensintegration von Laien(-wissen) und Experten(-wissen) durch neue Partizipationsformen. Expertise im Rahmen der BMBF-Förderinitiative „Politik, Wissenschaft und Gesellschaft" (2002) http://www.sciencepolicystudies. de/dok/expertise-geissel.pdf; 26.03.2006.

Hänsch, Klaus: Vermittlung und Interesse – Die Mediatorengruppe als Verfahrensinnovatin. In: Wörner, Johann-Dietrich (Hg.): Das Beispiel Frankfurt Flughafen. Mediation und Dialog als institutionelle Chance. Dettelbach 2003: 81-90.

Herz, Jochen: Eine Auswertung von praktischen Erfahrungen bei Beteiligungs- und Konfliktregelungsverfahren um Großbauvorhaben, in: Wörner, Johann-Dietrich (Hg.): Das

Beispiel Frankfurt Flughafen. Mediation und Dialog als institutionelle Chance. Dettelbach 2003: 163-186.

Hoffmann-Riem, Wolfgang/Schmidt-Aßmann, Eberhard (1990) (Hg.): Konfliktbewältigung durch Verhandlungen, Bände 1 und 2. Baden-Baden 1990.

Holtkamp, Lars/Stach, Birgit: Friede, Freude, Eierkuchen? Mediationsverfahren in der Umweltpolitik. Marburg 1995.

Jansen, Dorothea: Mediationsverfahren in der Umweltpolitik. In: Politische Vierteljahresschrift, 38, 2 (1997): 274-297.

Jeglitza, Matthias/Hoyer, Carsten: Deutsche Verfahren alternativer Konfliktregelung bei Umweltstreitigkeiten – eine Dokumentation. In: Zilleßen, Horst (Hg.): Mediation. Kooperatives Konfliktmanagement in der Umweltpolitik, Opladen 1998: 137-183.

Kessen, Stefan: Mediation zwischen Chance und Etikettenschwindel. Ein kritischer Kommentar zum Frankfurter Verfahren. In: Forschungsjournal Neue Soziale Bewegungen, 12, 3 (1999): 83-90.

Lauer-Kirschbaum, Thomas: Argumentatives Verhandeln in Mediationsverfahren. In: Prittwitz, Volker von (Hg.): Verhandeln und Argumentieren. Opladen 1996: 111-133.

Mediationsgruppe (Hg.): Bericht Mediation Flughafen Frankfurt/Main, Endbericht, Fassung 02.02.2000. Darmstadt.

Perschel, Wolfgang: Schlussbericht über die Wissenschaftliche Begleitung des Projekts „Implementierung der Umweltmedation in Deutschland", Förderverein Umweltmediation e.V. (2001); http://www.umweltmediation.info/SB_FVU.pdf; (6.06.2002).

Sack, Detlef: Jobs, Lärm und Mediation. Zur demokratischen Partizipation bei glokalen Großprojekten. In: Berndt, Michael/Sack, Detlef (Hg.): Glocal Governance? Opladen 2001: 219-237.

Saretzki, Thomas: Wie unterscheiden sich Argumentieren und Verhandeln? In: Prittwitz, Volker von (Hg.): Verhandeln und Argumentieren, Opladen 1996: 19-39.

Saretzki, Thomas: Mediation, soziale Bewegungen und Demokratie. In: Forschungsjournal Neue Soziale Bewegungen, 10, 4 (2001): 27-42.

Schmalz-Bruns, Rainer: Reflexive Demokratie, Baden-Baden 1995.

Tils, Ralf: „Vorsicht: Mediation!" In: Forschungsjournal Neue Soziale Bewegungen, 10, 4 (1997): 43-52.

Troja, Markus (2001): Umweltkonfliktmanagement und Demokratie. Zur Legitimation kooperativer Konfliktreglungsverfahren in der Umweltpolitik. Köln 2001.

Troost, Hans J.: Neue Vernetzungsstrategien in der metropolitanen Region Rhein-Main. Das Beispiel des Mediationsverfahrens Flughafen Frankfurt. In: Esser, Josef/Schamp, Eike (Hg.): Metropolitane Region in der Vernetzung. Der Fall Rhein-Main. Frankfurt a.M./ New York 2001: 245-279.

Voßebürger, Petra/Claus, Frank: Ablauf von Mediationsverfahren. In: Förderverein Umweltmediation e.V. (Hg.): Studienbrief Umweltmediation. Bonn 1999: 81-99.

Weidner, Helmut: Umweltkooperation und alternative Konfliktregelungsverfahren in Deutschland, WZB-Paper FS II 96-302. Berlin 1996.

Weidner, Helmut: Alternative Dispute Resolution in Environmental Conflicts. In: Weidner, Helmut (Hg.): Alternative Dispute Resolution in Environmental Conflicts. Experiences in 12 Countries. Berlin 1998: 11-55.
Zilleßen, Horst/Barbian, Thomas: Zur Funktion von Diskursen für Politik, Verwaltung, Wirtschaft und Öffentlichkeit. In: Köberle, Sabine/Gloede, Fritz/Hennen, Leonhard (Hg.): Diskursive Verständigung? Mediation und Partizipation in Technikkontroversen. Baden-Baden 1997: 164-174
Zilleßen, Horst/Dienel, Peter/Strubelt, Wendelin (Hg.): Die Modernisierung der Demokratie. Internationale Ansätze, Opladen 1993.

Weiterführende Informationen im Internet

Mediation Flughafen Frankfurt: www.mediation-flughafen.de
Förderverein Umweltmediation: www.umweltmediation.de

Monique Leyenaar

Citizen Jury

1 Einleitung

Citizen Juries (Planungszelle, Bürgerjury) sind eine Form der Entscheidungsfindung, die normale Bürger in wichtige Entscheidungen einbinden und eine reichhaltigere, reifere Deliberation in Hinblick auf wichtige Politikfelder erlauben.
   Seitdem das Konzept der Citizen Jury in der Mitte der 1990er populär wurde, lässt sich ein konstanter Anstieg des Einsatzes dieses partizipatorischen und manchmal „entscheidenden" Instrumentes beobachten. Der Grund für ihre Popularität liegt darin, dass in vielen etablierten Demokratien Stimmen laut wurden, dass die Maschinerie der repräsentativen Politik justiert werden müsse. Konstant wachsende Defizite bei der Einbindung der Bürger in Parteien und Wahlen, sowie schwindendes politisches Vertrauen und abnehmende Unterstützung, führte zu einer Neubewertung des gesamten Prozesses der zivilgesellschaftlichen Partizipation.
   Eine Kritik anderer Art bezog sich auf die mangelnde Inklusivität des Entscheidungsbildungsprozesses und das geringe Niveau der Informiertheit der beteiligten Bürger (Wille 2001; Leyenaar/Niemoeller 2003). So sollten qualifizierte Bürger bei Entscheidungsbildungsprozessen mitwirken. Das bedeutet, dass die Bürger gut über die Pros und Kontras der politischen Maßnahmen oder deren Alternativen informiert sein sollten und die Möglichkeit haben, diese miteinander zu diskutieren (Leyenaar 2007).
   Als Reaktion auf diese vielfältige Kritik wurden vor allem auf der lokalen Ebene viele ‚neue' Prozeduren wie z.B. Referenden, zivile Diskussionsplattformen (besser Bürgerdiskussion oder ähnlich) (civic platforms) und Citizen Juries eingeführt. Zunächst soll das Konzept und die Geschichte der Citizen Juries, als auch ihre Nutzung in Europa analysiert werden. Die Evaluation stützt sich auf drei Fallbeispiele: in Dublin (2003) Citizen Jury zum Müllmanagement, in Bologna (2006) Citizen Jury zum Verkehrsverbot in der Innenstadt und einer Citizen Jury zur Verringerung der Luftverschmutzung in Amsterdam (2006).

2 Geschichte und Struktur

Die beiden 'Gründerväter' der Citizen Juries sind der Deutsche Peter Dienel von der Universität Wuppertal mit seinem Konzept der Planungszelle und der Amerikaner Ned Crosby, der am Jefferson Centre für Neue Demokratische Prozesse in Minnesota (Dienel 1978; Crosby 1976, 2005) arbeitet. Sie entwickelten das Konzept schon in den frühen 1970er Jahren, aber es brauchte bis in die Neunziger Jahre des 20. Jahrhunderts bevor die Citizen Juries bekannter wurden – und als Instrument verwendet wurden. Citizen Juries wurden vor allem in Großbritannien benutzt, wo seit ihrer Einführung im Jahre 1996 hunderte Citizen Juries organisiert worden sind. Obwohl das exakte Format variiert, sind die Grundprinzipien folgende:

- eine Jury aus 12 bis 50 Bürgern kommt für eine bestimmte Zeit zusammen, um ein politisches Problemthema zu betrachten;
- die Mitglieder der Citizen Juries werden zufällig ausgewählt;
- die Teilnehmer bilden grob betrachtet einen repräsentativen Querschnitt der Bürgerschaft;
- sie bekommen vorher intensives Vorbereitungsmaterial;
- während des Juryprozesses hören sie sowohl Expertenratschläge über das aktuelle Thema aus vielen verschiedenen Perspektiven, als auch die Argumente der interessierten Parteien beider Seiten;
- die Juroren beratschlagen das Thema in kleinen Gruppen;
- sie können die Zeugen ins Kreuzverhör nehmen und weitere Informationen einfordern;
- in Plenumssitzungen, die von einem Experten moderiert werden, thematisiert (oder: formuliert) die gesamte Jury ein ‚Urteil';
- es wird eine intensive Öffentlichkeitsarbeit geleistet.

3 Pro und contra

Ein wichtiger Faktor für die Organisation von Citizen Juries ist natürlich die Garantie, dass Bürger mit verschiedenen sozialen, kulturellen und politischen Hintergründen in dem Prozess partizipieren. Obwohl statistisch gesehen die Repräsentation der relevanten demographischen Charakteristika bei einer Stichprobe von 50 oder weniger Leuten (außer beim Geschlecht) kaum realisierbar ist, ist es möglich, Repräsentanten der relevanten Gruppen in den Citizen Jurys zu haben, um unterschiedliche Perspektiven auf das jeweilige Thema zu gewährleisten. Die Auswahlkriterien können spezielle soziale Charakteristika wie Alter, Ethnie, Beruf oder Wohnort, aber auch, abhängig von der jeweiligen Angelegenheit, besondere Verhaltensmuster sein, wie Autofahrer, Ladenbesitzer etc. Die zufällige – geschichtete – Auswahl ist nötig, um die Identifikation und Legitimation derjenigen, die nicht für die Jury ausgewählt wurden, zu sichern („Das hätte ich in der Jury sein können"). Die Herstellung einer großen Medienaufmerksamkeit ist eine weitere hierfür relevante zentrale Vorgehensweise.

Die Legitimation der Citizen Juries ist in der Bevölkerung hoch und die Diskussionsergebnisse werden von der Bevölkerung eher akzeptiert, da die teilnehmenden „normalen" Bürgern intensiv informiert wurden, Experten und Betroffene angehört haben und letztendlich das Problem gemeinsam durchdacht haben und zu einem Urteil gekommen sind.

Außer dieser erhöhten Legitimität der Entscheidung, wird es als vorteilhaft gesehen, die betroffenen Bürger in die Debatte zu involvieren, die Subjekt des Ergebnisses sind. Dies erhöht das Interesse und die Aufmerksamkeit. Die lokalen Kenntnisse und analytischen Fähigkeiten in der Bevölkerung werden genutzt und es entwickelt sich ein erhöhtes Empfinden für politische Wirksamkeit (Efficacy Bewusstsein) und Zugehörigkeit. Die wachsende Bereitschaft der Bürger, die Argumente anderer nachzuvollziehen (Empathie), führt zu einem breiteren gesellschaftlichen Konsens über die letztendliche Entscheidung (Fearon 1998, Smith/Wales 2000).

Schließlich kann die Beratung zu unvorhergesehenen Ergebnissen führen. Abhängig vom Grad der Freiheit und des Formats der Citizen Juries resultieren die intensiven Debatten unter den Teilnehmern, die mit vielen verschiedenen Hintergründen und Sichtweisen an das betreffende Thema herangehen, in innovativen Lösungsvorschlägen (Fearon 1998).

Wie andere partizipatorische Einrichtungen wurde das Format der Citizen Juries stark kritisiert. Eine erste Kritik richtet sich auf ihren Inklusionsanspruch. Da es keine Pflicht zur Teilnahme an einer Citizen Jury gibt, und die potentiell zufällig ausgewählten Mitglieder der Jury nicht gezwungen werden können teilzunehmen, kann die Zusammensetzung zugunsten von politisch interessierten und informierten Bürgern verzerrt sein. Die Wahrscheinlichkeit ist hoch, dass die marginalisierten Gruppen (niedriger gebildete, Immigranten, weniger interessierte Bürger) immer noch nicht in der Lage sind, ihre Einstellung zu äußern.

Eine weitere Argumentationslinie der Kritik bezieht sich auf den Gleichheitsbegriff innerhalb des Prozesses der deliberativen Demokratie. Jeder Partizipant sollte gleiches Gewicht beim Input in der Beratung haben, jedes Argument sollte gleichwertig sein. Dies ist, nach den Kritikern zu urteilen, unmöglich, da manche Bürger bessere Voraussetzungen besitzen, um überzeugend argumentieren zu können (Elster 1998).

In jeder Gruppendiskussion wird es Leute geben, die oft hoch gebildet sind und eine große Erfahrung im Debattieren haben und daher besser in der Lage sind, partikulare Interessen zu verteidigen (Sanders 1997). Wir wissen aus Studien über Gerichtsjuries, dass Männer, die höher gebildet sind, und ebenso Mitglieder dominanter ethnischer Gruppen in den Sitzungen länger und häufiger sprechen. Ebenso sind die Teilnehmer der Jury -unabhängig vom Inhalt- aufmerksamer gegenüber den Argumenten dieser Meinungsführer mit einem (empfundenen) höheren Status (Marsden 1987). Nach Sanders (1997) und Young (2000) werden Muster der Ungleichheit innerhalb der verschiedenen sozialen (Sub)-Gruppen durch die Beratungen eher bestärkt als geschwächt.

Ein dritter Kritikpunkt resümiert, dass fast alle Citizen Juries nach dem topdown Prinzip organisiert sind. Oft sind sie von den lokalen Stadtverwaltungen oder nationalen Regierungen organisiert. In den meisten Fällen bedeutet das, dass Citizen Juries keinen Raum für die Umformulierung des Auftrages haben und alternative Optionen nicht in Betracht ziehen können.

Eine letzte Kritik bezieht sich auf das Defizit der Entscheidungsfindung in einer Citizen Jury. Letztendlich werden die bestehenden repräsentativen Körperschaften, wie das Gemeindeparlament, die Entscheidung über die Angelegenheit treffen. Betrachtet man die relativ hohen Kosten die entstehen, wenn in einer Citizen Jury partizipiert wird, werden die Mitglieder möglicherweise ernsthaft enttäuscht sein, wenn ihr Urteil nicht aufgegriffen wird, oder die davon ausgehende Policy in einer solchen Weise umgesetzt wird, dass sie ihre Eingaben kaum wieder erkennen können. Der Erfolg der Citizen Juries hängt somit stark von dem Willen der gewählten politischen Verantwortlichen ab.

4 Fallstudien

Empirische Untersuchungen zu den Vor- und Nachteilen von Citizen Juries sind rar und die hier untersuchten Länder hatten bis dahin zum Teil kaum Erfahrungen mit diesem Instrument gemacht. Um Erfahrungen zu sammeln, wurde eine Reihe von explorativen Citizen Juries durchgeführt. Im nächsten Abschnitt werden diese experimentellen Citizen Juries analysiert. Ein Vergleich ist aufgrund gleicher struktureller Formate und gleicher Forschungsinstrumente möglich. Die

Citizen Jury

Citizen Juries waren alle auf einen Tag beschränkt und hatten ungefähr 50 Mitglieder, die nach ähnlichen Kriterien ausgewählt waren. Das Forschungsdesign beinhaltete zusätzliche Umfragen in der Citizen Jury sowie in zwei Kontrollgruppen. Eine Kontrollgruppe bestand aus dem Teil der Bevölkerung, aus welcher die Mitglieder der Jury ausgewählt wurden. Eine kleinere Kontrollgruppe erhielt nur die schriftlichen Informationen über das Thema, nahm aber nicht an der Citizen Jury teil. Alle drei Jury-Gruppen wurden gebeten, einen Fragebogen vor und nach der eigentlichen Verhandlung auszufüllen. In der irischen Citizen Jury folgte zudem nach neun Monaten ein Fragebogen, um den Langzeiteffekt beobachten zu können.

Dublin Irland

Im Jahre 2003 hatte Irland ein großes Problem im Bereich des Haushaltsmülls: Deponien stießen an ihre Grenzen und die Recyclingraten waren, verglichen mit den europäischen Standards, sehr niedrig. Zudem gab es keine thermale Behandlung der Abfälle in Müllverbrennungsanlagen. Obwohl die europäischen Regelungen Irland verpflichteten zu handeln, brachte der Widerspruch gegen neue Deponien als auch gegen die Müllverbrennung die Regierung in eine heikle Situation. Im November 2003 fand die erste größere Citizen Jury in Dublin statt, die sich mit der Behandlung heimischen Mülls befasste.

Die Citizen Jury wurde von der Universität Trinity College (Michael Laver) organisiert und von privaten Forschungsgeldern finanziert (French/Laver 2005). Die Forschung konzentrierte sich speziell auf die Frage der Inklusion innerhalb der Citizen Jury, realisierte Einstellungsänderungen und organisatorische Probleme. Zunächst wurden die Juries damit konfrontiert, dass sich die potentiellen Teilnehmer, die für eine Verbrennungsanlage waren, sich der Kooperation (fast) gänzlich entzogen. So verweigerte zum Beispiel der Dubliner Gemeinderat jede Art der Zusammenarbeit und boykottierte letztendlich das Ereignis.

So musste ein Experte für die Müllverbrennung aus den Niederlanden eingeflogen werden, wo die Müllverbrennung lange ohne nennenswerten Widerspruch durchgeführt worden ist. Da die Repräsentanten der Kommunalverwaltung nicht anwesend waren, und so um Probleme nicht darlegen konnten, wurde das Thema nicht in einem ausgewogenen Verhältnis präsentiert. Sowohl die Juroren als auch die Organisatoren beklagten diese Unausgewogenheit.

Als die Teilnehmer nach dem Event gefragt wurden „Was glauben Sie war der Hauptgrund für die Entscheidung der Jury?", werteten 60% der Juroren die Argumente für die Müllverbrennung als schlecht dargestellt. Die Forscher schlussfolgerten, dass das Ergebnis durch die mangelnde Kooperation der Stadtverwaltung im gesamten Prozess delegitimiert wurde.

Da man sich der Notwendigkeit der Inklusion bewusst war, wurde die Citizen Jury in Dublin diesbezüglich besonders gründlich vorbereitet. So nutzte man die Befragten der Irischen Wahlstudie zur Stichprobe. Im Sommer 2003 wurden alle (499) Dubliner Teilnehmer der Umfrage von 2002 erneut zum Müllmanagement befragt. Von diesen antworteten 221 Personen, die dann zur Citizen Jury eingeladen wurden. Um typische „Nichtpartizipanten" ebenso zu überzeugen, bot man den Juroren ein Honorar von €100 pro Tag. Am Ende bestand die Citizen Jury aus 57 Juroren, 51 stammten aus der Stichprobe und 5 wurden zusätzlich eingeladen, da sie in der betroffenen Gegend wohnten, in der die Stadt den Bau der Verbrennungsanlage geplant hatte. Die Jury bildete dennoch eine leicht verzerrte Auswahl der Bevölkerung. Zum einen wegen der hohen Schwundquote (Non-response- Rate) und zum anderen, weil in der originalen Stichprobe diejenigen Befragten überrepräsentiert waren, die ohnehin der politischer Partizipation positiver gegenüberstanden (Verfälschung zugunsten der Partizipation). Ältere, männliche und höher gebildete Bürger mit einem höheren Bewusstsein für persönliche Effizienz waren eher überrepräsentiert. Dennoch zeigt der Vergleich mit den Kontrollgruppen, dass die Juroren sich in den typischen relevanten Einstellungen, wie z.B. beim Umweltbewusstsein, nicht unterschieden (French/Laver 2005: 18). Die hohe Non-response- Rate bestärkte die zuvor getroffene Entscheidung, nur eine kurze eintägige Citizen Jury umzusetzen. Der Plan eines Zwei-Tagesevents war aus diesem Grund verworfen worden. Ein Zweitages-Event hätte „große Fehler in der Auswahl der Jury" zugunsten der jüngeren und älteren Alleinstehenden und zu Ungunsten der Familien erbracht.

Der zweite Forschungsfokus lag auf den realisierten Meinungsänderungen und deren Nachhaltigkeit. Die Forscher fanden starke Effekte, d.h. Meinungsänderungen nach der Beratung durch die Experten. Die Juroren zeigten einen substantiellen und signifikanten Meinungswechsel gegen das Konzept der Müllverbrennung. Diese Veränderungen waren nicht mit dem Geschlecht oder dem Alter in Verbindung zu bringen. Alle Meinungsänderungen waren signifikant aber stärker bei den Juroren mit einem geringeren Bildungsgrad zu beobachten (French/Laver 2005: 20).

Meinungsänderungen im Laufe eines Tages sind nicht notwendigerweise ausgereift oder reflektiert. Deswegen wurden die Juroren nach neun Monaten erneut befragt. Wie zu erwarten war, fand eine signifikante Änderung zugunsten der ursprünglichen Meinung statt. Die Juroren waren jedoch weiterhin signifikant stärker gegen die Müllverbrennung als die Kontrollgruppe aus Dublin. Zu-

Citizen Jury   215

sammenfassend kann man sagen, dass Meinungsänderungen stattfanden und auch Langzeiteffekte auftraten (French/Laver 2005: 21).

Bologna, Italien

Bologna ist eine dicht besiedelte Stadt mit einem gut erhaltenen historischen Zentrum, das für ein Drittel der ökonomischen Aktivitäten der Stadt verantwortlich ist. Obwohl für private Autos die Einfahrt in das Stadtzentrum verboten ist, ist die Luftverschmutzung sehr hoch. Die Verschmutzung durch den Verkehr wurde beträchtlich durch die Architektur der Stadt verschlimmert. Das enge Straßennetz bewirkt einen Tunneleffekt und das dortige längste Arkadensystem der Welt wird im Volksmund „Rauchfalle" genannt. Im März 2006 organisierte die Universität von Bologna eine Citizen Jury zu diesem Thema.

Das italienische Wissenschaftsministerium finanzierte die Citizen Jury, die daher mehr als eine akademische Übung angesehen wurde. Die Kooperation der lokalen Behörden wurde eher als ein möglicher Bonus betrachtet. Die Juroren wurden mit der Hauptfrage konfrontiert: „Sollte das Befahren des Stadtzentrums frei oder begrenzt sein?". Es folgten drei alternative Nebenfragen über das regulative Vorgehen, eine mögliche City Maut (Congestion Tax) und eine Erlaubnis auf der Basis einer fahrzeug-spezifischen Abgasemission.

Um ein hohes Inklusionsniveau der Jury zu sichern, wurde eine zufällige repräsentative Stichprobe von 1000 Leuten per Telefon über das aktuelle Thema befragt und am Ende zur Citizen Jury eingeladen, um dort das Thema einen Tag im Detail besprechen zu können. Von den Befragten stimmten 239 der Teilnahme zu. Von diesen wurden dann 50 in Hinblick auf Alter, Geschlecht, Bildungsniveau, Beruf und Wohnort ausgewählt und schließlich nahmen 38 an der Citizen Jury teil. Vier Ladenbesitzer wurden als Juroren hinzugenommen, weil sie am vehementesten gegen die Begrenzung der PKW-Nutzung eintraten. Wenn man die Charakteristika der Juroren mit denen der Gesamtheit der Befragten vergleicht, wird deutlich, dass eine Überrepräsentation der mittleren Altersgruppe, der Innenstadtbewohner als auch der Ladenbesitzer zu erkennen ist. In Hinblick auf die Einstellung der Juroren, lässt sich feststellen, dass sie interessierter an Politik und Umweltthemen waren (Gianetti/Lewanski, 2006: 13f).

Mit hohem Aufwand wurden den Juroren in einer klaren, zugänglichen und ausgeglichenen Weise Informationen bereitgestellt. Die Materialauswahl wurde von einem Komitee, bestehend aus den Vertretern der Interessengruppen, getroffen und per Post verschickt. Weiterhin waren die Befürworter und Gegner relativ autonom in Hinblick auf die Auswahl der ‚Zeugen' und der Experten, die ihre

Sicht der Citizen Jury schildern konnten. Kurze Zeit vor dem Event sagten die beiden wichtigsten lokalen Ladengesellschaften ihre Teilnahme ab. Wahrscheinlich betrachteten sie sich von vorneherein als die Verlierer in den geplanten Beratungen. Die hieraus resultierende Unausgewogenheit schwächte den Organisatoren zu Folge die Qualität der Beratungen (Gianetti/Lewanski, 2006: 15).

Nach der morgendlichen Sitzung im Plenum, die sich der Präsentation der „Zeugen", der Befragung der Verwaltungsangestellten sowie der Umweltrepräsentanten widmete, wurden die Juroren in drei Gruppen eingeteilt, die durch einen professionellen Moderator unterstützt wurden. Am Ende des Tages präsentierten die drei Gruppen ihre Schlussfolgerungen und beschlossen – ebenfalls unterstützt durch einen Moderator – eine abschließende Resolution. Die Teilnehmer wurden vor und am Ende der Citizen Jury befragt.

Ein Vergleich der Vor- und Nachbefragung zeigt in drei von 10 Feldern signifikante Meinungsverschiebungen. Zusätzlich wiesen zwei von drei Indikatoren für politische Effizienz vor und nach dem Ereignis ebenfalls signifikante Unterschiede auf. In Hinblick auf den Einfluss des ‚Urteils' der Citizen Jury auf die politischen Entscheidungsträger schlussfolgern die Forscher, dass die Citizen Jury in Bologna wenig Einfluss hatte.

Amsterdam, Niederlande

In den Niederlanden war das akademische Interesse an Citizen Juries lange Zeit sehr gering. 2005 genehmigte das Ministerium für Interne Angelegenheiten die Finanzierung eines Projektes der Universität Radboud Nijmegen, das zum Ziel hatte, zwei Citizen Juries zu organisieren. Diese Citizen Juries sollten alle Elemente enthalten und so weit wie möglich Teil der realen öffentlichen Gesetzgebung sein. Zudem sollten sie aber auch experimentell sein, d.h. es sollte mehr Wissen über Beratungsverfahren generiert und den öffentlichen Autoritäten zur Verfügung gestellt werden. Die erste Citizen Jury fand im November 2006 in Amsterdam statt, die zweite, modifizierte und erweiterte, wurde 2007 implementiert.

Die Innenstadt von Amsterdam litt, wie Bologna und viele andere alte europäische Städte auch, unter einer rapiden Verschlechterung der Luftqualität. Der Stadtrat forderte umgehend die nötigen Schritte zu unternehmen, um konkrete Maßnahmen zu definieren. Während dieses Prozesses beschlossen die Universität Radboud und die verantwortliche Verwaltung eine Citizen Jury, um das Luftverschmutzungsproblem anzugehen. Die Zusammenarbeit der beiden Partner war exzellent und die verantwortlichen Stadträte sicherten der Citizen Jury ihre Unterstützung zu. Um die Citizen Jury repräsentativ zu gestalten, wurde eine Stichprobe von 2000 Bewohnern ausgewählt, welche Teil eines Internet-Panels waren, das von einer Forschungsabteilung der Stadt Amsterdam organisiert worden war. 2036 Beteiligte wurden über neun verschieden Maßnahmen zur Reduzierung des innerstädtischen Verkehrs und zur Reduzierung von CO^2 und anderen Abgasen befragt. Zusätzlich wurden Befragte eingeladen, um an einer eintägigen Citizen Jury teilzunehmen, um die Maßnahmen im Detail diskutieren zu können. 33 Prozent (672) antworteten und hiervon sagten etwa 22 Prozent (150) ihre Teilnahme an einer Citizen Jury zu. Aus dieser Gruppe wurde eine Stichprobe von 71 Bürgern genommen um in Bezug auf Geschlecht, Alter, Bildung und Wohnort die Repräsentativität sicher zu stellen. Dies war nötig, da sonst ältere Bürger und Bürger mit höherer Bildung überpräsentiert gewesen wären. Demzufolge war die Jury in vielen – aber nicht allen – wichtigen Aspekten ein sozialstrukturelles Abbild der Bürger von Amsterdam. Dennoch waren auch hier die Mitglieder der Jury positiver gegenüber Partizipation eingestellt und voreingenommen gegenüber dem Thema. Zuzüglich zur den Juroren, wurden zwei Kontrollgruppen aufgestellt. Eine Gruppe bekam geschriebene Information und wurde über ihre Meinung zu den Maßnahmen bezüglich der Verbesserung der Luftqualität befragt. Die zweite Kontrollgruppe wurde ebenfalls schriftlich befragt, ohne jedoch weitere schriftliche Informationen zu erhalten.

Dank hoher finanzieller Aufwendungen der Stadt Amsterdam, waren die Informationen für die Juroren instruktiv, ausgewogen und verständlich. Während der Citizen Jury wurde ein Kurzfilm präsentiert, welcher die Luftverschmutzungsproblematik und den Charakter der vorgeschlagenen Maßnahmen darstellte. Zudem stellten Zeugen und Experten ihre Präsentationen vor. 92 Prozent der Juroren gaben zu Beginn an, dass sie die geschriebenen Informationen eingehend studiert hatten, 89 Prozent beurteilten die Information als „sehr klar" und 81 Prozent bewerteten die Informationen als sehr hilfsreich und sogar unerlässlich für ihre Meinungsfindung. Nach der Citizen Jury bewerteten 65 Prozent die Informationen als hilfreich für die Diskussion in den Untergruppen und 61 Prozent konstatierten, dass die Präsentation der Experten und Zeugen einen positiven Einfluss auf ihre Meinungen hatte.

Die Debatten fanden in vier zufällig geformten Gruppen statt, die von einer Gruppe ausgebildeter Beobachter analysiert wurden. Die Analyse zeigt, dass die Qualität der Debatten generell sehr gut war, obwohl diese sehr an die Fähigkeiten der Moderatoren gebunden waren. Während der abschließenden Sitzung wurden die Berichte der einzelnen Gruppen und die Alternativen in die Gesamteinschätzung der Maßnahmen einbezogen.

Die Juroren wurden vor der Sitzung und nach der Debatte zu ihren Meinungen in Bezug auf neun Luftverschmutzungsmaßnahmen befragt. Für fünf von neun Maßnahmen zur Reduzierung der Luftverschmutzung konnten statistisch signifikante Meinungsverschiebungen gemessen werden. Vier der Maßnahmen wurden als „positiver" eingestuft, d.h. Juroren zeigten mehr Verständnis für eine bestimmte Maßnahme. Die Einführung von „pay-as-you-drive", erhielt deutlich weniger Unterstützung. Einige Juroren veränderten hierzu ihre Einstellung, da sie mit den Argumenten der Juroren aus ärmeren Schichten konfrontiert wurden. So wurden die Positionen der ärmeren Gruppen übernommen, die von Anfang an gegen diese Maßnahme waren.

Wie auch in anderen Citizen Juries, waren die Juroren sehr enthusiastisch über den Verlauf des Prozesses, obwohl sie keine großen Erwartungen bezüglich des Einflusses auf die öffentlichen Entscheidungsträger hatten. Der für Verkehr und somit für Luftverschmutzung verantwortliche Gemeinderat nahm die Resultate der Citizen Jury eine Woche nach der Veranstaltung entgegen und versprach, dass der Citizen Jury-Bericht eine Hauptrolle in der zukünftigen Entscheidungsfindung einnehmen wird.

5 Evaluierung und Diskussion

In Dublin, Bologna und Amsterdam benutzten die Forscher, mehr oder weniger, die gleichen Instrumente zur Evaluierung der Qualität ihrer Citizen Juries (s. a. Fung 2003; Carson/t'Hart 2005):

- **Inklusion**, d.h. zu welchem Umfang die Stichprobe der Bürger, die Gesamtheit der Bevölkerung vertritt.
- **Qualität der Überlegungen**, d.h. Möglichkeiten für beteiligte Bürger an Information zu gelangen und an Debatten teilzunehmen.
- **Wirksamkeit der Deliberation**, d.h. Veränderungen von Meinungen und Konsenserreichung.
- **Empowerment der Bürger**, d.h. Stärkung des Einflusses der Bürger auf den öffentlichen Entscheidungsfindungsprozess.

Die untersuchten Citizen Juries können als stellvertretend für andere europäische, z.T. gut organisierte und gründlich untersuchte Citizen Juries gesehen werden. Sie waren mit schwerwiegenden Problemen bei der Inklusion in die Citizen Juries konfrontiert. In allen Citizen Juries wurden umfangreiche Maßnahmen ge-

Citizen Jury

troffen, um sicher zu stellen, dass eine Jury so gut wie möglich die Bevölkerungsstruktur repräsentiert. Dennoch waren in den ursprünglichen Stichproben Partizipationsbefürworter übervertreten (Bias der Teilnahme) und die Juroren waren auch stärker an den Themen interessiert als die Bevölkerung (Bias der Themen). Die Kosten, um neue, nicht beeinflusste Stichproben zu erhalten sind hoch. Dennoch ist die Akzeptanz der Citizen Juries und deren Einschätzung als nutzbares und zuverlässiges Instrument einer beratenden Demokratie abhängig vom Grad der Inklusion. Daher ist die hohe Non-response Rate in allen drei Citizen Juries beunruhigend, weil sie Vorurteile gegenüber der Stichprobenziehung bestätigen. Da hohe Schwundquoten befürchtet wurden, haben die Veranstalter der Citizen Juries absichtlich eintägige Ereignisse organisiert. Dadurch existiert ein großer Unterschied zu Citizen Jurys in z.b. Australien und den USA, wo (weit) längere Veranstaltungen die normale Praxis sind. Mehr Diskussionen und Forschung sind nötig, nicht nur über das Non-Response Problem, auch über die positiven und negativen Konsequenzen von längerer Deliberation.

In Bezug auf die Qualität der Deliberation gibt es einen markanten Unterschied zwischen „Dublin" und „Bologna" auf der einen Seite, und „Amsterdam" auf der anderen Seite. In Amsterdam war die weitergeleitete Information an die Juroren sehr ausgewogen, deutlich und hilfreich, während in den anderen Städten Probleme vor allem mit Experten und/oder Zeugen bestanden, welche einen negativen Einfluss auf die Qualität der Citizen Jury hatten. Zusätzlich, gab es in Bologna kritische Bemerkungen über die sehr technisch geprägten Informationen. Da die Amsterdamer Citizen Jury sich im wesentlichen mit den gleichen Themen befasste, aber keine Probleme mit den schriftlichen Informationen hatte, die vorab an die Juroren geschickt wurden, sollten diese kein unüberwindliches Hindernis darstellen.

Die Wirksamkeit der Deliberation in den drei Citizen Juries zeigt sich auch in den kurzfristigen Meinungsverschiebungen. Hier wurden mäßige bis starke statistisch signifikante Verschiebungen gemessen. Bezüglich der längerfristigen Meinungsverschiebungen sind nur Daten für Dublin erhältlich. Diese zeigen statistisch signifikante Abweichungen von den originalen Einstellungsmustern.

Der Einfluss der Citizen Juries auf die öffentlichen Entscheidungsträger reicht von keinem (Dublin), über mäßigem (Bologna), bis zu hohem Einfluss (Amsterdam). Vieles ist abhängig von der Bereitschaft öffentlicher Entscheidungsträger nicht nur zur Inklusion, sondern auch zur Akzeptanz und Offenheit gegenüber den Resultaten. Politiker, die ein politisches Mandat der Wähler haben, sind oft nicht geneigt Einschnitte in Bezug auf ihre Autorität zu akzeptieren.

Citizen Juries sind auf dem Weg, ein gut erforschtes und akzeptiertes Instrument in der europäischen Beteiligungspolitik zu werden. Dennoch ist viel mehr Forschung im europäischen Kontext nötig, und es sind Diskussionen mit Forschern aus Ländern, die eine längere und reichhaltigere Erfahrung mit Citizen Juries haben, zu führen (s. Carson 2006). Hierüber lässt sich aber auch ein typisch europäisches Format für zukünftige Citizen Jures entwickeln.

Literatur

Carson, Lyn: Improving Public Deliberative Practice: A Comparative Analysis of Two Italian Citizens. Jury Projects in 2006, in: Journal of Public Deliberation 2(2006)12.
Carson, Lyn/t' Hart, Paul: What randomness and deliberation can do for community engagement. International Conference on Engaging Communities, Brisbane, 14-17 August 2005.
Crosby, Ned: In search of the competent citizen. A research proposal. Jefferson Center (website) (1976).
Crosby, Ned: Research Relevant to Sound Deliberative Practice, Jefferson Center (Website) 2005.
Delap, Clare: Citizens juries: Reflections on the UK experiences. PLA Notes, Feb.(2001)40: 39-42.
Dienel, Peter: Die Planungszelle. Eine Alternative zur Establishment-Demokratie. Westdeutscher Verlag, Opladen 1978.
Elster, John (ed): Deliberative Democracy. Cambridge University Press, Cambridge 1998.
Fearon, James: Deliberation as Discussion. In: Elster, J. (ed), Deliberative democracy, Cambridge University Press, Cambridge 1998: 44-68.
French, Damien: The Quality of Real World Deliberation: The TCD Policy Institute Dublin Citizens' Jury on Waste Incineration (DRAFT), TCD Policy Institute, Dublin 2004.
French, Damien/Laver, Michael: Participation bias, durable opinion shifts and framing effects in citizens' juries', paper delivered at the Annual Meeting of the American Political Science Association, copyright of the APSA 2005.
Fung, Archon: Review article: Recipes for public spheres: Eight institutional design choices and their consequences, The Journal of Political Philosophy, 11 (2003) 3: 338-367.
Gianetti, Daniela/Lewanski, Rudolfo: Deliberation in practice: evidence from Italy. ECPR Joint Sessions, Nicosia, April 2006.
Habermas, Jürgen: The Theory of Communicative Action, Beacon Press, Boston 1984.
Leyenaar, Monique: De Last van Ruggespraak. Inaugurele rede uitgesproken 19 januari 2007, Radboud Universiteit Nijmegen 2007.
Leyenaar, Monique/Niemöller, Kees: Lokale Beleidsbeinvloeding in 2003: een gender analyse van de participatie van burgers. Ministerie van Sociale Zaken en Werkgelegenheid, Werkdocumenten no. 297, Voorburg 2003.

Marsden, Nancy: Gender dynamics and jury deliberation. Yale Law Journal (1987)96: 593-612.
Sanders, Lynn: Against Deliberation, in Political Theory 3(1997)25: 347-376.
Smith, Graham/Wales, Corinne: Citizens'juries and deliberative democracy, in Political Studies (2000): 51-65.
Young, Iris: Inclusion and Democracy. Oxford: Oxford University Press 2000.
Wille, Anchrit: Politieke participatie en representativiteit in het interactieve beleidsproces. In Edelenbos, J./R. Munnikhof (Hg.), lokale interactive Beleidsvorming. Den Haag: Lemma. 2001: 87-116.

Lars Holtkamp

Bürgerhaushalt

1 Einleitung

In Deutschland war der Einbezug der Bürger in die kommunale Haushaltsplanung lange Zeit ein Tabuthema. Erst Ende der 1990er Jahre haben einige wenige Kommunen angefangen, einen Bürgerhaushalt aufzustellen. Bisher ist der Bürgerhaushalt sicherlich noch ein eher randständiges Phänomen in der kommunalen Praxis, wobei allerdings unterschiedliche Stiftungen, Ministerien und kommunalpolitische Vereinigungen zunehmend für die Idee des Bürgerhaushalts werben.

Im Folgenden soll kurz das Verfahren und der Implementationsstand der Bürgerhaushalte in deutschen Kommunen skizziert werden, um dann ausführlich die Stärken und Schwächen dieses Beteiligungskonzepts in der kommunalen Praxis zu analysieren. Dabei werden insbesondere die Schwächen des Konzeptes und die latenten Konflikte, die in den „Hochglanzbroschüren" der Stiftungen und Stadtverwaltungen weitgehend ausgeblendet werden, näher untersucht. Unter Zugrundelegung der realen Akteurskonstellationen und restriktiven rechtlichen Rahmenbedingungen in der kommunalen Haushaltspolitik wird gefragt, von welchen Faktoren der Erfolg bzw. Misserfolg des Bürgerhaushalts abhängt.

2 Das Verfahren des Bürgerhaushalts

Die Bürger können in sehr unterschiedlichem Maße an der Haushaltsplanung beteiligt werden. Verschiedenste Erfahrungen zeigen, dass die bisherige, rechtlich vorgeschriebene öffentliche Auslegung des Haushalts von fast keinem Bürger genutzt wird und damit eher eine Farce ist (Banner 1998). Der Bürgerhaushalt setzt deshalb auf eine aktive Informationspolitik und will die Bürger intensiv im Rahmen von Angeboten der kooperativen Demokratie an der Haushaltsplanung beteiligen (vgl. allgemein hierzu Holtkamp et al. 2006). An diesen Angeboten können alle interessierten gesellschaftliche Gruppen und Bürger teilnehmen. Diese werden in der Regel von Politik und Verwaltung „inszeniert", und der Politik kommt bei der Umsetzung der Beteiligungsergebnisse das Letztentscheidungsrecht zu. Sowohl beim Einsatz als auch bei der Umsetzung von Beteiligungsergebnissen sind die Bürger also in starkem Maße auf den Stadtrat angewiesen. Der Bürgerhaushalt lässt sich in drei Phasen gliedern:

Direkt nach Haushaltseinbringung im Stadtrat werden die Bürger über den Gesamthaushalt und einzelne Teilbereiche in verständlich aufbereiteter Form informiert. Hierfür können unterschiedliche Informationsmedien miteinander kombiniert werden: Ausführliche Broschüren an alle Haushalte, Broschüren zum Download im Internet, Informationssäulen im Gemeindegebiet, Beilage zur Tageszeitung und Pressekonferenzen.

Hieran schließt sich die Konsultationsphase an, in der die Bürger in Bürgerforen die Möglichkeit erhalten sollen über Prioritäten bei den Sparmaßnahmen oder den Investitionsmaßnahmen zu diskutieren. Teilweise wird die Konsultationsphase auch nur auf eine schriftliche bzw. telefonische Befragung der Bürger reduziert.

Abbildung 1: Inhalte und Maßnahmen des Bürgerhaushalts

	Information	Konsultation	Rechenschaft
Mögliche Inhalte	Überblick über den Gesamthaushalt und einzelne Bereiche	Diskussion des Gesamthaushalts bzw. bestimmter Bereiche mit der Bürgerschaft, Priorisierung von Investitionsvorhaben oder Sparmaßnahmen	Rechenschaft darüber, welche Anregungen der Bürger beim Beschluss des Rates berücksichtigt wurden und welche nicht
Mögliche Maßnahmen	Broschüren, Internet, Infofahrten, Inforundgänge und Infostände; Marketing (Flyer, Anzeigen etc.); Öffentlichkeitsarbeit (Pressearbeit, Internet); Vorträge, Seminare oder Schulungen	Bürgerforen, Bürgerbefragungen (schriftlich, Internet), Telefoninterviews, Hotline, Dialogkarten per Post etc.	Broschüren/Flyer („So hat der Rat entschieden!"), Website, Informationsveranstaltungen, persönliche Anschreiben

(Innenministerium NRW/Bertelsmann Stiftung 2004, vgl. eine noch weitergehendere Ausdifferenzierung der Beteiligungsschritte Herzberg (2005: 9-13)

In der dritten Phase – der Rechenschaft – soll der Rat durch Broschüren bzw. Internetangebote darüber Auskunft geben, welche Beteiligungsergebnisse von ihm umgesetzt wurden bzw. warum bestimmte Ergebnisse nicht umgesetzt wurden. Dies kann auch damit verbunden sein bereits über die Einbringung des nächsten Haushalts zu informieren, weil der Bürgerhaushalt als Daueraufgabe gilt, so dass in jedem Haushaltsjahr zu informieren, zu beteiligen und Rechenschaft abzulegen ist.

3 Implementationspraxis

In Deutschland wurde der Bürgerhaushalt Ende der 1990er Jahre anfangs v. a. in kleineren Gemeinden erprobt, wie z. B. in Mönchweiler im Schwarzwald (3000 Einwohner) und im badischen Blumberg (10000 Einwohner). In relativ kurzer Zeit zogen aber auch etwas größere Städte nach (Neustadt an der Weinstraße, Groß-Umstadt und Rheinstetten), die in dem von unterschiedlichen Stiftungen initiierten Netzwerk „Kommunen der Zukunft" mitarbeiteten. Im Dezember 2000 startete dann das von der Bertelsmann- Stiftung und dem Innenministerium NRW entwickelte Modellprojekt „Kommunaler Bürgerhaushalt", an dem insgesamt sechs nordrhein-westfälische Städte teilnahmen, von denen nach der Projektphase allerdings drei den Bürgerhaushalt nicht fortführten (Innenministerium NRW/Bertelsmann Stiftung 2004). In Deutschland gibt es derzeit vier Kommunen mit fest etabliertem Bürgerhaushalt (Groß-Umstadt, Hilden, Emsdetten und Vlotho), wovon drei in Nordrhein-Westfalen liegen (Sintomer u.a. 2005). Der Innenminister von Nordrhein-Westfalen hat aufgrund der Erfahrungen im Modellprojekt Bürgerhaushalt in einem Schreiben nach der Kommunalwahl 2004 allen Ratsmitgliedern im Lande „den kommunalen Bürgerhaushalt als wichtiges Reformprojekt ans Herz gelegt" (Köhler 2004: 8-9).

Die Bürgerhaushalte wurden in der Regel nicht auf Initiative der Bürger implementiert, sondern die Initiative geht von den kommunalen Entscheidungsträgern (im Verbund mit Aktivitäten einiger Stiftungen) aus. Insbesondere die direktgewählten Bürgermeister haben sich in den Projektkommunen für die Implementation des Bürgerhaushalts eingesetzt. Die Bürgermeister wollen den Rat über den Umweg der Bürgerbeteiligung zu einem disziplinierteren Ausgabeverhalten motivieren und Bürgernähe zur Absicherung ihrer Wiederwahl vermitteln (Bogumil/Holtkamp 2006).

Als beispielhaft gerade für die von vielen kommunalen Entscheidungsträgern angestrebte Beteiligung an der Haushaltskonsolidierung kann der Bürgerhaushalt in der Stadt Emsdetten gelten (Sintomer u.a. 2005; Eising 2005). Emsdetten hat 35.000 Einwohner und liegt in der Nähe der Stadt Münster. Die Haushaltslage ist im Vergleich zu den anderen nordrhein-westfälischen Kommunen relativ gut. Durch die Teilnahme am Netzwerk „Kommunen der Zukunft" hat die Stadtverwaltung relativ früh das Konzept des Bürgerhaushalts kennen gelernt. Als das Innenministerium und die Bertelsmann Stiftung das Modellprojekt Bürgerhaushalt anboten, haben der Bürgermeister und der erste Beigeordnete die Chance genutzt einen Bürgerhaushalt in Emsdetten einzuführen. Nach anfänglich starken Bedenken des Rates wurde der Bürgerhaushalt mit einstimmigem Ratsbeschluss im Februar 2001 implementiert.

Auf dem Emsdettener Frühjahrsmarkt wurde im März 2001 der Bürgerhaushalt den Bürgern vorgestellt und danach gefragt, zu welchen Themen die Bürger konkret im Rahmen der Haushaltsplanung beteiligt werden wollen. Es kristallisierten sich zwei Themen heraus, zu denen anschließend Bürgerforen eingesetzt wurden. Während das erste Bürgerforum nur auf eine geringe Resonanz traf, kam es im zweiten Forum zu massiven Konflikten, die später in ein Bürgerbegehren mündeten. Nach diesen negativen Erfahrungen wurde der Bürgerhaushalt konzeptionell überarbeitet.

Die Bürger werden nun jedes Jahr in einer 20-seitigen Haushaltsbroschüre, die mit der Tageszeitung an die Haushalte verteilt wird, über die aktuellen Haushaltsdaten und die zu treffenden Investitions- bzw. Konsolidierungsentscheidungen informiert.

Daran anschließend finden Bürgerforen statt, dessen Themen nun aber weitgehend von der Verwaltung bestimmt werden. So wurden die Bürger beispielsweise im Rahmen eines Bürgerforums 2002 dazu angeleitet, zwischen verschiedenen Sparpaketen auszuwählen, um ein Defizit von 2,8 Mio. Euro auszugleichen. Im ersten Teil des Bürgerforums informierte der Bürgermeister über die Haushaltssituation der Stadt und machte deutlich, dass ohne Konsolidierungsvorschläge bald ein Defizit im Verwaltungshaushalt drohe. Im zweiten Teil fand ein sogenannter Gallery-walk statt, in dem die Bürger an Informationsständen im Veranstaltungsraum über unterschiedliche Konsolidierungsoptionen informiert wurden (Senkung von Personal- und Betriebskosten, Anhebung von Steuern etc.). An jedem Informationsstand informierte ein Verwaltungsmitarbeiter über die jeweilige Konsolidierungsmaßnahme und die Bürger konnten Fragen stellen und diskutieren. Am Ende des Rundgangs erhielt jeder Teilnehmer einen Fragebogen, mit dem er seine Strategie des Haushaltsausgleichs entwickeln konnte[1]. In den

---

[1] Im Ergebnis setzten sich die Bürger eher für eine Erhöhung der Gewerbesteuer (von der sie in der Regel nicht direkt negativ betroffen waren) als für Kürzungen im freiwilligen Aufgabenbereich ein. Der Stadt-

Folgejahren stellte man den Foren nicht mehr den Ausgleich eines Defizits zur Aufgabe, sondern beteiligte sie an konkreten Einsparvorschlägen für öffentliche Einrichtungen und Aufgabenbereiche.
Zu den Bürgerforen werden die Bürger auch schriftlich eingeladen. Von der Stadtverwaltung wurden 2000 Einladungen verschickt, die stichprobenartig aus dem Einwohnermelderegister gezogen wurden. Die Teilnehmerzahl schwankte in den Projektjahren zwischen 100 und 150 Teilnehmern (Eising 2005: 48). Im Anschluss an die Konsultationsphase werden die Bürger durch die Haushaltsbroschüre des jeweils nächsten Jahres über die Ergebnisse der Ratsbeschlüsse informiert. Zusätzlich werden die Teilnehmer zeitnah in einem persönlichen Anschreiben über die Ergebnisse informiert.

4 Stärken-Schwächen-Analyse

In der wissenschaftlichen Literatur und in der kommunalen Praxis werden von den Bürgerhaushalten zum Teil hohe Leistungen für die Input- und Output-Legitimität (vgl. allgemein hierzu Holtkamp u.a. 2006) des kommunalpolitischen Systems erwartet. Auf der Inputseite wird eine höhere Transparenz, eine stärkere Akzeptanz von Konsolidierungsmaßnahmen und eine breite Inklusion unterschiedlicher Bevölkerungsgruppen erwartet. Die Output-Legitimität des politischen Systems (v. a. Effektivität und Effizienz) soll dadurch erhöht werden, dass durch die Nutzung von gesellschaftlichem Wissen problemadäquatere Lösungen entwickelt werden. Zudem sollen die Implementationsressourcen gesellschaftlicher Akteure (ehrenamtliches Engagement, Spenden etc.) die zunehmend bescheideneren kommunalen Ressourcen ergänzen und die Beteiligung soll Kommunalpolitiker zu sparsamerem Haushalten anleiten bzw. gesellschaftliche Widerstände gegen Konsolidierungsmaßnahmen abbauen helfen.

Inwieweit diese Ansprüche in der kommunalen Realität auch tatsächlich erfüllt werden, lässt sich derzeit nur schwer beantworten. Das liegt erstens daran, dass nur begrenzt unabhängige wissenschaftliche Evaluationen vorliegen, während die Stiftungen, Ministerien und Städte kein ausgeprägtes Interesse erkennen lassen, die offensichtlichen Probleme des Bürgerhaushalts in ihren Publikationen zu thematisieren. Zweitens ist der Bürgerhaushalt kein standardisiertes Verfah-

---

rat folgte im Prinzip diesem Votum und erhöhte, wenn auch geringer als von den Bürgern vorgeschlagen, die Hebesätze für die Gewerbesteuer (Sintomer et al. 2005: 26).

ren, in dem immer dieselben Beteiligungsinstrumente angewendet werden, so dass die Wirkungen in der Praxis erheblich variieren können.

Im Folgenden wird davon ausgegangen, dass zumindest gewisse notwendige Bedingungen erfüllt sein müssen, damit die Bürgerhaushalte positive Wirkungen im Hinblick auf die Input- und Output-Legitimität entfalten können. Ein erfolgreicher Bürgerhaushalt setzt zumindest voraus, dass es auf Seiten der Bürgerschaft genügend interessierte Teilnehmer gibt und diese aufgrund der Beteiligungserfahrungen zumindest zum Teil auch bereit sind, in den nächsten Jahren an den Bürgerhaushalten zu partizipieren. Ein Bürgerhaushalt ohne Bürger kann keine positiven Wirkungen haben, ist somit die wesentliche Hypothese. Positive Beteiligungserfahrungen hängen wiederum stark davon ab, ob hinterher durch die kommunalen Entscheidungsträger auch einige Beteiligungsergebnisse umgesetzt werden (Bogumil u.a. 2003).

Im Kern ist also zu prüfen, ob ein größeres Teilnahmeinteresse und eine Umsetzung von Beteiligungsergebnissen unter Berücksichtigung der realen Akteurskonstellationen und Rahmenbedingungen in der kommunalen Haushaltspolitik zu erwarten ist. Hierzu liegen mittlerweile einige empirische Untersuchungen vor, so dass eine Prüfung dieser notwendigen Bedingungen für einen im Sinne der Input- und Output-Legitimität erfolgreichen Bürgerhaushalt möglich ist.

5 Grundzüge kommunaler Haushaltspolitik

Die kommunale Haushaltspolitik wird in der Regel nur von sehr wenigen Akteuren dominiert und verschließt sich in der Regel einer breiteren Beteiligung. Der Kämmerer und der Bürgermeister bestimmen durch die Haushaltseinbringung maßgeblich die Haushaltsentscheidungen, die in den Fraktionen von den Fraktionsvorsitzenden und wenigen Haushaltsexperten modifiziert werden. Viele Ratsmitglieder und große Teile der Öffentlichkeit sind häufig nicht in der Lage den Haushaltsplan richtig zu lesen. Die geringe Transparenz der Haushaltsplanung stützt dabei die Machtposition der Fraktionsspitzen und Kämmerei.

Die anschließenden Haushaltsberatungen im Gemeinderat sind dann in nordrhein-westfälischen Kommunen, in denen bisher vorrangig der Bürgerhaushalt eingesetzt wurde, stark vom Parteienwettbewerb geprägt. Die Opposition nutzt die Haushaltsrede häufig zur „Generalabrechnung mit der Regierung", wobei den Reden meist nicht zu entnehmen ist, wie ein Haushaltsausgleich im Verwaltungshaushalt zu erreichen ist. Der defizitäre Verwaltungshaushalt wird häufig als „Versagen" der jeweiligen Mehrheitsfraktionen dargestellt. Die Mehrheitsfraktionen betonen demgegenüber, dass die defizitäre Haushaltssituation nur etwas mit kommunal nicht zu beeinflussenden Entwicklungen zu tun habe. Haushaltsberatungen sind in hohem Maße ritualisiert, so dass alljährlich dieselben Argumentationsfiguren in neuem Gewand vorgetragen werden. In Extremfällen kopieren die Fraktionsvorsitzenden einzelne Textbausteine aus ihren alten Haushaltsreden und fügen sie lediglich zu einer neuen Rede zusammen (Holtkamp 2000: 211).

Aufgrund der kommunalen Haushaltskrise haben in den letzten Jahren die Aufsichtsbehörden einen immer stärkeren Einfluss auf die kommunalen Haushalte. Insbesondere in nordrhein-westfälischen Kommunen gelingt es immer weniger die Verwaltungshaushalte auszugleichen, mit der Folge, dass Haushaltssicherungskonzepte ausgewiesen werden müssen (Diemert 2005). Ende 2005 waren bereits 198 nordrhein-westfälische Kommunen in der Haushaltssicherung. Damit können aktuell in Nordrhein-Westfalen fast 50% der Kommunen ihren Haushalt nicht mehr ausgleichen. Die Ausweisung eines Haushaltssicherungskonzeptes führt regelmäßig zu starken Eingriffen der Aufsichtsbehörden in die grundgesetzlich garantierte kommunale Selbstverwaltung. Eine der ersten Auswirkungen des Haushaltssicherungskonzeptes ist, dass die Aufsichtsbehörden Druck machen, die Hebesätze für die Grundsteuern zu erhöhen. Darüber hinaus wirkt die Aufsichtsbehörde bei kreisangehörigen Gemeinden häufig darauf hin, dass das Kreditvolumen und damit die Investitionen reduziert werden (Holtkamp 2006).

Können die Kommunen in den Haushaltssicherungskonzepten nicht mehr darlegen, wie sie mittelfristig den Verwaltungshaushalt ausgleichen wollen, wird der Haushalt nicht genehmigt und die Kommunen fallen unter das Nothaushaltsrecht. Ende 2005 haben 104 Kommunen und damit knapp ein Viertel aller nordrhein-westfälischen Kommunen keinen genehmigten Haushalt mehr. Damit wird das Nothaushaltsrecht nach § 81 GO NW zum Normalfall und in einem Extremfall[2] wurde ab 2006 schon ein beratender Sparkommissar von der Landesregierung bestellt. Im Nothaushaltsrecht können im Verwaltungshaushalt eigentlich nur noch die Leistungen finanziert werden, zu denen die Kommunen rechtlich verpflichtet sind „oder die für die Weiterführung notwendiger Aufgaben unaufschiebbar sind" (GO NW § 81 Abs. 1) und im Vermögenshaushalt können durch die extreme Deckelung der langfristigen Kredite kaum noch Investitionen finanziert werden.

---

[2] Dieser Fall des beratenden Sparkommissars in der Stadt Waltrop wird vom Autor auf der Internetseite www.sparkommissar-waltrop.de kontinuierlich dokumentiert.

Die Auflagen der Aufsichtsbehörden werden häufig in nichtöffentlichen Verhandlungen mit der Kommunalverwaltung umgesetzt, wobei insbesondere die Oppositionsparteien und die Öffentlichkeit häufig nur schwer die Forderungen der Aufsichtsbehörde von den „eigenmächtigen" Empfehlungen der Kommunalverwaltung oder der Regierungsfraktionen unterscheiden können. Bei diesen Rahmenbedingungen und Akteurskonstellationen ist die Beteiligung der Bürger an der Haushaltsplanung sicherlich nicht unproblematisch, wie noch ausführlicher zu zeigen sein wird.

6 Teilnahmeinteresse

Kommen wir zunächst auf die Frage nach dem Interesse der Bürger an der kommunalen Haushaltspolitik zurück. Die Ergebnisse von Bürgerumfragen zeigen immer wieder, dass im Vergleich zu konkreten Projekten das Interesse der Bürger an der Haushaltsplanung nicht sehr ausgeprägt ist. Hinzu kommen gravierende Unterschiede zwischen kleinen Gemeinden und mittleren und großen Städten. Im Rahmen eines vom Innenministerium NW geförderten Forschungsprojektes zur Kommunalwahl 1999 wurden zwei Gemeinden in der Größenklasse zwischen 10.000 bis 20.000 Einwohner und zwei kreisfreie Städte im Ruhrgebiet eingehend untersucht (Holtkamp 2002). Im Rahmen der Analyse des Wahlkampfes in den beiden kreisangehörigen Gemeinden wurde bereits deutlich, dass die Bürgermeisterbewerber in den kreisangehörigen Gemeinden die kommunale Haushaltspolitik persönlich für das wichtigste Thema hielten und auch davon ausgingen, dass der Bürger dieses Thema für sehr wichtig hält. In den kreisfreien Städten wurde hingegen von den Kandidaten davon ausgegangen, dass der Wähler die Haushaltspolitik für eher unwichtig hält. Neben der Wahrnehmung der Präferenzen der Bürger durch die Bürgermeisterkandidaten war selbstverständlich auch die in der Bürgerumfrage ermittelte Bürgermeinung von Interesse. Auf die offene Frage nach dem wichtigsten kommunalen Problem gaben die Bürger in den beiden kreisangehörigen Gemeinden doppelt so häufig Antworten, die der Haushaltspolitik zugeordnet wurden, wie in den kreisfreien Gemeinden (kreisangehörig: 6,95% der Nennungen; kreisfrei: 3,4% der Nennungen). Die Bürger sahen also die Haushaltspolitik in den kreisfreien Städten viel weniger als ein Problem an, obwohl die objektiven Haushaltsprobleme (in Form sich auftürmender Fehlbeträge im Verwaltungshaushalt) in den kreisfreien Städten viel größer waren.

Erklärungsvariablen für das abnehmende Interesse an der Haushaltspolitik mit zunehmender Gemeindegröße sind die abnehmende Identifikation mit der Stadt, der geringere Kenntnisstand bei kommunalpolitischen Fragestellungen und der niedrigere Prozentsatz von Hauseigentümern, die die Steuer- und Abgabenlast deutlicher wahrnehmen als die Mieter. So zeigen die Evaluationen zum Bürgerhaushalt, dass in einigen mittleren und größeren Städten der Bürgerhaushalt auch wegen der geringen Resonanz aus der Bürgerschaft wieder eingestellt wurde (Sintomer et al. 2005: 52). In der nordrhein-westfälischen Modellprojektkommune Monheim bringt es der Pressesprecher der Stadtverwaltung auf den Punkt, dass sich der hohe personelle und organisatorische Aufwand angesichts der geringen Resonanz nicht auszahlt und deshalb der Bürgerhaushalt eingestellt wurde: „Das Interesse war von Anfang an nicht besonders groß. Wenn 20 bis 30 Leute kamen, war das schon ein Erfolg"[3]. In Castrop-Rauxel wurde wegen der Gemeindegröße und der massiven Haushaltsprobleme bereits gleich auf eine intensive Beteiligung am Bürgerhaushalt verzichtet.

„Aufgrund des Haushaltsdefizits der Stadt hat diese finanziell nichts zu bieten und daher keine Möglichkeit auf Anregungen der Bürger einzugehen. Dadurch fehlt wiederum ein Anreiz für die Bürger sich zu beteiligen, denn ihre Wünsche und Anregungen können letztlich nicht umgesetzt und verwirklicht werden" (Eising 2005: 60).

Bevor auf diese Umsetzungsproblematik eingegangen wird, soll noch darauf hingewiesen werden, dass durch einige Instrumente das Teilnahmeinteresse erhöht werden kann.

In Emsdetten und anderen Kommunen hat sich gezeigt, dass das Teilnahmeinteresse steigt, wenn viele Bürger persönlich angeschrieben und eingeladen werden. Zudem ist für Großstädte der Bürgerhaushalt auch auf Bezirksebene denkbar und stößt auf ein größeres Teilnahmeinteresse als für die gesamtstädtischen Belange.

Noch weitergehend wäre der Vorschlag (anders als im bisherigen Konzept der Bürgerhaushalte) Entscheidungskompetenzen an die Bürger und Vereine in Detailfragen zu delegieren und dadurch ein höheres Teilnahmeinteresse zu wecken. Beispiele hierfür sind die Vergabe von Sportmitteln durch den Stadtsportverband oder Energiebudgets in Schulen und vergleichbaren Einrichtungen. Hier könnten Nutzerbeiräte über die Verwendung der eingesparten Mittel mitentscheiden. Die Budgets sind in der Regel gedeckelt, die Beteiligten gut informiert und motiviert.

---

[3] taz 17.12.05 „Städte sperren Kassenwarte"

7 Umsetzung von Beteiligungsergebnissen

In der kommunalen Haushaltskrise sind, wie gezeigt, die Spielräume für die Umsetzung von kostenintensiven Beteiligungsergebnissen sehr begrenzt. Allerdings könnten die Bürger durchaus eigene Konsolidierungsvorschläge entwickeln, die gerade unter diesen Rahmenbedingungen erfolgreich umgesetzt werden könnten. So zeigen Erfahrungen mit der direkten Demokratie in der Schweiz, dass in Gemeinden mit Elementen direkter Demokratie das Ausgabenniveau signifikant kleiner ist als in Gemeinden mit ausschließlich repräsentativen Strukturen, so dass durchaus ein starker Sparwille der Bürger erwartet werden kann (vgl. bereits Schneider 1983). Allerdings kann man die Ergebnisse der Schweizer Direktdemokratie nicht nahtlos auf den Bürgerhaushalt in Deutschland übertragen. Während für die Schweizer sich ein geringeres Ausgabenniveau sofort in Form von geringeren Steuern „bezahlt" macht, steht in nordrhein-westfälischen Haushaltssicherungskommunen durch die Genehmigungspolitik der Aufsichtsbehörde bereits fest, dass der Bürger über Jahre mit eher steigenden Grundsteuererhebesätzen und Gebühren bei gleichzeitig zurückzuführenden Ausgaben zu rechnen hat. Zugespitzt ließe sich formulieren, wer mehr bezahlt, bekommt im Gegenzug noch weniger Leistung. Bei diesen restriktiven Rahmenbedingungen ist nicht ersichtlich, dass es im Anschluss an zeitintensive Beteiligungsverfahren zu Beteiligungserfolgen aus Sicht des Bürgers kommt. Zudem lassen sich Bürgerforen im Rahmen des Bürgerhaushalts als Politiknetzwerke charakterisieren, die auf dem Konsensprinzip basieren, das im Gegensatz zum Mehrheitsprinzip der direkten Demokratie kaum für Umverteilung und Kürzungen geeignet ist. In Politiknetzwerken werden konflikthafte Entscheidungen, die gerade im Rahmen der Haushaltskonsolidierung anstehen, häufig weitgehend ausgeklammert (Messner 1994; Fürst 2002). In allen unabhängigen Evaluationen zum Bürgerhaushalt in Deutschland ist folgerichtig nicht erkennbar, dass diese nennenswerte Konsolidierungsvorschläge entwickelt haben. Damit ist insgesamt die Umsetzung von Beteiligungsergebnissen unwahrscheinlich. Hinzu kommt, dass spätestens im Nothaushaltsrecht der Haushaltsplan nur wenig aussagekräftig ist und wesentliche haushaltspolitische Entscheidungen in nichtöffentliche Verhandlungen mit den Aufsichtsbehörden verlagert werden. Durch Partizipation würden dann bei den Bürgern Erwartungen geweckt, die hinterher systematisch enttäuscht werden. Nach Ansicht der kommunalen Entscheidungsträger besteht hierin die größte Gefahr der Bürgerhaushalte in nordrhein-westfälischen Städten (Köllner 2004: 11). Bei nicht genehmigtem Haushalt verlieren aufgrund der geringen Bindekraft des Haushaltsplans häufig selbst die Fraktionsvorsitzenden das

Interesse an der Lektüre des Haushaltsplans. Spätestens unter diesen Bedingungen, die derzeit schon für 25% der Kommunen in NRW gelten, kann die Beteiligung der Bürger am Haushaltsplan zynisch wirken.

Aber auch in Kommunen mit günstigerer Haushaltslage, ist die Umsetzung der Ergebnisse des Bürgerhaushalts höchst prekär. Viele Kommunalpolitiker sehen das Budgetrecht als *die* Kernkompetenz („das Königsrecht") der kommunalen Vertretungskörperschaft an. Wenn man berücksichtigt, dass der Stadtrat in den letzten Jahren durch die Reform der Gemeindeordnungen in den meisten Bundesländern (Einführung von Bürgerbegehren und direkt gewählten Bürgermeistern) bereits in erheblichem Maße Kompetenzen abgeben musste, ist mit einem großen Misstrauen gegenüber dem Bürgerhaushalt zu rechnen. Die öffentlich von Bürgermeistern immer wiederholte Formel, dass man den Stadtrat durch eine Beteiligung der Bürger zu einer disziplinierten Ausgabenpolitik bewegen wolle, kann von den Ratsmitgliedern als bewusste Aushöhlung ihrer Kompetenzen gedeutet werden. Deshalb wurde der Bürgerhaushalt in den Modellkommunen insgesamt sehr misstrauisch von den Ratsmitgliedern begleitet, was große Umsetzungsdefizite bei den Beteiligungsergebnissen wahrscheinlich macht (Sintomer u.a. 2005; Holtkamp 2001). Zudem lässt der ausgeprägte Parteienwettbewerb in der kommunalen Haushaltspolitik bei schablonenhaften Auseinandersetzungen zwischen Mehrheits- und Oppositionsfraktionen nur wenig erwarten, dass neue Vorschläge und Informationen durch den Bürgerhaushalt in die Haushaltsdebatten Eingang finden. Auch ist es bei ausgeprägtem Parteienwettbewerb nicht unwahrscheinlich, dass Bürgerforen zu Wahlkampfplattformen umfunktioniert werden, was die Teilnahmebereitschaft der Bürger in der Regel senkt (Herrmann 2002: 220/ILS 2000: 49).

Die Durchführung des Bürgerhaushalts in den Großstädten auf der Bezirksebene[4] dürfte bei sehr kleinem Budget diese Umsetzungswiderstände der ehrenamtlichen Kommunalpolitik noch vergrößern. So ist aus den Beteiligungsprojekten im Zuge des Förderprogramms „Soziale Stadt" hinlänglich bekannt, dass Partizipation im Stadtteil von den Bezirksvertretungen nicht selten als Konkurrenzveranstaltung gedeutet wird.

Auf noch weniger Akzeptanz bei den Kommunalpolitikern dürfte die Delegation von Entscheidungs- und Budgetkompetenzen auf Vereine und Bürger treffen. In unserem Forschungsprojekt Bürgerkommune konnten wir anhand landesweiter Befragungen von Fraktionsvorsitzenden und von Ratsmitgliedern in Fallstudienstädten zeigen, dass die in der kommunalen Haushaltspolitik do-

---

[4] Die Stadtstaaten werden aus der Analyse ausgeklammert.

Bürgerhaushalt

minanten Fraktionschefs ganz erhebliche Bedenken gegen die Delegation von Kompetenzen an Bürger und Vereine haben (Bogumil et al 2003; Holtkamp et al. 2006). Die Delegation von Kompetenzen anstelle des konventionellen Bürgerhaushalts ist somit kaum durchsetzbar.

Abbildung 2: Bereitschaft zur Delegation von Kompetenzen

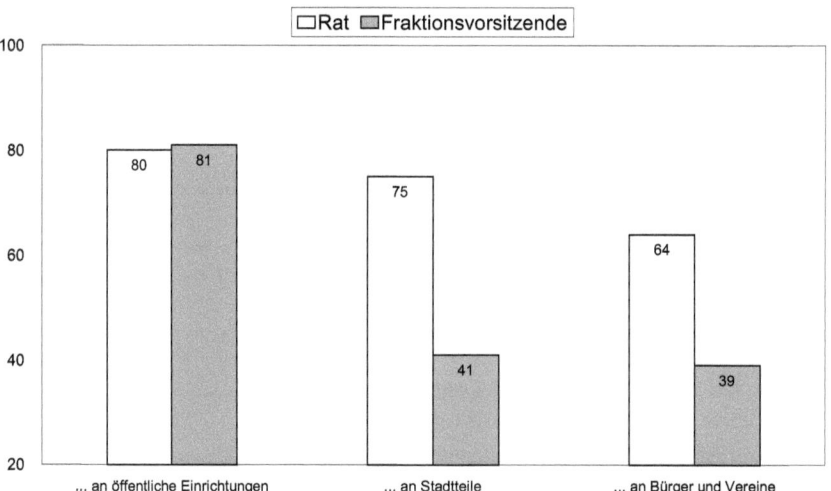

Ratsmitgliederbefragung Arnsberg und Schwäbisch Gmünd 2002; Fraktionsvorsitzendenbefragung BW/NRW 2003

8 Fazit

Auch wenn in vielen Publikationen von Stiftungen, Ministerien und Wissenschaftlern für den Bürgerhaushalt geworben wird, hat sich dieser bisher nur in wenigen deutschen Kommunen etabliert. Das Teilnahmeinteresse der Bürger und die Bereitschaft dauerhaft an der Haushaltsplanung zu partizipieren ist bei den derzeitigen Rahmenbedingungen nicht sehr ausgeprägt. Somit können die dem Bürgerhaushalt zugeschriebenen Leistungen für die Input- und Outputlegitimität kaum zum Tragen kommen. Gerade in mittleren und größeren Städten mit starken Haushaltsproblemen sind vor allem in Nordrhein-Westfalen gravierende Probleme des Bürgerhaushalts zu konstatieren.

Literatur

Banner, Gerhard: Von der Ordnungskommune zur Dienstleistungs- und Bürgerkommune. In: Der Bürger im Staat 4/1998: 179-186.

Bogumil, Jörg/Holtkamp, Lars: Kommunalpolitik und Kommunalverwaltung – Eine policyorientierte Einführung, Wiesbaden 2006.

Bogumil, Jörg/Holtkamp, Lars/Schwarz, Gudrun: Das Reformmodell Bürgerkommune – Leistungen – Grenzen – Perspektiven. Schriftenreihe Modernisierung des öffentlichen Sektors, Bd. 22. Berlin 2003.

Diemert, Dörte: Das Haushaltssicherungskonzept – Verfassungs- und haushaltsrechtliche Grundlagen in NRW. Stuttgart 2005.

Eising, Ursula: Möglichkeiten und Grenzen von Bürgerbeteiligung in der Kooperativen Demokratie – Eine kritische Bestandsaufnahme des Bürgerhaushalts, unveröffentlichte Diplomarbeit. Konstanz 2005.

Fürst, Dietrich: Schwierigkeiten der fachübergreifenden Koordination. In: Brand, Karl-Werner (Hg.): Politik der Nachhaltigkeit. Berlin 2002: 179-191.

Herrmann, Heike: Initiierte Bürgerforen – Bürgerbeteiligung im Rahmen sozialer Stadtentwicklung in Hamburg. In: Haus, Michael (Hg.): Bürgergesellschaft, soziales Kapital und lokale Politik. Opladen 2002: 211-229.

Herzberg, Carsten: Bürgerhaushalt in Großstädten – Arbeitsmaterialien für die Umsetzung. Bonn 2005.

Holtkamp, Lars: Kommunale Haushaltspolitik in NRW – Haushaltslage – Konsolidierungspotentiale – Sparstrategien, Diss. Opladen 2000.

Holtkamp, Lars: Der Bürgerhaushalt – Ein Konzept für Klein und Groß und Arm und Reich? In: Der Gemeindehaushalt 5/2001: 104-107.

Holtkamp, Lars: Das Verhältnis von Bürgern und Bürgermeistern. In: Andersen, Uwe/Bovermann, Rainer (Hg.): Kommunalwahl 1999 in NRW – Im Westen was Neues. Opladen 2002: 235-253.

Holtkamp, Lars: Kommunale Haushaltspolitik – Strategische Konsolidierung, Durchwursteln oder verdeckter Widerstand, in: Planungsrundschau 13/2006. download: www.sparkommissar-waltrop.de.

Holtkamp, Lars/Bogumil, Jörg/Kißler, Leo: Kooperative Demokratie – Das politische Potential von Bürgerengagement. Frankfurt 2006.

ILS: Analyse der Umsetzung des integrierten Handlungsprogramms für Stadtteile mit besonderem Entwicklungsbedarf, Dortmund 2000.

Innenministerium NRW/Bertelsmann Stiftung. Kommunaler Bürgerhaushalt: Ein Leitfaden für die Praxis, Düsseldorf 2004.

Köhler, Paul: Mehr Transparenz und Engagement – Neue Wege der Bürgerbeteiligung. In: Forum Kommunalpolitik 5/04: 8-9.

Köllner, Angela 2004: Wenn BürgerInnen haushalten. In: Forum Kommunalpolitik 5/04: 10-11.

Bürgerhaushalt   235

Messner, Dirk: Fallstricke und Grenzen der Netzwerksteuerung. In: PROKLA. Zeitschrift für kritische Sozialwissenschaften 4/94: 563-596.
Schneider, Fritz: Der Einfluss politischer Institutionen auf die Bereitstellung von öffentlichen Dienstleistungen. In: Jahrbuch für Neue Politische Ökonomie, Band 2 (1983): 254-269.
Sintomer, Yves/Herzberg, Carsten/Röcke, Anja: Participatory Budgets in a European Comparative Approach. Volume II. Hans-Böckler-Siftung.Münster 2005.

Weiterführende Informationen im Internet

http://www.buergerhaushalt-europa.de/
http://www.buergerhaushalt.de
http://www.bpb.de/publikationen/8QCWP7

Susanne Maria Weber

Real Time Strategic Change (RTSC). Kritik als Motor des Wandels

1 Das Verfahren Real Time Strategic Change (RTSC): Kritik als Motor des Wandels

Ähnlich wie andere transformative Verfahren (wie die Zukunftskonferenz (Weisbord/Janoff) oder Open Space (Harrison Owen) beansprucht auch das Verfahren „Real Time Strategic Change" (RTSC), „simultanen Wandel" in großen Gruppen zu ermöglichen (Weber 2005). RTSC zielt darauf ab, das ganze, offene System in einen Raum zu holen, um schnell den gleichen Informationsstand in der Gruppe herzustellen und in einem dialogischen geleiteten mehrtägigen Prozess strategische Fragen zu bearbeiten. Das Verfahren wird daher auch als Strategiekonferenz bezeichnet. Im Unterschied zu den genannten anderen Großgruppenverfahren werden im RTSC jedoch Führungs- und Hierarchiestrukturen systematisch repräsentiert. So nimmt die Führung – im öffentlichen Raum z.B. Mandatsträger oder führende, mit Entscheidungskompetenzen ausgestattete Verwaltungskräfte nachgeordneter Behörden und Ämter – räumlich eine herausgehobene Position ein: Sie sitzen auf einem Podium und eröffnen die Veranstaltung mit kritischen und die Situation problematisierenden Lageberichten. Die Führungskräfte nehmen auch im weiteren Verlauf der Veranstaltung Richtung weisend Einfluss auf den Prozess der Themenbearbeitung und Themenausgestaltung. Das Verfahren RTSC unterscheidet sich auch hinsichtlich des Strukturierungsgrades: Im Gegensatz zum hochstandardisierten fünfschrittigen Format der Zukunftskonferenz (Weisbord/Janoff) ist RTSC eher nach dem Baukastenprinzip angelegt und damit vielseitig einsetzbar (Dannemiller/James/Tolchinsky 1999). Die Teilnahme an einer RTSC-Veranstaltung muss auch nicht freiwillig sein und steht damit im Gegensatz zu den Grundprinzipien, die für das Verfahren „Open Space" gelten würden. Weiterhin ist RTSC das Verfahren, das auch mit besonders großen Gruppen durchgeführt wird. Erfahrungen in der Anwendung des Verfahrens liegen vor mit Gruppen bis zu mehreren Tausend Teilnehmern. So berichten Bunker/Alban (1997: 67) von Veranstaltungen mit ca. 2200 Personen. Dannemiller und Tyson Associates (Ann Arbor, Michigan) haben im privatwirtschaftlichen Sektor Erfahrungen mit RTSC mit über 5000 Teilnehmern gesammelt. RTSC-Veranstaltungen im deutschsprachigen Raum liegen durchschnittlich in der Größenordnung mehrerer Hundert Teilnehmender (Weber 2002).

Ein spezifisches Moment des Verfahrens „RTSC" liegt weiterhin darin, dass es – ganz im Gegensatz zum Verfahren „Wertschätzende Erkundung" explizit an Kritik ansetzt und auf einer problemorientierten Diagnose der Ist-Situation aufbaut. Dannemiller und Kollegen gehen im Anschluss an Lewin davon aus, dass Menschen offener für Veränderung sind, wenn sie mit dem aktuellen Zustand besonders unzufrieden sind. Unzufriedenheit erhöhe die Chance zur Veränderung. Sie sei immer der Motor für Neues, für Vision, für erste Schritte und für die Überwindung der erwartbaren Widerstände. Auf der Grundlage von Unzufriedenheit mit dem Bestehenden würden Menschen beginnen, nach Wegen der Verbesserung zu suchen (Dannemiller/James/Tolchinsky 1999: 207). Auf RTSC-Veranstaltungen wird daher bei allen Teilnehmern mittels der Konfrontation mit Information Unzufriedenheit mit dem „Jetzt" erzeugt. Der erste Schritt der Problematisierung soll in „Diagnose und Problemerhellung" einmünden. Zugrunde liegende „Muster und Alternativen" sowie die konkreten „Vorgehensweisen zum Besseren" sollen sichtbar werden.

Das Verfahren RTSC wurde in den achtziger Jahren von Kathie Dannemiller im Anschluss an Ron Lippitt (University of Michigan und National Training Laboratories, NTL Institute) weiterentwickelt und insbesondere seit Anfang der 1990er Jahre in den USA bekannter. Ab Mitte der 1990er Jahre wurde das Verfahren auch zunehmend auch im deutschen Sprachraum eingesetzt (zur Bonsen 2003: 9; Weber 2005a, b). Die Organisationsberaterin Dannemiller entwickelte zusammen mit ihren Kollegen Tyson, Davenport und anderen das aus der Aktionsforschung stammende Design weiter. Weniger bekannt ist das Verfahren auch unter dem Titel „Whole Scale" (Dannemiller Tyson Associates 2000). Nach Aussagen ihrer Erfinder ist das Verfahren RTSC bzw. „Whole Scale" für strategische Planung, Organisationsdesign, Fusionen, Qualitätsmanagement, Reengineering, Training und Kulturwandel geeignet und findet im öffentlichen Sektor ebenso Anwendung wie in der Privatwirtschaft (Bredemeyer/Maleh/Nelles 2002). Bislang liegen allerdings keine Publikationen oder Erfahrungsberichte von RTSC-Anwendungen im engeren Sinne deliberativer Politik vor.

2 Kollektive Unzufriedenheit als Ausgangspunkt für Veränderung

Die dem Veranstaltungsformat RTSC zugrunde liegende „Formel" „U(nzufriedenheit mit der Realität) mal V(ision) mal E(rste Schritte) ist größer als W(iderstand)" wurde von Robert Gleicher entwickelt und von Richard Beckhard bekannt gemacht (zur Bonsen 2003: 51). Bunker und Alban (1997) betonen, dass „Unzufriedenheit" sich vermitteln muss. Auch und gerade in Systemen, in denen Wandel erforderlich sei, die Teilnehmer aber möglicherweise aber recht zufrieden mit der Situation seien, müsse Unzufriedenheit in der Veranstaltung selbst erzeugt werden. Durch Kommunikation und Information könne das Problem behoben werden, dass Menschen zu wenig voneinander wüssten. Auf diese Weise würden sie die jeweiligen Probleme und Perspektiven kennen lernen. Hier wird deutlich, dass die Anwendung des Verfahrens RTSC bislang stärker im Feld der Unternehmensentwicklung verankert ist als in politikwissenschaftlichen oder Demokratisierungsdiskursen. Zwar stellt auch hier „Unzufriedenheit" eine zentrale Kategorie dar, allerdings ist hier die Artikulationsrichtung eher eine andere: Während RTSC im privatwirtschaftlichen Setting als „Volksaufstand von oben" (Weber 2000) inszeniert wird, wäre das Verfahren im Kontext deliberativer Prozesse durchaus auch denkbar als Artikulation der Unzufriedenheit „von unten", d.h. marginalisierter (jedoch organisierter) gesellschaftlicher Gruppen.

Bunker/Alban (1997) schlagen vor, das Kontinuum „Unzufriedenheit" durch unzufriedene Beteiligte, das Einbeziehen von Experten sowie durch Simulationen zu kommunizieren. Sie benennen als mögliche Zielstellungen von RTSC einen strategischen Richtungswechsel, ein neues Netzwerkdesign, strategische Allianzen oder die Entwicklung der Organisationskultur. Ebenso möglich ist allerdings durchaus auch die Anwendung im Kontext von kommunaler oder regionaler Kultur und Politik. Als systemisch-partizipative Strategie ist RTSC grundsätzlich auch für das Feld deliberativer politischer Prozesse nutzbar. Jacobs/Mc Keown (1999: 299) weisen darauf hin, dass der Einsatz des Verfahrens nicht abhängig sei von der Art des angestrebten Wandels, den Themen oder der Organisationsgröße. Sie sehen den Einsatz von RTSC als generell dann geeignet an, wenn Wandel dringend erforderlich sei und nachhaltige Veränderung angestrebt werde. Als Erfolgsbedingung nennen sie, dass die Themen relevant sind und schneller Wandel erwünscht sein müsse. Auch die Führungsspitze müsse offen sein für die Zukunft der Organisation und dazu bereit sein müsse, mit Menschen aller Ebenen Macht zu teilen – ein Erfolgskriterium, das generell alle partizipative Verfahren und Zugänge durchzieht.

Real Time Strategic Change (RTSC). Kritik als Motor des Wandels

Insgesamt ist das Verfahren RTSC ein dialogisches Verfahren, das in zeitlich auf ca. 2,5 Tagen angelegten Prozessen wechselnd in Kleingruppen- und Plenararbeit die Teilnehmenden konstelliert. Auf der Grundlage umfassender Information und Kommunikation soll ein vollständiges Bild der Realität entstehen. Mittels direkter und rascher Dialoge über Probleme in Strategie, Struktur und Prozess sowie durch den Austausch über Vision und Ziele soll Gemeinschaftsgeist, Motivation und Veränderungsenergie erzeugt und sichtbar gemacht werden (Jacobs/Mc Keown 1999: 298).

3 Prinzipien von RTSC und Leitfragen für die Planung

RTSC arbeitet mit sechs Prinzipien, die dauerhaften Wandel unterstützen und flexible Anwendungen in den unterschiedlichsten Kontexten und Situationen ermöglichen sollen.

- Prinzip 1: „Empowerment und Inklusion". Indem Menschen sich auf eine Weise verbinden, die ihnen wichtig ist und in der sie einen wertvollen Beitrag erbringen können, entsteht Commitment und Zustimmung für ein gemeinsames Ziel und eine gemeinsame Ausrichtung auf Zukunft.
- Prinzip 2: „Real Time": Die Geschwindigkeit des Wandels beschleunigt sich, indem man denkt und handelt als wäre die Zukunft bereits eingetroffen.
- Prinzip 3 arbeitet mit der gewünschten Zukunft: Pläne und Aktionen für eine an Möglichkeit orientierten Zukunft werden energetisiert, angereichert und „informiert" durch das Anknüpfen an Vergangenheit und Gegenwart.
- Das Prinzip 4 besagt, dass Gemeinschaft entwickelt werden muss. Lernen, Wachstum und Motivation kann sich entwickeln in einer Umgebung, in der Menschen zusammenkommen als Teil von etwas Größerem als sie selbst. In der RTSC- Philosophie brauchen Menschen etwas, das sie schaffen können und woran sie glauben können.
- Das Prinzip 5 basiert auf gemeinsamem Verstehen und dem Schaffen gemeinsamer Bedeutung. Aus verschiedenen Perspektiven werden wichtige Themen identifiziert und ein gemeinsames Verständnis entwickelt.
- Das Prinzip 6 besagt, die Realität als Motor zu nutzen, Möglichkeiten zu erkennen, neue Realitäten aufzufinden und aufkommende Themen mit Bedeutung zu erfüllen.

Um einen Paradigmenwandel zu erzielen, soll eine gemeinsame Datengrundlage erzeugt werden, indem die „richtigen" Fragen gestellt werden. Hierfür stellen Dannemiller und Kollegen eine „Landkarte" bereit (Dannemiller/James/Tolchinsky 1999: 208). Diese fließt ein in das Veranstaltungsdesign, das im Folgenden vorgestellt wird.

4 Ablauf einer RTSC-Veranstaltung

RTSC-Konferenzen werden ganz überwiegend in Gruppengrößen zwischen 40 – 600 Teilnehmenden durchgeführt und dauern in der Regel 2-3 Tage. Ähnlich wie im Verfahren Zukunftskonferenz sollen die Teilnehmer möglichst den – an der Problemstellung orientierten – repräsentativen Querschnitt des Systems abbilden. Dabei ist das System nicht immer bereits definiert. Gerade in Kontexten politischer Partizipation ist zu klären, ob man institutionelle, formale administrative Strukturen und Grenzen zum Ausgangspunkt nehmen möchte oder ob hier lebensweltliche und sozialräumliche Faktoren mit einbezogen repräsentiert werden. Abhängig von der Zielstellung und je nachdem, welche Anspruchsgruppen als für die Lösung des Problems relevant definiert werden, werden Teilnehmende zur Veranstaltung geladen. Dies ist themenabhängig und letztlich eine Frage der politischen Repräsentation und der Artikulation von Anliegen und Interessen im politischen Raum. An so genannten „Max-Mix"-Tischen (also repräsentativ zusammengesetzten Tischen) à sieben bis acht Personen arbeiten Gruppen interaktiv und dialogisch.

Mit den Schritten „Unzufriedenheit mit der Realität", „Identifikation mit der Vision", „Identifizierung erster Schritte" sowie „Glaubwürdigkeit erzeugen", um so Energie für Veränderung zu erzeugen, unterscheidet der Ablauf einer RTSC-Veranstaltung vier Hauptphasen. In der ersten Phase, dem „Aufrütteln" soll eine gemeinsame Informationsbasis hergestellt werden. Alle Teilnehmenden sollen wesentliche Aspekte der Situation verstehen, in der sich die Organisation, das Netzwerk, die Region oder die Kommune befindet. Der Prozess wird organisiert nach den Kriterien der angemessenen Problemvermittlung (Wie erkennen die Teilnehmenden, dass ein Bedarf zur Veränderung bisheriger Arbeitsweisen besteht?), der Wissensbasis (Welche gemeinsame Informationsbasis muss geschaffen werden, um Offenheit für die Ziele zu erzeugen?), der Erzeugung von Betroffenheit (Wie muss die Information erarbeitet oder präsentiert werden, damit sie „unter die Haut geht" und ein Gefühl von Dringlichkeit erzeugt wird?) und der

Motivierung (Wie kann erreicht werden, dass sowohl Defizite erkannt werden und zugleich das Selbstvertrauen gestärkt statt unterminiert wird?).

In der zweiten Phase geht es um die Identifikation mit den gemeinsamen Zielen. Die Teilnehmenden sollen mit den Visionen, Werten, Programmen und Projekten aktiviert werden und das gemeinsam bestätigte Ziel mittragen. Das Ziel wird typischerweise vom Management, den Führungskräften oder auch den gewählten Volksvertretern vordefiniert und in der Konferenz zur Gänze oder in Teilen überarbeitet. Zu den sich ergebenden Projekten werden Anregungen und Ergänzungsvorschläge eingeholt und verarbeitet. Durch die Partizipation aller soll Identifikation bei der Erarbeitung von Verbesserungsvorschlägen, Ergänzungen und der Gewichtung von Vorschlägen entstehen.

In der dritten Phase geht es darum, die Zusammenarbeit zwischen Bereichen und Ebenen zu verbessern. Als Grundlage einer besseren Zusammenarbeit wird gesehen, dass Stereotypen abgebaut werden und verschiedene Bereiche, Handlungsfelder oder Beteiligtengruppen mehr Verständnis füreinander entwickeln. So formulieren Bereiche, Beteiligtengruppen oder Repräsentantengruppen Wünsche aneinander, bearbeiten und beantworten diese.

In der vierten Phase werden Konsequenzen für weiteres Handeln abgeleitet oder auch Maßnahmen geplant, die ein Anfang und ein Ende, einen Termin und einen Verantwortlichen haben. Ziel kann aber auch sein, ein Umdenken einzuleiten und Konsequenzen zu definieren. So sollen neue Spielregeln erarbeitet und neue Normsetzungen für die einzelnen Bereiche, Handlungsfelder, Kooperationspartner vorgenommen werden. Gruppen geben sich möglicherweise neue so genannte „10 Gebote" und verpflichten sich auf persönliche Schritte und konkrete Maßnahmen. Nach dem Freiwilligenprinzip bilden sich Themengruppen. Maßnahmenvorschläge können nach ihrer Priorität mit Punkten bewertet werden. Die Entscheider können bereits auf der Konferenz „grünes Licht" für Maßnahmen und Ressourcen geben. Spätestens kurz nach der Konferenz müssen Entscheidungen über Ressourcenbereitstellung getroffen werden. Auch hier wird deutlich, dass das Verfahren RTSC gegebene hierarchische Strukturen im Veranstaltungsdesign repräsentiert und affirmativ adressiert. Parlamentarische Mechanismen sind in den angenommenen Entscheidungsstrukturen nicht strukturell verankert.

Tabelle 1: Phasen eines RTSC

1. Tag	2. Tag	3. Tag
1. Unsere Geschichten 2. Die Sicht der Führung 3. Diagnose des Netzwerks 4. Branchentrends 5. Die Sicht der Nutzer/Zielgruppen/ Kunden	6. Präsentation eines Vorbilds 7. Feedback zwischen Abteilungen/Bereichen/Feldern 8. Neue, ungeschriebene Spielregeln 9. Darstellung der Ziele, Werte, Programme, Feedback von den Teilnehmenden abends: 10. Überarbeiten der Ziele, Werte, Programme durch die Führungsspitze	11. Darstellung der überarbeiteten Ziele, Werte, Programme 12. Visionieren: Was ist in zwei Jahren realisiert? 13. Netzwerkweite Maßnahmen 14. Umsetzung in der Heimatgruppe

(angelehnt an: zur Bonsen, Seminarmappe, o.J.).

Aufgabe der Moderation ist es, die Aufgabenverfolgung im Focus zu behalten, die Zeit und Gesamtstruktur im Blick zu haben, um so zu den gewünschten Ergebnissen zu kommen. Sie soll Partizipation und Beteiligung aller sicherzustellen und eine Kultur des Respekts unterstützen (Dannemiller/James/Tolchinsky 1999: 210). Im Gegensatz zum Verfahren Open Space ist mit dem Veranstaltungskonzept RTSC der Anspruch einer gestaltenden und intervenierenden Rolle der Moderation verbunden.

Spezifikum des Verfahrens RTSC ist auch, dass auf der Veranstaltung selbst permanente Prozessreflexion und -anpassung erfolgt. In abendlichen Tagesevaluationen reflektiert eine Prozessdesigngruppe das Vorgehen an die Prozessnotwendigkeiten in Abstimmung mit dem Steuerungskomitee, dem Leadershipteam und der Organisationsgruppe sowie den Entscheidungs- und Interessenvertretungsgruppen. Angesichts der potentiellen Teilnehmendenzahl von RTSC-Veranstaltungen kann bereits eine Planungsgruppe bis zu 80 Menschen und mehr umfassen.

5   Denktraditionen und Wurzeln des Verfahrens

Großgruppenverfahren wie das Verfahren „Real Time Strategic Change" können mittlerweile auf mehr als 60 Jahre Forschungstraditionen zurückblicken. Die Wurzeln der Großgruppenverfahren liegen in den Grenzgebieten der Sozialpsychologie, der Systemtheorie, der Kybernetik, der Gruppendynamik und Psycho-

Real Time Strategic Change (RTSC). Kritik als Motor des Wandels

analyse, der Chaosforschung sowie den Komplexitäts- und Selbstorganisationstheorien. Theoriebezüge und Anschlussstellen der Großgruppenverfahren insgesamt sind insbesondere in der Gruppendynamik (Lewin 1982; Bion 1971; Lippitt 1978) aber auch in systemischen Ansätzen (von Bertalanffy 1968; Wheatley 1992, Königswieser/Keil 2000) zu finden. Gestaltpsychologische Traditionen liegen bei Lewins Feldtheorie dynamischer Kräftefelder (Lewin 1982: 157ff) und der ganzheitlichen Konfiguration sozialer Dynamiken (Nevis 1988). Wilfried Bion (1971) beschäftigte sich aus der Forschungstradition der psychoanalytischen Psychologie mit den Dynamiken von Gruppen.

Die auf den ersten Blick „neuen" transformativen Verfahren, wie es das Verfahren RTSC eines ist, haben also Wurzeln und Traditionslinien, die bis in die 1940er Jahre zurückreichen. Impulse ihrer Entwicklung liegen gerade auch im Schrecken des Terrors und der Massenvernichtung. Die während der Zeit des Nationalsozialismus aus Deutschland flüchtende Intelligenz der Sozial- und Geisteswissenschaften, der Psychologie und der Psychoanalyse fragte intensiv nach einer lebbaren Zukunft, nach den Funktionsmechanismen von Gruppen, der Psychologie der Massen und den Therapiemöglichkeiten massiver Traumatisierungen. Zukunftsforscher entwickelten Modelle, wie partizipative und kooperative, nachhaltige, zukunftsfähige Planung im Kontext auch deliberativer Politikmodelle aussehen könnte. In den USA wurden in den 1960er und 1970er Jahren in vielen Kommunen bereits Erfahrungen im Bereich der Kommunalpolitik und der Gemeinwesenarbeit gemacht. Seit Anfang der 1970er Jahre wurden auch international Trainings zu partizipativen und zukunftsorientierten Verfahren durchgeführt. Auch im deutschsprachigen Raum wurden partizipative Verfahren erprobt und bekannt gemacht.

In den 1990er Jahren differenzieren Bunker und Alban (1997: 12f) neben Real Time Strategic Change (RTSC) auch zahlreiche andere Verfahren wie die Search Conference, Future Search, Technology of Participation (ToP), WorkDesign, Simu-Real, Work-out oder Open Space Technology. In den letzten Jahren haben die Verfahren an Bekanntheit gewonnen (Weber 2000, 2005b).

Dialogisch angelegte und als Methoden simultaner Wissensproduktion sich systemisch verstehende Verfahren wie auch „Real Time Strategic Change" (RTSC) finden Anwendung in allen gesellschaftlichen Handlungsfeldern (Weber 2000, 2002; 2005a). Gemeinsam mit anderen transformativen Verfahren wie z.B. Open Space und Zukunftskonferenz wird auch der Einsatz des Verfahrens RTSC vor allem dann empfohlen, wenn komplexe Frage- und Problemstellungen vorliegen, die von Einzelnen nicht gelöst werden können und für deren Lösung viele Menschen als Wissensträger einbezogen werden müssen. Damit nimmt die Argumentation im Feld der Organisationsberatung weniger Bezug auf deliberative Politikdiskurse, sondern eher Argumentationen im Kontext der Wissensgesellschaft und des Wissensmanagement sowie der „lernenden Organisation" (Senge 1997).

Generell werden zentrale Qualitäten der Großgruppenverfahren darin gesehen, dass sie Ressourcen hervorbringen, dass sie Systeme im Modus der Selbstorganisation energetisieren und dass sie Menschen unterschiedlichster Hierarchieebenen, Bereiche und Zuständigkeiten in Kontakt und Austausch miteinander bringen. Diese dialogischen Praxen gelten als Verfahren auch für soziales Lernen, als stärkend für individuelle und kollektive Verantwortung sowie die gemeinsame Entwicklung kreativer neuer Lösungen. Bunker/Alban (1997) markieren als qualitative Differenz systemischen Interventionen die folgenden Aspekte:

Tabelle 2: Übersicht des „alten" und „neuen" Partizipation Paradigmas

Altes Paradigma:	Neues Paradigma:
Sequentieller Wandel	Simultaner Wandel
Teilsysteme in einem Raum	Das ganze offene System in einem Raum
Arbeit an Einzelthemen	Zielentwicklung offen für Beiträge von allen
Oft problemorientiert	Zielorientiert
Diagnose des Umfelds durch Wenige (Projektteams, Berater...)	Diagnose der Organisation durch alle
Kontrollorientiert	Aufgabe von Kontrolle im engen Sinne, Gewinn von Kontrolle durch Kontextsteuerung
Langsamer Wandel/Sequentieller Wandel	Schneller Wandel/Simultaner Wandel

(Bunker/Alban 1997: 9)

Großgruppenverfahren setzen damit gemeinhin lösungs- und zielorientiert statt defizitorientiert an. Sie zielen darauf ab, möglichst viele Personen in die Ermittlung der „Ist"-Situation einzubeziehen und ebenso viele Personen auch für die Ermittlung der „Soll"-Situation zu berücksichtigen. Es werde nicht direkte Kontrolle, sondern Kontextsteuerung ausgeübt. Auf diese Weise lasse sich „schneller Wandel" erzielen – so der mit Großgruppenverfahren verbundene Anspruch (Weber 2005a, 2005b).

6 Das Verfahren RTSC in der Diskussion

In den USA bekannt geworden ist das Verfahren durch Eigenpublikationen der Beratungsgesellschaft (Dannemiller/Jacobs 1992; Jacobs 1994) und durch Beiträge

Real Time Strategic Change (RTSC). Kritik als Motor des Wandels 245

in den entsprechenden Handbüchern der Großgruppenarbeit (Bunker/Alban 1997; Holman/Devane 1999). Im Jahr 2000 wurde der RTSC Ansatz als „Whole Scale" von Dannemiller Tyson Associates (2000) weiterentwickelt und in einer Monographie dargestellt.

Im deutschsprachigen Raum kann das Verfahren RTSC aus dem Spektrum der bekannteren Großgruppenverfahren wie z.b. Open Space, Zukunftskonferenz und AI-Summit (Weber 2000) als vergleichsweise unbekannt gelten. Zwar wurde es seit Mitte der 1990er Jahre in die Ausbildungsseminare zur Bonsens, des bekanntesten Großgruppenausbilders im deutschsprachigen Raum, integriert, allerdings zunächst eher zögerlich angenommen. Erste Publikationen stellten Anwendungsbeispiele des Verfahrens in Fachzeitschriften dar (zur Bonsen 1995; Herzog 1999; zur Bonsen/Scheufler/Schön 2001). Es folgten Beiträge in den deutschen Sammelbänden zur Großgruppenarbeit (Bauer/zur Bonsen 2000; Krieg/Pfeifer 2000; Bredemeyer/Maleh/Nelles 2002; Schäfer/Terhalle 2002; Scholz 2003). Die erste deutschsprachige Praxismonographie zum Verfahren RTSC erschien im Jahr 2003 (zur Bonsen 2003).

Damit ist die Diskussion bislang stark durch Fragen der Anwendung geprägt, wie z.b. der Durchführung von Parallelkonferenzen in dezentralen Settings oder des Einsatzes elektronischer Verfahren (Bunker/Alban 1997: 69). Zur Bonsen und Kollegen (2003: 109f) raten zu einer zweieinhalb-tägigen oder zweitägigen Version des Verfahrens. Sie diskutieren die Integration Zukunft visionierender Elemente in das Verfahren und plädieren dafür, erlebnisorientierte Bausteine zu stärken. Sie kritisieren, dass solche kreativen und spielerischen Anteile selbst in den neuesten Veröffentlichungen von Dannemiller und Tyson nicht enthalten seien.

In Praxispublikationen werden auch Erfahrungen mit dem Einsatz der Verfahren ausgewertet: So sieht ein Auftraggeber aus dem privatwirtschaftlichen Feld den Stellenwert der Veranstaltung darin, den Mitarbeitern die Veränderungsnotwendigkeit deutlich zu machen (ebd.:40) und Multiplikationseffekt zu erzielen. Aus Sicht des Auftraggebers wird die Veranstaltung als Initialzündung gesehen.

Anwendungsmöglichkeiten sehen zur Bonsen und Kollegen z.B. darin, Menschen für strategische Ziele, für ein Leitbild oder eine Vision zu gewinnen, spezielle Kulturthemen zu bearbeiten, Prozesse zu optimieren, Organisationsstrukturen zu verändern oder ein großes Projekt zu revitalisieren (ebd:22ff). Gegenstand der Reflexion ist auch der Zusammenhang von Veranstaltung und nachhaltigen Prozessen der Veränderung. Tiefgreifende kulturelle Transformation bedarf mehr als einer Einzelveranstaltung, hier sei ein Lernprozess erforderlich, den das Management durchlaufen müsse, was auch Arbeit mit kleinen Gruppen bedeute (ebd.: 27).

Aufgrund der potentiellen Gruppengröße von RTSC-Veranstaltungen liegt der Anschluss an Reflexionen zu massenpsychologischen Phänomenen und Problemen nahe. Heintel (2000) legt solche Überlegungen allgemein bezogen auf Großgruppenverfahren vor und problematisiert die Möglichkeit affektgebundener manipulativer Einflussnahme auf Menschen in großen Gruppen. Weber (2005) diskutiert das Verfahren in seinem Ritualcharakter als Übergangsraum zum Neuen.

7 Diskussion der Wirkungen und Reichweite des Verfahrens RTSC

Der Einsatz von Großgruppenverfahren in Organisationen, regionalen Netzwerken, kommunalen oder anderen deliberativen Prozessen bedeutet natürlich nicht, dass hier Basisdemokratie realisiert würde – im Gegenteil handelt es sich bei dem Nadelöhr „Entscheidung" um eine äußerst sensible Sollbruchstelle, wenn die Führung, die Entscheidenden, die gewählten Repräsentanten nicht frühzeitig in die mit Eifer und Engagement erarbeiteten Ergebnisse von Arbeitsgruppen einbezogen werden (Kolenaty/Weber 2003). Partizipation hat hier einen konsultativen Status. Das Verfahren RTSC definiert nicht vorab, sondern im Prozess, in welcher Weise die erzeugten Ergebnisse zu verwenden sind, welchen Stellenwert Partizipation also letztlich hinsichtlich der kritischen und sensiblen Macht- und Entscheidungsfragen einnimmt. In dem Maße, wie Planung in Abstimmung mit Führungs- und Entscheidungskräften vorgenommen wird, kann von kooperativen bis delegativen Partizipationsformen gesprochen werden. Welches Ausmaß an Partizipation hinsichtlich einer Beteiligung an Entscheidungsmacht den teilnehmenden Personen zukommt, kann also am klarsten in empirisch untersuchbaren Kontexten festgestellt werden. Das Verfahren setzt eine prozedurale Basis für Entscheidungsvorbereitung und Entscheidungsfindung fest und integriert Entscheidungen höherer Hierarchieebenen regelhaft in den Prozessablauf. Damit stellt RTSC das am stärksten vorgabenorientierte und mit Führung und Hierarchie arbeitende, vermutlich damit aber in Organisationskontexten auch das transparenteste Verfahren dar, da es keine Zweifel über formale Entscheidungsmacht lässt und keine Illusionen von Egalität und Informalität erzeugt oder hier „blinde Flecke" produziert. Sicherlich werden in der Regel in Organisations- ebenso wie formaldemokratischen Gremien keine rein autonomen Planungs- und Entscheidungsprozesse seitens der Bürger zu erwarten sein. Großgruppenverfahren wie RTSC zielen auf Partizipation und die direkte Begegnung der Menschen. Partizipative Verfahren und „weiche" Strategien unterstützen die Bildung eines orientierenden öffnenden Raumes (Kühl 2002). Sie ermöglichen explorative, dialogische und kokreative Prozesse (Burow 1999, 2000). Großgruppenverfahren wie das Verfahren RTSC kann sicherlich als Chance gelten, Zukunft zu gestalten, da es ermöglicht, viele Menschen gleichzeitig zu erreichen und damit Akzeptanz und Gestaltungspotential für Veränderungsprozesse erhöht. Laut Königswieser überwinden Großgruppenverfahren das Problem der Koordination, indem sie die üblichen Informations- und Kommunikationsmuster durchbrechen, Gemeinschaftserlebnisse ermöglichen und implizites Wissen generieren (Königswieser 2000: 31). In diesem Sinne kann auch das Verfahren RTSC als Lernlaboratorium sozialen Lernens und als Verfahren für Wissensgenerierung gelten. Komplexität, das Potential irritierender und lernanregender Erfahrungen und Wandel durch Dialog sind Potentiale, die nicht gänzlich und zwingend durch institutionelle Strukturen ausgehebelt werden. Die entscheidende Voraussetzung ist hier sicherlich der „good will" und die Offenheit der Entscheider für den Dialog. Gehen wir von einer netzwerktheoretischen Rekonstruktion von Organisationen und Gesellschaft aus, so kann an jedem Punkt etwas Unerwartetes und Anderes geschehen, und muss sich auch Kontinuität ständig herstellen. Diese Ungewissheit (Helsper; Hörster; Kade 2003a,b) ist die Lücke, in der sich solche Verfahren „hineinmogeln". Sie ist der Zwischenraum zwischen dem erwartbaren interessengeleiteten Handeln und der Komplexität des Nicht-Wissbaren und Möglichen, innerhalb dessen das Unerwartete Neue entstehen kann – wenn wir nicht nur von symbolischer Politik und „Brot und Spiele"-Logik her denken, sondern Ungewissheit und Komplexität ernst nehmen, ohne den Systemlogiken naiv gegenüber zu stehen.

8 Das Verfahren RTSC als Ritual der Transformation

Wird das Verfahren RTSC auf seine performative und konstitutive Praxis als Transformationsritual hin untersucht, wird als fundamentaler Unterschied zu anderen Großgruppenverfahren zentral, dass dieses Verfahren bewusst Hierarchie repräsentiert, indem die Führung auf einem Podest optisch herausgehoben und symbolisch repräsentiert ist. Im Ablauf erhält sie eine steuernde Funktion, indem sie Ergebnisse annimmt, bearbeitet und rückspiegelt. Eine besondere Ritualpraxis des Verfahrens liegt in der kollektiven Verunsicherung. Symbolisch wird hier die Kritik der Führung, das Aufrütteln, die Unzufriedenheit – die vom Podium aus formuliert wird – herausgehoben. Insgesamt inszeniert das Verfahren den „rationalen Diskurs". Am Anfang einer RTSC Veranstaltung steht die Inszenierung der „schlechten Nachricht" durch Information. Externe Experten repräsentieren die „rationale Wissensbasis". Über symbolische Inszenierungen erfolgt das „Aufrütteln" der Beteiligtengruppen auch emotional. Bredemeyer/Maleh/ Nelles (2002) berichten von einer RTSC-Konferenz im Bildungsbereich. Hier verlor ein Bildungsträger das Arbeitsamt als öffentlichen Auftraggeber. Dies wurde auf der Veranstaltung inszeniert, indem der Auftraggeber ostentativ – und ganz nach Drehbuch – den Veranstaltungsort kurz nach Beginn der Veranstaltung verließ.

Das Verfahren kombiniert Systembeforschungspraktiken mit Selbstbeforschungspraktiken. Das Expertise- und Erfahrungswissen der Teilnehmenden soll lösungsorientiert eingesetzt werden. Indem die systemisch gemischten Gruppen an runden Tischen sitzen, wird die kollektive Verantwortungsgemeinschaft inszeniert,. Symbolisch inszeniert wird auch die Enttabuisierung von Gegebenem, mit dem nun abgerechnet werden muss. Das Allseits-Sichtbare, aber nicht Ausgesprochene wird – in der deutschen Variante des Verfahrens nach zur Bonsen – inszenatorisch aufgedeckt und in Rollenspielen und kleinen Theaterstücken dramatisiert. Im Gegensatz zum Verfahren Zukunftskonferenz werden hier nicht die wünschbaren Zukünfte in Szene gesetzt, sondern das vormals Unaussprechliche ans Licht gebracht, ins Wort gesetzt und auf der Bühne zur Schau und an den Pranger gestellt. Kollektiv und humorvoll sollen Basisannahmen ebenso wie die Macht- und Autoritätsdynamiken zu Tage gefördert werden, um rationaler handeln zu können. Die Präsenz der Führung soll auch hier symbolisieren, dass das Ziel der Systemrationalität als oberstes Ziel gesetzt wird.

Als transformatives Übergangsritual symbolisiert die Konferenz weiterhin geteilte Macht, soziales Lernen und Systemrationalität. Das Entwerfen bevorzugter Zukünfte durch Szenarien symbolisiert die Offenheit und die Bereitschaft zur Transformation, wenn auch die Führung – weiterhin präsent und symbolisiert – hier das Heft in der Hand behält. Symbolisiert wird, dass durch die Konferenz eine „neue Geschichte erzählt" wird (zur Bonsen 2000b). Als Transformationsritual lässt sich RTSC rekonstruieren als Beschwörung eines „Es geht ums Ganze", das Gesamtsystem stehe auf dem Spiel. Symbolisiert wird, dass es auf alle ankommt. In körperlichen „Einschreibungen" wird Aufbruchsenergie materiell umgesetzt, die als „kritische Masse" das System in Bewegung bringen soll. Zur Bonsen (2003: 17f) betont, dass RTSC Konferenzen ein hohes Maß an Gemeinschafts-

Real Time Strategic Change (RTSC). Kritik als Motor des Wandels 249

gefühl wachsen ließen und dass sie geeignet seien, Normen in Organisationen zu verändern.

Inszeniert wird auch das Prinzip der Selbstverantwortung, da die Menschen als Akteure ihres eigenen Schicksals repräsentiert werden (Bunker/Alban 1997: 70). Zur Bonsen (2003: 19) ist der Ansicht, dass der „offenkundigste Aspekt der Magie der großen Gruppen" in „der Energie oder dem Spirit, der durch sie erzeugt wird", liegt (2003: 23). Die RTSC Veranstaltung selbst stelle ein Ritual dar, „eine hoffentlich geglückte Verbindung von praktischem Tun und Beschwörung einer größeren Wahrheit und neuen Realität" (2003: 132). Das Verfahren RTSC lässt sich – ebenso wie andere Großgruppenverfahren – der von Pete Senge (1997) im Zusammenhang mit der „lernenden Organisation" besonders herausgestellten „fünften Disziplin" des Systemdenkens zuordnen, da die Intervention auf der Systemebene ansetzt. Großgruppenverfahren wie RTSC bringen den Mythos des Organisierens der „lernenden Organisation" in soziale Praxis. Als Übergangsritual komplexer Transformation ist RTSC gleichermaßen performativ wie konstitutiv und innovativ. Es stellt einen „Übergangsraum" zum Neuen dar. Bei diesen bewussten und funktionalen Inszenierungen geht es um Zuschauen und Teilnehmen gleichzeitig, um Aktivierung, Gemeinschaftsbildung und Experimentieren mit dem Neuen. Großgruppenverfahren sind kulturelle Aufführungen und Arrangements, insofern Makro-Rituale, die expressiv und symbolisch das neue, gute Modell des Organisierens und der Demokratie räumlich in Szene setzen.

Solche Verfahren sind instrumentell – auch, indem sie den Raum zum Nicht-Instrumentellen öffnen. Sie gewinnen ihre Besonderheit durch ihren singulären Charakter und ihre Dramaturgie der Konstruktion, Akteure, Rollen und Abläufe. Solche Veranstaltungen schaffen Öffentlichkeiten und arbeiten mit diesen. Sie sind institutionell, insofern sie im Rahmen von komplexen Veränderungsprozessen eingesetzt werden. Sie inszenieren Dialog und kollektiv geteiltes Wissen und bringen auf diese Weise kollektiv geteilte Handlungspraxis hervor. Damit inszenieren und konstituieren sie gemeinschaftliche Ordnung, bieten und entwerfen neue Modelle für Selbstinterpretation und die kollektive Herstellung neuer Selbstbeschreibungen. Das im Rahmen von Großgruppenverfahren hervorgebrachte szenische Arrangement enthält in weitaus geringerem Maße Momente der Reproduktion als vielmehr der Konstruktion und Innovation. Damit ist das transformative Potential deliberativer Prozesse gegeben. Dabei muss sicherlich immer mitbedacht werden, dass das Verfahren RTSC und insgesamt partizipative Verfahren als inszenatorische Praxis potentiell das Risiko enthalten, im Sinne symbolischer Politik und Pseudopartizipation missbraucht zu werden. Es bleibt also eine Frage der Glaubwürdigkeit und der Entstehung einer politischen Kultur, wer mittels dialogischer Prozesse was von wem lernen kann und will. Statt eines „Kasperletheaters für Große" stellt sich die Frage, wie viel In-Frage-stellen erlaubt wird und wie in sich geschlossen die autopoietischen (subjektiven und institutionellen) Systeme sind – oder auch wie viel Irritation sie aufnehmen und integrieren können, ohne sich von Differenz abschotten zu müssen.

Literatur

Bauer, Peter/zur Bonsen, Matthias: RTSC-Konferenz des Internationalen Postzentrums der Deutschen Post-AG am Flughafen Frankfurt am Main. In: Königswieser, Roswitha/Keil, Marion (Hg.): Das Feuer der großen Gruppen. Konzepte, Designs, Praxisbeispiele für Großveranstaltungen. Beratergruppe Neuwaldegg/synetz. Stuttgart. 2000: 227-232.

Von Bertalanffy, Ludwig: General Systems Theory. London. 1968

Bion, Wilfried: Erfahrungen in Gruppen und andere Schriften. Stuttgart. 1971

Bunker, Barbara Benedict/Alban, Billie T.: Large Group Interventions. Engaging the Whole System for Rapid Change. Jossey Bass. San Francisco. 1997

Burow, Olaf-Axel: Die Individualisierungsfalle. Kreativität gibt es nur im Plural. Stuttgart.(1999

Burow, Olaf-Axel: Ich bin gut – wir sind besser – Erfolgsmodelle kreativer Gruppen. Stuttgart. 2000

Bredemeyer, Sabine/Maleh, Carole/Nelles, Hans-Georg: Wir bilden Zukunft" – Eine RTSC-Konferenz rüttelt wach und weckt Vernetzungspotenzial: In: Susanne Weber (Hg.): Vernetzungsprozesse gestalten. Erfahrungen ausder Beraterpraxis mit Großgruppen und Organisationen. Wiesbaden. 2002: 143-153

Dannemiller Tyson Associates: Whole-Scale Change. Berrett-Koehler Publisher. San Francisco. 2000

Dannemiller, Kathleen D./James, Sylvia/Tolchinsky, Paul D.: Whole Scale Change In: Holman, Peggy; Devane, Tom: The Change Handbook. Group Methods for Shaping the Future, San Francisco. 1999: 203-216.

Dannemiller, Kathleen/Jacobs, Robert: Changing the Way Organizations change: A revolution in common Sense. In: Journal of Applied Behavioral Science. 28 (1992): 480-498.

Heintel, Peter: Reflexionen zum Thema Massen und faschistoide Phänomene und zur Organisation von Großgruppen. In: Königswieser, Roswitha/Keil, Marion (Hg.): Das Feuer der großen Gruppen. Konzepte, Designs, Praxisbeispiele für Großveranstaltungen. Beratergruppe Neuwaldegg/Synetz. Stuttgart. 2000: 45-61.

Helsper, Werner/Hörster, Reinhard/Kade, Jochen (Hg.): Ungewissheit. Pädagogische Felder im Modernisierungsprozess. Weilerswist. 2003: 7-20.

Helsper, Werner: Schulmythen und Schulrituale als „kreative Verkennung" und Schöpfung des Neuen. In: Beiheft Zeitschrift für Erziehungswissenschaft Heft Nr. 2/2004. Editorial. Innovation und Ritual. Jugend, Geschlecht und Schule. 2004: 251-266.

Herzog, Isis: Menschen für Visionen gewinnen: RTSC-Konferenz. In: managerSeminare, Heft Januar/Februar (1999):. 108-115.

Holman, Peggy/Devane, Tom: The Change Handbook. Group Methods for Shaping the Future. Berrett Koehler. San Francisco. (1999)

Holman, Peggy/Devane, Tom: Change Handbook. Zukunftsorientierte Großgruppen-Methoden. Heidelberg. (2002)

Jacobs, Robert W.: Real Time Strategic Change. Berrett-Koehler Publishers. San Francisco. (1994)

Jacobs, Robert W./Mc Keown, Frank: Real Time Strategic Change. In: Holman, Peggy/Devane, Tom (Hg.): The Change Handbook. Group Methods for Shaping the Future. Berrett Koehler. San Francisco. 1999: 295-312.

Königswieser, Roswitha/Keil, Marion: Das Feuer der großen Gruppen. Konzepte, Designs, Praxisbeispiele für Großveranstaltungen. Beratergruppe Neuwaldegg/synetz. Stuttgart. 2000

Königswieser, Roswitha: Das Feuer von Großgruppen In: Königswieser, Roswitha/Keil, Marion: Das Feuer der großen Gruppen. Konzepte, Designs, Praxisbeispiele für Großveranstaltungen. Beratergruppe Neuwaldegg/synetz. Stuttgart. 2000: 30-44.

Krieg, Hans-Jürgen/Pfeifer, Werner: Die „ver-rückte" Belegschaft. Schneller Wandel mit dem Großgruppen-Ansatz RTSC. In: Königswieser, Roswita/Keil, Marion (Hg.): Das Feuer der großen Gruppen. Stuttgart. 2000: 233-245.

Kolenaty, Erich/Weber, Susanne: Open Space trifft Organisation. Von Dilemmata und Übergängen zum polyvalenten Raum: In: Organisationsentwicklung. 2 (2003): 48-59.

Kühl, Stefan: Rationalitätslücken. Ansätze einer Organisationsberatung jenseits von Zweckrationalitätsvorstellungen. In: Profile. Internationale Zeitschrift für Veränderung, Lernen, Dialog. 3(2002): 106-124.

Lippitt, Gordon L./Lippitt, Ronald: The Consulting Process in Action. La Jolla, California. 1978

Lewin, Kurt: Field theory in social science: Selected theoretical papers. Harper Torchbooks. New York. 1951

Lewin, Kurt: Group decisions and social change. In: Maccoby, E.E./Newcomb, T.M/Hartley, E.L. (Hg.): Reading in social Psychology. New York. 1958: 197-211.

Lewin, Kurt: Feldtheorie. Stuttgart. 1982

Nevis, Edwin C.: Organisationsberatung. Köln. 1988

Schäfer, Clarissa/Terhalle, Johannes: Unternehmenskooperation im regionalen Netzwerk. Wirtschaftstag Zollernalb. In: Weber, Susanne (Hg.): Vernetzungsprozesse gestalten. Erfahrungen aus der Beraterpraxis mit Großgruppen und Organisationen. Wiesbaden. 2002: 209-220.

Scholz, Holger: RTSC – Real Time Strategic Change. In: Ley, Astrid/Weitz, Ludwig (Hg.): Praxis Bürgerbeteiligung. Ein Methodenhandbuch. Stiftung Mitarbeit. 2003: 242-248.

Senge, Peter M.: Die fünfte Disziplin. Kunst und Praxis der lernenden Organisation. Stuttgart. 4. Auflage. 1997.

Weber, Susanne Maria: Power to the people!? Selbstorganisation, Systemlernen und Strategiebildung mit großen Gruppen. In: Sozialwissenschaftliche Literaturrundschau 2 (2000): 63-89.

Weber, Susanne Maria (Hg.): Vernetzungsprozesse gestalten. Wiesbaden. 2002

Weber, Susanne Maria: Organisationsnetzwerke und pädagogische Temporärorganisation. In: Böttcher, Wolfgang/Terhart, Ewald (Hg.): Organisationstheorie in pädagogischen Feldern. Analyse und Gestaltung. Wiesbaden. 2004: 253-269.

Weber, Susanne: The dangers of success: The transition of Large Group Interventions from Innovation to Normalization in German-speaking Countries. In: Alban, Billie/Bunker, Barbara (Hg.): Special Issue on Large Group Interventions. Journal of Applied Behavioral Science. (2005):111-121.

Wheatley, Margret: Leadership and the New Science. Learning about Organization from an Orderly Universe. Berrett Koehler Publishers. San Francisco. 1992

zur Bonsen, Matthias: Simultaneous Change – Schneller Wandel mit großen Gruppen. In: Organisationsentwicklung (1995)4: 30-43.

zur Bonsen, Matthias: Eine neue Geschichte erzählen. Spirit, Mythen, Grossgruppen-Interventionen und liturgische Systeme. In: Keil, Marion/Königswieser, Roswitha (Hg.): Das Feuer großer Gruppen. Stuttgart. 2000: 85-99.

zur Bonsen, Matthias: Alle Kräfte auf ein Ziel gelenkt. Real Time Strategic Change bei der DKV. In: managerSeminare. November/Dezember (2001): 78-84.

zur Bonsen, Matthias: Real Time Strategic Change. Schneller Wandel mit großen Gruppen. Stuttgart. 2003

zur Bonsen, Matthias/Herzog, Isis: Großgruppenkonferenzen: Foren für den schnellen Wandel. In: Graf, Jürgen (Hg.): Seminare: Das Jahrbuch der Management-Weiterbildung. Bonn. 1999: 81-94.

zur Bonsen, Matthias/Scheufler, Petra/Schön, Roland: Energieschub für TQM. Mit RTSC Mitarbeiter für Qualität begeistern. In: QZ Qualität und Zuverlässigkeit. Heft Nr. (2001)2: 190-193.

Evaluation

Nicole J. Saam

Nachhaltigkeit transformativer Verfahren politischer Partizipation? Theoretische Unmöglichkeiten und Konsequenzen für die Evaluierung

1 Einleitung

Die Abfolge der Beiträge im vorliegenden Band zu transformativen Verfahren politischer bzw. gesellschaftlicher Partizipation folgt aus meiner Sicht einer inneren Logik, die den Bogen schlägt von den Problemen der repräsentativen Demokratie über deliberative Zielsetzungen diskursiver Verfahren bis hin zu der Vorstellung einer zivilgesellschaftlich getragenen Demokratie. Das Spannungsverhältnis, das dieser Bogen illustriert, ist das zwischen dem Einzelnen und dem Kollektiv, zwischen persönlicher Einflussnahme auf die Ausgestaltung eines Gemeinwesens und dem Zustandekommen kollektiv bindender Entscheidungen. Während in den vorangegangen Beiträgen die Herausforderungen, vor denen transformative Verfahren stehen, unter Gesichtspunkten der „Repräsentativität", der „Artikulierbarkeit", und der „Organisation von Prozessen" diskutiert wurden, widmet sich dieser Artikel dem Problem der „Nachhaltigkeit".

Wie können transformative Verfahren politischer Partizipation nachhaltig gestaltet werden? Wie kann verhindert werden, dass Begeisterung und Initiative in Frustration, Zynismus und Passivität münden? Und können diese Verfahren selbst als ein Beitrag zu „Nachhaltigkeit" verstanden werden? Mit diesen Fragen setzt sich mein Beitrag sowohl auf einer gesellschaftstheoretischen als auch auf einer praktischen, evaluativen Ebene auseinander.

Für meine Argumentation habe ich einen systemtheoretischen Erklärungsrahmen gewählt. Mit dieser Entscheidung durchbreche ich bewusst die übliche „theorie-strategische" Wahlverwandtschaft zwischen der deliberativen Demokratietheorie und der Theorie kommunikativen Handelns. Denn jede all zu enge Verbindung zwischen einem normativ gehaltvollen Theorieprogramm und einem praktischen Reformprogramm produziert nicht nur spezifische blinde Flecke. Ebenso schwächen sich beide wechselseitig, wenn Misserfolge der Theorie den Stellenwert der Praxis bedrohen und umgekehrt (vgl. Feindt 2001: 42f.). Dagegen will ich auf die besondere Stärke systemtheoretischer Ansätze setzen, „objektive" *constraints* politischer bzw. sozialer Prozesse zu identifizieren.

Ich erarbeite im Folgenden zunächst einen systemtheoretischen Rahmen, der sichtbar macht, warum transformative Verfahren nicht nachhaltig sein können und warum die Forderung „Nachhaltigkeit" nicht nur eine Über-Forderung sondern eine nicht zu erfüllende Erwartung darstellt.

Der hierbei zu Grunde gelegte Begriff von Nachhaltigkeit ist einer des politischen Systems. Im politischen Sprachgebrauch bezeichnet der Begriff Nachhaltigkeit nämlich nicht mehr den im Umweltdiskurs angestrebten Einklang ökonomischer mit ökologischen und sozialen Entwicklungen. Stattdessen wird er dann eingesetzt, wenn von Dauerhaftigkeit und Beständigkeit die Rede ist und wenn auf Veränderungsprozesse abgestellt wird, die ihre eigenen Grundlagen nicht untergraben, sondern sie fortentwickeln (Hauff 2003: 31).

Jede Partizipation von Bürgern im politischen System aber, die nachhaltig sein will, untergräbt wie ich zeigen werde, mittelfristig entweder die Motivation der Politiker in der repräsentativen Demokratie – und damit die Grundlage der repräsentativen Demokratie – oder aber die Motivation von Bürgern an partizipativen Verfahren dauerhaft bzw. wiederholt teilzunehmen.

Als Ausgangspunkt für die Frage danach, welche Konsequenzen die derart diagnostizierte Unmöglichkeit der Nachhaltigkeit transformativer Verfahren der politischen Partizipation für die Evaluation dieser Verfahren hat, wähle ich sodann Luhmanns Weigerung, einen Unterschied zwischen analytischen und empirischen Systemen zu machen. Wenn soziale Systeme, zum Beispiel Organisationen, nur analytisch als autopoietisch konzipiert würden, bliebe die Möglichkeit, danach zu fragen, wie autopoietisch welche empirischen sozialen Systeme unter welchen Bedingungen sind, bzw. wie nachhaltig partizipative Verfahren tatsächlich sind. Ich wandle daher Luhmanns Unmöglichkeitstheorem in eine empirisch überprüfbare Hypothese: Die Wahrscheinlichkeit dafür, dass transformative Verfahren politischer Partizipation nachhaltig sind, ist gering.

Daran anschließend stelle ich die Evaluation als eine geeignete Methode vor, um die Nachhaltigkeit von partizipativen Verfahren empirisch zu überprüfen. Das Kapitel liefert einen kurzen Überblick über Evaluationskriterien sowie non-reaktive und reaktive Evaluationsansätze.

Der Aufsatz endet mit einem Verweis auf weitere fundamentale Grenzen für die Nachhaltigkeit von partizipativen Verfahren, die sich aus empirischen Befunden der politischen Psychologie und Sozialpsychologie ergeben, und mit einem Appell: Empirische Studien zu deliberativen Verfahren stehen in keinem Verhältnis zur Breite und Tiefe der Diskussion in der normativen deliberativen Demokratietheorie. Wir müssen mehr über die spezifischen politischen Kontexte wissen, in denen diese Verfahren tatsächlich erfolgreich sind.

2 Zur Theorie der politischen Inklusion

In seiner systemtheoretischen Konzeption des politischen Systems definiert Niklas Luhmann Politik als das „Bereithalten der Kapazität zu kollektiv bindendem Entscheiden" (Luhmann 2002: 84). Bindung bedeutet hierbei, dass eine Entscheidung als nicht mehr in Frage gestellte Prämisse für weitere Entscheidungen fungiert. Auch der Entscheider selbst ist gebunden. Nur neue Entscheidungen können bereits getroffene Entscheidungen ändern. Die Bindungswirkung von Einzelentscheidungen kann von erheblicher Zeitdauer sein (z.b. wenn eine Verfassung verabschiedet wurde). Entscheidungen leisten einerseits „eine gewisse Auflockerung der sedimentierten Vergangenheit, ohne die Hoffnung haben zu können, sie als Vergangenheit zu ändern, und andererseits eine gewisse Strukturierung der Zukunft, ohne die Hoffnung haben zu können, damit jetzt schon bestimmen zu können, was in der Zukunft der Fall sein wird" (Luhmann 2002: 146).

Luhmann betrachtet Demokratie als die „Vollendung der Ausdifferenzierung eines politischen Systems" (Luhmann 2002: 105). Das System gründet sich selbst auf Entscheidungen, die es selber eingerichtet hat. In der repräsentativen Demokratie schaffen Wahl-Entscheidungen die Bedingungen für die Möglichkeit weiterer Entscheidungen, die von den gewählten Repräsentanten zu treffen sind. Regelmäßige Wahlen haben zur Folge, dass man nicht wissen kann, wer nach den nächsten Wahlen die dann fälligen Entscheidungen treffen wird. Auf diese Weise erzeugt das politische System eine relativ kurzfristige Ungewissheit: „Es garantiert sich selbst das Unbekanntsein seiner Zukunft und damit die Voraussetzung dafür, dass politische Operationen nicht errechnet werden können, sondern als Entscheidungen getroffen werden müssen" (Luhmann 2002: 105).

Nachhaltigkeit im Sinne von Dauerhaftigkeit und Beständigkeit bedeutet für das politische System daher Erhaltung seiner Autopoiesis, in der politische Entscheidungen an politische Entscheidungen anknüpfen. Damit ist eine erste bedeutende Randbedingung für die Nachhaltigkeit partizipativer Verfahren herausgearbeitet. Es stellt sich nämlich die Frage, wie weit eine Entscheidung im Rahmen eines Partizipationsverfahrens *ihrer* Zukunft (nicht *der* Zukunft) Bindungen, Konsistenz, Prinzipientreue zumutet oder wie weit sie sich mit der Aussicht begnügt, als Vergangenheit zukünftiger Entscheidungen unabänderlich geworden zu sein (vgl. Luhmann 2002: 160).

Bevor diese Frage weiter verfolgt werden kann, ist zunächst zu klären, wie partizipative Verfahren aus Sicht der Systemtheorie Luhmanns zu beschreiben sind. Der vorliegende Sammelband hat einen weiten Bogen geschlagen und partizipative Verfahren vorgestellt, die durchwegs als transformative Verfahren politischer Partizipation gelten dürfen.[1] Aus Sicht der soziologischen Systemtheorie stellen diese Verfahren im Rahmen des gesamtgesellschaftlichen Trends zur Vollinklusion (Stichweh 2005: 71ff.) funktionssystembezogene Komplementärrollen (Publikumsrollen) zur Verfügung, die den Bürger und die Bürgerin als politischen Laien in neuer Weise gegenüber der Leistungsrolle des Politikers positionieren. Dabei trifft die Freiheit der Nichtpartizipation auf den systemischen Imperativ der Vollinklusion. Einerseits räumt die moderne Gesellschaft nach einer ersten langen Phase, in der Inklusion die Entstehung von Möglichkeiten der Partizipation bedeutete, die zusätzliche Freiheit der Nichtpartizipation ein (Stichweh 2005: 44, 74). Andererseits sind in der Moderne Wachstums- und Steigerungsimperative in die Funktionssysteme eingebaut, die den Trend zur Vollinklusion erklären können, weil die Inklusion einer immer größeren Zahl von Personen in die Prozesse des Systems eine der plausibelsten Formen ist, Wachstum zu realisieren (Luhmann 1981: 290, Stichweh 2005: 72f.). Vollinklusion heißt, dass für jedes Gesellschaftsmitglied eine Möglichkeit seiner Adressierung oder seiner Partizipation in jedem Funktionssystem der modernen Gesellschaft vorgesehen ist. Die moderne Gesellschaft besitzt keine Legitimationsgrundlagen für Exklusion mehr (Stichweh 2005: 61). Politische Inklusion im demokratischen Modell heißt, dass Personen über das aktive und das passive Wahlrecht verfügen und dadurch in die Leistungs- und die Komplementärrollen des politischen Systems inkludiert sind. Darüber hinaus verfügt das politische System über einen zweiten Inklusionsmodus, im Rahmen dessen der Staatsbürger in der Komplementärrolle des Leistungsempfängers des Wohlfahrtstaates inkludiert ist (Stichweh 2005: 75f.).

---

[1] Einige Verfahren (z.B. Open Space, RTSC) haben ein breiteres Anwendungsspektrum, etwa im Rahmen der Organisationsentwicklung, so dass sie als Verfahren sozialer Partizipation gelten dürfen. Davon soll an dieser Stelle abgesehen werden.

3 Politik, Organisation und Entscheidung

Für die weitere Argumentation ist es zentral, dass sich Systembildung durch Organisation aus der politischen Wirklichkeit nicht hinwegdenken lässt, ohne dass alles zusammenbräche (Luhmann 2002: 228). Organisationen sind die einzigen sozialen Systeme, die über Kommunikationsfähigkeit verfügen. Weder die Gesellschaft, noch gesellschaftliche Funktionssysteme, noch bloße Interaktionssysteme verfügen über Kommunikationsfähigkeit (Luhmann 2002: 241). Dagegen können Organisationen (ebenso wie Personen) im eigenen Namen kommunizieren, weil sie die Entscheidung zur Kommunikation an Adressaten der Umwelt intern auch als verbindlich durchsetzen können. Die Autopoiesis von Organisationen benutzt die Operationsform des Entscheidens. Der spezifische Inklusions/Exklusions-Mechanismus der Organisation beruht darauf, Mitglieder und Nichtmitglieder zu unterscheiden. Das politische System differenziert sich im Schema von Zentrum und Peripherie und es erreicht dieses Differenzierungsmuster nur mit Hilfe von Organisation. Es errichtet den Staat als Zentralorganisation, für den alle anderen politischen Organisationen, z.B. politische Parteien und Interessenorganisationen, Zulieferdienste erbringen (Luhmann 2002: 244f.). Das Publikum hingegen ist keine Organisation (Luhmann 2002: 253). Ein erheblicher, wenn nicht überwiegender Teil politischer Kommunikation besteht in der Vorbereitung und Kritik von kollektiv bindenden Entscheidungen (Luhmann 2002: 76, 137, 166). Die Entfaltung solcher politischer Aktivitäten setzt Organisation (und damit Organisationsmitgliedschaften) voraus, „weil anders Unterstützungsbereitschaften und Gegnerschaften gar nicht registriert werden könnten und das Einwerben von Konsens ins Unbestimmbare ausfließen würde" (Luhmann 2002: 254).

Bisher bezieht das politische System das Publikum über „voice" und „exit" (Hirschman 1970) als zwei und zugleich als die beiden einzigen vorkommenden Äußerungsformen in den Systemprozess ein. Dabei werden Kommunikationen des Publikums nur über die quantitative Aggregation von Äußerungen, nicht jedoch als individuelle Äußerungsakte, für das System und die Leistungsrollenträger des Systems interpretationsrelevant. Das Publikumswissen um den Sachverhalt, dass die einzelne Äußerung an sich gar nicht interessiert, führt zu Motivationsproblemen bei der „voice"-Option. Das politische System formuliert mittels der neuen Publikumsrollen, die partizipative Verfahren bieten, Reintegrationsangebote, die im Extremfall die Ausprägung sekundärer Leistungsrollen annehmen können (Stichweh 2005: 35f.). Ein solches Reintegrationsangebot ist die organisationsförmige Zusammenfassung des Publikums, wie sie beispielsweise in Beiräten gegeben ist. So zusammengefasst, wird das Publikum den Leistungsrollen gegenüber in die Form der Verhandlungs- oder Konfliktfähigkeit gebracht. In der Peripherie des politischen Systems sind damit durch die transformativen Verfahren neue Organisationen entstanden, die Zulieferdienste von Seiten des Publikums erbringen.

Aus systemtheoretischer Perspektive lassen sich transformative Verfahren der politischen Partizipation daher rekonstruieren als eine temporäre Inklusion von Publikumsrollenträgern in organisationsförmige Verfahren, die auf der Selektion der Freiwilligkeit beruhen, und die in der Peripherie des politischen Systems Zulieferdienste von Seiten des Publikums erbringen. Je nach Art des Verfahrens können optional weitere Selektionen hinzu treten, beispielsweise Repräsentativität.

4 Das Unmöglichkeitstheorem

Auf diese Beschreibung muss nun die Beantwortung der Frage zurückgreifen, ob es möglich ist, transformative Verfahren politischer Partizipation auf Nachhaltigkeit hin anzulegen. Können diese Veränderungsprozesse so gestaltet werden, dass sie ihre eigenen Grundlagen nicht untergraben, sondern sie fortentwickeln? *Die systemtheoretische These ist: nein. In einer repräsentativen Demokratie ist dies nicht möglich.* Ursache hierfür ist die für repräsentative Demokratien typische strukturelle Kopplung organisationsförmiger transformativer Verfahren an den Staat als Zentralorganisation, die vorsieht, dass Entscheidungen politischer Repräsentativgremien nicht gebunden sind an Entscheidungen aus partizipativen Verfahren.[2]

(i) Die Anschlussfähigkeit von Entscheidungen in organisationsförmigen transformativen Verfahren an Entscheidungen in Repräsentativgremien des Staates ist durch das Primat der internen Operationsweise beschränkt. Beide nehmen sich wechselseitig als Organisationen in ihrer Umwelt war. Beide bilden und reproduzieren sich durch Entscheidungen, die sich im Netzwerk der *eigenen* Entscheidungen rekursiv identifizieren. Beide können die Operationen der anderen Organisation beobachten, jedoch ihre Entscheidungen nur an eigene Entscheidungen anknüpfen. Da kein System über seine strukturellen Kopplungen disponieren kann (Luhmann 2002: 375), können Entscheidungen anderer Organisationen nur irritierend, nie aber determinierend auf Entscheidungen der eigenen

---

[2] Kritisch sei darauf hin gewiesen, dass die einfache Übernahme von Entscheidungen aus partizipativen Verfahren nicht immer wünschenswert sein muss. Eine Bindung liegt auch dann vor, wenn für die Berücksichtigung dieser Entscheidungen bei anschließenden Entscheidungen in Repräsentativgremien des politischen Systems klare Regeln vorliegen.

Organisation wirken. Hierin liegt eine grundsätzliche Grenze – ein *‚objective'* *constraint*, – die durch keinerlei politische Maßnahmen jedweder Art aufgehoben werden kann. Nur im Rahmen dieser Grenze gestattet es der Rechtsstaat, Regeln für die Bindung von Entscheidungen einer Organisation an Entscheidungen einer anderen Organisation zu erlassen. Deswegen sind im Weiteren die Regeln der repräsentativen Demokratie maßgebend.

Repräsentation heißt zunächst: für andere bindend sprechen zu können; dann aber auch: etwas nicht Anwesendes vertreten zu können; und schließlich: etwas Nichtsichtbares darstellen zu können (Luhmann 2002: 329). Dies schließt die Bindung repräsentativer Gremien an Entscheidungen aus partizipativen Verfahren aus. Würde eine solche Bindung eingeführt, so würde das eine Einschränkung der Rechte der Volksvertreter bedeuten, mit negativen Konsequenzen für die motivationalen Grundlagen dieser Leistungsrollenträger. Negative Konsequenzen hat es auch für das Bereithalten der Kapazität zu kollektiv bindenden Entscheidungen. Im Rahmen des basalen Codes des politischen Systems würde die Herstellung einer solchen Bindung als Machtverlust codiert werden. Im Extremfall finden sich nicht nur keine Personen mehr, die ihre Mitgliedschaft in politischen Repräsentativgremien aufrechterhalten. Die repräsentative Demokratie hätte sich ihrer eigenen Grundlagen enthoben. *Dadurch ist die Nachhaltigkeit der repräsentativen Demokratie gefährdet.*

(ii) Partizipative Verfahren zeichnen sich durch Freiwilligkeit der Teilnahme und durch das Fehlen der Möglichkeit aus, Abwesende formal zu binden. Die Nicht-Bindung von Entscheidungen demokratisch legitimierter Volksvertreter an die Entscheidungen vollinkludierter Bürger untergräbt ihrerseits die Motivation der Publikumsrollenträger für die zukünftige Teilnahme an partizipativen Verfahren. Wieso sollten Publikumsrollenträger erneut Mitgliedschaft in organisationsförmigen partizipativen Verfahren suchen, wenn die Leistungsrollenträger nicht an ihre Entscheidungen gebunden sind? Das Problem der Nicht-Dauerhaftigkeit wird auch auf sekundäre Leistungsrollen ausgedehnt. Sie benötigen eine Klientel und treten darum in direkte Konkurrenz zu den primären Leistungsrollen. Da sekundäre Leistungsrollen nicht dauerhaft Bereiche überlegener Kompetenz ausgrenzen können, sind sie ständig davon bedroht, dass ihre Klientel wieder zu den primären Leistungsrollen abwandert (Stichweh 2005: 36). *Dadurch ist die motivationale Grundlage der partizipativen Verfahren gefährdet.*

Ich habe hiermit nun die Grenze für die Nachhaltigkeit transformativer Verfahren der politischen Partizipation in der repräsentativen Demokratie markiert: ihre Nachhaltigkeit würde eine andere strukturelle Kopplung kollektiv bindender Entscheidungen von Leistungsrollenträgern an Entscheidungen von Publikumsrollenträgern oder sekundären Leistungsrollenträgern erfordern.[3] Diese Markierung gilt für alle organisationsförmigen transformativen Verfahren. Denn sie bilden und reproduzieren sich durch Entscheidungen, die sich im Netzwerk der eigenen Entscheidungen rekursiv identifizieren. Diese Markierung gilt nicht für jene transformativen Verfahren, die nicht organisationsförmig gestaltet sind. Solange transformative Verfahren nur das Publikumswissen inkludieren ohne kollektiv bindende Entscheidungen zu treffen, untergraben sie weder ihre eigenen Grundlagen noch diejenigen der repräsentativen Demokratie.[4] Freilich stehen ihre motivationalen Grundlagen auf eher schwachem Fundament, so dass die Möglichkeiten ihre Grundlagen fortzuentwickeln aus systemtheoretischer Sicht eher vorsichtig zu beurteilen sind.

5 Systemtheorie und empirische Sozialforschung

Als Ausgangspunkt für die Frage danach, welche Konsequenzen die derart diagnostizierte Unmöglichkeit der Nachhaltigkeit transformativer Verfahren der politischen Partizipation für die Evaluation dieser Verfahren hat, möchte ich Luhmanns Weigerung nehmen, einen Unterschied zwischen analytischen und empirischen Systemen zu machen. Wenn soziale Systeme, zum Beispiel Organisationen, nur analytisch als autopoietisch konzipiert würden, bliebe die Möglichkeit, danach zu fragen, wie autopoietisch welche empirischen sozialen Systeme unter welchen Bedingungen sind.

Diese Idee verbirgt sich beispielsweise auch hinter den folgenden Überlegungen von Groth (1996) und Scherf (2002), die sich mit einer anderen von Luhmann diagnostizierten grundsätzliche Grenze, die durch keinerlei Maßnahme jedweder Art aufgehoben werden kann, nämlich mit den Kommunikationssperren in der Unternehmensberatung (Luhmann 1989), auseinander setzen: „Je autopoietischer („luhmannianischer") Beratung gesehen wird, desto weniger ist sie möglich" (Groth 1996: 110). Ist das Kontaktsystem der Unternehmensberatung wirklich autopoietisch? Könnte man nicht einfach fragen: wie autopoietisch ist das Kontaktsystem unter empirischen Bedingungen wirklich? (Scherf 2002: 67).

---

[3] Dies auszuführen übersteigt die Möglichkeiten dieses Aufsatzes. Es sei angemerkt, dass alternative strukturelle Kopplungen in der direkten Demokratie teilweise realisiert sind.
[4] Ähnlich Feindt (2001: 443), allerdings auf der Basis eines heterogenen theoretischen Bezugsrahmens (hierzu zusammenfassend Feindt 2001: 41f.). Interessant ist deshalb auch das Klassifikationskriterium „Nähe zu Entscheidungen" für eine Taxonomie von deliberativen Beteiligungsverfahren (vgl. Feindt 2001: 356-359).

Dann lassen sich auch weitere empirische Forschungsfragen ableiten (vgl. Scherf 2002: 89-97). Nicht zu leugnen ist ja, dass es in der Empirie Beratungsfälle gibt, die Berater und Klient als gelungen bezeichnen. In diesen Fällen liegt es nahe, dass die Kommunikationssperren nicht zur Wirkung kamen.

Für die von mir diagnostizierte Grenze der Unmöglichkeit der Nachhaltigkeit partizipativer Verfahren bedeutet dies: Es ist nicht zu leugnen, dass es in der Empirie partizipative Verfahren und daran anschließende politische Prozesse gibt bzw. gegeben hat, die weder die motivationalen Grundlagen der Leistungsrollenträger noch der Publikumsrollenträger untergraben haben – auch wenn es viele Fallbeispiele gibt, in denen das Gegenteil zu beobachten war. Also kann man danach fragen, unter welchen empirischen Bedingungen die Entscheidungen aus den organisationsförmigen partizipativen Verfahren in Entscheidungen des politischen Systems übernommen wurden. Dies öffnet den Blick für die Frage, wie man partizipative Verfahren und daran anschließende politische Prozesse gestalten könnte, damit sie ihre Grundlagen nicht untergraben, sondern fortentwickeln.

Um es anders zu formulieren: ich argumentiere nicht, dass die Nachhaltigkeit transformativer Verfahren politischer Partizipation möglich sein sollte, damit die Systemtheorie den praktischen Bedürfnissen von Politikern, Bürgern und Moderatoren partizipativer Verfahren gerecht wird. Ich argumentiere, dass Systemtheorie differenzierter argumentieren muss, weil es sich nicht bestreiten lässt, dass es in der Empirie partizipative Verfahren gegeben hat, die ihre Grundlagen nicht untergraben, sondern fortentwickelt haben. Wieso sollte eine Theorie darauf verzichten, dies erklären zu wollen? Bisher kann die Systemtheorie dies nur als Ergebnis von Zufall „erklären"!

Ich wandle also Luhmanns Unmöglichkeitstheorem in eine empirisch überprüfbare Hypothese: Die Wahrscheinlichkeit dafür, dass transformative Verfahren politischer Partizipation nachhaltig sind, ist gering.

6 Die Evaluierung partizipativer Verfahren

Die Evaluation[5] ist eine geeignete Methode, um die Nachhaltigkeit von partizipativen Verfahren empirisch zu überprüfen. Untersuchungsgegenstände und Erhe-

---

[5] Zur grundsätzlichen Definition von Evaluation vgl. Deutsche Gesellschaft für Evaluation (2002: 13); als Lehrbuch vgl. Wottawa/Thierau (2003: 13 ff.); für eine Definition, die die Evaluationsforschung als eine „Anwendungsvariante wissenschaftlicher Forschungsmethoden" sieht vgl. Bortz/Döring (1995: 95); für eine differenzierte Betrachtung der möglichen Definitionsgrundlagen im Spannungsfeld zwischen quantitativer und qualitativer Sozialforschung vgl. Kardorff (2005).

bungseinheiten sind jedoch nicht nur die partizipativen Verfahren. Wie aus obiger Argumentation verständlich wird, ist in jedem Fall eines partizipativen Verfahrens nicht nur das partizipative Verfahren selbst, sondern auch der daran anschließende politische Entscheidungsprozess zu untersuchen.

Evaluationskriterien in Bezug auf die Nachhaltigkeit sind demnach:

Motivationale Grundlagen der Publikumsrollenträger. Sind die Publikumsrollenträger nach Abschluss des partizipativen Verfahrens und der anschließenden Entscheidungen von Repräsentativgremien des politischen Systems motiviert, erneut als Publikumsrollenträger an einem partizipativen Verfahren teilzunehmen?

Motivationale Grundlagen der Leistungsrollenträger. Sind die Leistungsrollenträger nach Abschluss des partizipativen Verfahrens und der anschließenden Entscheidungen von Repräsentativgremien des politischen Systems motiviert, weiterhin als *Leistungsrollenträger* an Entscheidungen von Repräsentativgremien des politischen Systems mitzuwirken?

Koppelung von Entscheidungen in Repräsentativgremien des Staates an Entscheidungen aus dem partizipativen Verfahren. Haben die Entscheidungen, die im Rahmen des partizipativen Verfahrens getroffen werden, einen Einfluss auf die Entscheidungen, die anschließend in Repräsentativgremien des politischen Systems getroffen werden?

Allgemeine Evaluationskriterien von partizipativen Verfahren sind (Rowe/Frewer 2000, Abelson et al. 2003):[6]

Repräsentativität. Stellen die Publikumsrollenträger eine repräsentative Auswahl des von einer geplanten Entscheidung betroffenen Publikums dar?

Freiwilligkeit. Basiert die Teilnahme der Publikumsrollenträger auf Freiwilligkeit?

Unabhängigkeit. Basieren die Entscheidungen im partizipativen Verfahren ausschließlich auf den Interessen der Publikumsrollenträger?

---

[6] Die folgenden Kriterien leiten sich nicht aus einer systemtheoretischen Perspektive ab. Zur besseren Verständlichkeit und Anschlussfähigkeit an die bisherige Argumentation reformuliere ich sie soweit möglich in systemtheoretischen Begriffen. Manchmal ist diese aber nur schwer oder gar nicht möglich (vgl. die Kriterien der Unabhängigkeit oder der Effizienz).

Frühzeitigkeit. Finden die partizipativen Verfahren in hinreichendem zeitlichem Vorlauf zu geplanten Entscheidungen von Repräsentativgremien des politischen Systems statt?

Transparenz. Kann das weitere Publikum – also nicht die Publikumsrollenträger – die Entscheidungen nachvollziehen, die die Publikumsrollenträger im partizipativen Verfahren treffen?

Verfügbarkeit von Ressourcen. Haben die Publikumsrollenträger hinreichend Zugang zu notwendigen Ressourcen (Z. B. Information, Experten, materielle Ressourcen, Zeit)?

Aufgabenstellung. Ist die Zielsetzung für das partizipative Verfahren klar definiert?

Regeln der Entscheidungsfindung. Liegen geeignete und klare Regeln der Entscheidungsfindung für das partizipative Verfahren vor?

Effizienz. Stehen die Kosten für das partizipative Verfahren in einem vernünftigen Verhältnis zum zu erwartenden Nutzen?

Diese Evaluationskriterien erzwingen ein Längsschnittdesign jeder Evaluationsstudie. Die Ergebnisse über die Kopplung von Entscheidungen und über die motivationalen Grundlagen von Publikums- und Leistungsrollenträgern liegen erst am Ende der Studie vor.

Unter Zugrundelegung eines dem klassischen wissenschaftlichen Ideal der Non-Reaktivität verpflichteten Evaluationsansatzes, soll die Evaluation die Nachhaltigkeit des zu evaluierenden partizipativen Einzelfalls nicht beeinflussen. Nur die zusammenfassende Auswertung der Ergebnisse aus zahlreichen Evaluationsstudien kann die Bedingungen dafür herausarbeiten, dass partizipative Verfahren tatsächlich nachhaltig sind. Dies kann mittelfristig zur Verbesserung der Methodik partizipativer Verfahren beitragen.

Verfolgt man dagegen einen reaktiven Evaluierungsansatz, dann ist es unter gewissen Bedingungen möglich, durch den Evaluationsprozess selbst partizipative Verfahren in ihrer Nachhaltigkeit praktisch zu unterstützen: nämlich dann, wenn die Zwischenergebnisse der Evaluation regelmäßig als Feedback in das partizipative Verfahren einfließen und aufgrund dessen die Entscheidungen, die im Rahmen des partizipativen Verfahrens getroffen werden, tatsächlich einen

Einfluss auf die Entscheidungen haben, die anschließend in Repräsentativgremien des politischen Systems getroffen werden. Als Beispiele für reaktive Evaluationsansätze seien genannt: die Konzepte der Evaluation als *feed-within*-Verfahren (zu den theoretischen Grundlagen dieses Konzeptes siehe Bühl 1990: 10 ff. und Bogart 1980; vgl. Pichlbauer 2006), der systemischen Organisationsevaluierung (Zepke 2005), der responsiven Evaluation (Beywl 1988), der experimentierenden Evaluation (Heiner 1998), der partizipativen Evaluation (Ulrich/Wenzel 2003), der *Fourth Generation Evaluation* (Guba/Lincoln 1989). Weitere Evaluationsansätze bauen auf die Konzepte des *Empowerment* (Bryk 1983) und des *Stakeholder* (Fetterman 1994) auf.

Beim derzeitigen Stand der Forschung ist nichts darüber bekannt, in welchem Umfang reaktive Evaluationsansätze tatsächlich die Nachhaltigkeit partizipativer Verfahren unterstützt haben. Es liegen lediglich vereinzelt Daten zur Qualitätssicherung transformativer Verfahren durch Evaluation vor, beispielsweise auf der Basis von Likert-Skalen (vgl. Abb. 1).

Abbildung 1: Aussagen zur Wirkung der Evaluation eines transformativen Verfahrens auf den Verlauf dieses Verfahrens (Angaben in Prozent)

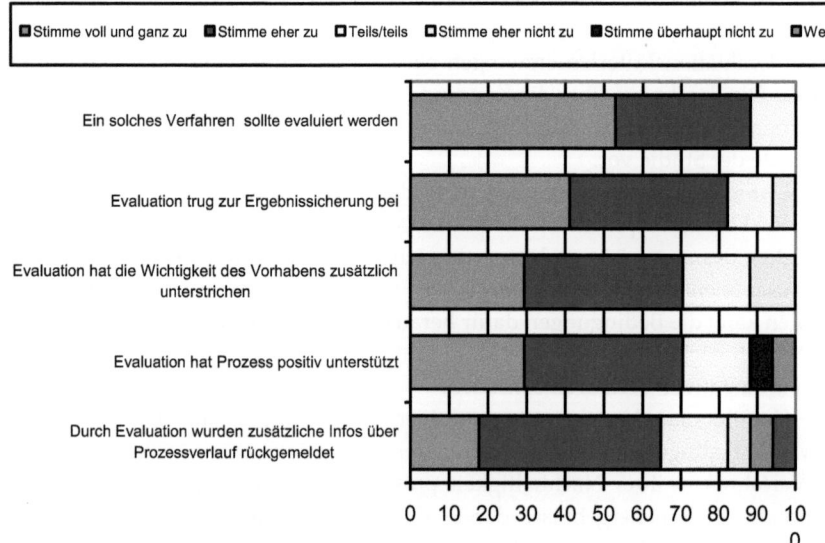

(Sozialwissenschaftliches Institut München, 2006)

7 Ausblick

Wie können transformative Verfahren politischer Partizipation nachhaltig gestaltet werden, das heißt so, dass sie ihre eigenen Grundlagen nicht untergraben, sondern sie fortentwickeln? Und welchen Beitrag könnte Evaluation hierzu leisten?

Für die Beantwortung dieser Frage habe ich bewusst die übliche „theoriestrategische" Wahlverwandtschaft zwischen der deliberativen Demokratietheorie und der Theorie kommunikativen Handelns durchbrochen. Ich habe stattdessen einen soziologischen, systemtheoretischen Erklärungsansatz herangezogen, da dessen besondere Stärke die Herausarbeitung „objektiver" *constraints* politischer bzw. sozialer Prozesse ist. Die systemtheoretische Argumentation endet in einem Unmöglichkeitstheorem: In einer repräsentativen Demokratie ist es nicht möglich, transformative Verfahren politischer Partizipation auf Nachhaltigkeit hin anzulegen. Ursache hierfür ist die für repräsentative Demokratien typische strukturelle Kopplung organisationsförmiger transformativer Verfahren an den Staat als Zentralorganisation, die vorsieht, dass Entscheidungen politischer Repräsentativgremien nicht gebunden sind an Entscheidungen aus partizipativen Verfahren. Jede Partizipation von Bürgern im politischen System, die nachhaltig sein will, untergräbt mittelfristig entweder die Motivation der Politiker in der repräsentativen Demokratie – und damit die Grundlage der repräsentativen Demokratie – oder aber die Motivation von Bürgern an partizipativen Verfahren dauerhaft bzw. wiederholt teilzunehmen.

Als Ausgangspunkt für die Frage danach, welche Konsequenzen die derart diagnostizierte Unmöglichkeit der Nachhaltigkeit transformativer Verfahren der politischen Partizipation für die Evaluation dieser Verfahren hat, wählte ich Luhmanns Weigerung, einen Unterschied zwischen analytischen und empirischen Systemen zu machen. Wenn soziale Systeme, zum Beispiel Organisationen, nur analytisch als autopoietisch konzipiert werden, bleibt die Möglichkeit, danach zu fragen, wie autopoietisch welche empirischen sozialen Systeme unter welchen Bedingungen sind, bzw. wie nachhaltig partizipative Verfahren tatsächlich sind. Ich formulierte daher Luhmanns Unmöglichkeitstheorem in eine empirisch überprüfbare Hypothese um: Die Wahrscheinlichkeit dafür, dass transformative Verfahren politischer Partizipation nachhaltig sind, ist gering.

Abschließend stellte ich die Evaluation als eine geeignete Methode vor, um die Nachhaltigkeit von partizipativen Verfahren empirisch zu überprüfen und lieferte einen kurzen Überblick über Evaluationskriterien sowie non-reaktive und reaktive Evaluationsansätze.

Mit diesem Ansatz stehe ich in klarem Gegensatz zu Vorstellungen, Hoffnungen und Wünschen der deliberativen Demokratietheorie. Und doch steht die systemtheoretische Skepsis nicht allein: jüngst hat Ryfe (2005) einen hervorragenden Überblicksartikel beigetragen, der Ergebnisse empirischer Forschung aus der politischen Psychologie und Sozialpsychologie zur Kommunikation in kleinen Gruppen und zur Meinungsbildung darauf hin auswertet, welche Konsequenzen sich hieraus für die Nachhaltigkeit transformativer Verfahren der politischen Partizipation ergeben. Er kommt zu dem Urteil, dass „deliberation is difficult to achieve and sustain over time" (Ryfe 2005: 49).

Dieser Aufsatz endet daher mit einem Appell: Empirische Studien zu deliberativen Verfahren sind „not yet very rich or deep" (Ryfe 2005: 64) und ihre Zahl steht in keinem Verhältnis zur Breite und Tiefe der Diskussion in der normativen deliberativen Demokratietheorie. „The theory of deliberative democracy needlessly remains removed from its practice. Theorists and applied researchers alike would benefit from greater interaction. We need to know more about the specific political contexts in which deliberation is likely to succeed." (Ryfe 2005: 64).

* Ich danke Michaela Pichlbauer für die fruchtbare Diskussion im Rahmen der Entstehung dieses Aufsatzes.

Literatur

Abelson, Julia/Pierre-Gerlier Forest/John Eyles/Patricia Smith/Elisabeth Martin/Francois-Pierre Gauvin: Deliberations About Deliberative Methods. Issues in the Design and Evaluation of Pubic Participation Processes. In: Social Science & Medicine (2003) 57 : 239-251.
Beywl, W.: Zur Weiterentwicklung der Evaluationsmethodologie. Grundlegung, Konzeption und Anwendung eines Modells der responsiven Evaluation. Frankfurt 1988.
Bogart, Dodd H: Feedback, Feedforward, and Feedwithin: Strategic Information Systems. In: Behavioral Science (1980) 25: 237-249.
Bortz, Jürgen/Döring, Nicola: Forschungsmethoden und Evaluation für Sozialwissenschaftler. Berlin 1995.
Bryk, A. (Hg.): Stakeholder-Based Evaluation. San Francisco 1983.
Bühl, Walter L.: Sozialer Wandel im Ungleichgewicht. Stuttgart 1990.
Deutsche Gesellschaft für Evaluation (Hg.): Standards für Evaluation. Köln 2002.
Feindt, Peter H.: Regierung durch Diskussion. Diskurs- und Verhandlungsverfahren im Kontext von Demokratietheorie und Steuerungsdiskussion. Frankfurt/M. 2001.
Fetterman, D. M.: Empowerment Evaluation. In: Evaluation Practice (1994) 15: 1-15.

Groth, Torsten: Wie systemisch ist „systemische Organisationsberatung"? Neuere Beratungskonzepte für Organisationen im Kontext der Luhmannschen Systemtheorie. Münster 1996.
Guba, Egon/Lincoln, Yvonne: Fourth Generation Evaluation. Newbury Park 1989.
Hauff, Volker: Nachhaltige Beratung. Die Rolle von nationalen Nachhaltigkeitsräten im Zeichen der Globalisierung. In: Linne, Gudrun und Michael Schwarz. (Hg.): Handbuch Nachhaltige Entwicklung. Opladen 2003: 31-38.
Heiner, Maya. (Hg.): Experimentierende Evaluation. Weinheim/München 1998.
Hirschman, Albert O.: Exit, Voice and Loyality. Cambridge, Mass. 1970.
Kardorff, Ernst v.: Qualitative Evaluationsforschung. In: Flick, Uwe/von Kardorff, Ernst/ Steinke, Ines (Hg.): Qualitative Forschung. Ein Handbuch. 4. Auflage. Reinbek bei Hamburg 2004: 238-250.
Luhmann, Niklas: Die Politik der Gesellschaft. Frankfurt/M. 2002.
Luhmann, Niklas: Kommunikationssperren in der Unternehmensberatung. In: Luhmann, N./Fuchs, P.: Reden und Schweigen. Frankfurt/M. 1989: 209-227.
Luhmann, Niklas: Theoretische Orientierung der Politik. In: Luhmann, Niklas: Soziologische Aufklärung 3. Beiträge zur funktionalen Differenzierung der Gesellschaft. Opladen 1981: 287-292.
Pichlbauer, Michaela: Intendierte und nicht intendierte Folgen von Interaktionsprozessen in Evaluationen am Beispiel eines Organisationsentwicklungsprojektes an einer deutschen Universität. In: Verhandlungen des 32. Kongresses der deutschen Gesellschaft für Soziologie vom 4.- 8. Oktober 2004 in München zum Thema „Soziale Ungleichheit – kulturelle Unterschiede". München 2006.
Roew, Gene/Lynn J. Frewer: Public Participation Methods: A Framework for Evaluation. In: Science, Technology & Human Values (2000) 25: 3-29.
Ryfe, David M.: Does Deliberative Democracy Work? In: Annual Review of Political Science (2005) 8: 49-71.
Scherf, Michael: Beratung als System. Zur Soziologie der Organisationsberatung. Wiesbaden 2002.
Stichweh, Rudolf: Inklusion und Exklusion. Studien zur Gesellschaftstheorie. Bielefeld 2005.
Ulrich, Susanne/Florian M. Wenzel: Partizipative Evaluation. Ein Konzept für die politische Bildung. Gütersloh 2003.
Wottawa, Heirich und Heike Thierau: Lehrbuch Evaluation. Bern 2003.
Zepke, Georg: Reflexionsarchitekturen. Evaluierung als Beitrag zum Organisationslernen. Heidelberg 2005.

Norbert Kersting

Evaluation dialogischer Beteiligungsinstrumente

1 Einleitung

Zu Beginn des neuen Jahrhunderts befindet sich das repräsentative, demokratische System in einer tiefen Krise. Die Wahlbeteiligung sinkt rapide. Sowohl auf der nationalen, als auch auf der regionalen Ebene scheinen gewählte Parlamente an Einfluss zu verlieren. Bedingt durch die Globalisierung und einen Prozess der Privatisierung scheinen politische Institutionen irrelevant.

Neben dieser de facto neuen Struktur der politischen Machtverhältnisse, induziert der gesellschaftliche Wandel zu neuen Herausforderungen, neuen Strukturen und neuen Erfordernissen bezüglich politischer Vorgehensweisen (s. Kersting 2004). Der demographische Wandel führt in vielen Ländern zu einer „vergreisten Gesellschaft", in der die Alten mit ihren spezifischen Bedürfnissen die Mehrheit bilden werden. Ihre Bedürfnisse müssen respektiert werden. Doch die Politik muss sich auch an den Wünschen von Familien und jungen Menschen orientieren, um ein ausreichendes Bevölkerungswachstum zur Sicherung des Wohlfahrtsstaates zu fördern. Dieser demographische Wandel erhöht das Phänomen der „schrumpfenden Städte", obwohl noch immer ein stärker ausgeprägter Urbanisierungstrend vorherrscht. Regionale Disparitäten nehmen zu.

Die Sozialstruktur und die Demokratie werden von der Globalisierung beeinflusst. Aufgrund von Migration steigt die Anzahl der verschiedenen Ethnien in multikulturellen Städten. Ebenso ist auf den sozialen und wirtschaftlichen Wandel in den Industrienationen hinzuweisen, der mit einer strukturell bedingten Arbeitslosigkeit und Armut in weiten Teilen der Gesellschaft einhergeht. Auf der anderen Seite bringt der wirtschaftliche Wandel neuen Fortschritt in den Kommunikationstechnologien und eine Sozialstruktur mit sich, die nicht länger von landwirtschaftlicher und industrieller Produktion dominiert wird. Zu guter letzt manifestiert ein soziokultureller Wandel des Wertesystems („von Materialismus zum Postmaterialismus und zurück"), begleitet von einer steigenden Tendenz zur Individualisierung. Dies führt zu einem Mangel an sozialem Kapital und Problemen im Bereich der sozialen Organisationen (Familie, Nachbarschaft, Vereine). Ein Indikator dafür könnte die sinkende Beteiligung im Bereich der repräsentativen Politik sein. Die Wahlbeteiligung geht in den meisten europäischen Ländern stark zurück. Dies kann zumindest teilweise durch das Auseinanderbrechen alter sozialer Milieus und sozialer Netzwerke, sowie den Rückgang der Parteizugehörigkeit erklärt werden. In einigen Ländern verschwindet die Einstellung, „voting as the citizen's right and duty" anzusehen. Andererseits wächst eine neue Output-Orientierung und mit ihr verbreitet sich der Teil der politisch besser informierten und höher gebildeten, aber oft zynischen Bevölkerung. Die Krise der politischen Repräsentation wird zunehmend problematischer, weil insbesondere die Jüngeren eine steigende Zurückhaltung bei Wahlen an den Tag legen. Auf der anderen Seite artikulieren einige Bürger stärker ihre Bedürfnisse und fordern mehr Möglichkeiten der politischen Partizipation.

Aus diesem Grund muss die repräsentative Demokratie die Fehlentwicklungen des Postparlamentarismus überwinden. Good Governance muss einen stärkeren Mix aus repräsentativer und direkter Demokratie als Legitimitätsgrundlage zulassen (Kersting 2004, Pierre/Peters 2000; Benz 2004). Die Repräsentanten müssen den stärker werdenden Bedürfnissen der Bevölkerung mehr Aufmerksamkeit widmen. In dieser Hinsicht ist eine stärkere Bürgerbeteiligung kein Selbstzweck, sondern dient einer besseren Information und einer höheren Rationalität in der Entscheidungsfindung.

Direkte Demokratie wird als direkte Beteiligung am Entscheidungsprozess bei bestimmten Streifragen definiert. Direktwahlen, wie z.B. die Wahl und die Abwahl des Bürgermeisters, werden als personenzentrierte Entscheidungsprozesse innerhalb des repräsentativen Systems angesehen. Partizipation an der Entscheidungsfindung bei einem bestimmten Streitthema bedeutet eine direkte Einmischung in den Entscheidungsprozess.

An dieser Stelle werden neben Referenden auch die neuen Beteiligungsinstrumente und -foren als direktdemokratische Instrumente angesehen, auch weil sie vielfach nicht mehr nur rein beratende Elemente der lokalen Demokratie sind, sondern zunehmend an Einfluss gewinnen (s. Council of Europe 1993, Schiller 1999). Diese Verfahren sollen evaluiert werden. Der Schwerpunkt der Evaluation liegt im Folgenden auf diesen dialogischen Verfahren. Informationssystem und Referenden stehen hierbei nicht im Mittelpunkt, da sie als vorgelagerte und nachgelagerte Prozesse angesehen werden. Abschließend werden die Referenden als zentrales Instrument in einem Partizipationsmix aus repräsentativer Demokratie, direkten dialogischen Instrumenten und Referenden untersucht.

Repräsentative und direkte Demokratien werden gleichermaßen mit einem sinkenden Interesse an Politik konfrontiert (s. Moeckli 1995, Schiller/Mittendorf 2002; Kaufmann 2004). Sie sind somit keine widersprüchlichen Instrumente der politischen Teilhabe, sondern ergänzen sich gegenseitig.

Im Folgenden sollen zunächst Probleme der Demokratie ufgegriffen werden und hierauf aufbauend eine Liste von Kriterien zur Bewertung partizipatorischer Instrumente aufgestellt werden. Dabei sollen die allgemeinen Prinzipien der Demokratie vorgestellt werden. In einem nächsten Schritt sollen dann die Charakteristika partizipatorischer Instrumente diskutiert werden. Aufgrund der Vielzahl partizipatorischer Instrumente sollen Idealtypen beschrieben werden. Diese Beispiele werden auf die Grundprinzipien von Demokratie hin getestet, sowie auf der Basis detaillierter Evaluationskriterien. Am Ende soll eine Liste von Schlussfolgerungen präsentiert werden, die Hinweise auf die zukünftigen Institutionstechniken und die Konstruktion der partizipatorischen Instrumente auf lokaler Ebene liefern soll.

2 Demokratische Prinzipien und Direkte Demokratie

Entsprechend der verschiedenen demokratischen Theorien, variiert auch die Liste der Prinzipien und Ziele von Demokratie (Kersting 2004). Diese kann sich auf lokaler, regionaler, nationaler und supranationaler Ebene durchaus unterscheiden. Hier sollen zunächst vier Grundprinzipien vorgestellt werden. In Anlehnung an Robert Dahl (1961), sind die grundlegenden Menschenrechte als Persönlichkeitsrechte wichtige Kriterien für alle demokratischen Systeme (Polyarchies). Auf der Mikroebene beinhaltet dies rechtsstaatlicher Prinzipien, wie das Prinzip der „gleichen Rechte der Teilnahme". Partizipation wird auf der individuellen Ebene durch die Wahlteilnahme und andere Beiträge zum politischen Entscheidungsprozess gewährleistet. Das zweite Prinzip zielt auf die institutionellen und realen Machtstrukturen. Es hat das Ziel der „Machtkontrolle". Auf der Mikroebene wird die temporäre Gewaltenteilung durch individuelle Rechte zur Kontrolle der Regierung und zur Interessenartikulation hergestellt. Das dritte Prinzip orientiert sich an „Rationalität und Transparenz". An dieser Stelle ist der Kompetenzzuwachs (Empowerment) der Bürger ein entscheidendes Ziel. Empowerment wird hier als das Bereitstellen von Ressourcen für politisches Engagement verstanden. Informationsfreiheit als strukturelle Vorbedingung ist ebenso wichtig wie politische Bildung oder politische Sozialisation. Zu guter Letzt verlangt Demokratie als wichtiges Prinzip auch „Effektivität und Effizienz". Bürger, politische Organisationen und das politische System verfügen nur über eingeschränkte Ressourcen.

3 Partizipationstypen, partizipative Spaltung und Stellung im politischen Systemmodell

Politische Beteiligung hat eine Erweiterung der Partizipationstypen und eine Ausweitung der Beteiligung erfahren. War die politische Beteiligung lange Zeit durch die Wahlbeteiligung geprägt, so haben sich neben der elektoralen Partizipation in den fünfziger Jahren neue „konventionelle" Beteiligungsmuster entwickelt. Die Parteien öffnen sich von Eliteparteien hin zu Volksparteien. Konventionelle Beteiligung schließt somit vor allem Kampagnenarbeit und Politikerkontakte mit ein. Wählen bleibt dennoch der zentrale Beteiligungsakt. In der Folge der 1968er Bewegung werden unkonventionelle Beteiligungsakte zunehmend relevant. Die „außerparlamentarische Opposition" sucht Einflussnahme über die Protestaktionen in sozialen Bewegungen. Seit den neunziger Jahren werden im Rahmen der Governance Strategien zwei Entwicklungspfade in Bezug auf die Beteiligung deutlich. Neben dem sozialen Engagement im Sinne von Selbsthilfe kommt es zu einer Ausweitung der Beteiligungsangebote durch die Politik. Die repräsentative Demokratie, d.h. Parlamente und politische Administration, bieten stärkere Bürgerbeteiligung an, auch um Protestaktionen zu kanalisieren.

Dabei zeigt sich neben einer sinkenden politischen Partizipation eine zunehmende sozialstrukturelle Schieflage (s. Kersting 2007). Die Wahlbeteiligung geht drastisch zurück. Während auf nationaler Ebene die Beteiligung, auch aufgrund des höheren Medieninteresses und der individuellen Kompetenzen, noch höher ist. Die Wahlbeteiligung auf nationaler Ebene liegt wie z.B. in Schweden und Deutschland bei etwa 80%, in Großbritannien und Frankreich hingegen bei nur etwa 60%. Sie sinkt bei den Wahlen zweiter Ordnung (EU Wahlen, Kommunalwahlen) drastisch ab. In den meisten Ländern liegt die Wahlbeteiligung bei Kommunalwahlen 20% unter der Beteiligung bei nationalen Wahlen.

Ähnliche Phänomene zeigen sich auch bei Referenden, die in vielen Ländern eingeführt werden (s. Kersting 2007) und die oft eine noch geringere Beteiligung vorweisen. Auch die Beteiligung an dialogischen Verfahren ist eklatant niedrig. Hier lassen sich nur bei punktuellen Veranstaltungen mit Eventcharakter (Unterhaltungsprogramm) große Bevölkerungsgruppen mobilisieren. Veranstaltungen, die ein regelmäßiges ehrenamtliches Engagement verlangen, klagen über sehr geringe Beteiligung. Dabei ist ebenfalls eine Verzerrung in Bezug auf das Alter, aber auch in Bezug auf die Sozialstruktur offensichtlich. Die Bevölkerungsteile mit höherer Bildung sind stärker politisch engagiert. Gründe für die Nicht-Beteiligung sind dabei neben der politischen Apathie charakterisiert durch eine geringe Ressourcenausstattung, d.h. geringe politische Kenntnisse- zunehmend auch ein politischer Zynismus. Dieser politische Zynismus ist gekennzeichnet durch eine hohe Ressourcenausstattung (hohe politische Kenntnisse) sowie eine hohe Unzufriedenheit in Bezug auf die Beteiligungsmöglichkeiten (Input-Legitimation) und den Politiken (Output-Legitimation). Die jüngere Generation ist stärke durch Nicht-Partizipation gekennzeichnet. Dies gilt für Wahlen wie dialogische Verfahren. Die Wahlnorm („Wählen als Bürgerpflicht") ist in den älteren Bevölkerungsgruppen eher vorhanden. Gleichzeitig sind diese „neuen Alten" eher die „Zeitreichen", die an regelmäßigen politischen Veranstaltungen teilnehmen.

Partizipation ist dabei abhängig von der politischen Sozialisation, d.h. dem prägenden Wertesystem und den politischen Interesse (Wahlnorm, etc.), sowie den zur Verfügung stehenden Ressourcen (Einkommen, Bildung, Kenntnisse, Zeit) und der Integration in soziale Milieus (soziale Kontrolle). Sie ist zudem in besonderem Maße abhängig von den bestehenden Beteiligungsangeboten der politischen Institutionen („Einige wollen nicht, einige können nicht, einige werden nicht gefragt").

Als Reaktion auf die Legitimationskrise des politischen Systems wird versucht die Leistungen im Input- und Output-Bereich zu erhöhen. Seit den neunziger Jahren wird in vielen Ländern neben einer administrativen Verwaltungsreform eine „Politikreform", d.h. vor allem eine Ausweitung der Beteiligungsmöglichkeiten angestrebt.

Verwaltungs- und Politikreform sind die beiden dominierenden Reformstränge der 1990er Jahre und zwei Seiten einer Medaille (s. Kersting 2004, s. zur Verwaltungsreform auch die Strategien des (Post-)Washington Konsensus). Sie umschreiben auch den Reformprozess der im breit definierten „Governance"-Diskurs vor allem die stärkere Inklusion in den politischen Prozess beinhaltet (DiGaetano/Strom 2003). Dabei ist der Lokale Agenda 21-Prozess im Gefolge der UN-Konferenz für Umwelt und Entwicklung 1992 in Rio de Janeiro oft ein auslösender Faktor für neue Beteiligungsinitiativen (s. Kersting/Vetter 2003).

Die Öffnung des politischen Systems beinhaltet eine Inklusion „neuer" Akteure. Partizipation von bislang blockierten oder ausgeschlossenen Gruppen ist auch ein zentrales Element dieser Governance Strategie (Pierre/Peters 2000, Kersting 2004), die unter den Begriffen Netzwerk-Governance und regulatorisches Multilevel-Governance entwickelt werden. Diese neue Kooperation mit gesellschaftlichen Gruppen gilt als besonderer Stil politisch-administrativer Problemverarbeitung zu Beginn des 21. Jahrhunderts. Im (neo-) korporatistischen Kontext einiger Länder fand die Einbindung verbandlicher Interessenvertretungen oft nur selektiv statt. Für gewöhnlich waren die traditionellen Oligarchien in die Entscheidungsprozesse eingebunden und in einigen „korporatistischen Ländern", wie z.B. Deutschland, konnten die traditionellen Stakeholder ihren Einfluss innerhalb eines institutionalisierten Rahmens geltend machen. Governance versucht die oft deformierte Kooperation zwischen Verbänden und Verwaltung zu durchbrechen und blockierte Interessenorganisation sowie Betroffene direkt einzubeziehen.

Hierüber kommt es zu einer Erweiterung auf der Akteursebene. Neben der politischen Verwaltung, Politiker als Vertreter der etablierten Parteien (Legislative) und den etablierten Verbandsvertretern werden nicht nur verstärkt Experten (als Repräsentanten der Bevölkerung), sondern auch neue zivilgesellschaftliche Gruppen, d.h. neue Interessengruppen und NGOs (Non Governmental Organisationen) sowie Individuen eingebunden.

Dabei werden auch Minoritäten und schwache Interessen, wie z.B. Senioren, Ausländer, Frauen und Kinder angesprochen. Die Governance Strategie evoziert zum Teil die Entwicklung zielgruppenorientierter Partizipationsinstrumente, die sich auf die Charakteristika und Ressourcen dieser Gruppen ausrichtet.

4 Partizipatorische Instrumente

Die traditionellen dialogischen Beteiligungsverfahren haben sich in den letzten zwei Dekaden weiterentwickelt. Zudem haben sich neue Beteiligungspraxen entwickelt. Im Folgenden soll hierfür eine Typologie entwickelt werden (s. Tabelle 1).

Schon die 68er-Generation hatte Partizipation auf die Tagesordnung gesetzt, doch war sie noch immer tief in den traditionellen demokratischen Strukturen verwurzelt. Durch die partizipatorische Revolution in den 1980er-Jahren wurden zunehmend Nichtregierungsorganisationen (NGOs) in den Entscheidungsprozess integriert. Zunächst fand diese Integration im Rahmen informativer Anhörungen statt, in der die Ratschläge und Interessen verschiedener Einzelgruppen in das lokale Regierungssystem eingebettet wurden (*Hearing*). Im Zuge des „New Public Management"-Reformprozesses in den 1990er-Jahren wurden zudem Kunden-Befragungen oder Fokusgruppen angewendet. Später eröffneten dann neue Informations- und Kommunikationstechnologien, wie Online-Consulting, Webforen etc. neue Möglichkeiten (siehe „blended democracy" Kersting/Baldersheim

2004). Die kundenorientierte Partizipation wurde von einer Welle neuer Beratungsgremien für Bürger und „Kunden" (Kinder und Jugendliche, ältere Menschen, Behinderte und Ausländer sowie Ortsbeiräte) begleitet, die formal institutionalisiert wurden (*Beirat*).

Diese waren oft der erste Schritt zu einem besser organisierten Dialog unter dem Dach des Lokalen Agenda 21 Prozesses. Es wurden neue Instrumente aus den USA, die aus Entwicklungsprozessen privater Organisationen bekannt waren, implementiert (Holman et al. 2002, s. z.B. Ley/Weitz, 2003). In diesen Gesprächsforen stand die Darstellung verschiedener Interessen im Mittelpunkt. Parallel dazu wurden diese diskursiven Partizipationsinstrumente, die in einigen Bereichen bereits in den 1970er-Jahren bei der Städteplanung genutzt wurden, immer häufiger eingesetzt. In einigen Fällen werden diese partizipatorischen Instrumente als Konkurrenz zu den Parlamenten gesehen, die bereits durch die Einführung von Referenden an Einfluss eingebüßt haben. Letztlich werden diese Instrumente des Dialogs zur Lösung gesellschaftlicher Konflikte, die auf neuen und alten Spannungslinien beruhen, gebraucht. Durch die Konferenz von Rio de Janeiro 1993 und die Entwicklung der Lokalen Agenda 21 wurde weltweit eine Welle partizipatorischer Projekte ausgelöst. Zunächst wurden dabei zumeist offene Prozesse initiiert (*Forum*). Selbstselektion und offene Themenwahl stehen beim Forum im Vordergrund. Organisierte und nicht-organisierte Interessen sind gleichermaßen vertreten. Dies ändert sich mit einem Beteiligungstypus, der in den neunziger Jahren wiederentdeckt wird und einen neuen Aufschwung erfährt (*Jury*). In Anlehnung an die „Planungszelle" werden Repräsentanten ausgewählt. Hierfür wird aber nicht eine politische Wahl, sondern eine Zufallauswahl herangezogen. Die ersten Ansätz gab es hierfür bereits in Form der Planungszelle in den siebziger Jahren. Erstmalig sind keine lokalen Eliten vertreten, sondern „Normalbürger". Die Idee ist es, über die Auswahl ein Abbild der gesamten Bevölkerung in einem Raum zu versammeln. Dabei wird die Rolle dieser „Laienpolitiker" eher als delegate von organisierten Interessengruppen und weniger als trustee gesehen, die stärker Gemeinwohlinteressen berücksichtigen. Empirische Belege für diese These fehlen bislang.

Evaluation dialogischer Beteiligungsinstrumente

Tabelle 1: Typologie dialogischer Beteiligungsverfahren

Hearing (im Ausschuss, Komitee etc.) - gewählte Politiker und NGOs - Vorsitz: Politiker	Beirat - NGOs und gewählte Politiker - Vorsitz: Interessenvertreter
Bsp.: Hearing im Ausschuss, RTSC	Bsp.: Behindertenbeirat
Jury – repräsentative Stichprobe - Vorsitz: Moderator	Forum - offener Zugang - Vorsitz Moderator
Bsp.: Citizen Jury, Deliberative Poll	Bsp.: Open Space Konferenz Zukunftskonferenz, World Cafe

4.1 Hearing (im Ausschuss/Komitee/Konvent)

Traditionelle Ausschüsse, Komitees, Konvente etc. werden durch gewählte Politiker dominiert. NGOs, interessierte Bürgern und Experten wird in Anhörungen lediglich die Rolle des Informanten zugewiesen. Konvente bzw. Komitees sind der Idee der repräsentativen Demokratie verpflichtet und erkennen die Bürger lediglich als Ideengeber und Informationslieferant an. Externe Intervention dient lediglich dem Empowerment der Politik und der Administration. Der Vorsitz dieser Gremien liegt bei einem politischen Repräsentanten. Der Vorteil dieser Ausschüsse liegt zum einen darin, dass sich hier die Fachexperten aus den verschiedenen politischen Lagern intensiv mit politischer Planung oder Vorschlägen der Administration auseinander setzen können. Die Gremien sind entscheidungsnah, da die wichtigsten Entscheidungsträger aus Politik und Administration beteiligt sind. Neben den Hearings in Ausschüssen etc. wird das Real Time Strategic Change (RTSC) und zum Teil die Mediation zu diesem Typus gezählt.

Ausschüsse unterscheiden sich in ihrer Transparenz und Offenheit gegenüber der Öffentlichkeit. Eine transparente, offene Arbeit der Ausschüsse ermöglicht den zivilgesellschaftlichen Gruppen und Medien die Kontrolle über dieses politische Gremium. Arkanpolitik wird verhindert. Zum Teil erhalten bestimmte organisierte Gruppen und Medien Rederecht oder können „Fragestunden" nutzen. Dagegen bieten nicht-öffentliche Sitzungen die Chance jenseits von politischen Lagern und Grabenkämpfen, Kompromisse auszuhandeln und zu entwickeln.

4.2 Beirat

Beiräte ermöglichen die Inklusion von Partikularinteressen. Dabei wird diesen organisierten Interessen (NGOs) die Möglichkeit gegeben, eigene Politiken zu entwickeln, oder Vorlagen aus Parlament und Administration zu bewerten. Traditionell waren die Beiräte bzw. Kommissionen durch Politik und Verwaltung geprägt. In den modernen Beiräten dominieren die zivilgesellschaftlichen Vertreter. Dennoch werden Politiker und Verwaltung als Vertreter in die Entscheidungsfindung einbezogen. Obwohl Vertreter der NGOs den Vorsitz im Gremium besitzen, werden Politik und Verwaltung als eigener Akteur respektiert. Ihre Sachkenntnis wird insbesondere dann wichtig, wenn es um die Implementationsmöglichkeiten neuer Politiken geht. Beiräte, die die Politik und die Verwaltung völlig ausschließen, oder von diesen Institutionen vernachlässigt werden, scheitern zumeist an diesem Punkt. Moderne Beiräte versuchen über ein formales institutionelles engineering diese kontrollierte Inklusion von Politik und Verwaltung herzustellen. Diese Gratwanderung zwischen der Dominanz und Vereinnahmung, bzw. Vernachlässigung und Inklusion gelingt nicht allen neu gegründeten Beiräten.

4.3 Forum

Das Forum hat einen offenen Zugang, d.h. die Teilnahme erfolgt über Selbstselektion und der Vorsitz liegt bei einem unabhängigen Moderator. Die Verfahren sind stark auf Brainstorming ausgerichtet und zum Teil werden nur vage Themen vorgegeben. Zum „Forum Typus" gehören Zukunftskonferenzen (Future Search Konferenzen), World Café, „Open Space" Konferenzen etc.. Idealtypisch hierfür ist die „Open Space" Konferenz. Die Idee der „Open Space"-Konferenz wurde aus den negativen Erfahrungen vieler traditioneller Konferenzen entwickelt. Selbst gut organisierte und geplante Konferenzen scheiterten und die Teilnehmer monierten, dass erst beim anschließenden „Kaffeetrinken" die erwartete deliberative Diskussion entstanden sei. Um aus all dieser Kritik eine Tugend zu machen, wurde die Konstruktion einer Konferenz entwickelt, die die Idee der kleinen nicht-hierarchischen und selbstorganisierten Gruppen aufgreift.

Das Hauptanliegen von „Open Space"-Konferenzen sind ein nicht-hierarchischer Meinungsaustausch und die Bildung von Netzwerken zwischen den Stakeholdern oder selbstgewählten Gruppen. Die Grundidee ist ein Marktplatz verschiedener Vorstellungen und Interessen. Offene Gruppendiskussionen sind beabsichtigt. Die Offenheit wird durch verschiedene Prinzipien deutlich, wie etwa dem „Gesetz der zwei Beine", was bedeutet, dass jeder Teilnehmer an einer Gruppe seiner Wahl teilnehmen kann. Die „Open Space"-Prinzipien, die die nicht-hierarchische und offene Diskussion beschreiben, lauten: wer auch immer kommt, es sind die richtigen Leute! Wann auch immer es beginnt, es ist die richtige Zeit! Was auch immer passiert, es passiert! Und wenn es vorbei ist, ist es vorbei! Zu diesem Forum Typus zählen neben den Open Space Konferenzen, Zukunftswerkstätten, das World Cafe, Webforen, der Bürgerhaushalt und – mit Einschränkungen – die Mediation.

4.4 Jury

Die Jury basiert auf repräsentativen Stichproben. Die Stichprobenziehung erfolgt zumeist durch eine Mischung aus Zufalls- und Quotenauswahl. Die Leitung erfolgt durch einen Moderator. Lokalpolitische Eliten (Politiker, NGOs) sind ausgeschlossen, bzw. neben Experten nur als Informanten involviert. Zum Typus der Jury zählen Planungszelle, Deliberative Polls, Citizen Jurys.

Jurys sind Planungsgruppen, die die Aufgabe haben, über vorhandene Pläne zu entscheiden oder solche zu entwickeln. Hier sollten nach Möglichkeit alle Gruppen in einer Stadt repräsentiert sein. Aus diesem Grund versucht eine Auswahl von Stichproben ein repräsentatives Bild einer Stadt herzustellen. Das bedeutet, dass keine organisierten Interessensgruppen involviert sind und auch keine Selbstselektion mit der Gefahr einer „partizipatorischen Spaltung" (Kersting 2004) stattfindet. Die Kritik an der Jury richtet sich gegen diese Zufallsstichproben. Die Auswahl nach dem Zufallsprinzip bei einer solch kleinen Gruppe verursacht eine hohe „Fehlerquote", da kleine Stichproben nur begrenzt repräsentativ sein können (hohe Irrtumswahrscheinlichkeit). Dieser Faktor kann dadurch noch erhöht werden, indem einige der ausgewählten Repräsentanten ihre Teilnahme ablehnen könnten (s. das „non response Problem" in der Umfrageforschung).

Jurys werden zunehmend als eine gute Mischung von Interessen innerhalb einer Stadt angesehen. Weil die Teilnehmer als die Inhaber der allgemeinen Interessen angesehen werden, erhalten diese Jurys oftmals sogar das Recht, bindende Entscheidungen zu treffen. Der Entscheidungsfindungs- und Informationsprozess nimmt viel Zeit in Anspruch. Während dieser Zeit erhalten die Teilnehmer ein solides Fundament an Wissen und einen Überblick über die verschiedenen

Interessen in der städtischen Gesellschaft. Am Ende verfassen diese Laien dann einen Bericht oder entscheiden über die zukünftige Planung.

Die vorgestellten Instrumente beschreiben Idealtypen innerhalb einer Vielzahl verschiedener Instrumente des politischen Dialogs. Es gibt weitere Instrumente mit bestimmten Charakteristika, z.b. Appreciative Inquiry (AI), einer rotierenden Leitung („Zirkel"), einem Fokus auf die Interessen von Minderheiten („Tiefe Demokratie") oder einem stärkeren Fokus auf bestimmte Fragestellungen („World Café") (siehe Council of Europe 2000; Bundeszentrale für politische Bildung 2005; Bjoer et al 2006).

Die Diskussion um konventionelle und unkonventionelle Beteiligungsverfahren hat gezeigt, dass ein Wandel der politischen Partizipation offensichtlich ist. Dabei sind die gesellschaftlichen Einflüsse, wie z.b. Individualisierungstendenzen und Wertewandel, prägend. Aufgrund dieser Tendenzen dominiert zunehmend -trotz Gegenbestrebungen und Organisierungsinitiativen- eine individuelle Partizipation, da immer weniger gesellschaftliche Gruppen sich längerfristig gesellschaftlich (gemeinwohlorientiert?) organisieren. Politische Apathie und Zynismus prägen das gesellschaftliche System. Eine passive Teilnahme an der Politik (spectator) ist häufiger anzutreffen als ein aktives politisches Engagement (activist).

Die hieraus sinkende Legitimation der politischen Institutionen ist ein Hauptgrund für neue Beteiligungsangebote. Diese entsprechen zum Teil den staatlichen Reformprozessen, aber beruhen zum Teil auch auf den Beteiligungswünschen der noch aktiven Bevölkerung. Der Trend von politischer Partizipation (als Mitbestimmung) zu bürgerschaftlichen Engagement (als Selbsthilfe) begründet sich eher auf staatlicher Aufgabenkritik und „Outsourcing", d.h. auf mangelnden staatlichen finanziellen Ressourcen. Ohne Mithilfe der Bevölkerung kann die Bibliothek, das Schwimmbad etc, nicht weiterbetrieben werden. Das mit diesem bürgerschaftlichen Engagement verbundene Demokratisierungsversprechen ist meist zweitrangig.

Bei der Entwicklung der politischen Partizipation zeigt sich eine zunehmende Parteienphobie, d.h. eine Krise des repräsentativen Systems und ein höheres Interesse der Bevölkerung an direkter themenorientierter Partizipation. Trotz geringerer Medienpräsenz werden lokale Beteiligungsverfahren gestärkt. Um eine erhöhte Repräsentativität zu erlangen, wird versucht, Großgruppen einzubinden, die, um den Dialog zu fördern, zumeist in kleinere Gruppen aufgeteilt werden. Dabei werden zunehmend auch spontane Beteiligungsverfahren initiiert, die eher punktuellen Eventcharakter haben. Ihnen fehlt neben der Kontinuität zumeist die Verfasstheit und aufgrund mangelnder Legitimität der dezisive Charakter. Den-

Evaluation dialogischer Beteiligungsinstrumente

noch haben diese Verfahren – vor allem wenn sie pre-legislativ eingesetzt werden- oft starken Einfluss auf die politische Eliten. Diskontinuierliche, einmalige politische Beteiligungsformen scheinen den Interessen der Bevölkerung eher zu entsprechen als eine kontinuierliche (regelmäßige) Partizipation. Durch die Mobilisierung dieser Events versuchen Parlamente und Verwaltungen den spontanen Charakter z.T. illegaler, konfliktreicher Beteiligung zu kanalisieren. Ebenfalls Eventcharakter haben Instrumente, die zur Erhöhung der Legitimation politischer Entscheidungen dienen, aber keine offene Partizipation mobilisieren, sondern nur die Beteiligung von repräsentativen Bevölkerungsgruppen erlauben. Im Gegensatz zur traditionellen repräsentativen Demokratie werden hier aber vor allem Laien eingebunden. Dabei ist nicht nur die Auswahl der Repräsentanten unterschiedlich. Aufgrund ihrer einmaligen Zufallsauswahl wird bei diesen Repräsentanten bewusst davon ausgegangen, dass sie als bloße Agenten ihrer Interessengruppen agieren und weniger als Vertreter eines breiteren Gemeinwohls.

5 Evaluation der Beteiligungsinstrumente

Obwohl die diskursiven dialogischen Instrumente verstärkt implementiert werden, wurde die Evaluation dieser Beteiligungsinstrumente vernachlässigt (s. OECD 2005; Rosenberg 2005). Bislang bestehen kaum wissenschaftlichen Standards genügende Evaluationsinstrumente. Sie sollten Ziel der weiteren Forschung sein. Rowe und Frewer (2004) und Abelson und Gauvin (2006) versuchen, Evaluationskriterien für Beteiligungsinstrumente zu identifizieren.

Der Mangel an Evaluationen im Bereich neuer Beteiligungsinstrumente hat verschiedene Gründe. Zumeist fehlt es an Zeit, Expertise und Ressourcen, aber auch häufig am Interesse der Organisatoren.

Nach Abelson und Gauvin (2006) lässt sich häufig zwischen theoriebasierten und nutzerbasierten Evaluationen unterscheiden. Evaluation kann den Schwerpunkt auf den Prozess oder auf die Ergebnisse der Beteiligung legen. Zudem ist die Kontextevaluation sinnvoll. Die Ergebnisse der Beteiligung sind abhängig von der Bewertung durch die unterschiedlichen Akteure.

Die Prozessevaluation analysiert die Repräsentativität, die Qualität der Deliberation, die Regeln und die Implementation der Beteiligung. Prozesskriterien sind zum Beispiel die Inklusion (Partizipationsrate, Repräsentativität), Gerechtigkeit im Prozess (Prozessflexibilität, Transparenz, Ressourcenzugang, Interaktion, Komfort, Zufriedenheit, Dekoration, Kompetenz, Identifikation mit einem gemeinsamen Ziel, Unabhängigkeit etc. (Rowe/Frewer 2004, s.a. Webler et al. 2001)).

Die Ergebnisevaluation (Output, Outcome, Impact) analysiert die Auswirkung auf die Politik (Expressivität, Effektivität, Effizienz), die Auswirkungen auf die politischen Eliten (Legitimität, politisches Vertrauen) und letztendlich die Auswirkungen auf die Beteiligten und die Öffentlichkeit (Erkenntnisgewinn, Ressourcen-Erhöhung, Vertrauen in politische Eliten) (s a. Grafik in Abelson/Gauwin 2006: 18). Output-Kriterien sind der Einfluss auf die Politik, die Reaktion der politischen Institutionen, der Einfluss auf die Öffentlichkeit, Konfliktschlichtung, Kosteneffizienz etc. (s a. Abelson/Gauwin 2006: 9).

Die Kontextevaluation analysiert die politische Gemeinschaft, das Problem, den soziokulturellen und politischen Rahmen, den externen Entscheidungsfindungsprozess und die Organisationsstrukturen.

Die umgesetzten Evaluationen zeigen besondere Defizite und blinde Flecken. Zumeist besteht wenig Interesse an der Kontextevaluation. Sowohl der Problemzusammenhang, als auch die durchführenden und finanzierenden Organisationen, die internen und externen Entscheidungsfindungsprozesse, d.h. die Rolle der externen Entscheidungsträger sowie der Zeitrahmen werden oft nicht in der Evaluation berücksichtigt.

Besonders fruchtbar sind multidisziplinäre Perspektiven und der Einsatz von verschiedenen empirischen Evaluationsinstrumenten (Methoden-Triangulation) wie z.B. standardisierte Umfragen, qualitative Interviews und teilnehmende Beobachtung (Abelson/Gauvin 2006).

Im Folgenden soll der Fokus auf die Evaluationskriterien „Ziele der Partizipationsinstrumente", und die relevanten „demokratischen Kriterien", d.h. die Grundprinzipien von Demokratie, wie Offenheit, Transparenz, Machtkontrolle und Effizienz gerichtet sein, und hierbei insbesondere die „Rolle des Moderators" betrachten (s. Kersting 2004).

5.1 Ziele

Die Ziele der Beteiligungsinstrumente sind die Hauptcharakteristika der verschiedenen Instrumente (s.a. Bjoer et al. 2006). Idealtypisch könnten vier verschiedene Ziele der dialogischen Instrumente definiert werden:

Evaluation dialogischer Beteiligungsinstrumente   283

Brainstorming

Das vorrangige Ziel dialogischer Instrumente ist oft die Entwicklung von Ideen in einer offenen deliberativen Atmosphäre. Der Wissens- und Ideenaustausch führt zu besseren Verständnis und einer gesteigerten Empathie.

Planung

Dialogische Instrumente gelten als wichtige Instrumente für den Entscheidungsfindungsprozess bei der Städteplanung. Hierbei sollen Planungen in Gang gesetzt oder bewertet werden. Strategien und Vorgehensweisen können entwickelt werden und über vorhandene Masterpläne kann entschieden werden.

Networking

Es fehlt oft an einer Koordination der Interessen verschiedener NGOs, Interessensvertreter sowie der Bürger. Beteiligungsinstrumente versuchen Beziehungen und Netzwerke aufzubauen. In diesen Netzwerken können symbiotische Strategien zur zukünftigen Entwicklung konzipiert werden.

Konfliktlösung

In einer Gesellschaft mit neuen Spannungslinien, wird Konfliktlösung zu einer wichtigen Strategie. Hierzu sind Instrumente zur Konfliktlösung, Strategien in Bezug auf die Verhandlung, Kooperation, Koordination, Selbstreflektion und der Entwicklung von Empathie nötig.

5.2 *Demokratietheoretisch Kriterien*

Die im Folgenden untersuchten Evaluationskriterien basieren auf den Grundprinzipien von Demokratie: Partizipation, Rationalität/Transparenz, Kontrolle und Effektivität/Effizienz (s. Kapitel 1 und 2):

Offenheit/Politische Gleichheit (Partizipation)

Die erste Entscheidung für die Wahl des richtigen Beteiligungsinstruments ist abhängig von der Zielgruppe und der Gruppengröße. Einige Instrumente erlauben nur die Inklusion einer kleine Gruppe, während andere die Teilnahme großer

Gruppen ermöglichen. Für diese Auswahl ist auch die Homogenität bzw. Heterogenität ein entscheidender Faktor. Die Gruppe kann in Bezug auf Struktur, kulturelle Einstellungen, Geschlecht etc. heterogen oder homogen zusammengesetzt sein. Die nächste Entscheidung ist ebenfalls von der Gruppengröße abhängig. Es kann sich um eine repräsentative Auswahl (quotiert oder zufällig), die Gesamtauswahl oder eine offene Gruppe handeln. Innerhalb einer quotierten Gruppe ist eine Repräsentativität gegeben, wenn etwa die Hauptinteressensvertreter einbezogen werden. Andere Instrumente versuchen Repräsentativität durch zufällige Stichprobeziehung zu erzielen. Dies gelingt nur bei großen Gruppen. Häufig wird eine Kombination, d.h. eine quotierte Zufallsauswahl eingesetzt. Diese Selektionsstrategien können in ähnlicher Form auch bei Peer-groups angewendet werden. In diesem Fall können die verschiedenen Interessensgruppen entweder zufällig oder durch ein Quotensystem ausgewählt werden.

Die am meisten durchgeführte Strategie ist die einer offenen Gruppe, d.h. eine Gruppe, die auf Selbstselektion beruht. Dies bewirkt oftmals eine „partizipative Spaltung" (participatory bias) und den Ausschluss bestimmter Bevölkerungsteile. Einige Bevölkerungsgruppen, hierzu zählen besonders ältere, gut informierte und männliche Bürger, werden eher einbezogen und könnten den Entscheidungsprozess dominieren.

Ein überaus wichtiger und kritischer Aspekt liegt in der Partizipation der politischen Eliten (z.B. Bürgermeister, Verwaltung etc.). Hierfür können verschiedene Strategien zur Kontrolle dieser mächtigen Gruppen angewendet werden. In den herkömmlichen Beiräten werden die politischen Eliten entweder in dominierender Position eingebunden oder ganz ausgeschlossen bzw. nur als Berater mit einbezogen. Andere Strategien versuchen sie in den Entscheidungsfindungsprozess miteinzubeziehen. Hierbei ist die Grundidee entstanden, zu einem nicht-hierarchischen Diskurs zu gelangen, bei dem der Status der Technokraten neutralisiert und der Entscheidungsfindungsprozess nicht von diesen mächtigen Gruppen usurpiert wird.

Rationalität und Transparenz

Rationalität basiert auf kompetenter Argumentation. Empowerment wird als Kompetenzgewinn bzw. Wissenszuwachs definiert. Es wird nicht als neue Bezeichnung und neue Kompetenzen den Entscheidungsfindungsprozess betreffend definiert. Die dialogischen Instrumente versuchen den Austausch pluralistische Argumente zu konzipieren. Doch sie sind auch für die Entwicklung des sozialen Kapitals und Vertrauens von großer Bedeutung. Das politische Empowerment orientiert sich auf lange Sicht gesehen an einer höheren Transparenz und gesellschaftlichem Empowerment. Das bedeutet, dass diese Instrumente spezielle Strategien für eine eigene Informationspolitik und eine breite Öffentlichkeit aufbauen müssen.

Machtkontrolle/Responsivität

Der dritte wichtige Aspekt ist die Kontrolle der wichtigen Akteure in der vorhandenen Machtstruktur. In Anlehnung an die Dezentralisierungsstrategien und an die „Leiter der Partizipation" (Arnstein, 1969) bedeutet dies, dass bei der Übertragung von Macht die niedrigeren Ebenen mehr bindende Entscheidungen bei Detailfragen erhalten. Kompetenzen sollen dem Prinzip der Subsidiarität folgen und die Machtübertragung an einzelne Gruppen der Bevölkerung möglich sein. Nichts desto trotz wird der Einfluss konsultativer Partizipation häufig unterschätzt. Die tatsächliche Entscheidungsgewalt eines hochlegitimierten Entscheidungsgremiums kann so stark wie eine bindende Entscheidung einer gewählten Institution sein (siehe z.B. das EU-Referendum in den Niederlanden 2005).

Effektivität/Effizienz

Der erste Schritt bei der Planung eines Beteiligungsinstruments muss in der Definition der Zielgruppe und in der Analyse ihrer Interessen liegen. Die Interessen aller beteiligten Akteure bestimmen Ziele und Effektivität. Eine Funktion der neuen Instrumente konzentriert sich auf die interaktive Interessenartikulation, um einen effizienteren Austausch über die verschiedenen Standpunkte zu erreichen. In Bezug auf die Effektivität kann man analysieren, ob ein Konsens in einer Gruppe entwickelt wurde, die latenten und offenkundigen Konflikte gelöst oder ob diese zumindest spezifiziert worden sind. Des Weiteren ist es von Interesse, ob konkrete Planungen und eine anhaltende Kooperation initiiert wurden.

Um den Minderheitenschutz zu evaluieren, werden Konsens- oder Mehrheitsregelungen und die Methoden, die die mächtigen Meinungsführer innerhalb einer Gruppe kontrollieren sollen, analysiert.

Die Rolle des Moderators ist auch für die Effizienz des Beteiligungsinstruments von großer Bedeutung. Er muss die Fähigkeit besitzen, zuzuhören und zugleich persönlich darauf achten, dass alle individuellen Interessen in der Gruppe berücksichtigt oder zumindest artikuliert werden. Eine notwendige holistische

Herangehensweise ermöglicht es, Strategien und Kompromisse zu finden. Als Initiator der Diskussion ist es wichtig, dass „gute Fragen" gestellt werden, um den diskursiven Prozess zu starten, die Tagesordnung zu eröffnen und deren Einhaltung ohne zu starke Restriktionen zu kontrollieren. Einige Moderatoren versuchen verschiedene Beteiligungsinstrumente zu mischen und anzupassen, während andere sich streng an Lehrbuchmethoden halten. Die Erstellung der Tagesordnung wird auf verschiedene Weise durchgeführt. Einige Moderatoren versuchen die Diskussionen zu initiieren, indem sie „mit dem Strom schwimmen" und erlauben nahezu alle Themen, was die Entwicklung eines Wissensprozesses fördert. Andere versuchen über klarer strukturierte diskursive Werkzeuge nur „Gehaltvolles" zuzulassen. Moderatoren werden zumeist von ihren jeweiligen Fähigkeiten und ihrem Ausbildungsstand geleitet. Einige ziehen es vor, an wissenschaftliche Erkenntnisse anzuknüpfen. Andere verwenden dagegen eher Alltagserfahrungen und andere ihre psychologischen Kenntnisse. Letztlich bevorzugen einige Moderatoren Teamwork, während andere eher als Einzelgänger operieren. Die verschiedenen Vorgehensweisen sind nicht problematisch, solange sie die Teilnehmer weder unter-, noch überfordern.

Eine Evaluation der Beteiligungsinstrumente muss den Einzelfall berücksichtigen, da der Erfolg vom konkreten Kontext, vom jeweiligen Prozess und insbesondere von den Beteiligten abhängt. Die Analyse der vier idealtypischen Beteiligungstypen: Hearing, Beirat, Forum und Jury zeigt aber, dass einige Instrumente Vorteile bei bestimmten Zielsetzungen haben. Hearings eignen sich weniger zur Konfliktlösung und Networking und erlauben nur bei stärker interaktiven Verfahren ein offenes Brainstorming sowie eine offene Planung. Sie sind zwar nah an der bindenden Entscheidungsfindung, besitzen aber zumeist Defizite in Bezug auf die Offenheit und die dezentrale Machtkontrolle. Moderne Beiräte sind spezialisierte Gremien mit dem Schwerpunkt in der Planung. Das Networking richtet sich auf die eingeladenen betroffenen Gruppen. Gelingt ihnen die Einbindung der Politik und der Verwaltung, macht ihre Kontinuität sie zu einem neuen wichtigen Akteur mit politischen Vorwirkungen und zur Arena für neue Netzwerke. Offene Foren bieten sich beim Brainstorming, beim Networking und auch bei der Planung an. Durch den Moderator kann auch eine Konfliktlösung erzielt werden. Hierbei gilt es aber, den Zugang auf die Konfliktparteien zu reduzieren. Jurys haben aufgrund ihrer Auswahl selten ein Networking und eine Konfliktlösung zur Intention. Bei ihnen steht das Brainstorming und der Planungsprozess im Vordergrund. Als punktuelle Verfahren haben sie eine hohe Effizienz. Initiiert durch Parlament und Verwaltung sind sie aber von deren Unterstützung abhängig.

6 Schlussfolgerungen

Die neuen Instrumente gewährleisten immer eine perspektivenreiche Teamarbeit, die im Vergleich zum individuellen Engagement oder dem Engagement von Experten zu besseren Ergebnissen führt. Das Grundprinzip ist, „die Pluralität durch Inklusion" zu verbessern. Die Auswahl der teilnehmenden Akteure spielt an dieser Stelle eine entscheidende Rolle. Sollen nur die direkt Betroffenen oder breitere gesellschaftliche Gruppen einbezogen werden? Sollen Experten hinzugezogen werden oder können Laien die Perspektive ihrer „Lebenswelt" einbringen?

Die neuen politischen Beteiligungsinstrumente greifen auf eine kollektive Intelligenz zurück (s. Levy 1996). Sie sind auf Vollinklusion ausgerichtet und versuchen Kommunikationssperren abzubauen. Dabei orientieren sie sich unter anderem an der Habermasschen Theorie kommunikativen Handelns und somit an deliberativer Demokratietheorie. Wissen wird als „bewertete Information" wahrgenommen. Das unverbundene Handeln einzelner Gruppen wird als zentrale Problematik angesehen (Allmende Klemme). Über einen Abbau von Hierarchien, der Akzeptanz des Argumentes, gegenseitigen Respekt und eine Konsensorientierung werden im Diskurs optimale Ergebnisse erreicht. Das zentrale Erfolgskriterium liegt insbesondere in dem Perspektivenwechsel (Cross pollinate). Durch die Verknüpfung unterschiedlicher Wissensarten soll eine erhöhte Sachrationalität erreicht werden. Neben dem Expertenwissen werden die Expertise der verschiedenen Interessengruppen sowie die Kenntnisse der lokalen Betroffenen eingebracht.

Instrumente des Dialogs sollten im Habermasschen Sinne deliberative Diskurse initiieren, die offen und nicht-hierarchisch aufgebaut sind. Der Dialog sollte als kollektive Suche nach der Wahrheit charakterisiert werden. Es sollte ein offener Austausch von Argumenten zugelassen werden, der eine offene Diskussion individueller Sichtweisen ermöglicht. In diesen Konzepten liegt als wichtige Grundhaltung ein höheres Gewicht auf dem „Fragen", der „Erkundigung" und dem „Zuhören". Der Austausch von Argumenten sollte dem Prinzip der „Dominanz des besseren Argumentes" (Habermas) folgen und sollte – falls möglich – in Kompromisse und konsensualen Übereinkünfte münden.

Als eine wichtige Arbeitsweise werden in einem ersten Schritt große Gruppen zumeist aufgeteilt und später wieder zusammengeschlossen, um die erarbeiteten Ergebnisse zu präsentieren. Diese Art der Aufteilung in homogene oder heterogene Gruppen ermöglicht es neue Perspektiven zu generieren. Ebenso bewirkt es Divergenz und die Freiheit, neue Ideen zu äußern. Der nächste Schritt orientiert sich zumeist an der Konvergenz, die Lösungen und die weiteren Planungen in einem dritten Schritt ermöglicht. Die Idee vom „freezing and refreezing" (Kurt Lewin) ist bei den meisten Instrumenten vorherrschend. Ein weiteres Charakteristikum kann in der Methodenvielfalt gesehen werden. Meistens wird eine Methodenmix (Triangulation) von individuellen Interviews, Diskussionen in Kleingruppen und Plenarsitzungen genutzt. Darüber hinaus werden bei einigen Instrumenten qualitativ und quantitativ standardisierte Instrumente kombiniert. Der wichtige Unterschied liegt in dem punktuellen bzw. institutionalisierten Charakter.

Die Aufrechterhaltung des Entscheidungsfindungsprozesses innerhalb der neuen Dialoginstrumente wird durch zwei nachvollziehbare Rahmenbedingungen beeinflusst. Einerseits findet „eine Logik der Entscheidungsfindung" statt. Der diskursive Dialog erzielt eine höhere Empathie und oftmals einen Kompromiss. Andererseits könnte das erzielte Ergebnis im Konflikt mit der „Logik der Mitgliedschaft", d.h. den Interessen der Teilnehmer als Repräsentanten bestimmter Gruppen, stehen. Die teilnehmenden Interessensvertreter und Repräsentanten bestimmter organisierter Interessen müssen oftmals die erzielten Ergebnisse aus den Planungsgruppen in ihre eigene Interessensgruppe hineintragen und dort verteidigen. Aufgrund dieser oftmals problematischen Transferleistung kann es wichtig sein, mächtige Repräsentanten mit an Bord zu haben, die in ihren Interessensgruppen die erzielten Ergebnisse einfacher durchsetzen können. Daher kann es kontraproduktiv sein, Verwaltungsbeamten oder Parteienvertretern nur die Rolle des Zuschauers zu gewähren, da das die Chancen einer späteren Durchsetzung ebenfalls minimieren würde.

Darüber hinaus ist die Rolle des Moderators in seiner Funktion als Helfer, Motivator und Eisbrecher von großer Bedeutung. Er muss über eine ganze Reihe an Kompetenzen verfügen, die für einen deliberativen Diskurs von Nöten sind. Doch der wahrscheinlich wichtigste Faktor ist, dass er die Eigenständigkeit der Gruppe bei der Bildung einer eigenen Meinung zulässt. Die Gruppe muss in einem Prozess der „Aufklärung" und „freundlichen Frustration" lernen, Verantwortung für ihr Handeln zu übernehmen und auch nach Beendigung des Diskurses die tatsächliche Durchführung des Prozesses zu kontrollieren.

Dialogischen Verfahren wird vorgeworfen, dass sie als Politiknetzwerke, die auf dem Konsensprinzip aufbauen, konflikthafte Entscheidungen eher ausklammern. Demnach werden Problemthemen, die gravierende negative Veränderungen für bestimmte Gruppen beinhalten, wie z.B. Haushaltskürzungen, nicht aufgegriffen. Neue deliberative Diskursinstrumente werden somit als wenig hilfreich angesehen, wenn starke Konflikte ausgetragen werden. Es wird argumentiert, dass bei Konfliktfällen einerseits unbeabsichtigte Homogenität entsteht, indem einzelne Teilnehmer oder ganze Gruppen den partizipatorischen Prozess verlassen. So können Konflikte innerhalb der Gruppe tabuisiert und nicht weiter diskutiert werden. In einem solchen Fall ist zu vermeiden, dass sich der Diskurs von der Verhandlung zu einer unkonkreten intellektuellen Argumentation entwickelt. Für den Beteiligungsprozess bedeutet das, dass Interessen nicht mehr eindeutig vorgetragen werden, Übereinkünfte werden unmöglich und Kompensationen sowie andere Instrumente werden zum Tabu. Es wird daher gefordert, dass es in Fällen des reinen Konflikts zwischen verschiedenen Interessen besser wäre, Meinungsumfragen oder Mehrheitsentscheidungen (wie etwa durch Referenden) zu bemühen. Hinzu kommt, dass bei zu abstrakten Themen der Diskurs von Akademikern dominiert wird, so dass andere Gruppen nicht länger teilnehmen.

Oft wird bemängelt, dass partizipatorische Prozesse zu spät durchgeführt werden und eher als symbolische Akklamation für die jeweiligen Initiatoren dienen (Burton 2003; Cooke/Coharty 2001). Der Zeitpunkt einer politischen Intervention innerhalb des politischen Zyklus ist somit kritisch. Das bedeutet, dass eine möglichst frühe Partizipation innerhalb eines Entscheidungsprozesses wichtig ist. Findet die Partizipation vor dem Gesetzgebungsprozess statt (Benennung von Problemen, „Agenda-Setting")? Findet sie während des Gesetzgebungsprozesses (Formulierung von Politikgrundsätzen) oder als Feedback politischer Entscheidungen (Evaluation) statt? Zu den Evaluationskriterien gehört somit auch die Rechtzeitigkeit der Inklusion. Dies beinhaltet ein pro-aktives Vorgehen der Bürger und eine rechtzeitige Einbindung in den pre-legislativen politischen Prozess, d.h. diskursive Instrumente sollten im politischen Zyklus vor der gesetzgebenden Phase stehen.

Transparenz und Öffentlichkeit sind relevante Aspekte neuer Beteiligungsverfahren. Die neuen Informations- und Kommunikationstechnologien bieten eine Reihe von Möglichkeiten zur Stärkung der Transparenz, zur Qualifizierung der Partizipation über Empowerment sowie zur Kontrolle der Implementation. Gleichzeitig zeigen sich aber auch Hemmnisse und Probleme in Bezug auf die politische Information, Diskussion und das politische Handeln im virtuellen Raum. Oft erscheint eine Kombination von virtuellen und realen Instrumenten als sinnvoll. Diese „blended democracy", bestehend aus realen traditionellen politischen Beteiligungsinstrumenten und angereichert durch moderne Informations- und Kommunikationstechnologien, versucht das Beste beider Welten (real und virtuell) zu verbinden.

Politische Beteiligung erreicht selten eine Vollinklusion. Zudem wechseln die politischen Akteure und neue junge Wähler und Bürger werden Teil der Arena. Allein aus diesem Grunde sind politische Beteiligungsprozesse oft redundant und iterativ. Insbesondere für die politische Administration, die oft über Jahrzehnte mit Generationen von politisch Aktiven konfrontiert ist, ist dies problematisch. Nicht nur aus diesem Grund stößt politische Partizipation nicht immer auf das Interesse der politischen Institutionen (Parteien, Parlamente, Administration etc.). Argyris (1997) macht deutlich, dass politische Akteure und Organisationen institutionelle Abwehrroutinen entwickeln, um eine Einflussnahme von Außen zu reduzieren. Vor allem kontinuierliche institutionalisierte Wege der Partizipation wie etwa von den Bürgern initiierte Referenden sind für die traditionellen Politiker eine Art „Damoklesschwert". Sie haben einen wichtigen Einfluss auf den pre-legislativen Entscheidungsprozess und genau an diesem Punkt verursachen sie die Reaktionsweisen der Politiker und verhindern Themenblockaden („non decisions").

Die zukünftige Entwicklung wird eine stärkere Verknüpfung von Konsultationen, dialogischen Diskursen und dezisiven Referenden hervorbringen. Obwohl von „unten" initiierte Referenden (Initiativen), dort wo sie möglich sind, starke Vorabwirkungen entwickeln und Politiker zumeist versuchen Entscheidungen referendumsfest zu machen, um „Korrekturbegehren" zu vermeiden, zeigen sich auch Fehlentwicklungen. Referenden besitzen nicht immer einen intensiven positiven dialogischen Prozess im Vorfeld der Abstimmung. Findet dieser Dialog nicht statt, so sind Referenden häufig eher der Startpunkt für anschließende konfliktreiche Debatten. In diesem Fall hat das Wechselspiel zwischen direkter und repräsentativer Demokratie nicht funktioniert. Politiker sind schnell bereit unliebsame, durch Referenden getroffene Entscheidungen zu verwerfen, wenn eine kritische Masse in der Bevölkerung sie unterstützt. Die Legitimation der Referendumsentscheidung wird angezweifelt. Häufig wird die geringe Beteiligung und der mangelhafte Diskurs im Vorfeld bemängelt. Dieser Post-Referendumsdiskurs kann stark konflikthaft sein und hätte durch eine eingehende Diskussion im Vorfeld umgangen werden können. Diese „falsche Reihenfolge" könnte in Zukunft dadurch vermieden werden, wenn im Vorfeld von Referenden formalisierte dialogische Prozesse, wie z.B. Citizen Jurys implementiert werden. Diese können Auswirkungen auf die Umsetzung des Referendums, z.B. in Form von niedrigeren Quoren haben. Diese, den Entscheidungen vorgelagerten Beteiligungsprozesse, könnten auch ein weiteres Dilemma der Referenden lösen. So kommt es – wie der Diskurs im Vorfeld von Referenden zeigt – oft zu einer Veränderung der Fragestellung. Der ursprüngliche Referendumstext kann aber in der Regel nicht mehr verändert werden. Ein intensiver Diskurs in Citizen Jurys oder ähnlichen Beteiligungsinstrumenten könnte zu einer Konkretisierung der Frageformulierung im Vorfeld von Referenden beitragen. Dialogische Instrumente können insofern ein wichtiges Rationalitäts-Potenzial für die direkte Demokratie entwickeln.

Wegen der stark institutionalisierten Entscheidungsprozesse, sind Referenden ein in hohem Maße legitimiertes Element für bindende Entscheidungen. Ein zukünftiges institutional engineering muss eine kluge Mischung der konsultativen, diskursiven Dialoginstrumente und bindenden Referenden entwickeln. Zusammen könnten diese Instrumente der themenzentrierten direkten Demokratie ein wichtiges zusätzliches Element zur repräsentativen Demokratie und somit guter Regierungsführung werden.

Letztendlich stärken die neuen dialogischen Verfahren das Vertrauen zwischen den unterschiedlichen Konfliktparteien. Die neuen politischen Beteiligungsinstrumente sind dabei „Lernorte für Demokratie". Die Beteiligungsinstrumente haben Ausstrahlungseffekte in andere politische Institutionen und Organisationen, wie Parteien und Parlamente aber auch in den sozialen und ökonomischen Bereich, d.h. in den Arbeitsplatz, in die Familie und die Nachbarschaft. Sie stärken auch hier gegenseitigen Respekt, Empathie und eine demokratische Konsensfindung. Damit tragen diese qualifizierenden Instrumente zur weiteren Demokratisierung und zur Transformation und Innovation der Demokratie bei.

Literatur

Abelson Julia/Gauvin, François-Pierre: Assessing the Impacts of Public Participation: Concepts, Evidence and Policy Implications Public Involvement Network. Ottawa: Canadian Policy research network 2006.

Abelson Julia et al.: Will it make a difference if I show up and share?' A citizens' perspective on improving public involvement processes for health system decision-making. In: Journal of Health Services Research and Policy, 9 (2004)4: 205-212.

Argyris Chris: Wissen in Aktion. Eine Fallstudie zur Lernenden Organisation. Stuttgart 1997.

Arnstein, Sherry R.: A Ladder of Citizen Participation. In: Journal of the American Planning Association 35 (1969). S. 216-224.

Benz, Arthur (Hg.): Governance. Regieren in komplexen Regelsystemen. Eine Einführung. Wiesbaden 2004.

Bjoer, Marianne et al. 2006: Mapping dialogue. A research project profiling dialogue tools and processes for social change Johannesburg: GTZ

Burton, Paul 2003: Community involvement in neighbourhood regeneration: stairway to heaven or road to nowhere? Bristol. CNR

Bundeszentrale für politische Bildung (Hg.): Großgruppenveranstaltungen in der politischen Bildung. Konzepte und Methodenüberblick. Gestaltung und Moderation in der Praxis. Bonn 2005.
Cooke, Bill/Khortari, Uma 2001: The case for participation as tyranny, in: Cooke, Bill Khortari, Uma (Hg.) 2001: Participation the new tyranny. London: Palgrave: 1-15.
Council of Europe: Local referendums. Strasburg 1993.
Council of Europe: Participation of citizens in Local public life. Straßburg 2000.
Dahl, Robert A.: Polyarchy. Participation und Opposition. New Haven 1971.
DiGaetano, Alan/Strom, Elisabeth: Comparative Urban Governance. An integrated approach, in: Urban Affairs Review 38 (2003)3: 356-395.
Holmann, Peggy/Devane, Tom (Hg.): Chance Handbook − Zukunftsorientierte Großgruppen-Methoden. Heidelberg 2002.
Kaufmann, Bruno u.a. (Hg.): Transnational Democracy in the making. Amsterdam 2004.
Kersting, Norbert: Die Zukunft der lokalen Demokratie. Frankfurt 2004.
Kersting, Norbert: Reforming local electoral systems in Europe. In: Reynart, Herwig/Delwit, P./Steyvers, K./Pilet, J.-B. (Hg.) 2005, Revolution or renovation? Reforming local politics in Europe. Brugge: Van den Broele 2005.
Kersting, Norbert: Assessing Participatory Democracy. Trends and criteria for an evaluation. In: Reynart, Herwig/Delwit, P./Steyvers, K./Pilet, J.-B. (Hg.) 2007: Assessing Participatory and Direct Democracy at the Local Level. Brugge: Van den Broele 2007
Kersting, Norbert/Baldersheim, Harald (Hg.): Electronic Voting and Democracy. London 2004.
Kersting, Norbert/Vetter, Angelika (Hg.): Reforming local government in Europe. Closing the gap between democracy and efficiency. Opladen 2003.
Levy, Pierre: Kollektive Intelligenz. München 1996.
Ley, Astrid/Weitz, Ludwig (Hg.): Praxis Bürgerbeteiligung − Ein Methodenhandbuch. Bonn 2003.
Möckli, Silvano: Direktdemokratische Einrichtungen und Verfahren in den Mitgliedsstaaten des Europarates. St. Gallen 1995.
OECD. Evaluating Public Participation in Policy Making. OECD Publications 2005.
Pierre, Jon/Peters, Guy: Governance, politics and the state. London 2000.
Rosenberg, Shawn 2005: The empirical study of deliberative strategy. Setting a research agenda. In: Acta Politica (2005) 40: 212-224.
Rowe, Gene/Frewer Lynn J.: Evaluating public participation exercises: A research agenda". Science, Technology, and Human Values 29(2004)4: 512-556.
Schiller, Theo (Hg.): Direkte Demokratie in Theorie und kommunaler Praxis. Frankfurt am Main 1999.
Schiller, Theo/Mittendorf, Volker (Hg.): Direkte Demokratie. Wiesbaden 2002.
Webler Thomas et al: What is a good public participation process? Five perspectives from the public". Environmental Management 27(2001)3: 435-450.

List of contributors

Christoph Bieber, Dr. wissenschaftlicher Assistent, Politikwissenschaft, Universität Giessen

Anna Brake, Dr., wissenschaftlicher Mitarbeiter, Universität Augsburg
Sabine Bredemeier, Beraterin für holistische Organisationsentwicklung, Düsseldorf

Juanita Brown, Consultant, Tomales Bay, California

Olaf Axel Burow, Professor für Allgemeine Pädagogik, Universität Kassel

James Fishkin, Professor für Internationale Kommunikation, Direktor des Center for Deliberative Democracy. Stanford University, (USA)

Anna Geis, Dr. Projektleiterin, Hessische Stiftung für Friedens und Konfliktforschung (HSFK) Frankfurt

Boe Gyllenpalm, Dr., School of Economics, Stockholm.

Benno Hafeneger, Professor für Erziehungswissenschaften, Philipps Universität Marburg

Lars Holtkamp, Dr., wissenschaftlicher Angestellter, Politikwissenschaft, Fern-Universität Hagen

Norbert Kersting, Professor für Politikwissenschaft, Stellenbosch University, South Africa

Claus Leggewie, Professor für Politikwissenschaft, Direktor des Kulturwissenschaftlichen Instituts, Essen

Monique Leyenaar, Professorin für Politikwissenschaft, University Nijmegen (Niederlande)

Thorsten Niebling, Diplom Pädagoge, Kinder- und Jugendhilfe, Marburg

Harrison Owen, Consultant. Potomac, Maryland (USA)

Volker Mittendorf, Dr. wissenschaftlicher Mitarbeiter, Forschungsstelle für direkte Demokratie, Marburg

Nicole Staam, Professorin für Methoden der empirischen Sozialforschung, Universität Erfurt.

Theo Schiller, Professor für Politikwissenschaft, Philipps Universität Marburg

Philipp Schmitter, em. Professor für Politikwissenschaft, European University Institute

Frederick Steier, Professor für Kommunikation, University of South Florida (USA).

Alexander Trechsel, Professor für Politikwissenschaft, European University Institute, Florenz

Susanne Maria Weber, Professorin für Netzwerke, Sozialmanagement und Methoden, Hochschule Fulda

MIX
Papier aus verantwortungsvollen Quellen
Paper from responsible sources
FSC® C105338

If you have any concerns about our products,
you can contact us on
ProductSafety@springernature.com

In case Publisher is established outside the EU,
the EU authorized representative is:
**Springer Nature Customer Service Center GmbH
Europaplatz 3, 69115 Heidelberg, Germany**

Printed by Libri Plureos GmbH
in Hamburg, Germany